토마스 아퀴나스 신학대전 38

불의

박 동 호 옮김

제2부 제2편
제63문 - 제79문

신학대전 38
불의

2023년 9월 22일 교회인가(원주교구)
2023년 10월 27일 1판 2쇄 발행

간행위원 | 손희송 주교 정의채 몬시뇰 이재룡 신부(위원장)
　　　　　안소근 수녀 윤주현 신부 이상섭 교수 정현석 교수
　　　　　박승찬 교수 이경상 신부 임경헌 박사 조동원 신부

지은이 | 토마스 아퀴나스
옮긴이 | 박동호
펴낸이 | 이재룡
펴낸곳 | 한국성토마스연구소

우편주소 | 25244 강원도 횡성군 우천면 경강로산전7길 28-53
전화번호 | 033) 344-1238
전자우편 | stik2019@naver.com
홈페이지 | http://www.stik.or.kr
출판등록 | 제2018-000003호 2018년 6월 19일
인쇄제작 | 오엘북스

ⓒ 한국성토마스연구소

보급 | 한국출판협동조합__가톨릭출판사, 교보문고, 알라딘, 예스24
전화 | 02) 716-5616

값 40,000원

ISBN 979-11-981560-7-5 94160
ISBN 979-11-969208-0-7(세트) 94160

Summa Theologiae, vol.38
by St. Thomas Aquinas
Korean translation copyright ⓒ 2023 by St. Thomas Institute in Korea
All rights reserved
Published by St. Thomas Institute in Korea

> 이 책은 저작권법에 따라 보호를 받는 저작물이므로 무단전재와 복제를 금지하며, 이 책의 내용 전부 또는 일부를 이용하려면 반드시 저작권자인 한국성토마스연구소의 서면 동의를 받아야 합니다.

토마스 아퀴나스 신학대전 38

불의

S. Thomae Aquinatis
SUMMA THEOLOGIAE

박 동 호 옮김

제2부 제2편
제63문 - 제79문

한국성토마스연구소

차 례

성 요한 바오로 2세 교황의 격려와 축복의 말씀 / xi
교황 레오 13세의 회칙 발췌문 / xvi
성 요한 바오로 2세 교황의 회칙 발췌문 / xix
『신학대전』 완간을 꿈꾸며 / xxiv
『신학대전』 간행계획 / xxvii
일러두기 / xxix
일반 약어표 / xxxiii
성 토마스 작품 약어표 / xxxv
'불의' 입문 / xl

제63문 편애하는 행위에 대하여 / 3
　제1절 편애하는 행위는 죄인가? / 3
　제2절 편애하는 행위는 영적 재화(교회의 것)를 거저 주는 행위로
　　　　생기는가? / 11
　제3절 명예와 경의를 드러내 보이는 행위로 편애하는 행위의 죄를
　　　　범하는가? / 19
　제4절 사람을 편애하는 행위의 죄는 법적 절차로 생기는가? / 27

제64문 살인에 대하여 / 31
　제1절 무엇이든 생물을 죽이는 것은 불법행위인가? / 33
　제2절 죄인을 죽이는 행위는 합법적인가? / 39
　제3절 죄인을 죽이는 것이 사인에게도 허용되는가? / 47

제4절 악행을 저지르는 자를 죽이는 것은 성직자에게 허용되는가? / 51
제5절 자살은 허용되는가? / 57
제6절 어떤 경우 무죄한 이를 죽이는 것은 허용되는가? / 69
제7절 자기방어로 다른 사람을 죽이는 것은 허용되는가? / 77
제8절 우발적으로 사람을 살해한 자는 살인의 책임에 직면하는가? / 85

제65문 사람에게 저지른 다른 위해에 대하여 / 93
제1절 어떤 경우에는 신체 부위 절단이 합법적일 수 있는가? / 93
제2절 아버지가 아들을 또는 주인이 그 종을 때리는 것은 허용되는가? / 101
제3절 누구든 사람을 감금하는 것은 허용되는가? / 107
제4절 다른 사람과 연결된 사람에게 위와 같은 위해가 저질러진다는 것으로 죄는 가중되는가? / 111

제66문 절도와 강도에 대하여 / 117
제1절 외부 사물들을 소유하는 것은 사람에게 자연스러운가? / 119
제2절 누구에게나 어떤 사물을 자기만의 것처럼 소유하는 것이 허용되는가? / 125
제3절 남의 사물을 은밀히 취하는 것은 절도의 근거에서 비롯되는가? / 133
제4절 절도(도둑)와 강도는 다른 종의 죄인가? / 137
제5절 절도는 언제나 죄인가? / 143
제6절 절도는 대죄인가? / 149
제7절 누군가에게는 불가피 때문에 절도하는 것이 허용되는가? / 155
제8절 강도는 죄 없이도 범해질 수 있는가? / 161
제9절 절도는 강도보다 중대한 죄인가? / 167

제67문 재판(법적 절차)에 있어 재판관의 불의에 대하여 / 171
제1절 자기에게 종속되지 않은 (자기 관할권에 속하지 않은) 사람을 정당하게 재판할 수 있는가? / 173
제2절 재판관에게는, 법정에 알려진 것 때문에, 자신이 알고 있는 진실을 거슬러 재판하는 것이 허용되는가? / 179
제3절 재판관은 다른 고발인이 없어도 재판할 수 있는가? / 185
제4절 재판관은 벌을 합법적으로 완화(감면, 감형, 면제, 방면)할 수 있는가? / 191

제68문 부당한 고발에 속하는 것들에 관하여 / 199
제1절 사람은 반드시 고발해야 하는가? / 199
제2절 고발이 서면으로 이루어져야 하는 것은 필수적인가? / 205
제3절 고발은 중상, 공모 또는 기피로 부당해지는가? / 211
제4절 자기의 고발을 입증하지 못한 고발인은 반드시 보복의 벌(형벌)을 받아야 하는가? / 217

제69문 재판 당사자(피고발인) 편에서 정의를 거스르는 죄에 대하여 / 225
제1절 피고발인이, 치명적으로 죄를 범하지 않고도 자신을 유죄판결로 이끌 진실을 부인할 수 있는가? / 225
제2절 궤변으로 자신을 방어하는 것은 피고발인에게 허용되는가? / 233
제3절 재판 당사자(피고발인)가 항소를 통해 재판(법적 절차)을 기피하는 것은 허용되는가? / 239
제4절 사형을 선고받은 사람이, 할 수만 있다면, 자신을 방어하는 것은 허용되는가? / 245

제70문 증언하는 사람에 속한 불의에 대하여 / 251
   제1절 사람은 반드시 증언해야 하는가? / 251
   제2절 둘이나 세 사람의 증언이면 충분한가? / 259
   제3절 누군가의 증언은 그의 탓(잘못) 없이 배척될 수 있는가? / 267
   제4절 거짓 증언은 언제나 대죄인가? / 273

제71문 재판에서 변호인 편에서 행해진 불의에 대하여 / 279
   제1절 변호인은 반드시 가난한 이들의 소송의 법적 방어를 제공해야
       하는가? / 279
   제2절 법을 따라 일부 사람들이 변호하는 직무에 금지되는 것은
       적절한가? / 287
   제3절 변호인은 부당한 소송을 방어하는 행위로 죄를 범하는가? / 293
   제4절 법적 방어의 대가로 돈을 취하는 것이 변호인에게는 허용되는가? / 299

제72문 불손(모욕)에 대하여 / 305
   제1절 불손은 말로 구성되는가? / 305
   제2절 불손 또는 모욕은 대죄인가? / 313
   제3절 누구나 자신에게 가해지는 불손(모욕)을 견뎌야 하는가? / 319
   제4절 불손(모욕)은 분노(노여움, 화)에서 나오는가? / 325

제73문 폄훼(비방)에 대하여 / 331
   제1절 폄훼는 은밀한 말로 다른 이의 명성을 실추(손상)시키는가? / 331
   제2절 폄훼(비방)는 대죄인가? / 339
   제3절 폄훼(비방)는 이웃을 거슬러 범한 모든 죄 가운데 가장 중대한가? / 345
   제4절 폄훼하는 말을 그냥 듣고만 있는 것은 더 중대하게 죄를 범하는
       것인가? / 353

제74문 소문 퍼뜨리기에 대하여 / 361
  제1절 소문 퍼뜨리기는 폄훼와 구별되는 죄인가? / 361
  제2절 폄훼가 소문 퍼뜨리기보다 중대한 죄인가? / 367

제75문 조롱에 대하여 / 373
  제1절 조롱은 특별한 죄인가? / 373
  제2절 조롱이 대죄일 수 있는가? / 379

제76문 저주(악담)에 대하여 / 387
  제1절 누군가를 저주하는 것은 합법적인가? / 387
  제2절 이성이 없는 창조물을 저주하는 것은 합법적인가? / 397
  제3절 저주는 대죄인가? / 401
  제4절 저주는 폄훼보다 중대한 죄인가? / 403

제77문 구매와 판매(매매)에서 저질러진 사기에 대하여 / 411
  제1절 누구든 그것이 지닌 가치 이상으로 물건을 합법적으로 판매할 수
       있는가? / 413
  제2절 판매(행위)는 판매된 물건의 결함으로 인하여 부당하고 불법적인 것이
       되는가? / 421
  제3절 판매자는 판매 물건의 결함을 반드시 드러내야 하는가? / 431
  제4절 교역(상거래)에서 어떤 물건을 구매한 것보다 높은 가격에 판매하는
       것은 합법적인가? / 439

제78문 이자(고리)의 죄에 대하여 / 449
  제1절 꾸어준 돈 때문에 이자를 취하는 것은 죄인가? / 451
  제2절 누구나 꾸어준 돈 때문에 다른 어떤 편의를 청구(요구)할 수

    있는가? / 463
    제3절 누구든 이자로 모인 돈에서 생긴 이득은 그것이 무엇이든 반드시
    　　　되돌려주어야 하는가? / 475
    제4절 이자의 조건으로 돈을 꾸는 것은 합법적인가? / 481

제79문 정의의 유사 부분에 대하여 / 489
    제1절 악에서 물러나기와 선을 행하기는 정의의 (필수) 부분인가? / 489
    제2절 위반은 특수한 죄인가? / 495
    제3절 태만(부작위)은 특수한 죄인가? / 501
    제4절 태만의 죄가 위반의 죄보다 중대한가? / 509

주제 색인 / 514

인명 색인 / 528

고전작품 색인 / 530

성경 색인 / 533

FROM THE VATICAN

April 26, 1994

Dear Father Tjeng,*

His Holiness Pope John Paul II was indeed pleased to learn that a Korean translation of the *Summa Theologiae* of Saint Thomas of Aquinas is being published. He warmly encourages you and your collaborators in this enterprise, which will lead not only to a better knowledge of the teachings and method of the one whom Pope Leo XIII called "inter Scholasticos Doctores, omnium princeps et magister"(Leo XIII, *Aeterni Patris*, No. 22), but also to a most fruitful encounter between Christian philosophy and theology and the intellectual traditions of Korea.

Only recently, His Holiness referred to the unique place of Saint Thomas in the history of thought by stating that "the philosophical and theological synthesis which he elaborated is a solid, lasting possession for the Church and humanity"(*Great Prayer*, 16 March 1994, No. 6). That synthesis flows from the principle that there is a profound and inescapable harmony between the truths of reason and

---

* The Reverend Paul Tjeng Eui-Chai

성 요한 바오로 2세 교황의 격려와 축복의 말씀

친애하는 정의채 바오로 신부님,

교황 요한 바오로 2세 성하께서는 성 토마스 아퀴나스의 『신학대전』이 한국어로 번역·출판되고 있다는 소식을 들으시고 매우 기뻐하십니다. 이 작업에 참여하는 이들을 따뜻한 마음으로 격려하십니다. 이 작업은 교황 레오 13세 성하께서 "스콜라 학자들의 수장(首長)이며 스승"(레오 13세, 『영원하신 아버지』 22항)이라고 부르신 성 토마스의 가르침과 방법에 대해 보다 깊은 이해를 하게 할 뿐만 아니라 그리스도교의 철학과 신학이 한국의 전통 사상과 만나 매우 풍요로운 결실을 맺게 할 것입니다.

교황 성하께서는 최근에도 "성 토마스가 집대성한 철학적·신학적 종합은 교회와 온 인류의 건실하고 항구한 자산입니다."(『위대한 기도』 1994년 3월 16일, 6항)라고 하시어, 사상사에 있어 성 토마스가 차지하는 독보적인 위치를 확인하셨습니다. 성 토마스가 이룩한 종합은 이성의 진리와 신앙의 진리 사이에는 근본적이고 불가피한 조화가 존재한다는 원리로부터 비롯됩니다.(제8차 국제 토마스 회의에서의 말씀 : 1980년 9월 13일, 2항 참조)

those of faith.(cf. *Address to Eighth International Thomistic Congress* : 13 September 1980, No. 2)

The heart of Saint Thomas'reflection is man's relationship to God, his Creator and Lord. He sees man as proceeding from creative divine wisdom and returning to the Father on the basis of an elevation of the human intellect and will, through the grace of Christ's redemptive love. Indeed, he defines man as "the horizon of creation in which heaven and earth join, like a link between time and eternity, like a synthesis of creation."(Ibid., No. 5)

For Saint Thomas, true philosophy should faithfully mirror the order of things themselves, otherwise it ends by being reduced to an arbitrary subjective opinion. "This realistic and historical method, fundamentally optimistic and open, makes St. Thomas not only the 'Doctor Communis Ecclesiae', as Paul VI calls him in his beautiful Letter *Lumen Ecclesiae*, but the 'Doctor Humanitatis', because he is always ready and disposed to receive the human values of all cultures."(Ibid., No. 4) Is this approach itself not a solid point of contact with the great philosophical systems of the East and a sure promise of a very fruitful dialogue between the intellectual traditions of East and West? Such a dialogue in turn is the obligatory path of the progress of human culture, as well as a requisite for a deeper inculturation of Christianity among the peoples of the vast continent of Asia.

His Holiness values the present translation as an important

성 토마스 사상의 핵심은 인간이 자신의 창조자이며 주님이신 하느님과 맺고 있는 관계입니다. 성 토마스는 인간을 하느님의 창조적 지혜에서 출발하여, 인간 자신의 지성과 의지를 고양(高揚)시키는 그리스도의 구원적 사랑의 은총에 힘입어 아버지께로 다시 돌아가는 존재로 봅니다. 바로 그렇기 때문에 성 토마스는 "인간을 하늘과 땅이 만나는 창조의 지평, 시간과 영원의 연결고리, 또는 창조의 종합"으로 정의합니다.(같은 곳, 5항)

사실 성 토마스가 보기에 참다운 철학이란 실재 자체의 질서를 성실하게 반영하여야 합니다. 만일 그렇지 못하다면 철학이란 한낱 인위적인 주관적 견해로 전락하고 말 것입니다. "근본적으로 낙관적이고 개방적이며, 실재주의적이고 역사적인 이 방법은, 바오로 6세 성하께서 『교회의 빛』이라는 아름다운 서한에서 그를 지칭한 것처럼, 성 토마스를 '교회의 보편적 스승'일 뿐만 아니라 '인류의 스승'이 되게 해 줍니다. 그것은 성 토마스가 언제나 모든 문화 속에 포함되어 있는 인간적 가치들을 받아들일 준비가 되어 있기 때문입니다."(같은 곳, 4항) 이러한 그의 입장이야말로 동양의 위대한 철학 체계들과의 만남을 가능케 하는 건실한 기반이자, 동(東)과 서(西)의 지성적 전통 사이의 창조적 교류를 약속하는 것이 아니고 무엇이겠습니까? 그리고 이와 같은 교류는 인류 문화가 발전해 가야 할 도정(道程)임과 동시에 아시아라는 방대한 대륙에 사는 민족들에게 그리스도교가 더 깊이 토착화되기 위한 필수조건인 것입니다.

교황 성하께서는 현재 진행되고 있는 번역 작업을 그런 숭고한 목적

contribution to these lofty goals. He invokes an abundance of divine blessings upon the authors, publishers and readers of this masterpiece of Christian philosophy and theology.

With good wishes, I am

Sincerely yours in Christ,

Card. Angelo Sodano

Cardinal Angelo Sodano
Secretary of State

을 달성하는 데 기여하는 중요한 작업으로 평가하고 계십니다. 교황 성하께서는 그리스도교 철학과 신학에 관한 이 위대한 걸작을 번역하는 이와 출판하는 이와 읽는 이 모두에게 주님의 풍성한 축복이 내리기를 기도드리십니다.

1994년 4월 26일

그리스도 안에서 만사형통하시기를 빌며,
바티칸국 국무성 장관
추기경 안젤로 소다노

교황 레오 13세의 회칙 발췌문
『영원하신 아버지』(Aeterni Patris, 1879)

[1879년 8월 4일에 반포된 이 회칙의 원제목은 『가톨릭 학교들에서 성 토마스 데 아퀴노의 정신에 따라 교육되어야 하는 그리스도교 철학에 관하여』(De philosophia christiana ad mentem sancti Thomae Aquinatis Doctoris Angelici in scholis catholicis instauranda)이다.]

30. 그러므로 더할 나위 없이 타당한 이유를 가지고 상당수의 철학자들이 철학을 쇄신하기 위해서는 토마스 데 아퀴노의 놀라운 가르침을 그 순수한 광채 속에서 회복시켜야 한다고 믿고 헌신적으로 투신하였습니다.

그리고 저에게, 이 '천사적 박사'라는 수원(水源)으로부터 영구히 풍부하게 흘러넘치는 가장 순수한 지혜의 강물을 온 세계 젊은이들에게 넉넉하게 마시게 하는 일보다 더 소중하고 바람직한 일은 없다는 점을 모든 이에게 확실하게 일러두는 바입니다.

32. 그리고 신앙에서 멀어져서 가톨릭교회의 가르침을 미워하는 사람들 가운데 상당수는 오직 이성만을 유일한 스승이며 안내자로 삼는다고 선언하고 있습니다. 가톨릭 신앙으로써 그들을 치유하고 은총으로 돌아오게 하려면, 하느님의 초자연적 도우심 다음으로는 교부들과 스콜라 학자들의 건전한 가르침보다 더 적절한 것은 없습니다. 이들은

신앙의 튼튼한 토대, 그 신적인 기원, 그 확실한 진리, 그 증명 논거, 인류에게 가능해진 은혜, 그리고 이성과의 완전한 조화 등을 증명하였고, 또 너무도 명료하고 강력했기 때문에, 주저하는 자들과 허풍떠는 자들까지도 회심시키기에 충분했습니다.

타락한 이론들의 해악 때문에 우리가 모두 목격하고 있듯이 매우 심각한 위험에 노출되어 있는 가정과 시민사회조차도, 만일 대학과 학교들에서 교회의 가르침에 가장 일치되는 건전한 교육이 시행되기만 했더라면 분명 훨씬 더 평온하고 확실한 기반 위에 서 있을 수 있었을 것입니다. 우리는 바로 이런 가장 건전한 가르침을 토마스 데 아퀴노의 작품들 속에서 발견합니다. 왜냐하면 오늘날 방종으로 변형되고 있는 자유의 진정한 본성, 법칙과 그 힘, 자명한 원리들의 영역, 더 높은 권위에 대한 마땅한 복종, 인간 상호간의 사랑 등에 대한 토마스의 가르침들은 사회질서의 평온과 대중의 안녕에 위험하기 짝이 없는 새로운 법의 원리들을 전복시킬 수 있는 대단히 강력하고 꺾일 수 없는 힘을 지니고 있기 때문입니다.

36. 특별히 신중한 분별력을 가지고 그대들[전 세계 주교들]이 뽑은 스승들[신학교와 가톨릭 대학교 교수들]은 자기 제자들의 정신이 성 토마스 데 아퀴노의 가르침으로 관통될 수 있도록 깊은 노력을 기울여야 하며, 그의 가르침이 다른 모든 이론에 견주어 얼마나 튼튼하고 월등한지를 분명히 해야 합니다. 그대들이 설립한 (또는 설립할) 학부들은 그의 가르침을 해설하고 옹호하며 흔한 오류들을 논박하는 데 활용할 수 있어야 합니다.

그리고 그대들은 정통 가르침 대신에 이런저런 허풍떠는 이론들에

말려들거나, 진정한 가르침 대신에 타락한 이론들에 현혹되지 않도록 성 토마스의 지혜가 그 원천으로부터, 또는 적어도 뛰어난 지성들의 확실하고 한결같은 판단에 따르면 그 원천에서 흘러나와 아직도 맑고 투명하게 흐르는 저 강물들로부터 탐구될 수 있도록 조처해야 합니다. 그리고 같은 원천에서 나왔다고들 말하기는 하지만 실제로는 이질적이고 해로운 저 시냇물에서 젊은이들의 정신을 멀리 떼어놓도록 최선의 노력을 기울여야 합니다.

성 요한 바오로 2세 교황의 회칙 발췌문
『신앙과 이성』(Fides et Ratio, 1998)

43. 이 오랜 발전 과정에서 성 토마스 데 아퀴노(St. Thomas de Aquino)는 특별한 자리를 차지하고 있습니다. 그것은 그가 가르친 내용 때문만이 아니라 당대의 아랍 사상과 유다교 사상과 나눈 대화 때문입니다. 그리스도교 사상가들이 고대 철학, 특히 아리스토텔레스의 보화들을 재발견하고 있던 시대에, 성 토마스는 신앙과 이성 사이의 조화에 영예로운 자리를 배정한 위대한 공로를 가지고 있습니다. 이성의 빛과 신앙의 빛은 둘 다 하느님에게서 오는 것이고, 따라서 양자 사이에는 어떠한 모순도 있을 수 없다고 그는 논증하고 있습니다.

더욱 근본적으로, 토마스는 철학의 일차적 관심사인 자연(natura)이 하느님의 계시를 이해하는 데 적극적으로 기여할 수 있다는 것을 인정합니다. 따라서 신앙은 이성을 두려워할 필요가 없고, 오히려 이성을 추구하고 그것에 대해서 신뢰를 가지고 있습니다. 은총이 자연에 의존하고 자연을 완성시키듯이, 신앙은 이성에 의존하고 이성을 완성합니다. 신앙을 통해서 조명받을 때, 이성은 죄의 불복종 때문에 오는 연약성과 한계로부터 해방되어, 삼위일체 하느님에 대한 지식으로 고양되는 데 요구되는 힘을 얻게 됩니다. 비록 신앙의 초자연적인 성격을 강조하기는 했지만, 이 '천사적 박사'(Doctor Angelicus)는 신앙이 지니고 있는 합리적 성격의 중요성을 간과하지 않았습니다. 참으로 그는 이 이해 가능성의 깊이를 천착해 들어가 그 의미를 밝혀낼 수 있었습니다. 신앙은 어떤 의미에서 일종의 '사고 훈련'(exercitium cogitationis)입니다. 그리고 인간 이성은, 어쨌든 자유롭게 심사숙고해서 내리는 선택으로 얻어지는 신앙의 내용들에 동의한다고 해서, 무효화되는 것도 아니고 그 품위가 손상되는 것도 아닙니다.

바로 그렇기 때문에 교회는 한결같이 성 토마스를 사고의 스승이며 올바른 신학자의 전형으로 추천해온 것입니다. 이 점에 관해서 저는 선임자인 하느님의 종 교황 바오로 6세께서 천사적 박사의 서거 700주년[1974년]의 기회에 하신 말씀을 상기하고 싶습니다. "의심할 바 없이, 토마스는 진리에의 용기, 새로운 문제들을 직면할 때의 정신의 자유, 그리고 그리스도교가 세속 철학이나 편견으로 감염되는 것을 허용하지 않는 사람들의 지적 정직성 등을 최고도로 소유하고 있었습니다. 따라서 그는 그리스도교 사상사 속에서 언제나 새로운 철학과 보편적 문화에 이르는 길의 선구자로 남아 있습니다. 그가 찬란한 예언자적 통찰력으로 신앙과 이성 사이의 새로운 만남에서 제시한 요점과 해결의 씨앗은 세계의 세속성(saecularitas)과 복음의 근본성 사이의 화해였고, 따라서 세상과 그 가치들을 부정하려는 자연스럽지 못한 경향을 피하면서도 동시에 초자연적 질서의 숭고하고 준엄한 요구들로써 신앙을 지킬 수 있었습니다."

44. 성 토마스의 또 하나의 위대한 통찰은, 지식이 지혜로 성장해 가게 되는 과정에서 성령의 역할을 깊이 깨닫고 있었다는 사실입니다. 그의 『신학대전』(*Summa Theologiae*)의 앞머리에서 아퀴나스는, 성령의 선물로서 천상의 것들에 대한 지식으로의 통로를 열어주는 지혜의 우위성을 날카롭게 보여주고 있습니다. 그의 신학은 우리가 신적인 것들

에 대한 신앙과 지식에 밀접하게 연관되어 있는 지혜의 특성을 이해할 수 있게 해줍니다. 이 지혜는 천성적으로(per connaturalitatem) 알려지게 됩니다. 그것은 신앙을 전제로 하고 있고, 결국 신앙 자체의 진리에 입각한 올바른 판단을 형성해 줍니다. "성령의 선물들 가운데 하나인 지혜는 지성적 덕 가운데서 발견되는 지혜와는 구별됩니다. 이 두 번째 지혜는 연구를 통해서 얻어지지만, 첫 번째 지혜는 야고보 사도가 말하고 있는 것처럼 '높은 데서 옵니다.' 이것은 또한 신앙과도 구별되는데, 그것은 신앙이 신적인 진리를 있는 그대로 받아들이기 때문입니다. 그러나 지혜의 선물은 신적인 진리에 따라서 판단할 수 있게 해줍니다."

그렇지만 이 지혜에 어울리는 우위성은 천사적 박사가 철학적 지혜와 신학적 지혜라는 지혜의 다른 두 개의 보충적 형태들이 있다는 것을 간과하게 만들지 않습니다. '철학적 지혜'는 자연적인 제약을 가지고 있는 지성의 실재 탐구 역량에 기초를 두고 있고, 신학적 지혜는 계시에 기초를 두고 신앙의 내용들을 탐구하여 하느님의 신비에 접근해 갑니다.

"진리는 누가 발설하든지 간에 모두 성령으로부터 오는 것"(omne verum a quocumque dicatur a Spiritu Sancto est)임을 깊이 확신하고 있던 성 토마스는 그의 진리 사랑에 공평무사했습니다. 그는 어디에서든지 진리를 추구하였고, 진리의 보편성을 입증하는 데 전력을 다했습니다. 교회의 교도권은 그에게서 진리를 향한 열정을 인정하였습니다. 그리고 정확히 그것이 일관되게 보편적이고 객관적이며 초월적인 진리의 지평 속에 머무르기 때문에, 그의 사상은 '인간 지성이 결코 생각해 낼 수 없었을 높은 경지'에 도달했습니다. 그는 정당하게도 '진리의 사도'(apostolus veritatis)라고 불릴 수 있을 것입니다. 확고하게 진리만을 추구하는 토마스의 실재주의(realismus)는 진리의 객관성을 인정하고 '현상'의 철학뿐만 아니라 '존재'의 철학(philosophia essendi)까지도 제시할 수 있습니다.

57. 그러나 교도권은 철학 이론들의 오류들과 일탈들을 지적하기만 하는 것은 아닙니다. 이에 못지않은 관심을 가지고 교회 교도권은 철학적 탐구의 진정한 쇄신의 기본 원리들을 강조하고 특정 방향을 지시하기도 합니다. 이 점에서 교황 레오 13세께서는 회칙 『영원하신 아버지』(Aeterni Patris)에서 교회 생활을 위해 역사적으로 매우 중요한 일보를 내디디셨습니다. 왜냐하면 그 회칙은 오늘날까지도 온전히 철학만을 위해 작성된 유일한 권위 있는 교황 문헌으로 남아 있기 때문입니다. 이 위대한 교황께서는 신앙과 이성 사이의 관계에 관한 제1차 바티칸공의회의 가르침을 발전시키는 가운데, 철학적 사고가 신앙과 신학에 얼마나 깊이 공헌하는지를 보여주셨습니다. 한 세기 이상이 지났지만 그 회칙이 담고 있는 실천적이고 교육적인 통찰들은 그 중요성을 조금도 잃어버리지 않았습니다. 특히 성 토마스의 철학이 지니고 있는 그 어느 것에도 비할 수 없는 가치에 관한 강조는 더욱 그렇습니다. '천사적 박사'의 사상에 대한 쇄신된 강조야말로 교황 레오 13세께는 신앙의 요구들에 부합되는 철학의 활용을 활성화시키는 최선의 길로 비쳐졌습니다. "성 토마스는 이성과 신앙을 날카롭게 구분하였습니다. 그러나 이 양자를 조화시켜 각각 자신의 권리와 품위를 고스란히 간직하게 할 수 있었습니다."

78. 이 성찰들의 빛 속에서, 교도권이 왜 반복적으로 성 토마스 사상의 공로들을 격찬하고 그를 신학 연구의 인도자이며 전형(典型)으로 삼았는지가 명백히 드러납니다. 이것은 순수하게 철학적인 문제들에 대해서 어떤 입장을 취하기 위해서도 아니고, 또 특정 이론들에 대한 호감을 표시하기 위한 것도 아니었습니다. 교도권의 의도는 언제나, 성 토마스가 어떤 의미에서 진리를 추구하는 모든 사람을 위한 진정한 전형인지를 보여주자는 것이었습니다. 실상 그의 성찰 속에서 이성의 요구들과 신앙의 힘이, 일찍이 인간 사고가 이룩한 가장 고상한 종합을 발견합니다. 왜냐하면 그는 이성에게 고유한 모험을 평가 절하함이 없이, 계시를 통해서 도입된 근본적인 새로움을 옹호할 수 있었기 때문입니다.

『신학대전』 완간을 꿈꾸며

　그리스도교 2000년 역사에서는 물론 인류 문화사에서도 경이로운 불후의 걸작으로 인정받고 있는 방대한 『신학대전』을 대역판으로 간행하는 이 대사업은 정의채(鄭義采) 몬시뇰의 혜안과 용단에서 비롯되었다. 몬시뇰께서는 그리스도교 전래 200주년(1784-1984년)을 기념한 다음해인 1985년에 첫 권을 발간한 이래 꾸준히, 어려운 여건 가운데서도 고군분투하며 전체 3부 60권(보충부까지 포함하면 72권) 가운데 10권을 직접 번역하였고, 2006년 즈음부터는 소장 학자들에게도 번역 지침을 주어 과제를 분담하고 또 탈고 단계에서는 직접 감수를 통해 지도 편달함으로써 5권을 더 출간하였다. 여기에는 강윤희 신부, 김율 교수, 김정국 신부, 김춘오 신부, 윤종국 신부, 이상섭 교수, 이진남 교수, 채이병 박사 등이 참여했고, 막바지에는 이재룡 신부도 가담했다. 그렇게 해서 제1부를 모두 마치고, 인간의 윤리 문제(제2부 전체)의 궁극 목표인 '행복'에 관해 논하는 첫 다섯 문제(제16권)까지 출간해냈다.
　이제까지 도서 출판을 통한 복음 전파를 카리스마로 삼고 있는 '바오로딸수도회'가 어려운 출판 여건 속에서도 큰 희생을 기꺼이 감내하며 몬시뇰의 피땀 어린 노력을 묵묵히 뒷받침해 왔다. 몬시뇰과 수도회에 깊은 존경과 감사의 뜻을 전하고 싶다.
　그런 가운데 서울대교구 교구장이신 염수정(廉洙政) 추기경은 2016년 8월, 15년 뒤에 맞게 될 천주교 조선교구 설정 200주년(1831-2031년)까지는 『신학대전』을 완간해야겠다는 큰 계획을 세우고 이미 번역

진에 합류하고 있던 이재룡 신부를 그 전담 책임자로 임명하였다. 계획대로 추진된다면, 그리스도교가 이 땅에 들어온 지 근 반세기 만에 교구가 설정됨으로써 제대로 체제를 갖춘 당당한 지역 교회가 되었듯이, 『신학대전』도 근 반세기 만에 완간될 것이다.

전담 책임을 맡은 이재룡 신부는 우선 '한국성토마스연구소'(St. Thomas Institute in Korea)를 설립하고, 바오로딸출판사와 긴밀히 상의하며 이제까지 몬시뇰께서 추진해온 출간사업을 계승하여, 완간된 부분과 진행 중인 작업들을 총점검하고 향후 사업 일정을 확정하여 2017년 12월 천주교조선교구설정 200주년기념 신학대전간행사업(2019-2031년)이라는 제목으로 교구장님께 보고드렸다. 간행위원단 구성은 손희송 주교, 정의채 몬시뇰, 이재룡 신부(위원장), 안소근 수녀, 윤주현 신부, 이상섭 교수, 정현석 박사로 단순화하였다. 2019년부터 13년간 매년 분책 4-5권씩을 번역해낸다는, 다소 무리한 계획이었지만, 최근 완간된 일어 역본(2007년)과 대만에서 발간된 한역본(2009년)도 자극제가 되어 200주년을 넘지 않도록 서두르기로 하였다.

2019년 말, 감사하게도 총 12개년(2020-2031년)에 걸친 천주교조선교구설정 200주년기념 신학대전간행사업이 문화체육관광부의 '국고지원사업'으로 선정되었다. 사업의 중심 내용은 당연히 『신학대전』의 나머지 부분인 분책 50권('보충부' 포함)의 간행이지만, 여기에 보조장치 3권(『입문』, 『총색인』, 『요약』)과 선결 필수 사업으로 판단되는 3권의 사전(『성 토마스 개념사전』, 『교부학사전』, 『라틴어사전』) 간행을 추가하였다.

이제부터 시작이지만, 여기까지 오는 데에도 우여곡절을 거쳐야 했는데, 매일 묵주기도 5단을 바치며 성모님과 토마스 아퀴나스 성인님께 도움을 청했고, 고비 때마다 기묘한 방식으로 도와주시는 주님 섭리의 손길을 느꼈다. 그리고 많은 분들의 도움을 받았다. 존경하는 교구장님과 정진석(鄭鎭奭) 추기경님을 비롯한 교구 주교님들과 다른 주교님들, 동창 신부님들과 선후배 신부님들, 그리고 사업을 하시는 몇몇 지인들의 적극적인 격려와 지원 외에도, 일선 사목 현장에서 동고동락했던 잠실, 오류동, 혜화동 성당의 교우들과 교리신학원 제자들도 꾸준히 정기적으로 도움을 주고 있다. 그리고 세 차례에 걸친 국고지원 신청 과정에서 적극적인 행정적 지도와 격려를 아끼지 않은 문화체육관광부의 장우일 종무관과 실무진, 만만찮은 대응자금 문제 때문에 어려움을 겪고 있을 때 길을 열어주고 적극적인 지지를 보내 준 김영국 신부님과 이경상 신부님을 비롯한 학교법인 가톨릭학원 신부님들의 도움이 컸다. 마지막으로, 지난해에 무리한 계획과 국고 지원 신청 과정 때문에 출판 일정이 겹치고 뒤엉켜 절망적인 국면에 처했을 때 흔쾌히 도움의 손길을 내밀고 끝까지 동행하기로 한 '기쁜소식'의 전갑수 사장님께 감사의 뜻을 전하고 싶다.

  이렇게 많은 분들의 기대와 성원을 받으며 전능하신 하느님의 보호와 우리나라의 주보(主保)이신 성모 마리아의 도우심과 '인류의 스승'(Doctor Humanitatis)인 토마스 성인의 전구에 힘입어 벅찬 희망을 안고 대여정의 첫걸음을 내딛는다.

2020년 성모성월에
한국성토마스연구소에서
간행위원장 이재룡 신부

『신학대전』 간행계획

(2031년 완간)

[제1부]
01 (ST I, 1-12) 하느님의 존재, 정의채 옮김, 1985. 3판 2014.
02 (ST I, 13-19) 하느님의 생명, 정의채 옮김, 1993. 2판 2014.
03 (ST I, 20-30) 하느님의 작용과 위격, 정의채 옮김, 1994. 2판 2000.
04 (ST I, 31-38) 위격들의 구별, 정의채 옮김, 1997.
05 (ST I, 39-43) 위격들의 관계, 정의채 옮김, 1998.
06 (ST I, 44-49) 창조, 정의채 옮김, 1999.
07 (ST I, 50-57) 천사, 윤종국 옮김, 2010.
08 (ST I, 58-64) 천사의 활동, 강윤희 옮김, 2020.
09 (ST I, 65-74) 우주 창조, 김춘오 옮김, 2010.
10 (ST I, 75-78) 인간, 정의채 옮김, 2003.
11 (ST I, 79-83) 인간 영혼의 능력, 정의채 옮김, 2003.
12 (ST I, 84-89) 인간의 지성, 정의채 옮김, 2013.
13 (ST I, 90-102) 하느님의 모상으로 창조된 인간, 김율 옮김, 2008.
14 (ST I, 103-114) 하느님의 통치, 이상섭 옮김, 2009.
15 (ST I, 115-119) 우주의 질서, 김정국 옮김, 2010.

[제2부 제1편]
16 (ST I-II, 1-5) 행복, 정의채 옮김, 2000.
17 (ST I-II, 6-17) 인간적 행위, 이상섭 옮김, 2019.
18 (ST I-II, 18-21) 도덕성의 원리, 이재룡 옮김, 2019.
19 (ST I-II, 22-30) 정념, 김정국 옮김, 2020.
20 (ST I-II, 31-39) 쾌락, 이재룡 옮김, 2020.
21 (ST I-II, 40-48) 두려움과 분노, 채이병 옮김, 2020.
22 (ST I-II, 49-54) 습성, 이재룡 옮김, 2020.
23 (ST I-II, 55-67) 덕, 이재룡 옮김, 2020.
24 (ST I-II, 68-70) 성령의 선물, 채이병 옮김, 2020.
25 (ST I-II, 71-80) 죄, 안소근 옮김, 2020.
26 (ST I-II, 81-85) 원죄, 정현석 옮김, 2021.
27 (ST I-II, 86-89) 죄의 결과, 윤주현 옮김, 2021.
28 (ST I-II, 90-97) 법, 이진남 옮김, 2020.
29 (ST I-II, 98-105) 옛 법, 이경상 옮김, 2021.
30 (ST I-II, 106-114) 새 법과 은총, 이재룡 옮김, 2021.

[제2부 제2편]
31 (ST II-II, 1-7) 신앙, 박승찬 옮김, 2022.
32 (ST II-II, 8-16) 신앙(II), 박승찬 옮김, 2022.
33 (ST II-II, 17-22) 희망, 이재룡 옮김, 2022.
34 (ST II-II, 23-33) 참사랑, 안소근 옮김, 2022.
35 (ST II-II, 34-44) 참사랑(II), 안소근 옮김, 2022.
36 (ST II-II, 45-56) 지혜와 현명, 이상섭 옮김, 2023.
37 (ST II-II, 57-62) 정의, 이재룡 옮김, 근간.
38 (ST II-II, 63-79) 불의, 박동호 옮김, 2023.

39 (ST II-II, 80-91) 종교와 경신, 윤주현 옮김, 근간.
40 (ST II-II, 92-100) 종교와 경신(II)
41 (ST II-II, 101-122) 사회적 덕
42 (ST II-II, 123-140) 용기
43 (ST II-II, 141-154) 절제
44 (ST II-II, 155-170) 절제(II)
45 (ST II-II, 171-178) 예언과 은사
46 (ST II-II, 179-182) 활동과 관상
47 (ST II-II, 183-189) 사목과 수도생활

[제3부]
48 (ST III, 1-6) 육화하신 말씀
49 (ST III, 7-15) 그리스도의 은총
50 (ST III, 16-26) 하느님과 인간 사이의 중재자
51 (ST III, 27-30) 동정녀 마리아
52 (ST III, 31-37) 그리스도의 유년기
53 (ST III, 38-45) 그리스도의 생활
54 (ST III, 46-52) 그리스도의 수난
55 (ST III, 53-59) 예수 부활
56 (ST III, 60-65) 성사

57 (ST III, 66-72) 세례와 견진
58 (ST III, 73-78) 성체성사
59 (ST III, 79-83) 영성체
60 (ST III, 84-90) 고해성사(*절필)

[보충부]
61 (ST Sup, 1-11) 통회
62 (ST Sup, 12-20) 보속과 열쇠
63 (ST Sup, 21-28) 냉담과 대사
64 (ST Sup, 29-33) 병자성사
65 (ST Sup, 34-40) 성품성사
66 (ST Sup, 41-49) 혼인성사
67 (ST Sup, 50-62) 혼인장애
68 (ST Sup, 63-68) 재혼
69 (ST Sup, 69-74) 죽음과 심판
70 (ST Sup, 75-86) 육신의 부활
71 (ST Sup, 87-96) 최후심판과 성인들
72 (ST Sup, 97-99) 단죄받은 자들
73 (***)   [신학대전 요약]
74 (***)   [신학대전 입문]
75 (***)   [총색인]

일러두기

1. 『신학대전』의 대구조(macro-structura)

1.1. 성 토마스는 불후의 걸작인 이 방대한 작품을 신플라톤주의의 '발원-귀환'이라는 웅장한 구도를 활용하여 구성하고 있다. 그래서 제1부는 만물이 하느님으로부터 나오는 발원(發源, exitus) 과정이고, 제2부는 만물이 하느님께로 되돌아가는 귀환(歸還, reditus) 여정이며, 제3부는 그 귀환의 길 또는 수단이 되어주신 구세주의 위업(偉業)을 다루고 있다. 보충부는 일찍 찾아온 그의 죽음 때문에 미완으로 남게 된 (제3부의) 공백을 그의 제자, 혹은 제자 그룹이 그의 초창기 작품으로부터 관련 내용을 정리하여 옮겨다 채워 넣은 보완 부분이다.

1.2. 'I'(Prima Pars)은 제1부, 'I-II'(Prima Pars Secundae Partis)는 제2부 제1편, 'II-II'(Secunda Pars Secundae Partis)는 제2부 제2편, 'III'(Tertia Pars)은 제3부, 그리고 'Sup.'(Supplementum)은 보충부의 약식 기호들이다.

1.3. 지금 우리의 기획처럼, 방대한 『신학대전』의 내용을 나누어 출간하는 경우에, 분책(分冊)의 기초가 되는 단위로, 여러 개의 문(quaestio)들이 한데 모여 이루는 공동의 주제인 'tract.'(tractatus)를 '논고'(論考)라고 부른다.

1.4. 'q.'(quaestio)라고 표기되는 단위를 '문'(問)이라고 부른다.

1.5. '문'에서 제기된 문제를 해결하기 위해서는 필요한 만큼의 분절

작업(articulatio)이 요구되는데, 이렇게 세분된, 실질적인 논의의 기본 단위를 이루는 'a.'(articulus)를 '절'(節)이라고 부른다.

2. 절의 세부 구조(micro-structura)

각각의 절에서 본격적으로 논의되는 세부 내용은 규칙적인 형식으로 구성되어 있고, 크게 두 부분으로 대별된다. 먼저 권위 있는 가르침들이 찬 – 반(贊反)으로 제시되고, 다음에 저자 자신의 해결책이 제시된다.

2.1. 첫 번째 부분에서는 먼저, 중세 스콜라 학자들의 기본적인 학문 방법인 '권위'(auctoritas), 곧 성경과 교부들, 그리고 때로는 고대 철학자들을 비롯한 사상가들로부터 해당 주제에 대한 가르침들 가운데 (곧 제시될 필자의 입장에 반대되는) '부정적인' 가르침들이 엄선하여 제시된다. 곧 '반론들'(objectiones)로서, 보통 세 개 정도가 제시되는데, '반론 1'(obj.1), '반론 2'(obj.2)라 부른다.

2.2. 다음으로는 (역시 권위들 가운데에서) 그에 대해 반대되는, 곧 저자의 입장을 지지하는 긍정적인 가르침이 (보통은 하나) 제시된다. 곧 '재반론'(sed contra)이다.

2.3. 저자 자신의 독창적 해결책이 제시되는 두 번째 부분도 또다시 두 부분으로 구별되는데, 먼저 '답변'(Respondeo) 부분에서는 그 주제에 대한 저자 자신의 해결책이 제시되며, 가끔은 '본론'(corpus)이라고 불리기도 한다.

2.4. 그런 다음에 '해답'(solutio) 부분에서는 '답변'에서 확인한 결론들을, 앞머리에 제시되었던 반론들 하나하나에 대해 적용한다. 원문

에서 라틴어로 'ad1', 'ad2' 등으로 표시되는 것을 우리는 '제1답', '제2답' 등으로 부른다.

3. 본문과 각주에서의 유의 사항

3.1. 번역 대본은 비판본인 레오판(ed. Leonina)을 주로 따르고 있는 마리에티판이다: S. Thomas Aquinatis, *Summa Theologiae*, cum textu ex recensione Leonina, Taurini-Romae, Marietti, 1952.

3.2. (괄호) 속의 내용은 라틴 원문에 있지만, 길고 복잡한 문장 구조가 조금이나마 시각적으로 간명해지도록 역자가 임의로 괄호로 묶은 것이다.

3.3. [꺾쇠괄호] 안의 단어나 구절은 해당 라틴어 원문에는 없으나, 문맥상 요구된다고 판단되는 내용을 삽입한 것이다.

3.4. 성경은 기본적으로 한국천주교주교회의에서 발행한 『성경』을 따르지만, 내용에서 차이가 있는 경우에는 역자가 라틴 원문에 충실하게 번역하고, 각주에 『성경』 구절을 제시하였다.

3.5. 다양한 종류의 각주에 대해 아라비아 숫자로 일련번호를 매겼다. 단, 마리에티판의 권말에 추가주(adnotationes)로 실려 있는 내용을 번역한 경우에는 일련번호에 이어 '(*추가주)'라는 별도의 표시를 했다.

4. 약어표에 관하여

4.1. 일반적인 약어들을 '일반 약어표'로 제시하였다.

4.2. 성 토마스의 작품들에 대해서는 약어표를 따로 제시하였다.

4.3. 성경 약어에 대해서는 가톨릭교회에서 통용되는 일반 관례를 따른다.

4.4. 성 아우구스티누스를 비롯한 교부들의 작품들에 대해서는 한국교부학연구회가 펴낸 『교부 문헌 용례집』(수원가톨릭대학교출판부, 2014)을 따른다.

4.5. 아리스토텔레스를 비롯한 고대 사상가들의 작품들에 대한 약어는 한국서양고전철학회 등에서의 일반적인 관례를 준용한다.

일반 약어표

a.	절(articulus). 예) '제1절', '제7절' 등.
aa	여러 절들(articuli). 예) aa.1-3은 '제1절에서 제3절까지'를 가리킴.
ad1, ad3	제1답, 제3답: 절(articulus)을 시작하면서 제기되었던 반론들(objectiones)에 대해, 일일이 '해답'(solutio) 부분에서 해결책으로 제시하는 답변들.
c.	장(capitulum).
c.	본론(corpus) 곧 '답변'(Respondeo)을 가리킴.
Can.	카논(Canon: 공의회의 장엄 결정문).
Cf.	참조(conferire).
d.	구분(divisio). 특히 『명제집』과 『명제집 주해』에서 기본 틀로 제시될 때, '제1구분', '제2구분'으로 표기. 예)『명제집 주해』제1권 제2구분 제1문 제3절. (많이들 'divisio'와 혼용하고 있는 'distinctio'는 '구별'.)
DH	『덴칭거-휘너만』 혹은 『규정-선언 편람』(Denzinger-Hunermann이 1991년부터 편찬).
DS	『덴칭거-쇤메처』 혹은 『규정-선언 편람』(Denzinger-Schoenmetzer가 1963년부터 편찬).
Ibid.	같은 작품 또는 같은 곳(Ibidem).
ID.	같은 저자(Idem).
lect.	강(lectio). 예) '제1강', '제2강' 등(단, 서술문에서 지칭 시에는 '강독'.)
lib.	권(liber). 예) '제1권', '제2권' 등.
ll.	행(行, lineae).
loc. cit.	인용된 곳(loco citato).
n.	번(numerum) 또는 그대로 'n'. 예) '2번' 또는 'n.2'.
obj.	반론(objectio). 예) '반론1', '반론2' 등.

op. cit.	이미 인용된 작품(opere citato).
parall.	병행 문헌(paralleli).
PG	미뉴, 『그리스 교부 전집』(Migne, Patrologia Graeca).
PL	미뉴, 『라틴 교부 전집』(Migne, Patrologia Latina).
Proem.	머리말(Proemium).
Prol.	머리글(Prologus).
q.	문(quaestio). 예) '제1문', '제89문' 등(단, 간혹 서술 문장 중 특정 '문'을 가리킬 때에는 '문제'라고 지칭할 수도 있다.) 예문) "창조에 관해 논하는 이 '문제'는…."
qc.	소문제(quaestiuncula) (주로 『명제집 주해』에 나타남.)
qq.	여러 문들(quaestiones) 예) qq.57-59는 '제57문에서 제59문까지'를 가리킴.
Resp.	답변(Respondeo)[=본론].
s.c./sc	재반론(Sed contra) 또는 '그러나 반대로'. (보통은 재반론이 하나이지만, 드물게 번호와 함께 두세 개가 제시되기도 한다. 이때에는 '재반론1', '재반론3' 등으로 표기한다.)
sol.	해답(solutio)(단, 기본 틀 가운데에서 반론1에 대한 해답[ad1], 반론2에 대한 해답[ad2] 등은 '제1답', '제2답' 등이라고 지칭.)
tract.	논고(tractatus: 여러 문들이 함께 모여 이루는 논의 주제).

성 토마스 작품 약어표

In Sent., I, d.3, q.1, a.3, qc.1, ad1	『명제집 주해』 제1권 제3구분 제1문 제3절 제1소문제 제1답
ScG, I, II	『대이교도대전』 제1권, 제2권
ST(* 생략)	『신학대전』
I, q.1, a.1, ad2	『신학대전』 제1부 제1문 제1절 제2답
I-II	『신학대전』 제2부 제1편
II-II	『신학대전』 제2부 제2편
III	『신학대전』 제3부
Sup.	『신학대전』 보충부
Catena Aurea	『황금 사슬』 또는 『4복음서 연속주해』
Compendium Theol.	『신학 요강』
Contra doct. retrah.	『소년의 수도회 입회를 비난하는 전염병과도 같은 가르침 논박』
Contra err. Graec.	『그리스인들의 오류 논박』
Contra impugn.	『전례와 수도회를 거스르는 자들 논박』
De aetern. mundi	『세상 영원성』
De anima	『영혼에 관한 토론문제』 또는 『영혼론』
De articulis fidei	『신앙 요목』
De beatitudine	『참행복』 또는 『진복』
De caritate	『참사랑』 또는 『참사랑에 관한 토론문제』
De correct. Frat.	『형제적 충언』 또는 『형제적 충언에 관한 토론문제』
De demonstratione	『증명론』
De diff. verbi Domini	『하느님의 말씀과 인간의 말의 차이』
De dilex. Dei et prox.	『하느님 사랑과 이웃 사랑』

De dimens. indeterm.	『무한의 크기』
De divinis moribu	『하느님의 습성』
De duo. praecep. char.	『사랑의 이중계명』
De empt. et vend.	『신용거래』 또는 『매매론』
De ente et ess	『존재자와 본질』 또는 『유(有)와 본질(本質)에 대하여』
De eruditione principis	『군주 교육』
De expos. missae	『미사 해설』
De fallaciis	『오류론』
De fato	『운명론』
De forma absol.	『사죄경 형식』
De humanitate Christi	『그리스도의 인성』
De instantibus	『순간론』
De intellectu et intell.	『지성과 가지상』
De inventione medii	『수단의 발명』
De iudiciis astr.	『점술가의 판단』
De magistro	『교사론』 또는 『교사에 관한 토론문제』
De malo	『악론』 또는 『악에 관한 토론문제』
De mixtione element.	『요소들의 혼합』
De motu cordis	『심장 운동』
De natura accidentis	『우유의 본성』
De natura generis	『유(類)의 본성』
De natura loci	『장소의 본성』
De natura luminis	『빛의 본성』
De natura materiae	『질료의 본성』
De natura syllog.	『삼단논법의 본성』
De natura verbi intell.	『지성의 말의 본성』
De occult. oper. naturae	『자연의 신비로운 작용』
De officio sacerdotis	『사제의 직무』

De perf. vitae spir.	『영성생활의 완성』
De potentia	『권능론』 또는 『권능에 관한 토론문제』
De potentiis animae	『영혼의 능력들』
De principiis naturae	『자연의 원리들』
De principio individ.	『개체화의 원리』
De propos. mod.	『양태명제론』
De purit. consc. et modo conf.	『양심의 순수함과 고백 양식』
De quat. oppositis	『네 대당(對當)』
De quo est et quod est	『그것에 의해 '있는 것(존재)'과 '있는 것(본질)'』
De rationibus fidei	『신앙의 근거들』
De regimine Iudae.	『유다인 통치』
De regimine princ.	『군주통치론』
De secreto	『비밀』
De sensu resp. singul. et intellectu resp. univ.	『감각과 개체, 지성과 보편자』
De sensu respectu singul.	『개별자 감각』
De sortibus	『제비뽑기』
De spe	『희망론』 또는 『희망에 관한 토론문제』
De spir. creat.	『영적 피조물』 또는 『영적 피조물에 관한 토론문제』
De sub. sep.	『분리된 실체』
De tempore	『시간론』
De unione Verbi Incarn.	『육화하신 말씀의 결합』 또는 『육화하신 말씀의 결합에 관한 토론문제』
De unit. vel plurit. formarum	『형상의 단일성 여부』
De unitate Intell.	『지성단일성』
De usuris in communi	『고리대금』
De veritate	『진리론』 또는 『진리에 관한 토론문제』
De virt. card.	『사추덕』 또는 『사추덕에 관한 토론문제』
De virtutibus	『덕론』 또는 『덕에 관한 토론문제』
Ep. ad comitissam	『플랑드르 백작부인 회신』

Ep. ad duciss. Brabant.	『브라방의 백작부인 서신』
Ep. exhort. de modo stud.	『학업 방식에 관한 권고 서한』
Hymn.: Adoro Te	『찬미가: 엎드려 흠숭하나이다』
In Anal. post., I, II	『분석론 후서 주해』 제1권, 제2권
In Cant. Canticor.	『아가 주해』
In De anima, I, II	『영혼론 주해』 제1권, 제2권
In De cael., I, II	『천지론 주해』 제1권, 제2권
In De causis	『원인론 주해』
In De div. nom.	『신명론 주해』
In De gen. et corrupt.	『생성소멸론 주해』
In De hebd.	『주간론 주해』
In De mem. et remin.	『기억과 회상 주해』
In De meteora	『기상학 주해』
In De sensu et sensato	『감각과 감각대상 주해』
In De Trin.	『삼위일체론 주해』
In decem praecept.	『십계명 해설』
In Decretal.	『교령 해설』
In Ep. ad Col.	『콜로새서 주해』
In Ep. ad Ephes.	『에페소서 주해』
In Ep. ad Hebr.	『히브리서 주해』
In Ep. ad Philem.	『필레몬서 주해』
In Ep. ad Philipp.	『필리피서 주해』
In Ep. ad Rom.	『로마서 주해』
In Ep. I ad Cor.	『코린토 1서 주해』
In Ep. II ad Cor.	『코린토 2서 주해』
In Ep. I ad Thess.	『테살로니카 1서 주해』
In Ep. Pauli	『바오로 서간 주해』
In Ethic., I, II	『니코마코스 윤리학 주해』 제1권, 제2권
In Hieremiam	『예레미야서 주해』

In Ioan.	『요한복음서 주해』
In Iob	『욥기 주해』
In Isaiam	『이사야서 주해』
In Matth.	『마태오복음서 주해』
In Metaph., I, II	『형이상학 주해』 제1권, 제2권
In orat. dominicam	『주님의 기도 해설』
In Periherm., I, II	『명제론 주해』 제1권, 제2권
In Phys., I, II	『자연학 주해』 제1권, 제2권
In Pol., I, II	『정치학 주해』 제1권, 제2권
In Psalm.	『시편 주해』
In salut. angelicam	『성모송 해설』
In Symbolorum	『사도신경 해설』
In Threnos	『애가 주해』
Officium de fest. Corp. Dom.	『성체축일 성무일도』
Orationes	『기도문』
Primus tract. de univers.	『보편자 제1론』
Principium	『취임 강연』
Quaestiones Disp.	『토론문제집』
Quodlibet., I, II	『자유토론문제집』 제1 자유토론, 제2 자유토론
Resp. ad 108	『108문항 회신』
Resp. ad 30	『30문항 회신』
Resp. ad 36	『36문항 회신』
Resp. ad 42(43)	『42(43)문항 회신』
Resp. ad 6	『6문항 회신』
Resp. ad Abba. Casin.	『몬테카시노 아빠스 회신』
Secundus tract. de univers.	『보편자 제2론』
Sermones	『설교집』
Summa totius logicae	『총논리학 대전』
Tabula Ethicorum	『윤리학 도표』

'불의' 입문

1. 『신학대전』의 '불의' 논고

『신학대전』 제2부 제2편의 제63문부터 제79문까지는 사추덕(四樞德) 가운데 하나인 정의(제37권)에 반하는 악습들을 다룬다. 불의는 정의와 대립된다. 따라서 불의에 대한 성 토마스의 논의에서는 정의를 연구하는 데에서 나타났던 대상, 행위, 구분 등 모든 주요 요소들이 정반대로 나타난다. 성 토마스에 따르면 정의(正義, justitia)는 '각자에게 자신의 권리를 주고자 하는 끈질기고 항구한 습성'이다(II-II, 58, 1). 따라서 불의(不義, injustitia)는 '어떤 사람에게 마땅히 주어져야 할 것보다 더 또는 덜 주어지는(alicui attribuitur plus vel minus quam sibi competat)' 데에서 성립된다(II-II, 59, 2).

성 토마스는 불의를 크게 분배 정의에 위배되는 악습들과 교환 정의에 위배되는 행위들로 나누는데, 분배 정의에 위배되는 악습에 관해서는 1개 문(제63문)을 할당하는 데 반해, 교환 정의에 위배되는 악습들에 대해서는 무려 14개 문(제64문부터 제78문)을 할당하고 있다. 그런 다음에, 정의의 유사 구성 부분이라 할 수 있는 작위(commissio) 및 부작위(omissio)와 관련된 논의(제79문)로 마무리짓고 있다.

교환 정의에 위배되는 악습들에 관해서는 먼저 비자발적 불의(제64-76문)와 자발적 불의(제77-78문)로 대별한 다음에, 비자발적 불의에 대해서는 다시 행동으로 범하는 죄(제64-66문)와 말로 범하는 죄(제67-76문)를 구분하고, 이 가운데 말로 범하는 죄에 대해서는 좀 더 세밀하게 사법 절차 과정에서 범하는 불의(제64-71문)와 법정 바깥에서 범하는 불의(제72-76문)를 구분하고 있다. 이 전체 구성을 하나의 도표로 표시하면 다음과 같다.

  분배 정의에 반하는 악습(제63문)
  교환 정의에 반하는 악습(제64문-제78문)
    비자발적 불의(제64문-제76문)
      행동으로 범하는 죄(제64문-제66문)
      말로 범하는 죄(제67문-제76문)
        사법 절차 과정에서 범하는 불의(제67문-제71문)
        법정 밖에서 범하는 불의(제72문-제76문)
    자발적 불의, 사기와 이자(제77문, 78문)
  정의의 유사(준)-구성 부분, 선을 행하기와 악을 회피하기(제79문)

2. 「기쁨과 희망」(*Gaudium et Spes*: 제2차 바티칸 공의회(1962-65), 현대 세계의 교회에 관한 사목 헌장, 이하 공의회, 「사목 헌장」)의 불의

「사목 헌장」은 "인간 사회에 관한 그리스도교 교리를 상세히 제시한 교회 교도권의 최근 문서들"을 바탕으로 "몇 가지 더 중요한 진리", 특히 인간에 대한 존중을 강조하면서 그에 반하는 불의를 다음과 같이 밝힌다(23항, 공의회의 의도). "실천적이고 더욱 긴급한 결론을 내려서, 공의회는 인간에 대한 존중을 강조한다. 그리하여 모든 사람은 저마다 이웃을 어떠한 예외도 없이 또 하나의 자신으로 여겨야 하고 무엇보다도 이웃의 생활을 고려하여 그 생활을 품위 있게 영위하는 데에 필요한 수단들을 보살펴야 한다(야고 2,15-16 참조). 가난한 라자로를 조금

도 돌보지 않았던 저 부자를 닮아서는 안 된다(루카 16,19-31 참조). 특히 현대에서는 우리 자신이 그 누구에게나 이웃이 되어 주고 누구를 만나든지 적극적으로 봉사하여야 할 의무가 있다. 모든 사람에게 버림받은 노인이든, 불의하게 천대받는 외국인 노동자이든, 피난민이든, 불법적인 결합으로 태어나 자기가 짓지 않은 죄 때문에 부당하게 고통을 받는 어린이이든, 그리고 "너희가 내 형제들인 이 가장 작은 이들 가운데 한 사람에게 해준 것이 바로 나에게 해준 것이다."(마태 25,40)라고 하신 주님의 말씀을 상기시키며 우리 양심에 호소하는, 굶주리는 사람들을 도와주어야 한다.

그리고 이어서, 불의의 주요 목록을 열거한다. "온갖 살인, 집단 학살, 낙태, 안락사, 고의적인 자살과 같이 생명 자체를 거스르는 모든 행위; 지체의 상해, 육체와 정신을 해치는 고문, 심리적 억압과 같이 인간의 온전함에 폭력을 자행하는 모든 행위; 인간 이하의 생활 조건, 불법 감금, 추방, 노예화, 매매춘, 부녀자와 연소자의 인신매매와 같이 인간의 존엄성을 침해하는 모든 행위; 또한 노동자들이 자유와 책임을 지닌 인간이 아니라 이윤 추구의 단순한 도구로 취급당하는 굴욕적인 노동 조건; 이 모든 행위와 이 같은 다른 행위들은 참으로 치욕이다. 이는 인간 문명을 부패시키는 한편, 불의를 당하는 사람보다도 그러한 불의를 자행하는 자들을 더 더럽히며, 창조주의 영예를 극도로 모욕하는 것이다."[1]

공의회의 가르침과 정신(aggiornamento, resourcement)을 따라 "신앙과 도덕에 관한 모든 가톨릭 교리를" 망라하려는 세계주교대의원회의

---

1. 제2차 바티칸 공의회, 「사목 헌장」, 제1부 인간의 소명과 교회, 제2장 인간 공동체, 27항, 인간 존중.

교부들의 열망은 『가톨릭교회 교리서』(1992, 1997, 이하 『교리서』)로 결실을 보았다.² 특히 공의회의 네 헌장 가운데 하나인 「사목 헌장」의 구조와 내용은 『교리서』의 제3편 그리스도인의 삶(1691-2557항)에 반영되었다.

3. 『신학대전』의 정의와 악습, 그리고 『교리서』의 사회정의와 죄(불의)의 구조들

성 토마스는 정의를 다음과 같이 정의한다. "정의란 각자에게 그 자신의 권리를 돌려주려는 지속적이고 항구한 의지이다. 왜냐하면 『니코마코스 윤리학』 제5권에서 철학자에 따르면, 정의란 그로써 어떤 사람이 올바른 선택에 따라 올바른 행위를 할 수 있게 해주는 습성이기 때문이다(Iustitia est constans et perpetua voluntas ius suum unicuique tribuens. Iustitia enim, secundum Philosophum, in V *Ethic.*, est habitus a quo sunt aliqui operativi iustorum, et a quo operantur et volunt iusta)."³

토마스 아퀴나스가 아리스토텔레스(기원전 384-322)와 대화를 통해 정의(定義)한 위의 정의(正義, Iustitia) 개념은 훗날 그리스도인의 삶의 지표가 될 정도로 "정평이 나 있는 형식"(『간추린 사회교리』(2004, 201항)의 정의로 전승되어 현대의 『가톨릭교회 교리서』에 다음과 같이 나타난다. "정의는 윤리적인 덕으로서, 하느님께 마땅한 것들을 하느님께 드리고, 이웃에게 마땅한 것들을 이웃에게 주려는 지속적이고 확고한 의지이다. 하느님을 향한 정의를 '경신덕(敬神德, virtus religionis)'이라고

---

2. 제2차 바티칸 공의회에 따라 마련된 「가톨릭교회 교리서」의 발행에 관한 교황령, 「신앙의 유산」(*Fidei Depositum*, 1992) 참조.
3. 『신학대전』 제2부 제2편 제58문 제1절.

부른다. 사람들을 향한 정의는 사람들이 각자의 권리들을 존중하게 하고, 사람들과 관련하여 또 공동선과 관련하여 형평을 촉진하는 조화를 인간관계 안에 확립하게 한다. 성경에 자주 나오는 의로운 사람(the just man)은 습관적인 올바른 사고(habitual right thinking, voluntas)와 자기 이웃을 향한 바른 행실(the uprightness of his conduct toward his neighbor, habitus)로 식별된다."⁴

그리고 한걸음 더 나아가, 토마스 아퀴나스가 『신학대전』을 통해 체계적으로 제시한 덕으로서의 정의는 물론 '분배 정의'와 '교환 정의'에 반하는 악습인 '불의(iniustitia)'는 역시 같은 교리서에서 다음과 같이 사회정의(social justice)와 죄의 구조들(structures of sin)에 관한 가톨릭의 교리로 발전된다. "단체나 개인들이 그들의 본성과 소명에 따라 마땅히 받아야 할 것을 받을 수 있게 하는 조건들을 실현할 때, 그 사회는 사회정의를 보장한다. 사회정의는 공동선과 공권력 행사와 관계된다."⁵ 또한 "죄는 사람들을 서로 공범이 되게 하고, 그들 사이에 탐욕과 폭력과 불의(concupiscence, violence, and injustice)가 만연하게 한다. 죄는 하느님의 선하심에 반대되는 사회적 상황과 제도를 유발한다. 죄의 구조들은 개인들이 지은 죄의 표현이며 결과이다. 이 구조들이 다시 그 구조의 희생자들을 같은 악을 저지르도록 끌어들인다. 유비적인 의미에서 이 구조들은 사회적 죄를 구성한다."⁶

---

4. 『교리서』 제3편 그리스도인의 삶, 제1부 인간의 소명: 성령 안의 삶, 제1장 인간 존엄, 제7절 덕, 1. 인간적인 덕, 1807항, 일부 필자 번역.

5. 『교리서』 제3편 그리스도인의 삶, 제1부 인간의 소명: 성령 안의 삶, 제2장 인류 공동체, 제3절 사회정의, 1928항.

6. 『교리서』 제3편 그리스도인의 삶, 제1부 인간의 소명: 성령 안의 삶, 제1장 인간 존엄, 제8절 죄, v. 죄의 증식, 1867항.

4. 인간 사회에 관한 그리스도교 교리를 상세히 제시한 교회의 교도권(가톨릭 사회교리)

토마스 아퀴나스가 시대를 초월하여 아리스토텔레스와 대화하면서 진리를 향해 날았듯이,[7] 교회도 인간 사회와 대화하면서[8] 인류를 하느님께 결합하고 인류를 일치시키려는 도구와 표지로서의 본성과 사명에 헌신하려고 한다.[9]

인간 사회는 이웃에게 마땅한 일반적 의미의 인간의 권리(權利, ius suum)를 각 인간의 권리들(the rights of each)로 구체화하여 그 존중을 요구하고 있다.[10] 인간의 존엄(尊嚴, human dignity)과 그 존엄의 발현(표현)으로서 인권(人權, human rights) 사이의 관계는 마치 비옥한 정원과 그 정원에서 자라는 생물들 사이의 관계에 비유할 수 있다. 교회는 모든 인간의 동등한 존엄(비옥한 정원)을 확언하면서(『교리서』, 1934항 참조), 문명은 인간의 존엄을 토대로 다양한 권리들(생물들)을 지속해서 계발·확장하였다. 특수한 인권들은 자유권(權), 평등권, 연대권으로 범주화되며, 각각의 범주는 다시 정치적·시민적 권리, 경제적·문화적·사회적 권리, 발전·환경·평화의 권리로 나뉘어 자라고 있으며, 실제 그 가운데 상당한 권리들은 각 정치 공동체(국민국가)의 헌법적 권리로서 보장되고 있다.

교회는 권리들의 목록을 확정하지는 않지만, 인류 문명이 계발한 그

---

[7] 요한 바오로 2세, '신앙과 이성의 관계에 관한 회칙' 「신앙과 이성」(*Fides et Ratio*, 1998), 참조.
[8] 제2차 바티칸 공의회, 「사목 헌장」 제1부 제3장 전 세계의 인간 활동, 제4장 현대 세계 안 교회의 임무 참조.
[9] 제2차 바티칸 공의회, '교회에 관한 교의 헌장' 「인류의 빛」 참조.
[10] 국제연합, 「세계인권선언」(1948) 참조.

권리들을 존중할 뿐만 아니라, 그리스도인에게는 그 존중과 보장에 있어 탁월한 모범이 될 것을 요청한다. 그러면서도 교회는 인권의 특성으로서 보편성(普遍性, universality), 불가침성(不可侵性, inviolability), 양도불가성(讓渡不可性, inalienability)을 확언하고 있으며, 특히 단일 전체성(單一全體性, a single wholeness)을 강조한다.[11] 그것은 바로 권리와 의무 사이의 불가분(不可分)한 관계, 권리의 다양성(多樣性)과 권리들 사이의 불가분한 관계 때문이다.

실로 현대 사회에서 많은 사람이 자주 경험할 수 있는 불의의 사례들은 이 단일 전체성의 결함 또는 왜곡에서 발생한다고 볼 수 있다. 교회는 이 결함에 각별한 관심을 보인다. 그 결함이 이웃, 특히 가난한 이웃과 집단에, 더 나아가 가장 약한 실재로서의 창조 세계에 가장 먼저, 가장 심각하게 위해를 가하고, 심지어 죽음과 파멸의 길로 내몰 수 있기 때문이다. 이는 영원한 생명에 이르는 길을 묻는 율법 학자에게 예수님께서 되물으신 '누구에게 이웃이 되어 줄 것인가'에 대한 오늘날 그리스도인의 시급한 응답을 촉구한다는 뜻이기도 하다(루카 10,25-37 참조).

예를 들어, 사적 소유권과 그 이용(처분)의 권리는 평등권 영역에서 경제적 차원의 권리들 가운데 하나인데, 오늘날 많은 사람이 이를 당연한 권리로 받아들이고 있다. 하지만 무절제하고 과도하며 개인주의적 태도의 이 권리 옹호와 실현은 이기적 소비주의 문화를 낳았다. 근대 사회의 소비주의 문화가 오늘과 내일의 인류가 마땅히 누려야 할 환경의 권리를 심각하게 훼손하고 있는 수준, 생태 재앙의 수준에까지

---

11. 요한 바오로 2세, 1999년 세계 평화의 날 담화, 3항 참조.

이르게 된 주요 원인 가운데 하나라는 것은 대부분 선의의 사람들이 동의한다. 생태 재앙이라는 전 세계적 사회 현안을 프란치스코 교황은 '공동의 집을 돌보는 삶에 관한 회칙' 「찬미 받으소서」(*Laudato si'*, 2015)에서 세대 내(intra-generational) 및 세대들 사이의(inter-generational) 정의와 불의 관점에서 성찰하면서, 그 불의가 인류 전체를 자멸의 길로 이끌어 갈 수도 있음을 경계한다. 물론 교황은 그 해결책을 찾기 위한 생태 차원의 전환을 호소하며, 인간과 사회의 의지(意志, voluntas), 행위 양식과 습관(習慣, habitus), 창조 질서에 대한 과학 및 기술의 개입 방식의 실질적 전환을 모색하려는 대화를 호소하며 그 길에 나서겠다고 밝힌다.

인권들의 단일 전체성의 결함이 낳는 불의에 관한 교회의 경계에는 경제적 차원의 권리가 다른 차원의 권리를 압도하는 현상도 포함된다. 프란치스코 교황은 '오늘날 복음을 선포하는 것에 관한 사도 권고' 「복음의 기쁨」(*Evangelii Gaudium*, 2013)에서 이런 현상이 교회의 복음화 사명에도 심각한 위협이 된다고 진단한다. 권고는 하느님을 닮은 인간의 존엄과 그 표현인 인권, 그리고 성부와 성자와 성령 사이의 친교 관계가 새겨져 있는 세상(사회와 창조)의 질서를 압도하고 배제하려는 경제, 돈을 우상으로 섬기는 경제, 사람과 사회에 이바지하지 않는 금융 체계에 대한 단호한 거부를 호소한다.

다른 예로, 오늘날 민주적 참여의 권리는 자유권 영역의 정치적 권리들 가운데 하나로서 당연시되고 있다. 하지만 그 자유의 권리들은 특정 정치 공동체들의 배타적 권리로 왜곡되고 심지어 폐쇄적 국가주의 형태로 발흥하여, 오늘과 내일의 세계 평화를 심각하게 위협하고 있다. 실로 이는 지구촌 곳곳에서 평화의 완전한 실패, 정치 공동체의 완전한 실패라 할 수 있는 전면전(全面戰)과 내전(內戰), 그리고 새로운 형태의 폭력인 테러리즘(terrorism)을 초래하는 배경이 되고 있다. 이를 프란치스코 교황은 '혈육의 관계와 사회적 우애에 관한 회칙' 「모든 형제」(*Fratelli tutti*, 2020)에서 산발적 제3차 세계대전이라는 불의로 진단하면서, 정치 및 사회 차원의 참사랑(political and social charity)의 길로의 전환을 간절하게 호소하고 있다.

앞에서 예를 든 프란치스코 교황의 가르침(또는 사회 교도권의 행사)은 새삼스러운 것이 아니다. 새롭게 떠오르는 사회 문제를 사회정의 맥락에서 숙고하여 시대의 징표를 탐구하고, 복음의 빛으로 해석하며, 인류가 나아갈 길을 제안하는 복음화의 사명 수행은 모든 그리스도인에게 마땅한 삶이며 성령 안에서의 소명이기 때문이다.

실로『교리서』는 사회정의를 상당한 분량으로 소개함으로써 그 중요성을 강조하고 있다.[12] 역설적으로 이는 그만큼 사회 문제의 다면성과 세계 차원, 사회·정치·경제적 측면들, 그리고 무엇보다도 불의의 구조적 차원과 그 해결책이 인류가 걸어야 길에 커다란 장애가 되고 있다는 뜻이기도 하다.

요한 바오로 2세 교황(1978-2005)의 재위 기간,『교리서』편찬에 주도적인 임무를 수행한 훗날의 베네딕토 16세 교황(2005-13) 역시 '참사랑과 신리로 성취해야 할 온전한 인간 발전에 관한 사회 회칙' 「진리 안의 참사랑」(*Caritas in veritate*, 2009)을 통해 참된 인간 발전의 구조적

12.『교리서』제3편 그리스도인의 삶, 제1부 인간의 소명: 성령 안의 삶, 제2장 인류 공동체, 제3절 사회정의(1928-42항), 제2부 십계명, 제2장 '네 이웃을 너 자신처럼 사랑해야 한다', 제7절 일곱째 계명 '도둑질해서는 안 된다', IV 경제활동과 사회정의(2426-36항), V 국가들 사이의 정의와 연대 의식(2437-42항), VI 가난한 이들을 향한 사랑(2443-49항).

차원과 사회·정치·경제·문화적 측면들을 진단한다(제2장). 2007-08년의 세계 금융위기는 이 회칙의 시대적 배경이 되는데, 그 금융위기가 사회적 약자들이 마땅히 누려야 할 권리들을 얼마나 심대하게 침해했으며, 여전히 지속되고 있는 그 결과가 얼마나 고통스러운지는 굳이 설명이 필요하지 않다.

요한 바오로 2세 교황의 '인간 노동에 관한 회칙' 「노동하는 인간」(*Laborem Exercens*, 1981)은 1979-80년을 전후하여 맹렬하게 등장한 신자유주의 경제 사조와 경제모델을 배경으로 인간 노동과 자본 사이의 갈등을 진단하였으며(제3장), 회칙 「사회적 관심」(*Sollicitudo Rei Socialis*, 1987)은 동서의 진영 대립(logic of blocs)과 긴장, 자유 자본주의(liberal capitalism)와 마르크스 집산주의(Marxist collectivism) 경제모델이 낳은 세계적 불균형과 저발전의 비극을 진단하고 있다(제3장). 회칙 「백주년」(*Centesimus Annus*, 1991)은 급격한 변형(radical transformations), 중앙 및 동유럽 여러 나라에서 일어난 역사적 변혁과 함께 집산주의 경제모델의 해체를 관찰하면서도 자유주의 경제모델이 반드시 따라야 할 재화의 보편 의도를 특별히 강조한다(제2-3장).

바오로 6세 교황(1963-78)의 회칙 「민족들의 발전」(*Populourm Progressio*, 1967)은 공의회 「사목 헌장」의 제2부 몇 가지 긴급 과제, 제3장 경제·사회생활을 계승 발전시킨 가르침이라 할 수 있다. 특히 발전을 '양날의 검'(19항)에 비유하며, 비인간적인 삶의 여건을 더욱 인간적인 것으로 이행시키는 '충만한 인본주의(a full-bodied humanism, 42항)'를 참된 발전의 목표로 가르친다. 또한 교황은 1967년 교황청 정의평화위원회(Iustitia et Pax)를 설립하는데, 이는 공의회 「사목 헌장」 90항의 염원을 실현한 것이라 할 수 있다. 이 기구는 구체적으로 경제·사회생활의 불균형을 개선하려는 인류와 교회의 노력(정의)을, 전쟁 회피와 군비 감축뿐만 아니라, 궁극적으로는 "가톨릭 신자들의 공동체"에 비폭력 평화 실현을 위한 인류와 교회의 노력(평화)을 일깨우려는 데에 그 목적을 두고 있다. 참고로 이 기구는 이후 정의평화평의회로, 다시 프란치스코 교황에 의해서는 교황청의 다른 몇 기구들과 함께 '온전한 인류(인간) 발전 촉진을 위한 부서(Dicastery for the Promoting Integral Human Development)'로 통합 발전되었다. 또한 교황의 제안으로 교회는 1968년부터 매해의 첫날을 세계 평화의 날로 기념하기 시작했는데, 교황들은 해마다 시대의 징표를 탐구하고 복음의 빛으로 해석하며, 인류가 나아갈 길을 제안하는 구조를 갖춘 평화의 날 담화를 발표한다.

사목 공의회, 개혁 공의회, 일치 공의회라는 성격을 지닌 제2차 바티칸 공의회는 16개의 문헌을 남겼는데, 그 가운데 특히 「사목 헌장」, '평신도 사도직에 관한 교령' 「사목적 활동」(*Apostolicam Actuositatem*), '종교 자유에 관한 선언' 「인간의 존엄」(*Dignitas Humanae*)은 교회의 사목활동에 있어 성실한 성찰과 판단과 행동의 규범으로서 중요성을 지닌다. 「사목 헌장」은 그 서론에서 현대 세계의 인류가 급속한 변화와 심각한 불균형 상황에서 동요하고 있으며, 이에 교회는 "그리스도의 빛 아래서 인간의 신비를 밝히고 현대의 주요 문제들에 대한 해결책을 찾는 네에 협력하기 위하여 모든 사람과 더불어 대화"(10항)를 나눔으로써 "인류 가족에 대한 연대와 존경과 사랑"(3항)을 드러내려 한다. 「사목적 활동」은 "현세 질서에 복음 정신을 침투시켜 그 질서를 완성하려는"(5항) 교회의 사명 수행에 평신도 사도직의 능동적인 역할이 불가결함을 강조한다. 그리스도교 사랑은 개별 행동을 재촉하는 사랑뿐만 아니라, 사회 및 정치 차원의 사랑이라는 성격도 지니기 때문이다.

「인간의 존엄」은 종교 자유의 권리가 자유권 영역의 시민권으로 인정받아야 한다고 강조한다.

제2차 바티칸 공의회를 제안하고 개최한 요한 23세 교황(1958-63)은 공의회 전에는 '그리스도교와 사회 발전에 관한 사회 회칙' 「어머니와 스승」(*Mater et Magistra*, 1961)을, 공의회 기간에는 '진리와 정의, 참사랑과 자유로 건설할 보편적 평화에 관한 사회 회칙' 「지상의 평화」(*Pacem et Terris*, 1963)를 발표했다. 이 회칙들의 주제가 사회의 발전과 보편적 평화라는 것은 그만큼 인간 사회가 저발전(低發展)이나 왜곡된 발전, 그리고 폭력의 불의로 고통 받고 있다는 실재를 전제한다.

마지막으로, 제2차 세계대전의 참화와 전후 복구라는 시련의 시기에 교황직을 수행한 비오 12세(1939-58)는 성탄절 라디오 메시지를 통해, 사회 문제, 특히 혼돈의 국제 질서에 대한 우려와 함께 도덕과 법의 관계를 강조하였다. 그리고 비오 11세 교황(1922-39)은 1929년 세계적 금융위기를 배경으로 '사회 질서의 재건에 관한 사회 회칙' 「사십주년」(*Quadragesimo Anno*, 1931)으로, 레오 13세 교황(1878-1903)은 '자본과 노동에 관한 사회 회칙' 「새로운 사태」(*Rerum Novarum*, 1891)로 사회생활에 관한 교회의 가르침을 펼쳤다.

공의회는 앞에서 살핀 '인간 사회에 관한 그리스도교 교리를 상세히 제시한 교회의 교도권(가톨릭 사회교리, Catholic Social Doctrine)'의 목적을 "인간의 숭고한 소명에 응답하는 모든 이의 형제애를 증진하고자 교회의 성실한 협력을 인류에게 제공"하는 데 있으며 "이러한 임무를 완수하고자 모든 시대에 걸쳐 교회는 시대의 징표를 탐구하고 이를 복음의 빛으로 해석하여야 할 의무를 지닌다."라고 밝힌다.[13]

시대의 징표를 탐구해야 할 의무에 관해 프란치스코 교황은 다음과 같이 강조한다. "저는 모든 교회 공동체가 무엇보다도 시대의 징표를 꼼꼼하게 탐구하기를 권고합니다. 사실 이는 막중한 책임입니다. 실제 어떤 실재들은 효과적으로 대처하지 않는다면 탈인간화(dehumanization)의 과정을 밟을 수 있으며, 그렇게 되면 되돌리기가 매우 어렵기 때문입니다. …[시대의 징표를 탐구한다는 것은] 시대정신을 인식하고 식별하는 것만이 아니라, 선한 정신의 움직임을 선택하고 악한 정신의 움직임을 거부하는 것과 관련됩니다."[14]

탈인간화의 과정을 되돌리기 어려운 것은 그 과정이 사회화(socialization)를 왜곡하여 아예 구조화되기 때문이다. 여기서는 이성과 양심과 자유의지 대신에 힘(폭력)이 지배하게 되어, 결국 약한 존재는 설 자리조차 찾기 어려워진다. 『간추린 사회교리』(2004)에서는 이렇게 가르친다. "하느님의 뜻과 상반되고 이웃의 선을 거스르는 행동과 태도들, 또 그러한 행동들에서 비롯되는 죄의 구조들(structures of sins)은 오늘날 두 가지 범주로 나타난다. 한편으로는 이득을 향한 강렬한 욕망이며, 다른 한편으로는 자기의 의지를 다른 사람들에게 부과시키려는 의도에서 나오는 권력에 대한 욕망이다. 이러한 태도 하나하나의 특성을 더욱 정확히 밝히는 뜻에서 혹자는 여기에 '무슨 수를 다해서라도'라는 한마디를 덧붙일 수 있을 것이다."[15]

이는 다음과 같이 교회가 사회정의의 중요성을 특별히 강조하게 된 배경이라 할 수 있다. 이득과 권력에 대한 강렬한 욕망을 절제시키는

---

13. 제2차 바티칸 공의회, 「사목 헌장」, 3-4항.
14. 프란치스코, 「복음의 기쁨」, 51항.
15. 『간추린 사회교리』, 119항.

구체적 노력은 '사회적 약자'를 보호하는 교회의 사목적 선택이 되기 때문이다. "교회의 사회 교도권(Church's social Magisterium)은 가장 정평이 나 있는 정의의 형태인 '교환 정의(iustitia commutativa)', '분배 정의(iustitia distributiva)', 그리고 '법적 정의(iustitia legalis)'에 대한 존중을 끊임없이 요구한다. '사회정의(iustitia socialis)'의 중요성이 더욱 커지고 있다. 그것은 '법(lex)'의 준수라는 기준에 따라 사회적 관계들을 규제하는 정의인 '일반 정의(iustitia generalis)'의 실제 발전을 나타내는 것이다. 오늘날 전 세계적 범위의 '사회 문제(social question)'와 관련하여 요청되는 '사회정의'는 사회·정치·경제적 측면들, 그리고 무엇보다도 문제들의 구조적 차원과 그 해결책과 관계된다."[16]

5. 전쟁과 사형에 관하여

이웃에 가하는 위해의 규모나 정도에 있어 가장 극단적인 불의는 '전쟁'과 '살인'이라 할 수 있는데, 이른바 '정당한 전쟁'과 가장 강력한 권능을 행사하는 국가의 합법적 살인 행위(형벌)로 알려진 '사형'에 관하여 교회는 단호한 태도로 가르친다.

요한 23세 교황은 1963년 회칙 「지상의 평화」에서 진리와 자유, 정의와 참사랑(카리타스)을 보편적 평화 건설의 네 기둥으로 삼았으며, 사회교리는 이 네 기둥을 '사회생활의 근본 가치'로 가르치고 있다.[17] 프란치스코 교황도 2020년 회칙 「모든 형제」에서 평화의 예술과 건축술을 가르치면서도(228-45항), 세계가 "평화로 가는 더딘 경로 위에서

---

16. 『간추린 사회교리』, 201항.
17. 『간추린 사회교리』, 197-208항 참조.

점점 더 커지고 있는 난관" 곧 "전쟁 발발에 유리한 조건들이" 증대되고 있음을 우려한다. 그리고 다음과 같이 "되풀이해서" "전쟁은 모든 권리의 부정이며 환경에 대한 극악한 폭행"이라고 밝힌다. 또 "도덕적 정당성의 엄중한 조건들"을 전제로 하는 "정당한 전쟁의 가능성에 관해 이야기하기 위해 지난 수 세기 동안 정성을 들여 만들어낸 그 합리적 척도들에 호소한다는 것은 오늘날 대단히 어려워졌습니다. 절대로! 다시는! 전쟁은 안 됩니다."라고 단언하고 있다. "핵무기와 생화학무기" 등 파멸적인 대량살상 무기가 "현명하게 사용될 것이라고 보증하는 것은" 하나도 없기 때문이다.[18]

2018년에 개정한 『교리서』 2267항은 사형제도가 용납될 수 없을 뿐만 아니라 그 폐지를 위하여 노력해야 함을 가르친다. "오랫동안 합법적인 권위(국가)가 통상적인 재판 절차에 따라 사형을 선고하는 것은 비록 극단적이긴 하지만, 일부 범죄의 중대성에 대한 적절한 대응이자 공동선 수호를 위하여 용납되는 수단으로 여겨져 왔다. 그러나 오늘날 어떤 사람이 심지어 매우 중대한 범죄를 저질렀다 하더라도 그의 존엄성이 박탈되어서는 안 된다는 인식이 높아지고 있다. 또한 국가가 시행하는 형벌 제재의 의미에 대한 새로운 이해가 확산하고 있다. 마침내 시민들에게 합당한 보호를 보장하고 동시에 범죄자에게서 그 죄에 대한 속죄의 가능성을 잇아가지 않는 더욱 효과적인 수감 제도가 마련되어 있다. 따라서 교회는 복음에 비추어 '사형은 개인의 불가침과 인간 존엄에 대한 모욕이기에 용납될 수 없다.'고 가르치며 단호히 전 세계의 사형제도 폐지를 위하여 노력한다."

---

18. 「모든 형제」, 258항 참조.

여기에 더하여, 프란치스코 교황은 종신형에 관하여서도 그리스도인과 모든 선의의 사람들에게 다음과 같이 밝힌다. "오늘날 모든 그리스도인과 선의의 사람들은, 합법적이든 불법적이든, 모든 형태의 사형을 폐지하기 위해 노력할 뿐만 아니라, 자유를 박탈당한 사람들의 인간 존엄에 대한 존중에 기초하여 구금 조건들의 개선을 위해 노력하라는 부르심을 받습니다. 저는 이를 종신형에 연결하고 싶습니다. 종신형은 일종의 은밀한 사형입니다."[19]

6. 대화와 헌신

토마스 아퀴나스는 시대를 초월하여 특히 철학자 아리스토텔레스와 대화함으로써 교회의 길을 안내하였다. 그의 노력으로 교회는 흔들림 없이 주님께 받은 사명을 수행할 수 있었다. 프란치스코 교황도 성경 주석자와 신학자들의 임무가 "교회의 판단이 성숙해지도록 도와주는 데에"[20] 있으며, 신학자들의 노력과 그들이 받은 은사를 높이 평가한다.[21]

몇 가지 신학자들의 도움과 노력이 요구되는 분야가 있다. 첫째, 사람을 편애하는 불의와 관련해서, 이른바 차별에 관한 논쟁과 사회적 갈등은 교회의 판단을 요구한다. 둘째, 이웃의 범주와 관련해서, 이른바 생태적 불의에 대한 교회의 판단에 성경 주석가들과 신학자들의 도움은 절실하다. 식물과 동물, 심지어 땅에 가하는 인간의 행위에 대한 윤리적 판단이 긴급한 현안으로 떠올랐기 때문이다. 또한 이웃의 소유

---

19. 「모든 형제」, 268항.
20. 「복음의 기쁨」, 40항.
21. 「복음의 기쁨」, 133항 참조.

물 범주에 있어 지적 재산과 관련한 현안, 특히 의약 분야 지적 재산의 소유 형태는 수많은 사람의 보건과 건강에 결정적이기 때문이다. 셋째, 재판 절차 밖에서 말로 범하는 불의와 관련해서는, 정보통신기술을 이용한 매체(수단)의 영향력을 고려한 윤리적 판단 역시 신학자의 도움을 기다리고 있다. 넷째, 이자와 관련해서 오늘날 금융 체제와 금융 시장은 경제·사회생활뿐만 아니라, 삶의 전 영역에 거의 절대적인 영향력을 행사하고 있다. 심지어 각 국민국가도 공적 기금의 운용으로 공공의 재원을 마련한다. 금융 시장과 체제에서 인간과 사회 행위의 윤리성은 엄중하다. 마지막으로 사회의 다원화와 다양화, 세계화로 특징지을 수 있는 상호결합을 고려할 때, 선을 행하고 악을 회피하는 것에 관해서도 신중한 판단이 요구된다. 한 지역에서 행한 선이 다른 지역들에서는 불의로 작용할 수 있기 때문이다. 예를 들어, 이른바 선진국 지역의 시민이 의지적으로 행한 정의가 저개발 지역의 다수 시민에게 고통을 안기는 불의의 결과를 가져올 수 있다. 또 한 지역 또는 한 집단의 부작위가 사실상의 무관심이 되어 다른 지역 주민에게 심각한 위해를 가하는 결과를 낳을 수도 있다.

참고문헌

론하이머, 마틴, 「19. 정의에 반대되는 죄(II-II, qq.59-78)」(윤주현 옮김), 스테픈 포프(편), 『아퀴나스의 윤리학』, 이재룡·김도형·안소근·윤주현 옮김, 한국성토마스연구소, 2021, 388-410쪽.

몬딘, 바티스타, 『성 토마스 개념사전』, 이재룡·안소근·윤주현 옮김, 한국성토마스연구소, 2021.(「불의」, 「악습」, 「정의」, 「죄」)

이상섭, 『악(惡)과 죄종(罪宗): 토마스 아퀴나스의 「악에 관한 토론문제집」 풀어 읽기』, 서강대학교출판부, 2021.

이종은, 『사회정의란 무엇인가』, 책세상, 2021.

Bushlack, Thomas J., *Politics for a Pilgrim Church: A Thomistic Theory of Civic Virtue*, Grand Rapids((MI), Eerdmans, 2015.

Cessario, Romanus, OP, *The Virtue Or the Examined Life*, London, Continuum, 2002.

DeLetter, P., SJ, "Venial Sin and Its Final Goal", *The Thomist* 16(1953), 32-70.

DeYoung, Rebecca K., *Glittering Vices: A New Look at the Seven Deadly Sins and their Remedies*, Grand Rapids(MI), Brazos Press, 2009.

Gondreau, Paul, "The Passions and the Moral Life: Appreciating the Originality of Aquinas", *The Thomist* 71(2007), 419-450.

Grant, W. Matthews, "Aquinas on How God Causes the Act of Sin Without Causing Sin Itself", *The Thomist* 73(2009), 455-496.

Herdt, Jennifer, *Putting on Virtue: The Legacy of the Splendid Vices*, Chicago, The University of Chicago Press, 2008.

Jensen, Steven J., "The Error of the Passions", *The Thomist* 73(2009), 343-379.

Jensen, Steven J., *Good and Evil Actions: A Journey through Saint Thomas Aquinas*, Washington, Catholic University of America Press, 2010.

Jenses, Steven J., *Sin: A Thomistic Psychology*, Washington, Catholic University of America Press, 2018.

Keenan, James F., SJ, "The Problem with Thomas Aquinas's Concept of Sin", *Heythrop Journal* 35(1994), 401-420.

Kent. Bonnie, "Aquinas and Weakness of Will", *Philosphy and Phenomenological Research* 75(2007), 70-91.

Langan, John, SJ, "Sins of Malice in the Moral Psychology of Thomas Aquinas", in D. M. Yeager(ed.), *The Annual of the Society of Christian Ethics*, Washing-

ton, Georgetown University Press, 1987, pp.179-198.
Lefebure, Marcus, OP, "Introduction", in St. Tomas Aquinas, *Summa Theologiae*, vol.38(II-II, 63-79), London, Blackfriars, 1975, pp.xv-xxiv.
McCluskey, Colleen, *Thomas Aquinas on Moral Wrongdoing*, Cambridge University Press, 2017.
Pieper, Josef, *The Four Cardinal Virtues*, University of Notre Dame Press, 2010.
Shanley, Brian, OP, "Aquinas on Pagan Virtue", *The Thomist* 63(1999), 553-577.
Toner, Christopher, "Angelic Sin in Aquinas and Scotus and the Genesis of Some Central Objections to Contemporary Virtue Ethics", *The Thomist* 69(2005), 79-125.
United Nations, *Universal Declaration of Human Rights*, 1948.
Vogler, Candace, *Reasonably Vicious*, Cambridge(MA), Harvard University Press, 2008.

교회 문헌

『가톨릭교회 교리서』(*Catechism of the Catholic Church*)
『간추린 사회교리』(*Compendium of the Social Doctrine of the Church*)
레오 13세, 자본과 노동에 관한 회칙「새로운 사태」(*Rerum Novarum*), 1891.
비오 11세, 사회 질서의 재건에 관한 회칙「사십주년」(*Quadragesimo Anno*), 1931.
바오로 6세, 민족들의 발전에 관한 회칙「민족들의 발전」(*Populourm Progressio*), 1967.
베네딕토 16세, 참사랑과 진리로 성취해야 할 온전한 인간 발전에 관한 사회 회칙「진리 안의 사랑」(*Caritas in veritate*), 2009.
요한 23세, 그리스도교와 사회 발전에 관한 회칙「어머니와 스승」(*Mater et Magistra*), 1961.
──, 진리와 정의, 참사랑과 자유로 건설할 보편적 평화에 관한 회칙「지상의 평화」(*Pacem et Terris*), 1963.
요한 바오로 2세, 인간 노동에 관한 회칙「노동하는 인간」(*Laborem Exercens*),

1981.
―, 「민족들의 발전」 반포 20주년 회칙 「사회적 관심」(*Sollicitudo Rei Socialis*), 1987.
―, 「새로운 사태」 반포 100주년 회칙 「백주년」(*Centesimus Annus*), 1991.
―, 제2차 바티칸 공의회에 따라 마련된 가톨릭교회 교리서의 발행에 관한 교황령, 「신앙의 유산」(*Fidei Depositum*), 1992.
―, 신앙과 이성의 관계에 관한 회칙 「신앙과 이성」(*Fides et Ratio*), 1998.
―, XXXII World Day For Peace 1999, *Respect for Human Rights: The Secret of True Peace*.
제2차 바티칸 공의회 문헌, 현대 세계의 교회에 관한 사목 헌장, 「기쁨과 희망」.
―, 교회에 관한 교의 헌장, 「인류의 빛」.
―, 평신도 사도직에 관한 교령 「사목적 활동」.
―, 종교 자유에 관한 선언 「인간의 존엄」.
프란치스코, 오늘날 복음을 선포하는 것에 관한 사도 권고 「복음의 기쁨」(*Evangelii Gaudium*), 2013.
―, 우리의 공동 집을 돌보는 일에 관한 회칙 「찬미 받으소서」(*Laudato si'*), 2015.
―, 혈육의 관계와 사회적 우애에 관한 회칙 「모든 형제」(*Fratelli tutti*), 2020.

토마스 아퀴나스 신학대전 38

불의

제2부 제2편
제63문 - 제79문

QUAESTIO LXIII
DE ACCEPTIONE PERSONARUM
in quatuor articulos divisa

Deinde considerandum est de vitiis oppositis praedictis iustitiae partibus.[1] Et primo, de acceptione personarum, quae opponitur iustitiae distributivae; secundo, de peccatis quae opponuntur iustitiae commutativae.[2]

Circa primum quaeruntur quatuor.

Primo: utrum personarum acceptio sit peccatum.

Secundo: utrum habeat locum in dispensatione spiritualium.

Tertio: utrum in exhibitione honorum.

Quarto: utrum in iudiciis.

Articulus 1
Utrum personarum acceptio sit peccatum

Ad primum sic proceditur. Videtur quod personarum acceptio non sit peccatum.

---

1. Cf. q.61, Introd.

제63문
편애하는 행위에 대하여
(전4절)

다음으로는 앞에서 말한 정의의 부분들에[1] 반하는 악습들을 고찰해야 한다. 첫째로 분배 정의에 반대되는 편애(偏愛)하는 행위를, 둘째로 교환 정의에[2] 반대되는 죄를 고찰해야 한다. 첫째 주제와 관련해서는 네 질문이 제기된다.

1. 편애하는 행위는 죄인가?
2. 편애하는 행위는 영적 재화(교회적인 것들)를 거저 주는 행위로 생기는가?
3. 편애하는 행위는 명예를 드러내 보이는 행위로 생기는가?
4. 편애하는 행위는 법적 절차로 생기는가?

제1절 편애하는 행위는 죄인가?

Parall.: *ad Rom.*, c. 2, lect. 2; *ad Gal.*, c. 2, lect. 2.

[반론] 첫째 질문과 관련해서는 다음과 같이 전개된다. 사람을 편애하는 행위는 죄가 아닌 것으로 보인다.

---

2. Q.64.

1. In nomine enim *personae* intelligitur personae dignitas.[1] Sed considerare dignitates personarum pertinet ad distributivam iustitiam. Ergo personarum acceptio non est peccatum.

2. Praeterea, in rebus humanis personae sunt principaliores quam res: quia res sunt propter personas, et non e converso. Sed rerum acceptio non est peccatum. Ergo multo minus acceptio personarum.

3. Praeterea, apud Deum nulla potest esse iniquitas vel peccatum. Sed Deus videtur personas accipere: quia interdum duorum hominum unius conditionis unum assumit per gratiam, et alterum relinquit in peccato, secundum illud Matth. 24, [40][2]: *Duo erunt in lecto: unus assumetur et alius relinquetur.* Ergo acceptio personarum non est peccatum.

SED CONTRA, nihil prohibetur in lege divina nisi peccatum. Sed personarum acceptio prohibetur *Deut.* 1, [17], ubi dicitur: *Non*[3] *accipietis cuiusquam personam.* Ergo personarum acceptio est peccatum.

RESPONDEO dicendum quod personarum acceptio opponitur distributivae iustitiae. Consistit enim aequalitas distributivae iustitiae in hoc quod diversis personis diversa tribuuntur secundum proportionem ad dignitates personarum.[4] Si ergo aliquis consideret

---

1. Cf. I, q.29, a.3, ad2.
2. Cf. 루카 17,34; *in alla nocte erunt duo in lecto uno unus assumetur,* etc..

1. 사람의 존엄은 그 "사람의" 이름으로 이해된다.[1] 그런데 사람의 존엄을 헤아려야 하는 일은 분배 정의에 속한다. 그러므로 사람을 편애하는 행위는 죄가 아니다.

2. 인간사에서는 사물보다 사람이 중요하다. 사물은 사람을 위한 것이지 그 반대가 아니기 때문이다. 그런데 사물을 받아들이는 행위는 죄가 아니다. 그러므로 사람을 편애하는 행위는 더더욱 죄가 아니다.

3. 하느님께는 부당함(불공평)이나 죄가 있을 수 없다. 그런데 하느님께서는 사람을 편애하시는 것으로 보인다. "두 사람이 들에 있으면, 하나는 데려가고 하나는 버려둘 것이다."[2]라는 마태오복음서 24장 [40절]의 말씀을 따르면, 그분께서는 때때로 같은 조건에 있는 두 사람 가운데 한 사람은 은총으로써 들어 올리고 다른 사람은 죄 중에 버려두시기 때문이다. 그러므로 사람을 편애하는 행위는 죄가 아니다.

[재반론] 신적인 법에서는 죄 말고는 아무것도 금지되지 않는다. 그런데 "너희는 재판할 때 한쪽을 편들어서는 '안 된다.'"[3]라는 신명기 1장 [17절]의 말씀에서는 사람을 편애하는 행위가 금지되어 있다. 그러므로 사람을 편애하는 행위는 죄다.

[답변] 사람을 편애하는 행위는 분배 정의에 반대된다. 분배 정의의 평등(공평)은 저마다의 존엄에 비례하여 각각의 사람에게 각각의 것이 주어진다는 데에 있기 때문이다.[4] 그러므로 어떤 사람이 그에게 부여된 것이 그에게 마땅한 것이기 때문에 자신만의 자질이라 생각한다면,

---

3. Vulgata: *Nec*.
4. Cf. q.61, a.2.

illam proprietatem personae propter quam id quod ei confertur est ei debitum, non erit acceptio personae, sed causae, unde Glossa,[5] super illud *ad Ephes.* 6, [9], *non est personarum acceptio apud Deum*,[6] *dicit quod iudex iustus causas discernit, non personas.* Puta si aliquis promoveat aliquem ad magisterium propter sufficientiam scientiae, hic attenditur causa debita, non persona: si autem aliquis consideret in eo cui aliquid confert, non id propter quod id quod ei datur esset ei proportionatum vel debitum, sed solum hoc quod est iste homo, puta Petrus vel Martinus, est hic acceptio personae, quia non attribuitur ei aliquid propter aliquam causam quae faciat eum dignum, sed simpliciter attribuitur personae.

Ad personam autem refertur quaecumque conditio non faciens ad causam propter quam sit dignus hoc dono: puta si aliquis promoveat aliquem ad praelationem vel magisterium quia est dives, vel quia est consanguineus suus, est acceptio personae. Contingit tamen aliquam conditionem personae facere eam dignam respectu unius rei, et non respectu alterius: sicut consanguinitas facit aliquem dignum ad hoc quod instituatur heres patrimonii, non autem ad hoc quod conferatur ei praelatio ecclesiastica. Et ideo eadem conditio personae in uno negotio considerata facit acceptionem personae, in alio autem non facit.

Sic ergo patet quod personarum acceptio opponitur iustitiae dis-

---

5. Vulgata: *Personarum acceptio non est apud eum.*

그것은 그 사람을 편애하는 행위가 아니라 그 원인을 받아들인 행위다. 에페소서 6장 [9절]의 "하느님께서는 사람을 차별하지 않으신다."[5]는 말씀에 관해 "공명정대한 재판관은 사람이 아니라 원인을 분별한다."라는 주석[6]이 이 사실에서 유래한다. 예를 들어, 누군가 충분한 지식을 가졌기 때문에 당신이 그를 스승의 직(職)으로 승진시켰다면, 그것은 사람이 아니라, 마땅한 원인에 주목한 것이다. 하지만 누군가에게 무엇인가를 부여할 때, 당신이 그에게 부여한 이유가 그의 존엄에 비례하고 그에게 마땅히 치를 것이 있다는 사실이 아니라, 예를 들어, 베드로나 마틴이라는 이름으로 불리는 그 사람이라는 사실만 고려한 것이라면, 그것은 사람을 편애하는 행위다. 당신은 그가 그것을 받기에 적합한 어떤 원인이 있어서가 아니라, 단순히 그가 바로 그 사람이어서 그에게 그것을 준 것이기 때문이다.

그 사람에게는 이 선물을 받기에 합당한 것이 아닌 어떤 조건이 적용된다. 예를 들어, 어떤 사람이 누군가를 단지 그가 부유하기 때문에 또는 그가 친척이기 때문에 고위의 성직이나 스승의 직으로 승진시킨다면, 그것은 사람을 편애하는 행위다. 사람의 어떤 조건은 어떤 일에 관해서는 그를 적합한 사람이 되게 하지만, 다른 일에 관해서는 그렇지 않다. 그래서 혈족관계는 사람을 사유지의 상속인으로 지명되게 하는 데에는 적합하지만, 교회의 권한을 누리는 지위에 선발되게 하는 데에는 그렇지 않다. 그러므로 어떤 사람의 똑같은 조건을 고려하는 것이 어떤 일에서는 사람을 편애하는 행위가 되지만, 다른 일에서는 그렇지 않게 된다.

---

6. Interl.; Lombardus: PL 192, 218 C.

tributivae in hoc quod praeter proportionem agitur. Nihil autem opponitur virtuti nisi peccatum. Unde consequens est quod personarum acceptio sit peccatum.

AD PRIMUM ergo dicendum quod in distributiva iustitia considerantur conditiones personarum quae faciunt ad causam dignitatis vel debiti. Sed in acceptione personarum considerantur conditiones quae non faciunt ad causam, ut dictum est.[7]

AD SECUNDUM dicendum quod personae proportionantur et dignae redduntur aliquibus quae eis distribuuntur, propter aliquas res quae pertinent ad conditionem personae: et ideo huiusmodi conditiones sunt attendendae tanquam propriae causae. Cum autem considerantur ipsae personae, attenditur non causa ut causa. Et ideo patet quod, quamvis personae sint digniores simpliciter, non tamen sunt digniores quoad hoc.

AD TERTIUM dicendum quod duplex est datio. Una quidem pertinens ad iustitiam, qua scilicet aliquis dat alicui quod ei debetur. Et circa tales dationes attenditur personarum acceptio. — Alia est datio ad liberalitatem pertinens, qua scilicet gratis datur alicui quod ei non debetur. Et talis est collatio munerum gratiae, per quae peccatores assumuntur a Deo. Et in hac donatione non habet locum personarum acceptio: quia quilibet potest absque iniustitia de suo dare quantum vult et cui vult, secundum illud Matth. 20, [14,15]: *An non*

따라서 사람을 편애하는 그 행위는 [존엄 및 조건의] 비례를 벗어나는 일이 생긴다는 이 점에서 분배 정의에 반대되는 것이 분명하다. 하지만 죄 말고는 어느 것도 덕에 반대되지 않는다. 이로부터 사람을 편애하는 행위가 죄라는 결론이 나온다.

[해답] 1. 분배 정의에서는 사람의 존엄이나 그에게 마땅한 것의 원인이 되는 조건이 고려된다. 하지만 사람을 편애하는 행위에 있어서는, 말했듯이[7] 그 원인이 되지 않는 조건이 고려된다.

2. 사람들은, 사람의 조건에 속하는 어떤 것들로 인해, 그들 사이에 분배된 것들에 비례를 이루고 그러한 조건을 갖추기에 적합하게 된다. 따라서 그러한 조건들은 그의 고유 원인으로 주목되어야 한다. 하지만 우리가 사람 그 자체를 헤아린다면, 그것은 원인이 아닌 것을 마치 원인인 것처럼 헤아린 것이다. 따라서 사람들이 단순히 더 적합하다고 해도, 이 점에서는 더 적합하지 않다는 것이 분명하다.

3. 주는 행위는 이중적이다. 하나는 정의에 속하는 행위로서, 어떤 사람이 마땅히 받아야 할 것을 그에게 주는 행위이다. 주는 행위는 그런 식으로 사람을 편애한다.―다른 하나는 너그러움(아량)에 속하는 행위로서, 어떤 사람이 마땅히 받아야 할 것이 아닌데도 그것을 거저 주는 행위이다. 또 이런 것은 은총의 선물이 전달된 것이다. (은총의 선물은 그렇게 거저 주어지는데,) 그 선물을 통해 죄인들은 하느님에 의해 들어 올려진다. 또한 이 [무상의] 주는 행위에는 사람을 받아들일 자리가

---

7. In corp.

licet mihi quod volo facere? Tolle quod tuum est, et vade.[8]

Articulus 2
Utrum in dispensatione spiritualium locum habeat personarum acceptio

Ad secundum sic proceditur. Videtur quod in dispensatione spiritualium locum non habeat personarum acceptio.

1. Conferre enim dignitatem ecclesiasticam seu beneficium alicui propter consanguinitatem videtur ad acceptionem personarum pertinere: quia consanguinitas non est causa faciens hominem dignum ecclesiastico beneficio. Sed hoc non videtur esse peccatum: cum hoc ex consuetudine praelati Ecclesiae faciant. Ergo peccatum personarum acceptionis non videtur locum habere in dispensatione spiritualium.

2. Praeterea, praeferre divitem pauperi videtur ad acceptionem per-

---

8. Vulgata: *Tolle quod tuum est et vade* ··· *Aut non licet mihi quod vole facere?* Cf. I, q.23, a.5, ad3; I-II, q.98, a.4, ad2. Cf. etiam, in II-II, q.2, a.5, ad1.

없다. "당신 품삯이나 받아서 돌아가시오. …내 것을 가지고 내가 하고 싶은 대로 할 수 없다는 말이오?"[8]라는 마태오복음서 20장 [14, 15절]의 말씀을 따라서, 누구든지, 불의를 저지르지 않고도, 자신의 것을 자신이 원하는 만큼, 또 자신이 원하는 사람에게 줄 수 있기 때문이다.

제2절 편애하는 행위는 영적 재화(교회의 것)를 거저 주는 행위로 생기는가?

Parall.: *Quodlib*. IV, q.8, a.4; VI, q.5, a.3; VIII, q.4, a.1.
Doctr. Eccl.: Huc faciunt cann. 153, 367, 459 *Cod. Iur. Can.*

[반론] 둘째 질문과 관련해서는 다음과 같이 전개된다. 사람을 편애하는 행위는 영적 재화를 거저 주는 행위로는 생기지 않는 것으로 보인다.

1. 혈족관계에 있는 사람에게 교회의 위엄(존엄)이나 특권을 부여하는 행위는 사람을 편애하는 행위에 속하는 것으로 보인다. 혈족관계는 교회의 특권에 적합한 사람이 되게 하는 원인이 아니기 때문이다. 하지만 그것은 죄가 아니라고 보인다. 교회의 고위 성직자들이 관례로 그렇게 하기 때문이다. 그러므로 사람을 편애하는 죄는 영적인 재화를 거저 주는 행위로 생기지 않는 것으로 보인다.

2. 가난한 사람보다는 부유한 사람을 선호하는 것은 야고보서 2장 [2절 이하]의 말씀에서 분명히 한 것처럼, 사람을 편애하는 행위에 속하는 것으로 보인다. 하지만 금지된 촌수 내에서 혼인의 계약은 다른

sonarum pertinere, ut patet Iac. 2, [1 sqq.]. Sed facilius dispensatur cum divitibus et potentibus quod contrahant matrimonium in gradu prohibito, quam cum aliis. Ergo peccatum personarum acceptionis non videtur locum habere circa dispensationem spiritualium.

3. Praeterea, secundum iura[1] sufficit eligere bonum, non autem requiritur quod aliquis eligat meliorem. Sed eligere minus bonum ad aliquid altius videtur ad acceptionem personarum pertinere. Ergo personarum acceptio non est peccatum in spiritualibus.

4. Praeterea, secundum statuta Ecclesiae[2] eligendus est aliquis *de gremio ecclesiae*. Sed hoc videtur ad acceptionem personarum pertinere: quia quandoque sufficientiores alibi invenirentur. Ergo personarum acceptio non est peccatum in spiritualibus.

SED CONTRA est quod dicitur Iac. 2, [1]: *Nolite in personarum acceptione habere fidem Domini nostri Iesu Christi.* Ubi dicit Glossa Augustini[3]: *Quis ferat si quis divitem eligat ad sedem honoris Ecclesiae, contempto paupere instructiore et sanctiore?*

RESPONDEO dicendum quod, sicut dictum est,[4] acceptio perso-

---

1. *Decretal. Greg. IX*(그레고리우스 9세 『교회 법령집』), I, t.I, c.32: ed. Richter-Friedberg, t.II, p.79.
2. Ibid.: ed. cit., t.II, p.78.

이들보다 부유한 이들과 유력한 이들에게 더 쉽게 허용된다. 그러므로 영적 재화를 거저 주는 행위에 관련해서는 사람을 편애하는 죄가 생기지 않는 것으로 보인다.

3. 법학자들을[1] 따르면, 좋은 사람을 선택(선발)하는 것으로 충분하지, 반드시 더 좋은 사람을 선택해야 하는 것은 아니다. 하지만 더 높은 지위를 위해 덜 좋은 사람을 선택하는 것은 사람을 편애하는 행위에 속하는 것으로 보인다. 그러므로 영적 재화와 관련해서 사람을 편애하는 행위는 죄가 아니다.

4. 교회의 법[2]을 따르면, 누군가는 "교회의 품" 안에서 선택되어야 한다. 하지만 이것은 사람을 편애하는 행위에 속하는 것으로 보인다. 때때로 더 충분한 사람들이 다른 곳[교회의 품 밖]에서 발견될 수 있기 때문이다. 그러므로 영적 재화와 관련해서는 사람을 편애하는 행위가 죄는 아니다.

[재반론] 야고보서 2장 [1절]은 "우리 주 예수 그리스도를 믿으면서, 사람을 차별해서는 안 됩니다."라고 말하고 있다. 이에 관해 아우구스티누스는 다음과 같이 주석했다.[3] "더 박식하고 더 거룩하지만 가난한 사람을 경멸하면서, 교회의 명예로운 자리에는 부유한 사람을 선택한다면 누가 감당하겠는가?"

[답변] 말했듯이[4] 사람을 편애하는 행위는 정의에 역행하는 만큼 죄

---

3. Cf. August., Ep. 167 *ad Hier.*, c.5, n.18: PL 33, 740; Beda, *Expos. super divi Jacobi ep.*, c.2: PL 93, 18 D. Cf. infra, q.185, a.3.
4. A.1.

narum est peccatum inquantum contrariatur iustitiae. Quanto autem in maioribus aliquis iustitiam transgreditur, tanto gravius peccat. Unde cum spiritualia sint temporalibus potiora, gravius peccatum est personas accipere in dispensatione spiritualium quam in dispensatione temporalium.

Et quia personarum acceptio est cum aliquid personae attribuitur praeter proportionem dignitatis ipsius, considerare oportet quod dignitas alicuius personae potest attendi dupliciter. Uno modo, simpliciter et secundum se: et sic maioris dignitatis est ille qui magis abundat in spiritualibus gratiae donis. Alio modo, per comparationem ad bonum commune: contingit enim quandoque quod ille qui est minus sanctus et minus sciens, potest maius conferre ad bonum commune, propter potentiam vel industriam saecularem, vel propter aliquid huiusmodi.[5] Et quia dispensationes spiritualium principalius ordinantur ad utilitatem communem, secundum illud I ad Cor. 12, [7]: *Unicuique datur manifestatio Spiritus ad utilitatem*[6]; ideo quandoque absque acceptione personarum in dispensatione spiritualium illi qui sunt simpliciter minus boni, melioribus praeferuntur: sicut etiam et Deus gratias gratis datas quandoque concedit minus bonis.

AD PRIMUM ergo dicendum quod circa consanguineos praelati distinguendum est. Quia quandoque sunt minus digni et simpliciter,

---

5. Cf. q.185, q.3.

이다. 실로 정의가 침범되는 그런 문제가 중대할수록 죄는 더 무겁다. 영적 재화가 현세의 재화보다 훨씬 더 중요하기 때문에, 영적 재화를 거저 줌으로써 사람을 편애하는 행위는 현세의 재화를 거저 줌으로써 사람을 편애하는 행위보다 더 중대한 죄다.

또한 사람을 편애하는 행위는 존엄의 비례를 벗어나 무엇인가 그 사람에게 할당되어 생기므로, 누군가 사람의 존엄은 두 방식으로 주목될 수 있음을 헤아려야 한다. 하나는 존엄을 단순하게 또 그 자체로 주목하는 것인데, 이 관점에서는, 영적으로 은총의 선물이 풍부한 사람이 더 존엄하다. 다른 하나는 공동의 선을 고려하여 존엄을 주목하는 것인데, 이는 때때로 덜 거룩하고 덜 박식한 사람이, 세속적 능력이나 근면 때문에, 또는 그와 유사한 것들 때문에, 공동의 선에 더 많이 이바지할 수 있는 일이 발생하기 때문이다.[5] 또한 "모든 사람에게 자기 이익(실리)을 위하여 성령을 드러내 보여주신다."라는 코린토 1서 12장[7절][6]의 말씀대로, 영적 재화를 거저 주는 것은 주로 공동의 실리로 질서 지어져 있기(정향(定向)되어 있기) 때문이기도 하다. 그러므로 영적 재화를 거저 줌으로써, 사람을 편애하지 않고도, 때로는 단순히 덜 좋은 사람이 더 좋은 사람보다 선호된다. 이는 마치 하느님께서 은총의 선물을 때때로 덜 좋은 사람에게 거저 주시는 것과 같다.

[해답] 1. 고위 성직자의 친족과 관련해서는 달리보아야 한다. 때때로 그들은, 단순한 방식으로 주목할 때도 공동선과 관련하여 주목할 때도, 덜 적합하다. 그런데도, 그것을 받기에 적합한 사람보다 그를 선

---

6. Cf. I-II, q.III, a.I.

et per respectum ad bonum commune. Et sic si dignioribus praeferantur, est peccatum personarum acceptionis in dispensatione spiritualium, quorum praelatus ecclesiasticus non est dominus, ut possit ea dare pro libito, sed dispensator, secundum illud I ad Cor. 4: *Sic nos existimet homo ut ministros Christi, et dispensatores mysteriorum Dei.*[7] — Quandoque vero consanguinei praelati ecclesiastici sunt aeque digni ut alii. Et sic licite potest, absque personarum acceptione, consanguineos suos praeferre: quia saltem in hoc praeeminent, quod de ipsis magis confidere potest ut unanimiter secum negotia Ecclesiae tractent. Esset tamen hoc propter scandalum dimittendum, si ex hoc aliqui exemplum sumerent, etiam praeter dignitatem, bona Ecclesiae consanguineis dandi.

AD SECUMDUM dicendum quod dispensatio matrimonii contrahendi principaliter fieri consuevit propter foedus pacis firmandum: quod quidem magis est necessarium communi utilitati circa personas excellentes. Ideo cum eis facilius dispensatur absque peccato acceptionis personarum.

AD TERTIUM dicendum quod quantum ad hoc quod electio impugnari non possit in foro iudiciali, sufficit eligere bonum, nec oportet eligere meliorem: quia sic omnis electio posset habere calumniam. Sed quantum ad conscientiam eligentis, necesse est eligere meliorem vel simpliciter, vel in comparatione ad bonum commune. Quia si potest haberi aliquis magis idoneus erga aliquam dignitatem

---

7. Cf. q.100, a.1; q.185, a.1, ad3.

호한다면, 그것은 영적 재화를 줌으로써 사람을 편애하는 죄가 된다. 교회의 고위 성직자는 자기 마음대로 영적인 재화를 거저 줄 수 있는 주인이 아니라, "누구든지 우리를 그리스도의 시종으로, 하느님의 신비를 맡은 관리인(분배인)으로 생각해야 한다."는 코린토 1서 4장 [1절]7의 말씀대로, 관리인(분배인)이기 때문이다. —때때로 교회 고위 성직자의 친족도 다른 이들과 마찬가지로 적합할 수 있다. 그래서 그 고위 성직자는, 사람을 편애하지 않고도, 그의 친족들을 합법적으로 선호할 수 있다. 적어도 그가 교회의 일을 수행하는 데 있어 자신과 의견이 같은 그 친족을 더 신뢰할 수 있다는 점에서 그는 탁월한 사람이기 때문이다. 하지만 만일 다른 누군가 이것으로 그를(고위 성직자를) 본받아서 존엄을 벗어나(자기 친족의 형편없는 조건을 헤아리지 않고) 교회의 재화를 줄 수도 있다면, 악표양이 되지 않도록 이를 그만두어야 한다.

2. 금지된 촌수 내에서 혼인 계약을 관면하는 행위는 주로 평화 조약(강화조약)을 체결할 목적으로 행해졌다. 또한 이는 탁월한 지위를 지닌 사람들과 관련된 공동의 실리(이익)를 위해 참으로 더 필요했다. 그러므로 사람을 편애하는 죄를 범하지 않고도 금지된 촌수 내에서 혼인 계약이 그들에게 더 쉽게 허용된 것이다.

3. 어떤 선택(선발)이 법정에서 논박(論駁)되지 않기 위해서는 좋은 사람을 선택하는 것으로 충분하지, 더 좋은 사람을 선택할 필요는 없다. 그렇지 않으면 모든 선택이 법정에서 논박될 수 있기 때문이다. 하지만 선택하는 사람의 양심에 관해서는 그렇지 않다. 단순히든 공동선을 고려하든, 더 좋은 사람을 선택하는 것이 필요하기 때문이다. 만일 어떤 사람이 어떤 존엄(지위)에 더 적절하다고 여겨지는데, 다른 사람이 선호된다면, 이것에는 어떤 원인이 있어야 할 것이다. 또 이 원인

et alius praeferatur, oportet quod hoc sit propter aliquam causam. Quae quidem si pertineat ad negotium, quantum ad hoc erit ille qui eligitur magis idoneus. Si vero non pertineat ad negotium id quod consideratur ut causa, erit manifeste acceptio personae.

AD QUARTUM dicendum quod ille qui de gremio Ecclesiae assumitur, ut in pluribus consuevit esse utilior quantum ad bonum commune: quia magis diligit Ecclesiam in qua est nutritus. Et propter hoc etiam mandatur Deut. 17, [15]: *Non poteris alterius gentis facere regem,*[8] *qui non sit frater tuus.*

Articulus 3
Utrum in exhibitione honoris et reverentiae locum habeat peccatum acceptionis personarum

Ad tertium sic proceditur. Videtur quod in exhibitione honoris et reverentiae non habeat locum peccatum acceptionis personarum.

1. Honor enim nihil aliud esse videtur quam reverentia quaedam alicui exhibita in testimonium virtutis: ut patet per Philosophum, in I *Ethic.*.[1] Sed praelati et principes sunt honorandi, etiam si sint mali; sicut etiam et parentes, de quibus mandatur *Exod.* 20, [12]: *Honora*

---

8. Vulgata: *regem facere.*

이 그 사안과 조금이라도 관계가 있다면, 선택된 그는, 그 존엄에 있어, 더 적절해야 한다. 또 만일 그 선택이 그 사안과 아무런 관계도 없는 원인으로 헤아려진 것이라면, 그것은 분명히 사람을 편애하는 행위일 것이다.

4. 교회의 품에서 들어 올려진 사람이, 일반적으로 말해서, 공동선에 더 유용하다. 그는 자신이 자란 그 교회를 더 좋아하기 때문이다. 이런 이유로 신명기 17장 [15절]에는 다음과 같은 명령이 있다. "너희는 너희 동족 가운데에서 임금을 세워야 하며,[8] 너의 동족이 아닌 외국인을 임금으로 삼아서는 안 된다."

제3절 명예와 경의를 드러내 보이는 행위로 편애하는 행위의 죄를 범하는가?

Parall.: *Quodlib*. X q.6, a.1.

[반론] 셋째 질문과 관련해서는 다음과 같이 전개된다. 명예(名譽)와 경의(敬意)를 드러내 보이는 것으로는 사람을 편애하는 행위의 죄를 범하지 않는 것으로 보인다.

1. 명예란, 철학자가 『니코마코스 윤리학』 제1권에서[1] 밝힌 대로, 어떤 덕이 어떤 사람에게 있다는 증거로서 그에게 드러내 보이는 경의

---

1. C.3, 1095b26-30; S. Thomas, lect.5, n.65. Ch. I. VIII, c.9, 1159a22-24; S. Thomas, lect.8, nn.1642-1643.

patrem tuum et matrem tuam; et etiam domini sunt a servis honorandi, etiam si sint mali, secundum illud I *ad Tim.* 6, [1]: *Quicumque sunt sub iugo servi, dominos suos honore[2] dignos arbitrentur.* Ergo videtur quod acceptio personae non sit peccatum in exhibitione honoris.

2. Praeterea, *Levit.* 19, [32] praecipitur: *Coram cano capite consurge, et honora personam senis.* Sed hoc videtur ad acceptionem personarum pertinere: quia quandoque senes non sunt virtuosi, secundum illud Dan. 13, [5]: *Egressa est iniquitas a senioribus populi.*[3] Ergo acceptio personarum non est peccatum in exhibitione honoris.

3. Praeterea, super illud Iac. 2, [1]: *Nolite in personarum acceptione habere* etc., dicit Glossa Augustini[4]: *Si hoc quod Iacobus dicit, «Si introierit in conventum vestrum vir habens anulum aureum» etc., intelligatur de quotidianis consessibus quis hic non peccat, si tamen peccat?* Sed haec est acceptio personarum, divites propter divitias honorare: dicit enim Gregorius, in quadam homilia[5]: *Superbia nostra retunditur, quia in hominibus non naturam, qua ad imaginem Dei facti sunt, sed divitias honoramus;* et sic, cum divitiae non sint debita causa honoris, pertinebit hoc ad personarum acceptionem. Ergo personarum acceptio non est peccatum circa exhibitionem honoris.

---

2. Vulgata: *omni honore.*
3. Vulgata: *Egressa est iniquitas ⋯ a senioribus iudicibus, qui videbantur regere popolum.*
4. Cf. Aug., epist. 167, *ad Hieron.*, c.5, n.18: PL 33, 740.
5. Hom. 28 in *Evang.*, n.2: PL 76, 1211 C.

같은 것 외에 다른 것이 아닌 것으로 보인다. 실은 고위 성직자와 군주는 그들이 사악하더라도, 탈출기 20장 [12절]의 "아버지와 어머니를 공경하여라."라는 명령대로, 우리의 부모인 것처럼 존경받아야 한다. 또한 주인도, 그가 사악하더라도 "종살이의 멍에를 메고 있는 이들은 누구나 자기 주인을 깊이 존경해야² 할 사람으로 여겨야 합니다."라는 티모테오 1서 6장 [1절]의 말씀대로, 종들한테 존경받아야 한다. 따라서 존경(명예)을 드러내 보이는 행위로는 사람을 편애하지 않는 것으로 보인다.

  2. 레위기 19장 [32절]은 "너희는 백발이 성성한 어른 앞에서 일어서고 노인을 존경해야 한다."라고 명령하고 있다. 하지만 "백성 가운데 나이 많은 이들에게서 죄악이 나왔다."라는³ 다니엘서 13장 [5절]의 말씀대로, 때로는 노인들도 덕이 없다. 그러므로 존경(명예)을 드러내 보이는 행위로 사람을 편애하는 행위는 죄가 아니다.

  3. 게다가 "[우리 주 예수 그리스도를] 믿으면서, 사람을 차별해서는 안 됩니다."라는 야고보서 2장 [1절]의 말씀에 관해서 아우구스티누스는 다음과 같이 주석했다.⁴ "만일 '여러분의 모임에 어떤 사람이 금반지 등을 끼고 나타난다면'이라는 야고보 사도의 말씀을 우리의 일상적 회합에 관한 것으로 이해해야 한다면, 이것이 죄라면, 여기서 죄를 짓지 않을 사람이 어디 있겠습니까?" 하지만 부자를 그 부유함 때문에 존중하는 것은 편애하는 것이다. 그래서 그레고리우스는 어떤 강론에서⁵ "사람 안에 있는 하느님의 모습으로 만들어진 본성이 아니라, 그의 재산을 존경하기 때문에, 우리의 자존심이 짓밟힌다."라고 말한다. 이처럼, 재산은 존경의 마땅한 원인이 아니므로 (그것 때문에 사람을 존경하는) 그것은 사람을 편애하는 행위에 속할 것이다. 그러므로 존경(명예)을 드

SED CONTRA est quod dicitur in Glossa[6] Iac. 2, [1]: *Quicumque divitem propter divitias honorat, peccat.* Et pari ratione, si aliquis honoretur propter alias causas quae non faciunt dignum honore: quod pertinet ad acceptionem personarum. Ergo acceptio personarum in exhibitione honoris est peccatum.

RESPONDEO dicendum quod honor est quoddam testimonium de virtute eius qui honoratur, et ideo sola virtus est debita causa honoris.[7] Sciendum tamen quod aliquis potest honorari non solum propter virtutem propriam, sed etiam propter virtutem alterius. Sicut principes et praelati honorantur etiam si sint mali, inquantum gerunt personam Dei et communitatis cui praeficiuntur, secundum illud *Prov.* 26, [8]: *Sicut qui immittit lapides[8] in acervum Mercurii, ita qui tribuit insipienti honorem.*[9] Quia gentiles rationem attribuebant Mercurio, acervus Mercurii dicitur cumulus ratiocinii, in quo mer-

---

6. Interl.
7. Cf. q.75, a.2; q.129, a.4, ad1; q.144, a.2; q.145, a.1, ad2; q.186, a7, ad4.; I-II, q.2, a.2, obj.1 et ad1.
8. 히브리 성경의 다른 텍스트를 Septuaginta(칠십인역) 성경은 다음과 같이 번역했다.; 어리석은 자에게 명예를 돌리는 일(사람)은 돌을 투석기에 올려놓는 일처럼 헛된 일을 하는 것임이 상식이다.; Vulgata 성경은 히브리 성경과 일치하지 않는데, 히브리 어휘 'margemah'는 '투석기'도 '돌무덤'도 의미할 수 있기 때문이다. 성 히에로니무스는 이를 '이방인의 죽음을 기억하는 것'이라는

러내 보이는 행위와 관련해서는 사람을 편애하는 것이 죄는 아니다.

[재반론] 야고보서 2장 [1절]의 말씀에 관한 주석에서는[6] "부자의 재산 때문에 그를 존경하는 이들은 누구나 죄를 범한다."라고 말한다. 또한 부분적인 근거로, 어떤 사람이 그를 존경하기에 합당하지 않은 다른 이유 때문에 존경을 받으면, 그것은 사람을 편애하는 행위에 속하며, 죄를 범할 것이다. 그러므로 존경(명예)을 드러내 보이는 행위로 사람을 편애하는 것은 죄다.

[답변] 존경(명예)은 존경받는 사람이 지닌 덕에 대한 증거와 같은 것이며, 따라서 그 사람의 덕만이 존경을 받아야 할 마땅한 원인이다.[7] 하지만 누구나 그의 고유한 덕 때문만이 아니라, 다른 사람의 덕 때문에도 존경을 받을 수 있다는 것을 우리는 알아야 한다. 이는 "우둔한 자에게 명예를 부여하는 것은[8] (도둑의 신 메르쿠리우스의) 돌더미에 돌을 던지는[더하는][9] 격이다."라는 잠언 26장 [8절]의 말씀을 따라, 군주와 고위 성직자가 사악하더라도 그들이 하느님과 공동체의 인격을 지니는 한 존경을 받는 것과 같다. 이방인들은 메르쿠리우스에게 (상거래의) 근거를 두는데, 메르쿠리우스의 돌더미는 거래 장부라고 불리며,

---

의미로 받아들였다. 이방인들은 거리에 메르쿠리우스 조각상을 세워놓고 지나가면서 돌을 던졌는데, '메르쿠리우스의 돌무덤'이란 말은 그런 이방인들의 행실, 죽음의 행실을 쌓는 것이라고 본 것이다. 이 자리에서 성 토마스는 돌이든 돌무덤이든 그 자체로는 아무런 가치가 없고, 모든 표지는 오로지 하느님께만 명예를 돌려야 한다는 것을 의도하고 있다. Cf. C. Spicq, OP, *Les péches d'injustice*, t.I (II-II, qq.63-66, trad. *franç.*). Paris, 1934, pp.136-137.

9. Vulgata: *mittit lapidem*.

q.63, a.3

cator quandoque mittit unum lapillum loco centum marcarum: ita etiam honoratur insipiens, quia ponitur loco Dei et loco totius communitatis.[10] — Et eadem ratione parentes et domini sunt honorandi, propter participationem divinae dignitatis, qui est omnium Pater et Dominus.[11] — Senes autem sunt honorandi propter signum virtutis, quod est senectus: licet hoc signum quandoque deficiat. Unde, ut dicitur *Sap.* 4, [8, 9], *senectus vere honoranda*[12] *est non diuturna neque annorum numero computata: cani autem sunt sensus hominis, et aetas senectutis vita est*[13] *immaculata.*[14] — Divites autem honorandi sunt propter hoc quod maiorem locum in communitatibus obtinent.[15] Si autem solum intuitu divitiarum honorentur, erit peccatum acceptionis personarum.

Et per hoc patet responsio AD OBIECTA.

---

10. '메르쿠리우스(Mercurius)'는 상업(mercatio)의 신으로 불렸다(상품(merx), 거래하기(mercare) 등의 어휘는 어근이 같다). 또 '메르쿠리우스의 동전(돌)더미'는 계산의 합이라는 뜻이다. 상인들(mercator)은 그것으로 스스로 계산하고 평가했으나, 돈은 그 자리(장부)에 기입하기만 했다. 마찬가지로, 어리석은 사람이 그 품위를 쌓아올리는 것은 그 자신이 품위가 있어서가 아니라, 그가 획득한 공적(公的)인 그 자리에 품위가 쌓이기 때문이다.(cf. *Quodl.* VIII, q.4, a.2) Cf. C. Spicq, OP, *op. cit.*, p.137.

상인은 백 마르크 대신 조약돌 하나를 던지기 때문이다. 그와 같이 우둔한 자도 존경을 받으니 그것은 그가 하느님의 자리와 전체 공동체를 대표하는 자리에 배치되기 때문이다.[10] 똑같은 근거로, 부모와 주인도 존경받아야 한다. 그들이 모든 것의 아버지이시며 주님이신 하느님의 존엄에 참여하기 때문이다.[11] —노인은, 노년이라는 덕의 표지 때문에 존경받아야 한다. 하지만 때때로 그 표지가 실패할 때가 있다. 그래서 지혜서 4장 [8-9절]에서 다음과 같이 말한 것이다. "영예로운 나이는[12] 장수로 결정되지 않는다. 살아온 햇수로[13] 셈해지지 않는다.[14] 사람에게는 예지가 곧 백발이고 티 없는 삶이 곧 원숙한 노년이다." —부유한 사람은 공동체에서 중요한 자리를 차지하는 것 때문에 존경을 받아야 한다.[15] 하지만 그들이 오로지 그들의 재산 때문에 존경(명예)을 받는다면 그것은 사람을 편애하는 행위의 죄가 될 것이다.

이것으로 반론에 대한 해답은 분명해진다.

---

11. Cf. q.101, a.1; q.102, a.I.
12. Vulgata: *enim venerabilis*.
13. Vulgata에는 *est*가 없다.
14. Cf. Sup., q.81, a1, ad1.
15. Cf. q.129, a.8; q.186, a.7, ad4.

Articulus 4
Utrum in iudiciis locum habeat peccatum acceptionis personarum

Ad quartum sic proceditur. Videtur quod in iudiciis locum non habeat peccatum acceptionis personarum.

1. Acceptio enim personarum opponitur distributivae iustitiae, ut dictum est.[1] Sed iudicia maxime videntur ad iustitiam commutativam pertinere. Ergo personarum acceptio non habet locum in iudiciis.

2. Praeterea, poenae secundum aliquod iudicium infliguntur. Sed in poenis accipiuntur personae absque peccato: quia gravius puniuntur qui inferunt iniuriam in personas principum quam qui in personas aliorum. Ergo personarum acceptio non habet locum in iudiciis.

3. Praeterea, *Eccli.* 4, [10] dicitur: *In iudicando esto pupillis misericors*. Sed hoc videtur accipere personam pauperis. Ergo acceptio personae in iudiciis non est peccatum.

SED CONTRA est quod dicitur *Prov.* 18, [5]: *Accipere personam in iudicio non est bonum.*[2]

RESPONDEO dicendum quod, sicut supra[3] dictum est, iudicium est actus iustitiae, prout iudex ad aequalitatem iustitiae reducit ea quae inaequalitatem oppositam facere possunt. Personarum autem acceptio inaequalitatem quandam habet, inquantum attribuitur ali-

제4절 사람을 편애하는 행위의 죄는 법적 절차로 생기는가?

[반론] 넷째 질문과 관련해서는 다음과 같이 전개된다. 사람을 편애하는 행위의 죄는 법적 절차로 생기지 않는 것으로 보인다.

1. 사람을 편애하는 행위는 말한 대로,[1] 분배 정의에 반대된다. 그런데 법적 절차는 대부분 교환 정의에 속하는 것으로 보인다. 그러므로 사람을 편애하는 행위는 법적 절차로 생기지 않는다.

2. 벌은 특정 법적 절차를 따라 가해진다. 실로 죄 없이도 사람은 벌을 받는다. 군주의 인격을 훼손하는 자에게는 다른 이의 인격을 훼손하는 자보다 더 무거운 벌이 과해지기 때문이다. 그러므로 사람을 편애하는 행위는 법적 절차로 생기지 않는다.

3. 집회서 4장 [10절]은 "심판을 내릴 때는 고아들에게 자비로워야 한다."라고 말한다. 하지만 이는 가난한 이들을 편애하는 것으로 보인다. 그러므로 법적 절차로 사람을 편애하는 행위는 죄가 아니다.

[재반론] 잠언 18장 [5절]은 "재판에서 인물을 두둔하는 것(편애하는) 은 좋지 않다."라고[2] 말한다.

[답변] 이미 말한 대로,[3] 재판(법적 절차)은 재판관이 불평등(불공평)을 일으킬 수 있는 것들을 정의의 평등(공평)으로 되돌리므로, 정의의 활동이다. 그런데 정의의 평등(공평)이 이루어지는 그곳에서, 사람을 편

---

1. A.1.
2. Vulgata: *Accipere personam impii non est bonum.*
3. Q.60, a.1.

cui personae praeter proportionem suam, in qua consistit aequalitas iustitiae. Et ideo manifestum est quod per personarum acceptionem iudicium corrumpitur.

AD PRIMUM ergo dicendum quod iudicium dupliciter potest considerari. Uno modo, quantum ad ipsam rem iudicatam. Et sic iudicium se habet communiter ad commutativam et ad distributivam iustitiam: potest enim iudicio definiri qualiter aliquid commune sit distribuendum in multos, et qualiter unus alteri restituat quod ab eo accepit. — Alio modo potest considerari quantum ad ipsam formam iudicii, prout scilicet iudex, etiam in ipsa commutativa iustitia, ab uno accipit et alteri dat. Et hoc pertinet ad distributivam iustitiam. Et secundum hoc in quolibet iudicio locum habere potest personarum acceptio.

AD SECUNDUM dicendum quod cum punitur gravius aliquis propter iniuriam in maiorem personam commissam, non est personarum acceptio, quia ipsa diversitas personae facit, quantum ad hoc, diversitatem rei, ut supra[4] dictum est.

AD TERTIUM dicendum quod homo in iudicio debet pauperi subvenire quantum fieri potest, tamen sine laesione iustitiae. Alioquin habet locum illud quod dicitur Exod. 23, [3]: Pauperis *quoque non misereberis in iudicio.*

애하는 행위는 어떤 사람에게 자기의 비례를 벗어나는 일이 생기므로, 특정한 불평등(불공평)을 지닌다. 그러므로 사람을 편애하는 행위를 통해서 재판이 손상된다는 것은 명백하다.

[해답] 1. 재판은 두 가지 방식으로 고찰될 수 있다. 하나는, 재판받는 일 자체에 대하여 고찰될 수 있다. 이런 방식으로 고찰할 때 재판은 교환 정의와 분배 정의라는 점에서 공통적이다. 공동의 것을 많은 이들에게 어떻게 분배해야 하는지, 또 한 사람이 다른 사람에게서 가져온(취한) 것을 어떻게 그에게 되돌려(회복시켜)주어야 하는지를 재판으로 규정할 수 있기 때문이다. 다른 하나는, 재판의 형식에 대하여 고찰될 수 있다. 이런 방식으로 고찰할 때, 물론 재판관을 따라 교환 정의 그 자체로 이 사람에게서 취하여 다른 사람에게 준다. 그런데 이는 분배 정의에도 속한다. 이런 방식으로 사람을 편애하는 행위는 분배 정의에 속한다. 그리고 이를 따라서 사람을 편애하는 행위는 어떤 재판으로도 생길 수 있다.

2. 어떤 사람이 더 중요한 다른 사람에게 위해를 가한 것 때문에 무엇인가 더 가혹한 벌을 받는다면, 그것은 사람을 편애하는 행위가 아니다. [사람들 사이의] 차이 그 자체는, 이 경우에 관련해서, 이미 밝힌 대로,[4] 사물들(벌들) 사이의 차이를 일으키기 때문이다.

3. 재판하는 사람은 가능한 한 가난한 사람을 구제해야 한다. 하지만 정의의 침해가 없어야 한다. 침해가 있으면, "힘없는 사람이라고 재판할 때 우대해서도 안 된다."라는 탈출기 23장 [3절]의 말씀이 적용될 것이다.

---

4. Q.58, a.10, ad3; q.61, a2, ad3.

QUAESTIO LXIV
DE HOMICIDIO
in octo articulos divisa

Deinde considerandum est de vitiis oppositis commutativae iustitiae.[1] Et primo considerandum est de peccatis quae committuntur circa involuntarias commutationes; secundo, de peccatis quae committuntur circa commutationes voluntarias.[2] Committuntur autem peccata circa involuntarias commutationes per hoc quod aliquod nocumentum proximo infertur contra eius voluntatem, quod quidem potest fieri dupliciter, scilicet facto, et verbo.[3] Facto quidem, cum proximus laeditur vel in persona propria; vel in persona coniuncta[4]; vel in propriis rebus.[5] De his ergo per ordinem considerandum est. Et primo, de homicidio, per quod maxime nocetur proximo.

Et circa hoc quaeruntur octo.

Primo: utrum occidere animalia bruta, vel etiam plantas, sit peccatum.

Secundo: utrum occidere peccatorem sit licitum.

Tertio: utrum hoc liceat privatae personae, vel solum publicae.

Quarto: utrum hoc liceat clerico.

---

1. Cf. q.63, Introd.
2. Q.77.

제64문
살인에 대하여
(전8절)

다음으로는 교환 정의에 반하는 악습을 고찰해야 한다.[1] 첫째로 본의 아닌 교환과 관련되어 범한 죄를, 둘째로 의도적 교환과 관련된 죄를 검토해야 한다. 본의 아닌 교환에 관한 죄는 자기의 뜻에 반하여 이웃에게 위해(危害)를 가함으로써 저질러진다.[2] 또한 이는 두 가지 방식으로, 말하자면 행동과 말로 저질러질 수 있다.[3] 또 행동으로는 이웃에게, 그와 관계된 사람에게,[4] 또는 그의 사물에 위해를 가한다.[5] 그러므로 우리는 이런 요소를 합당한 순서로 고찰해야 한다. 첫째로 (살해하는 행위에 대해 검토해야 하는데,) 무엇보다 먼저 살인을 검토해야 한다. 살인으로는 이웃에게 가장 중대한 위해를 입힌다. 이 주제와 관련해서는 여덟 질문이 제기된다.

1. 짐승이나 심지어 식물을 살해하는 것은 죄인가?
2. 죄인을 살해하는 것은 합법적인가?
3. 이것이 사인(私人)에게도 허용되는가? 아니면 공인(公人)에게만 허용되는가?
4. 이것이 성직자에게도 허용되는가?

---

3. Q.67.
4. Cf. q.65, a.4.
5. Q.66

Quinto: utrum liceat alicui occidere seipsum.

Sexto: utrum liceat occidere hominem iustum.

Septimo: utrum liceat alicui occidere hominem seipsum defendendo.

Octavo: utrum homicidium casuale sit peccatum mortale.

Articulus 1
Utrum occidiere quaecumque viventia sit illicitum

Ad primum sic proceditur. Videtur quod occidere quaecumque viventia sit illicitum.

1. Dicit enim Apostolus, *ad Rom.* 13, [2]: *Qui ordinationi Dei resistit, ipse sibi damnationem acquirit.*[1] Sed per ordinationem divinae providentiae omnia viventia conservantur: secundum illud Psalm. [Ps. 146, 8-9]: *Qui producit in montibus faenum, et*[2] *dat iumentis escam ipsorum.* Ergo mortificare quaecumque viventia videtur esse illicitum.

2. Praeterea, homicidium est peccatum ex eo quod homo privatur vita. Sed vita communis est omnibus animalibus et plantis. Ergo eadem ratione videtur esse peccatum occidere bruta animalia et plantas.

---

1. Vulgata: *Qui resistit potestati, Dei ordinationi resistit; qui autem resistunt, ipsi sibi damnationem acquirunt.*

5. 자살은 누구에게나 허용되는가?
6. 의로운 사람을 살해하는 것은 허용되는가?
7. 자기방어로 살인하는 것은 누구에게나 허용되는가?
8. 우발적 살인은 대죄인가?

제1절 무엇이든 생물을 죽이는 것은 불법행위인가?

Parall.: *In Sent.*, I, d.39, q.2, a.2; *ScG.*, III, c.112; *De Dec. Praecept.*, cap. *de Quint. Praecept.*

[반론] 첫째 질문과 관련해서는 다음과 같이 전개된다. 무엇이든 생물을 죽이는 것은 불법행위로 보인다.

1. 사도는 로마서 13장 [2절]에서 "하느님의 질서를 거스르는 자는, 스스로 심판을 불러온다."라고[1] 말한다. 실은 "[하느님께서는] 산에 풀이 돋게 하시는 분,[2] 가축에게도 먹이를 주시는 분이시다."라는 시편 146편 [8, 9절]을 따르면, 하느님 섭리의 질서(명령)로 모든 생물은 보존된다. 그러므로 무엇이든 생물을 무너뜨리는 것은 불법행위로 보인다.

2. 살인은 한 사람에게서 생명을 빼앗는 것이기 때문에 죄다. 실로 생명은 모든 동물과 식물에 공통적인 것이다. 그러므로 똑같은 근거로 말을 못하는 짐승과 식물을 죽이는 것은 죄로 보인다.

---

2. Vulgata: *qui.*

3. Praeterea, in lege divina non determinatur specialis poena nisi peccato. Sed occidenti ovem vel bovem alterius statuitur poena determinata in lege divina, ut patet *Exod.* 22, [1]. Ergo occisio brutorum animalium est peccatum.

SED CONTRA est quod Augustinus dicit, in I *de Civ. Dei*[3]: *Cum audimus, Non occides, non accipimus hoc dictum esse de fructetis, quia nullus eis est sensus: nec de irrationalibus animalibus, quia nulla nobis ratione sociantur. Restat ergo ut de homine intelligamus quod dictum est, Non occides.*

RESPONDEO dicendum quod nullus peccat ex hoc quod utitur re aliqua ad hoc ad quod est. In rerum autem ordine imperfectiora sunt propter perfectiora[4]: sicut etiam in generationis via natura ab imperfectis ad perfecta procedit. Et inde est quod sicut in generatione hominis prius est vivum, deinde animal, ultimo autem homo[5]; ita etiam ea quae tantum vivunt, ut plantae, sunt communiter propter omnia animalia, et animalia sunt propter hominem. Et ideo si homo utatur plantis ad utilitatem animalium, et animalibus ad utilitatem

---

3. C.20: PL 41, 35.
4. Cf. Q.66, a.1; I, q.105, a.5.

3. 신적인 법에서는 죄에 대한 것 말고는 특별히 정해진 벌이 없다. 그런데 탈출기 22장 [1절]에서 밝힌 대로, 신적인 법에서 다른 사람의 소나 양을 죽인 사람에게는 반드시 특별한 벌이 정해져 있다. 그러므로 짐승을 죽이는 행위는 죄다.

[재반론] 아우구스티누스는 『신국론』 제I권[3]에서 다음과 같이 말하고 있다. "우리가 '너는 죽여서는 안 된다'라는 말을 들었을 때, 그것이 나무를 언급하는 것이라 여기지 않는다. 왜냐하면 그 나무는 감각을 지니지 않고 있기 때문이다. 또 우리는 그것이 이성이 없는 동물을 언급하는 것이라 여기지도 않는다. 그 동물은 아무런 근거도 없이 우리와 관계를 맺기 때문이다. 그러므로 '너는 죽여서는 안 된다'라는 말은 당연히 사람을 놓고 말한 것이라 이해해야 한다."

[답변] 누구도, 사물의 존재 목적에 맞게 사물을 어떤 식으로든 사용하는 것으로는 죄를 범하지 않는다. 실로 사물의 질서에서는, (더) 불완전한 것은 (더) 완전한 것을 위해 존재한다.[4] 창조의 과정(길)에서조차도 자연은 불완전함에서 완전함으로 나아간다. 그러므로 사람의 창조 과정(길)에서 볼 수 있는 것처럼, 즉 먼저 식물이 있고, 그다음에 동물이, 마지막으로 사람이 있듯이,[5] 단순히 생명만 있는 식물과 같은 사물은 모두 동물을 위해 존재하고, 모든 동물은 사람을 위해 존재한다. 그러므로 철학자가 『정치학』 제I권[6]에서 밝힌 대로, 만일 사람이 동물의

---

5. Cf. I, q.118, a.2, ad2.
6. C.8, 1256b15-20; S. Thomas, lect.6.

hominum, non est illicitum: ut etiam per Philosophum patet, in I *Polit.*.⁶ Inter alios autem usus maxime necessarius esse videtur ut animalia plantis utantur in cibum, et homines animalibus: quod sine mortificatione eorum fieri non potest. Et ideo licitum est et plantas mortificare in usum animalium, et animalia in usum hominum, ex ipsa ordinatione divina: dicitur enim *Gen.* 1, [29-30]: *Ecce, dedi vobis omnem herbam et universa ligna, ut sint vobis in escam et cunctis animantibus.* Et Gen. 9, [3] dicitur: *Omne quod movetur et vivit, erit vobis in cibum.*⁷

AD PRIMUM ergo dicendum quod ex ordinatione divina conservatur vita animalium et plantarum non propter seipsam, sed propter hominem. Unde ut Augustinus dicit, in I *de Civ. Dei,*⁸ *iustissima ordinatione Creatoris et vita et mors eorum nostris usibus subditur.*

AD SECUNDUM dicendum quod animalia bruta et plantae non habent vitam rationalem, per quam a seipsis agantur, sed semper aguntur quasi ab alio, naturali quodam impulsu. Et hoc est signum quod sunt naturaliter serva, et aliorum usibus accommodata.

AD TERTIUM dicendum quod ille qui occidit bovem alterius peccat quidem, non quia occidit bovem, sed quia damnificat hominem in re sua. Unde non continetur sub peccato homicidii, sed sub peccato furti vel rapinae.

---

7. Cf. I, q.96, a.1.

이익을 위해 식물을 이용하고, 그 동물을 사람의 이익을 위해 이용한다면 그것은 불법행위가 아니다. 실로 식량을 위해 동물이 식물을, 사람이 동물을 이용하는 것은 그 모든 이용 가운데서 가장 필요한 이용으로 보인다. 그런데 이는 식물과 동물을 무너뜨리지 않고서는 될 수 없다. 그러므로 동물의 이용으로 식물을 무너뜨리는 것과 사람의 이용을 위해 동물을 무너뜨리는 것은 모두 합법적이다. 실로 이는, 창세기 1장 [29, 30절]에서 "보라 살아 움직이는 모든 것이 너희의 양식이 될 것이다. 내가 전에 푸른 풀을 주었듯이, …."라고 말한 것처럼, 하느님의 질서지음 그 자체에서 나온 것이다. 게다가 창세기 9장 [3절]은 "살아 움직이는 모든 것이 너희의 양식이 될 것이다."라고 말하고 있다.[7]

[해답] 1. 하느님 섭리의 질서(명령)를 따라 동물과 식물의 생명은 그 자체를 위해서가 아니라 사람을 위해 보존된다. 그러므로 아우구스티누스가 『신국론』 제I권[8]에서 말하고 있듯이, "창조주의 가장 의로운 질서로 그것들의 생명과 죽음은 우리의 이용에 달려 있다."

2. 짐승과 식물은 스스로 움직이게 하는 이성의 생명(삶)이 전혀 없으며, 오로지 다른 것에 의해, 곧 일종의 자연적인 충동에 의해 움직이게 될 뿐이다. 또한 이는 짐승과 식물이 자연스럽게 다른 것의 이용에 예속되고 제공된다는 표지다.

3. 다른 사람의 소를 살해한 사람은, 소를 살해해서가 아니라, 다른 사람의 사물에 위해를 입혀서 죄를 범한다. 그러므로 그는 살인의 죄가 아니라 도둑질이나 강도질의 죄를 범한 것이다.

---

8. L. c.: PL 41, 35.

Articulus 2
Utrum sit licitum occidere homines peccatores

Ad secundum sic proceditur. Videtur quod non sit licitum occidere homines peccatores.

1. Dominus enim, Matth. 13, [29-30], in parabola, prohibuit extirpare zizania, qui sunt *filii nequam*, ut ibidem [28] dicitur. Sed omne quod est prohibitum a Deo est peccatum. Ergo occidere peccatorem est peccatum.

2. Praeterea, iustitia humana conformatur iustitiae divinae. Sed secundum divinam iustitiam peccatores ad poenitentiam reservantur: secundum illud Ezech. 18, [23; 33, 11]: *Nolo mortem peccatoris, sed ut convertatur et vivat*. Ergo videtur esse omnino iniustum quod peccatores occidantur.

3. Praeterea, illud quod est secundum se malum nullo bono fine fieri licet: ut patet per Augustinum, in libro *Contra Mendacium*,[1] et per Philosophum, in II *Ethic.*.[2] Sed occidere hominem secundum se

---

1. C.7, n.18: PL 40, 528.

제2절 죄인을 죽이는 행위는 합법적인가?

Parall.: Supra, q.25, a.6, ad2; infra, q.108, a.3; I-II, q.100, a.8, ad3; *ScG.*, III, c.146; *De virtut.*, q.2, a.8, ad10; *De Dec. Praecept.*, cap. *De Quint. Praecept.*; *Ep. ad Rom.*, c.12, lect.3.
Doctr. Eccl.: "우리는 확언한다. 부주의하게 진행하지 않고 상의하여 진행함으로써, 증오가 아니라 재판으로 복수를 가하는 방식으로서, 대죄를 범하지 않고도 피의 재판을 할 수 있는, 세속의 권능을 단언한다."(1208년 인노첸시우스 3세의 명령에 의해, 발덴시안주의자들인 두란두스 데 오스카와 그의 동료들의 신앙고백): Denz. 425. Cf. Id. 773.

[반론] 둘째 질문과 관련해서는 다음과 같이 전개된다. 죄인을 죽이는 행위는 합법적이지 않은 것으로 보인다.

1. 주님께서는 마태오복음서 13장 [29-30절]의 비유에서 가라지를 뽑는 행위를 금하셨는데, 그 가라지는 28절에서 말씀하신 대로 "원수의 자식들"이다. 실로 하느님에 의해 금지된 행위는 무엇이나 다 죄다. 그러므로 죄인을 살해하는 것은 죄다.

2. 인간의 정의는 하느님의(신적인) 정의를 따른다. 실로 "나는 악인의 죽음을 기뻐하지 않는다. 오히려 악인이 자기 길을 버리고 돌아서서 사는 것을 기뻐한다."라는 에제키엘서 18장 [33절]과 33장 [11절]의 말씀대로, 하느님의 정의를 따라 죄인들은 회개를 위해 남겨진다. 그러므로 죄인이 살해당한다면 참으로 또 전적으로 부당한 것으로 보인다.

3. 아우구스티누스의 『거짓말 반박』[1]과 철학자의 『니코마코스 윤리학』 제2권[2]에서 분명히 한 대로, 어떤 좋은 목적이든, 그 자체로 악한

---

2. C.6, 1107a14-17; S. Thomas, lect.7, n.329.

est malum: quia ad omnes homines debemus caritatem habere; amicos autem *volumus vivere et esse,* ut dicitur in IX *Ethic..*[3] Ergo nullo modo licet hominem peccatorem interficere.

SED CONTRA est quod dicitur *Exod.* 22, [18]: *Maleficos non patieris vivere;* et in Psalm. [100, 8]: *In matutino interficiebam omnes peccatores terrae.*

RESPONDEO dicendum quod, sicut dictum est,[4] licitum est occidere animalia bruta inquantum ordinantur naturaliter ad hominum usum, sicut imperfectum ordinatur ad perfectum. Omnis autem pars ordinatur ad totum ut imperfectum ad perfectum.[5] Et ideo omnis pars naturaliter est propter totum.[6] Et propter hoc videmus quod si saluti totius corporis humani expediat praecisio alicuius membri, puta cum est putridum et corruptivum aliorum, laudabiliter et salubriter abscinditur.[7] Quaelibet autem persona singularis comparatur ad totam communitatem sicut pars ad totum. Et ideo si aliquis homo sit periculosus communitati et corruptivus ipsius propter aliquod

---

3. C.4, 1166a4-6; S. Thomas, lect.4, n.1799.
4. A.1.
5. Cf. I-II, q.90, a.2.

것을 가져오는 것은 허용되지 않는다. 실로 사람을 살해하는 것은 그 자체로 악하다. 우리는 반드시 모든 사람에게 참사랑을 지녀야 하며, 『니코마코스 윤리학』 제9권에서[3] 말한 대로, "우리는 서로 친구로 살며 존재하기를 바란다" 때문이다. 그러므로 어떤 방식이든 죄인을 파멸시키는 것은 허용되지 않는다.

[재반론] 탈출기 22장 [17절]은 "너희는 주술쟁이 여자를 살려 두어서는 안 된다."라고 말한다. 또 시편 100편 [8절]은 "나는 나라의 모든 악인들을 아침마다 없애리니…."라고 말하고 있다.

[답변] 말한 대로,[4] 동물이 사람의 이용을 위해 자연스럽게 질서 지어져 있고, 불완전함이 완전함을 위해 질서 지어져 있는 한, 짐승을 살해하는 것은 합법적이다. 실로 불완전함이 완전함을 향해 질서 지어져 있는 것처럼 모든 부분은 전체를 위해 질서 지어져 있다.[5] 그러므로 모든 부분은 자연스럽게 전체를 위한 것이다.[6] 또한 이것 때문에 우리는 전체 몸의 안녕을 위해 어떤 지체가 잘려 나갈 필요가 있는지를 알게 된다. 예를 들어 썩을 지체라든가 다른 지체를 감염시키는 지체는 훌륭하게 그리고 유익하게 잘린다.[7] 실로 부분들이 전체와 비교되듯이, 각 개인은 전체 공동체와 비교된다. 그러므로 어떤 사람이 어떤 죄 때문에 공동체에 위험하고 공동체를 부패시킨다면, 그는 공동선이 보존될 수 있도록 훌륭하게 그리고 유익하게 살해당해야 한다. 코린토 1서

---

6. Cf. q.65, a.1.
7. Cf. ibid.

peccatum, laudabiliter et salubriter occiditur, ut bonum commune conservetur: *modicum* enim *fermentum totam massam corrumpit,* ut dicitur I *ad Cor.* 5, [6].[8]

AD PRIMUM ergo dicendum quod Dominus abstinendum mandavit ab eradicatione zizaniorum ut tritico parceretur, idest bonis. Quod quidem fit quando non possunt occidi mali quin simul occidantur et boni: vel quia latent inter bonos; vel quia habent multos sequaces, ita quod sine bonorum periculo interfici non possunt; ut Augustinus dicit, *Contra Parmen.*[9] Unde Dominus docet magis esse sinendum malos vivere, et ultionem reservandum usque ad extremum iudicium, quam quod boni simul occidantur. — Quando vero ex occisione malorum non imminet periculum bonis, sed magis tutela et salus, tunc licite possunt mali occidi.[10]

Ad secundum dicendum quod Deus, secundum ordinem suae sapientiae, quandoque statim peccatores occidit, ad liberationem bonorum; quandoque autem eis poenitendi tempus concedit; secundum quod ipse novit suis electis expedire. Et hoc etiam humana iustitia imitatur pro posse: illos enim qui sunt perniciosi in alios, occidit; eos vero qui peccant aliis graviter non nocentes, ad poenitentiam reservat.

---

8. Cf. 갈라 5,9.
9. III, c.2, n.13: PL 43, 92.

5장 [6절]의 말씀대로, "적은 누룩이 온 반죽을 부풀리기(부패시키기)" 때문이다.⁸

[해답] 1. 주님께서는 밀, 곧 좋은 것을 남기기 위해 가라지를 뽑는 행위를 금하셨다. 실로 이런 일은 아우구스티누스가 『파르메니아누스 서간 반박』⁹에서 말한 대로, 선인(善人)이 악인(惡人)과 함께 살해당하지 않고서는 달리 악인을 살해할 수 없을 때, 즉 악인이 선인 가운데에 숨어 있거나 많은 추종자를 거느리고 있어서 선인을 위험에 빠뜨리지 않고서는 달리 악인을 살해할 수 없을 때 발생한다. 그러므로 주님께서는, 선인이 악인과 함께 살해당하기보다는, 오히려 악인을 살아남게 해야 하고 복수는 최후의 심판 때까지 연기되어야 한다고 가르치신다. 하지만 선인이 아무런 위험에도 놓이지 않고 오히려 악인을 살해함으로써 보호되고 구제된다면, 악인은 합법적으로 살해당할 수 있다.¹⁰

2. 하느님 지혜의 질서(명령)를 따라서, 그분께서는 때때로 선인의 해방을 위해 죄인을 즉시 살해하신다. 하지만 때로는 그들에게 회개할 시간을 허락하신다. 이는 그분께서 당신이 뽑은 이들에게 무엇이 합당할 것인지를 몸소 알고 계시는 편의를 따른다. 또한 이는 인간의 정의가 권력을 행사할 때 닮아야 할 것이기도 하다. 그 모범으로 인간의 정의도 다른 이들에게 위험한 자를 살해하지만, 심각한 위해를 입히지 않는 죄를 범한 자들은 회개를 위해 남겨놓는다.

---

10. Cf. q.10, a.8, ad1; q.11, a.3, ad3.

AD TERTIUM dicendum quod homo peccando ab ordine rationis recedit: et ideo decidit a dignitate humana, prout scilicet homo est naturaliter liber et propter seipsum existens, et incidit quodammodo in servitutem bestiarum, ut scilicet de ipso ordinetur secundum quod est utile aliis; secundum illud Psalm. [Ps. 48, 21]: *Homo, cum in honore esset, non intellexit: comparatus est iumentis insipientibus, et similis factus est illis;* et *Prov.*11, [29] dicitur: *Qui stultus est serviet sapienti.* Et ideo quamvis hominem in sua dignitate manentem occidere sit secundum se malum, tamen hominem peccatorem occidere potest esse bonum, sicut occidere bestiam: peior enim est malus homo bestia, et plus nocet, ut Philosophus dicit, in I *Polit.*[11] et in VII *Ethic.*.[12]

---

11. C.7: 1253a32-33; S. Thomas, lect.1.

3. 사람이 자연 상태로 방종하여 살아가고 있거나 다른 사람의 명령에 따라 그에게 유용하도록 살아가게 되어버린 짐승의 노예살이 속으로 빠져드는 것처럼, 사람은 이성의 질서(명령)에서 벗어나 죄를 범하며, 그러므로 사람의 존엄에서 이탈한다. 이를 시편 48편 [21절]은 다음과 같이 드러내고 있다. "사람은, 영화 속에 있을 때, 이해하지 못한다. 그가 지각없는 짐승들에 비유되고 그것들처럼 만들어졌다는 것을." 이를 또 잠언 11장 [29절]은 다음과 같이 드러내고 있다. "미련한 자는 마음이 지혜로운 이의 종이 된다." 비록 사람이 그의 존엄을 간직하는 한 그를 살해하는 것이 악(惡)한 것 그 자체라고 하더라도, 죄인을 살해하는 것이, 짐승을 살해하는 것처럼 선한 것일 수 있다. 철학자가 『정치학』 제1권[11]과 『니코마코스 윤리학』 제7권[12]에서 말한 대로, 악인은 짐승보다 더 나쁘며 더 해롭기 때문이다.

---

12. C.7: 1150a7-8; S. Thomas, lect.6, n.1403. Cf. I-II, q.95, a.1. Cf. etiam, in hac II-II, q.25, a.6, ad2.

Articulus 3
Utrum occidere hominem peccatorem liceat privatae personae

d tertium sic proceditur. Videtur quod occidere hominem peccatorem liceat privatae personae.

1. In lege enim divina nihil illicitum mandatur. Sed *Exod.* 32, [27] praecepit Moyses: *Occidat unusquisque proximum suum, fratrem et amicum suum*,[1] pro peccato vituli conflatilis. Ergo etiam privatis personis licet peccatorem occidere.

2. Praeterea, homo propter peccatum bestiis comparatur, ut dictum est.[2] Sed occidere bestiam sylvestrem, maxime nocentem, cuilibet privatae personae licet. Ergo, pari ratione, occidere hominem peccatorem.

3. Praeterea, laudabile est quod homo, etiam si sit privata persona, operetur quod est utile bono communi. Sed occisio maleficorum est utilis bono communi, ut dictum est.[3] Ergo laudabile est si etiam pri-

---

1. Vulgata: *Occidat unusquisque fratrem et amicum et proximum suum.*

제3절 죄인을 죽이는 것이 사인에게도 허용되는가?

Parral.: Infra, q.65, a.1, ad2; *In Sent.*, II, d.44, q.2, a.2, ad5; IV, d.37, q.2, a.1.
Doctr. Eccl.: 알렉산데르 7세는 1665년 다음과 같이 공표하였다. "17. 수도자와 성직자에게는 그 자신이나 자신의 종교에 대해 중대한 범죄를 퍼뜨리겠다고 위협하는 불손한(모욕하는) 자를, 방어할 다른 수단이 없다면, 살해하는 것은 합법적이다. 불손한 그 자가 자신이나 자신의 종교를 공개적으로 또 가장 중요한 사람들 앞에서 공격할 준비가 되어 있다면, 그가 살해당하지 않는 한, 달리 방법이 없는 것으로 보인다. 18. 부당한 선고가 위협을 가할 것이 확실한 경우에는, 다른 방법으로 무고한 피해를 피할 수 없다면, 거짓 고발자는 물론 거짓 증인과 재판관까지 파멸시키는 것이 허용된다. 19. 간통하다 잡혀서 온 아내를 자기 권위로 죽이는 남편은 죄를 범하지 않는다." Denz. 1117-1119. Vide textus cit. infra ad a.7.

[반론] 셋째 질문과 관련해서는 다음과 같이 전개된다. 죄인을 살해하는 것은 사인(私人)에게도 허용되는 것으로 보인다.

1. 불법행위는 어떤 것도 신적인 법으로 명령받지 않는다. 하지만 [금을 녹여] 만든 송아지 때문에, 탈출기 32장 [27절]에서 모세는 "너희는 …저마다 자기 형제와 친구와 이웃을 죽여라."[1]라고 명령하였다. 그러므로 죄인을 살해하는 것은 사인에게도 허용된다.

2. 말한 대로,[2] 사람은 죄 때문에 짐승에 비교될 수 있다. 실로 사인에게는 짐승을, 특히 그 짐승이 해롭다면, 살해하는 것이 허용된다. 그러므로 부분적인 근거로, 죄인을 살해하는 것은 허용된다.

3. 비록 사인이더라도, 그가 공동선에 유용하게 일을 하게 된다면 칭찬받을 만하다. 실로 말한 대로,[3] 악행을 저지르는 자를 살해하는 행위는 공동선에 유용하다. 그러므로 비록 사인이라도 악행을 저지른 자를

---

2. A.2, ad3.
3. A.2

vatae personae malefactores occidant.

SED CONTRA est quod Augustinus dicit, in I *de Civ. Dei*[4]: *Qui sine aliqua publica administratione maleficum interfecerit, velut homicida iudicabitur: et tanto amplius quanto sibi potestatem a Deo non concessam usurpare non timuit.*

RESPONDEO dicendum quod, sicut dictum est,[5] occidere malefactorem licitum est inquantum ordinatur ad salutem totius communitatis. Et ideo ad illum solum pertinet cui committitur cura communitatis conservandae: sicut ad medicum pertinet praecidere membrum putridum quando ei commissa fuerit cura salutis totius corporis. Cura autem communis boni commissa est principibus habentibus publicam auctoritatem.[6] Et ideo eis solum licet malefactores occidere, non autem privatis personis.

AD PRIMUM ergo dicendum quod ille aliquid facit cuius auctoritate fit: ut patet per Dionysium, 13 cap. *Cael. Hier.*.[7] Et ideo, ut Augustinus dicit, in I *de Civ. Dei*,[8] *non ipse occidit qui ministerium debet iubenti sicut adminiculum gladius utenti.* Unde illi qui occiderunt

---

4. Cf. Gratianus, *Decretum*, p.II, causa 23, q.8, can.33: ed Richter-Friedberg, t.I, p.965.
5. A.2.

살해한 사람은 칭찬받을 만하다.

[재반론] 아우구스티누스는 『신국론』 제1권[4]에서 다음과 같이 말하고 있다. "공공의 집행을 위한 공공의 수단 없이, 악행을 저지른 사람을 파멸시키는 자는 살인죄로 재판을 받을 것이다. 더욱이, 그자는 하느님께서 그에게 위임하지도 않은 권한을 두려워하지도 않고 찬탈한 것이기 때문이다."

[답변] 말한 대로,[5] 전체 공동체의 안녕에 질서 지어져 있는 한, 악을 저지른 자를 살해하는 것은 합법적이다. 외과 의사가 전체 몸의 건강을 돌보는 일을 위임받았다면, 부패한 지체 하나를 잘라내는 것이 그에게 속하는 것처럼, 악을 저지른 자를 살해하는 것은 공동체를 돌볼 책임이 있는 사람에게만 속한다. 실로 공동선을 돌보는 일은 공공의 권위를 지닌 군주에게 위임된다.[6] 그러므로 군주에게만 악을 저지른 자를 살해하는 것이 허용되며, 사인에게는 허용되지 않는다.

[해답] 1. 디오니시우스가 『천상 위계』 제13장[7]에서 밝힌 대로, 그는 그 권위로 그런 일을 한다. 따라서 아우구스티누스가 『신국론』 제1권[8]에서 말한 대로, "검이 이용하는 자에게 지원되듯이, 명령하는 사람에게 의무가 있는 자는 자기 마음대로 살해하지 않는다." 그러므로 주님의 명령으로, 이웃과 친구를 살해한 사람은 이를 자기들 스스로 한 것

---

6. Cf. I-II, q.90, a.3.
7. PG 3, 305 C.
8. C.21: PL 41, 35.

proximos et amicos ex mandato Domini, non hoc fecisse ipsi videntur, sed potius ille cuius auctoritate fecerunt: sicut et miles interficit hostem auctoritate principis, et minister latronem auctoritate iudicis.

AD SECUNDUM dicendum quod bestia naturaliter est distincta ab homine. Unde super hoc non requiritur aliquod iudicium an sit occidenda, si sit sylvestris. Si vero sit domestica, requiretur iudicium non propter ipsam, sed propter damnum domini. Sed homo peccator non est naturaliter distinctus ab hominibus iustis. Et ideo indiget publico iudicio, ut discernatur an sit occidendus propter communem salutem.

AD TERTIUM dicendum quod facere aliquid ad utilitatem communem quod nulli nocet, hoc est licitum cuilibet privatae personae. Sed si sit cum nocumento alterius, hoc non debet fieri nisi secundum iudicium eius ad quem pertinet existimare quid sit subtrahendum partibus pro salute totius.

Articulus 4
Utrum occidere malefactores liceat clericis

Ad quartum sic proceditur. Videtur quod occidere malefactores

이 아니라, 오히려 그분의 권위로 그렇게 행동한 것으로 보인다. 이는 병사가 그의 군주의 권위로 적을 죽이고, 집행자가 재판관의 권위로 강도를 죽이는 것과 같다.

2. 짐승은 자연스럽게 [그 본성으로] 사람과 구별된다. 그러므로 짐승이라면 그 짐승을 죽이기 위한 [권한에 관한] 어떤 법적 절차도 요구되지 않는다. 반면에, 가축이라면, 가축 그 자체 때문이 아니라, 그 주인의 손실 때문에 법적 절차가 요구된다. 다른 한편 죄를 지은 자라도 그 본성으로는 의로운 사람과 구별되지 않는다. 그러므로 공동의 안녕 때문에 그가 살해당해야 하는지 식별되기 위해서는 공공의 법적 절차가 요구된다.

3. 공동의 실리(이익)를 위해 일을 하는 것은 누구에게도 위해를 가하지 않는다는 것이다. 모든 사인에게 이것은 합법적이다. 하지만 그것이 다른 사람에게 위해를 가하더라도, 전체의 안녕을 위해 전체에서 어떤 부분이 덜어내져야 하는지를 평가하는 일에 속한 사람의 법적 절차를 따르지 않는 한, 행해져서는 안 된다.

제4절 악행을 저지르는 자를 죽이는 것은 성직자에게 허용되는가?

Parall.: *In Sent.*, IV, d.25, q.2, a.2, qc.2.
Doctr. Eccl.: Huc faciunt cann. 121, 139 *Cod. Iur. Can.*

[반론] 넷째 질문과 관련해서는 다음과 같이 전개된다. 악행을 저지

liceat clericis.

1. Clerici enim praecipue debent implere quod Apostolus dicit, I *ad Cor.* 4, [16]: *Imitatores mei estote, sicut et ego Christi:* per quod nobis indicitur ut Deum et sanctos eius imitemur. Sed ipse Deus, quem colimus, occidit malefactores: secundum illud Psalm. [Ps. 135, 10]: *Qui percussit Aegyptum cum primogenitis eorum.* Moyses etiam a Levitis fecit interfici viginti tria millia hominum propter adorationem vituli, ut habetur *Exod.* 32, [28]. Et Phinees, sacerdos, interfecit Israelitem coeuntem cum Madianitide, ut habetur *Num.* 25, [6 sqq.]. Samuel etiam interfecit Agag, regem Amalec[1]; et Elias sacerdotes Baal[2]; et Mathathias eum qui ad sacrificandum accesserat[3]; et in novo Testamento, Petrus Ananiam et Saphiram.[4] Ergo videtur quod etiam clericis liceat occidere malefactores.

2. Praeterea, potestas spiritualis est maior quam temporalis, et Deo coniunctior. Sed potestas temporalis licite malefactores occidit tanquam *Dei minister,* ut dicitur *Rom.* 13, [4]. Ergo multo magis clerici, qui sunt Dei ministri spiritualem potestatem habentes, licite possunt malefactores occidere.

3. Praeterea, quicumque licite suscipit aliquod officium, licite potest ea exercere quae ad officium illud pertinent. Sed officium principis terrae est malefactores occidere, ut dictum est.[5] Ergo clerici

---

1. 1사무 15,33.
2. 열왕 18,40.

르는 자를 죽이는 것이 성직자에게는 허용되는 것으로 보인다.

 1. 성직자는 특별히 코린토 1서 4장 [16절]에서 "내가 그리스도를 따르는 것처럼 너희도 나를 따르라."라는 사도의 명령을 완수해야 한다. 그 명령을 따라, 우리는 하느님과 그분의 성인들을 닮으라는 부름을 받고 있다. 실로 "이집트의 맏배들을 치신 분"이라는 시편 136편 [10절]을 따르면, 우리가 섬기는 그 하느님께서는 악행을 저지르는 자들을 살해하신다. 그래서 탈출기 32장 [28절]에서 말한 대로, 모세에게는, 레위의 자손들에게 송아지를 섬긴 것 때문에 2만3000명을 파멸시키게 하였고, 민수기 25장 [8절]에서 말한 대로, 사제 피느하스는 미디안 여자의 천막에 들어간 이스라엘 사람들을 파멸시켰다. 사울은 아말렉의 아각 임금을 파멸시켰고,[1] 엘리야는 바알의 사제들을,[2] 마타티아스는 제단에 올라가 희생 제물을 바치려는 사람을 파멸시켰다.[3] 또 신약 성경에서, 베드로는 하나니아스와 사피라를 파멸시켰다.[4] 그러므로 성직자에게도 악행을 저지르는 자를 살해하는 것이 허용되는 것으로 보인다.

 2. 영적 권한은 세속의 권한보다 더 위대하며, 하느님께 더욱 결합되어 있다. 실로 로마서 13장 [4절]에서 말한 대로, "하느님의 교역자(복무자)"로서 세속 권한은 악행을 저지른 자를 죽이도록 허용한다. 그러므로 더욱이 영적 권한을 지닌 하느님의 교역자(복무자)인 성직자는 악행을 저지른 자들을 합법적으로 죽일 수 있다.

 3. 합법적으로 직책을 받은 이는 누구나 그 직책에 속한 일을 합법적

---

3. 1마카 2,24.
4. 사도 5,3 이하.

qui sunt terrarum principes, licite possunt occidere malefactores.

SED CONTRA est quod dicitur I *ad Tim.* 3, [2-3][6]: *Oportet episcopum sine crimine esse, non vinolentum, non percussorem.*

RESPONDEO dicendum quod non licet clericis occidere, duplici ratione. Primo quidem, quia sunt electi ad altaris ministerium, in quo repraesentatur passio Christi occisi, *qui cum percuteretur, non repercutiebat,* ut dicitur I Pet. 2, [23].[7] Et ideo non competit ut clerici sint percussores aut occisores: debent enim ministri suum dominum imitari, secundum illud *Eccli.* 10, [2]: Secundum iudicem populi, sic et ministri eius.[8]

Alia ratio est quia clericis committitur ministerium novae legis, in qua non determinatur poena occisionis vel mutilationis corporalis. Et ideo, ut sint *idonei ministri novi Testamenti,*[9] debent a talibus abstinere.

AD PRIMUM ergo dicendum quod Deus universaliter in omni-

---

5. A.3.
6. 티토 1,7.
7. Vulgata: *Qui ··· cum pateretur, non comminabatur.*

으로 수행할 수 있다. 실로 말한 대로,[5] 악행을 저지른 자를 살해하는 것은 지상 군주의 직책이다. 그러므로 지상의 군주인 성직자는 악행을 저지른 자를 합법적으로 살해할 수 있다.

[재반론] 티모테오 1서 3장 [2-3절]에서는[6] 다음과 같이 말하고 있다. "감독은 흠잡을 데(범죄)가 없어야 하고 …술꾼이나 난폭한 사람이 아니어야 한다."

[답변] 두 가지 근거로 성직자에게는 죽이는 것이 허용되지 않는다. 첫째로 그들은 제단의 복무를 위해 뽑혔기(선발되었기) 때문이다. 베드로 1서 2장 [23절]에서 말한 대로, "매질을 당하시면서도 매질하지 않으신"[7] 살해되신 그리스도의 수난이 그것으로(제단의 복무로) 드러난다. 그러므로 매질하거나 살해하는 것은 성직자에게 걸맞지 않다. 교역자(복무자)들은, "그 판관에 그 관리들(복무자들)이요 그 성주에 그 주민들이다."[8]라는 집회서 10장 [2절]을 따라, 자기 주인을 닮아야 하기 때문이다.

또 다른 근거는 성직자가 새 법의 교역(복무)을 위임받았기 때문인데, 그 법에는 살해하거나 신체를 절단하는 벌이 결정되어 있지 않다. 그러므로 그는 "신약에 합당한 교역자(복무자)들이" 되기 위하여[9] 그러한 일을 하지 못한다.

[해답] 1. 하느님께서는 옳은 것이라면 어디에서나 모든 일에서나,

---

8. Cf. q.40, a.2.
9. Vulgata: *Qui … cum pateretur, non comminabatur.*.

bus operatur quae recta sunt, in unoquoque tamen secundum eius congruentiam. Et ideo unusquisque debet Deum imitari in hoc quod sibi specialiter congruit. Unde licet Deus corporaliter etiam malefactores occidat, non tamen oportet quod omnes in hoc eum imitentur. — Petrus autem non propria auctoritate vel manu Ananiam et Saphiram interfecit: sed magis divinam sententiam de eorum morte promulgavit. — Sacerdotes autem vel Levitae veteris Testamenti erant ministri veteris legis, secundum quam poenae corporales infligebantur: et ideo etiam eis occidere propria manu congruebat.

AD SECUNDUM dicendum quod ministerium clericorum est in melioribus ordinatum quam sint corporales occisiones, scilicet in his quae pertinent ad salutem spiritualem. Et ideo non congruit eis quod minoribus se ingerant.

AD TERTIUM dicendum quod praelati Ecclesiarum accipiunt officia principum terrae non ut ipsi iudicium sanguinis exerceant per seipsos, sed quod eorum auctoritate per alios exerceatur.

Articulus 5
Utrum alicui liceat seipsum occidere

Ad quintum sic proceditur. Videtur quod alicui liceat seipsum occidere.

그러면서도 각각 당신만의 방식을 따라서 활동하신다. 그러므로 누구나 자신에게 어울리는 특정한 방식으로 하느님을 닮아야 마땅하다. 하느님께서 악행을 저지르는 자들을 육신으로 살해하시더라도, 그것이 모두가 그런 식으로 그분을 닮아야 한다는 뜻은 아니다.—베드로도 그 자신의 권위와 손으로 아나니아스와 사피라를 파멸시키지 않았다. 대신 그는 그들의 죽음에 대해 더 거룩한 선고를 공표했다.—반면에 구약 성경의 사제와 레위의 자손은 옛 법의 교역자(복무자)였는데, 그 옛 법에는 신체적 벌이 부과되어 있었으며, 그래서 그들의 손으로 (직접) 살해하는 것이 그들에게는 걸맞았다.

2. 성직자의 교역(복무)은 육체적 살해보다 더 나은 방식으로, 곧 영적 안녕에 속한 일들에 종사하는 방식으로 질서 지어져 있다. 그래서 소소한 일에 쓸데없이 참견하는 것은 그들에게 걸맞지 않다.

3. 교회의 고위 성직자는 지상 군주의 직책을 취하지만, 그것은 스스로 피의 재판(법적 절차)을 수행하기 위해서가 아니라, 오로지 그의 권위가 다른 사람을 통하여 수행되기 위해서다.

제5절 자살은 허용되는가?

Parall.: Supra, q.59, a.3, ad2; infra, q.124, a.1, ad2; *In Sent.*, IV, d.49, q.5, a.3, qc.2, ad6; *De Dec. Praecept.*, cap. *de Quint. Praecept.*; *ad Heb.*, c.II, lect.7; *In Ethic.*, V, lect. 17.

[반론] 다섯째 질문과 관련해서는 다음과 같이 전개된다. 사람에게 자살은 허용되는 것으로 보인다.

q.64, a.5

1. Homicidium enim est peccatum inquantum iustitiae contrariatur. Sed nullus potest sibi ipsi iniustitiam facere: ut probatur in V *Ethic.*.[1] Ergo nullus peccat occidendo seipsum.

2. Praeterea, occidere malefactores licet habenti publicam potestatem. Sed quandoque ille qui habet publicam potestatem est malefactor. Ergo licet ei occidere seipsum.

3. Praeterea, licitum est quod aliquis spontanee minus periculum subeat ut maius periculum vitet: sicut licitum est quod aliquis etiam sibi ipsi amputet membrum putridum ut totum corpus salvetur. Sed quandoque aliquis per occisionem sui ipsius vitat maius malum, vel miseram vitam vel turpitudinem alicuius peccati. Ergo licet alicui occidere seipsum.

4. Praeterea, Samson seipsum interfecit, ut habetur *Iudic.* 16, [30]: qui tamen connumeratur inter sanctos, ut patet *Heb.* 11, [32]. Ergo licitum est alicui occidere seipsum.

5. Praeterea, II *Machab.* 14, [41 sqq.] dicitur quod Razias quidam seipsum interfecit, *eligens nobiliter mori potius quam subditus fieri peccatoribus et contra natales suos iniuriis*[2] *agi*. Sed nihil quod nobiliter fit et fortiter, est illicitum. Ergo occidere seipsum non est illicitum.

SED CONTRA est quod Augustinus dicit, in I *de Civ. Dei*[3]: *Restat*

---

1. C.15, 1138a4-5; 14-18; 26; S. Thomas, lect.17, nn.1091, 1097, 1101. Cf. c.10,1134b9-13; S. Thomas, lect.11, n.1013.

제64문 제5절

1. 살인은 정의에 역행되는 만큼 죄다. 하지만 『니코마코스 윤리학』 제5권[1]에서 입증된 대로, 누구도 자신에게 불의를 행할 수 없다. 그러므로 자살이 불의라면 자신을 살해하는 죄를 범하는 사람은 아무도 없다.

2. 공공의 권한(공권력)을 지닌 사람에게는 악행을 저지른 자를 살해하는 것이 허용된다. 실로 공공의 권한을 지닌 자가 때로는 악행을 저지르는 자이다. 그러므로 그에게는 자살하는 것이 허용된다.

3. 마치 사람이 자기 신체 전체를 구하기 위해 부패한 지체 하나를 잘라내는 것이 합법적인 것처럼, 사람이 더 큰 위험을 피할 수 있는 더 작은 위험을 자발적으로 겪는 것 역시 합법적이다. 실로 사람은 때때로, 자살함으로써 더 큰 해악, 예를 들어 불행한 삶이나 누군가 범한 죄로 인한 수치를 피한다. 그러므로 자살하는 것은 누구에게나 허용된다.

4. 판관기 16장 [30절]에서 말하듯이, 삼손은 자신을 파멸시켰지만, 히브리서 11장 [32절]이 보여주듯이, 성인들 가운데 이름이 올랐다. 그러므로 누구나 자살하는 것은 합법적이다.

5. 마카베오 2서 14장 [41절 이하]에서는 다음과 같이 말하며 라지스라는 사람이 자신을 파멸시켰다고 한다. "악한들의 손에 넘어가 자기의 고귀한 혈통에 합당하지 않은 치욕을 당하느니 차라리 고귀하게 죽으려는 것이었다."[2] 실로 고결하고 용감하게 이루어지지 않는 일은 무엇이나 다 불법적이다. 그러므로 자살하는 것은 불법행위가 아니다.

[재반론] 아우구스티누스는 『신국론』 제1권[3]에서 다음과 같이 말하고

---

2. Vulgata: *indignis iniuriis.*
3. C.20: PL 41, 35.

q.64, a.5

ut de homine intelligamus quod dictum est, *Non occides*. Nec alterum ergo, nec te. Neque enim aliud quam hominem occidit qui seipsum occidit.

RESPONDEO dicendum quod seipsum occidere est omnino illicitum triplici ratione. Primo quidem, quia naturaliter quaelibet res seipsam amat: et ad hoc pertinet quod quaelibet res naturaliter conservat se in esse et corrumpentibus resistit quantum potest. Et ideo quod aliquis seipsum occidat est contra inclinationem naturalem,[4] et contra caritatem, qua quilibet debet seipsum diligere.[5] Et ideo occisio sui ipsius semper est peccatum mortale, utpote contra naturalem legem et contra caritatem existens.

Secundo, quia quaelibet pars id quod est, est totius.[6] Quilibet autem homo est pars communitatis: et ita id quod est, est communitatis. Unde in hoc quod seipsum interficit, iniuriam communitati facit[8]: ut patet per Philosophum, in V *Ethic.*.[7]

Tertio, quia vita est quoddam donum divinitus homini[9] attributum, et eius potestati subiectum qui *occidit et vivere facit*. Et ideo

---

4. 은유적으로 정의에 반대된다고 말하는 것: q.58, a.2, ad1. Cf. I-II, q.71, a.2: 어떤 문제에 있어 결함이 있다고 말한 것을 덮는다면, 그 사실로부터, 그것은 그 본성에 속하는 것에 반하는 일에 놓이게 된다. 모든 사람이 자연적으로 자기의 삶을 사랑하는 경향에 대해서(in II-II, q.126, a.1.).
5. Cf. q.25, aa.4-5.
6. Cf. q.58, a.5; I-II, q.96, a.4.

있다. "이 사실에서 '너는 죽이지 못한다'라는 말은—다른 어떤 특정인이 아니라—모든 사람을, 그러므로 너 자신까지도 죽이는 것에 관한 말이라는 결론이 유래한다. 자살하는 자는 자신 말고는 그 누구도 죽이지 않는 것이기 때문이다."

[답변] 자살하는 것은 세 가지 근거로, 전적으로 불법행위다. 첫째로 모든 것(만물)은 자연스럽게(본성적으로) 자신을 사랑하기 때문이다. 그 결과 모든 것은 본성적으로 그 자체의 존재를 보존하고 가능한 한 부패에 저항한다. 그러므로 자살은 본성의 성향에도,[4] 누구나 다 자신을 사랑해야 할 참사랑에도[5] 반한다. 이 사실에서 자살이, 존재하는 자연법과 참사랑에 반하기 때문에, 언제나 대죄라는 결론이 유래한다.

둘째로 모든 부분은, 그 자체로, 전체에 속하기 때문이다.[6] 실로 모든 사람은 공동체의 부분이며, 그래서 그 자체로, 그는 공동체에 속한다. 이 사실에서, 철학자가 『니코마코스 윤리학』 제5권[7]에서 분명히 했듯이, 그는 자신을 파멸시킴으로써 공동체에 위해를 끼친다는[8] 결론이 유래한다.

셋째로 생명은 하느님께서 사람에게 돌리신 성스러운 선물이며,[9] "죽이시기도 하고 살게도 하시는" 그분의 권한에 종속되어 있기 때문이다. 이 사실에서 그 자신의 생명을 취하는 자는 하느님께 죄를 범하

---

7. C.11, 1138a11-14; S. Thomas. lect.17, nn.1093 & 1096.
8. Cf. q.59, a.3, ad2.
9. '산다는 것'과 '살아 있는 사람에게 존재한다는 것'에 대해서(cf. I, q.18, a.2, sc); 모든 창조물 가운데 실제로 본질에 있어 다른 존재에 대해서(cf. I, q.54, a.3; q.61, a.1), 주시고 보존하시는 하느님에 대해서(cf. ibid., q.48, a.5, ad1), 하느님 고유의 결과인 존재에 대하여(cf. ibid., q.8, a.1 ; q.45, a.5; I-II, q.66, a.5, ad4).

qui seipsum vita privat in Deum peccat: sicut qui alienum servum interficit peccat in dominum cuius est servus[10]; et sicut peccat ille qui usurpat sibi iudicium de re sibi non commissa. Ad solum enim Deum pertinet iudicium mortis et vitae, secundum illud *Deut.* 32, [39]: *Ego occidam, et vivere*[11] *faciam.*[12]

AD PRIMUM ergo dicendum quod homicidium est peccatum non solum quia contrariatur iustitiae, sed etiam quia contrariatur caritati quam habere debet aliquis ad seipsum. Et ex hac parte occisio sui ipsius est peccatum per comparationem ad seipsum. Per comparationem autem ad communitatem et ad Deum, habet rationem peccati etiam per oppositionem ad iustitiam.

AD SECUNDUM dicendum quod ille qui habet publicam potestatem potest licite malefactorem occidere per hoc quod potest de ipso iudicare.[13] Nullus autem est iudex sui ipsius. Unde non licet habenti publicam potestatem seipsum occidere propter quodcumque peccatum. Licet tamen ei se committere iudicio aliorum.

AD TERTIUM dicendum quod homo constituitur dominus sui ipsius per liberum arbitrium. Et ideo licite potest homo de seipso di-

---

10. Cf. Plat. *Phaedon.*, c.6, 62C.
11. Vulgata: *ergo vivere.*
12. 자살이 가장 행복한 살인이라는 것에 대하여: cf. I-II, q.73, a.9, ad2. 그 자체로 참사랑에 반하며, 법적 또는 사회정의에도 반한다(hic, in corp. *Secundo* 이하). 자살은 분배 정의에도 반한다(in hac II-II, q.59, a.3, ad2; III, q.47, a.6, ad3). 또한 그것은 때때로 교환 정의에도 반하는데, 다른 사람을 향해 가지고 있는 의무에 묶여 있다는 것을 알면서도 죽음으로써 스스

는데, 이는 마치 다른 이의 종을 파멸시킨 자가 그 노예가 섬겨야 할 주인에게 죄를 범하는 것과 같다.[10] 또 이는 자기에게 위임되지 않은 일의 법적 절차를 찬탈하여 자기에게 가져오는 것과 같다. 죽음과 생명의 법적 절차(심판)는 "나는 죽이기도 하고 살리기도[11] 한다."라는 신명기 32장 [39절]을 따라, 하느님께만 속한다.[12]

[해답] 1. 살인은 정의에 역행하기 때문만이 아니라, 사람이 자신을 향해 지녀야 할 참사랑에 역행하기 때문에도 죄다. 이 점에서 자살은 그 자체로 자신과 관련하여 죄스럽다. 또한 공동체와 하느님과 관련해서도, 자살이 정의에 반한다는 근거로 죄스러운 것이다.

2. 공공의 권한을 지닌 사람은, 스스로 판결할 수 있으므로, 합법적으로 악행을 저지른 자를 죽일 수도 있다.[13] 하지만 누구도 자신의 재판관이 아니다. 그러므로 공공의 권한을 지닌 사람이라도 그의 죄가 무엇이든 그 때문에 자살하는 것은 허용되지 않는다. 하지만 다른 사람의 판결(법적 절차)에 자신을 맡기는 것은 허용된다.

3. 사람은 자신의 자유재량을 통해 자기 자신의 주인이 된다. 그러므로 그는 자유재량으로 지배되는 생명(삶)에 속한 문제들에 대해서만큼은 그것들을 스스로 합법적으로 마련할 수 있다. 하지만 그 생명에서 또 다른 그리고 더 행복한 생명으로 넘어가는 문제에 대해서만큼은 사

로 물러나기 때문이다. 마지막으로 자살은 용덕에도 반한다(hic, ad 5). 하지만 누군가 간접적으로 자신을 죽이면, 즉 부당하게 또 중대하게 건강의 관리를 소홀히 하는 경우와 적절한 원인(이유) 없이 자신을 죽음의 위험에 드러내는 경우, 그는 현명에 반하여 죄를 범하는 것으로 보인다. Cf. C. Spicq, OP, *Les péches d'injustice*, t.I (II-II, qq.63-66, trad, franç) Paris, 1934, pp.149-150. Cf. a.3.

13. Cf. a.3.

sponere quantum ad ea quae pertinent ad hanc vitam, quae hominis libero arbitrio regitur. Sed transitus de hac vita ad aliam feliciorem non subiacet libero arbitrio hominis, sed potestati divinae. Et ideo non licet homini seipsum interficere ut ad feliciorem transeat vitam.

Similiter etiam nec ut miserias quaslibet praesentis vitae evadat. Quia *ultimum* malorum huius vitae et *maxime terribile* est mors: ut patet per Philosophum, in III *Ethic.*.[14] Et ita inferre sibi mortem ad alias huius vitae miserias evadendas est maius malum assumere ad minoris mali vitationem.

Similiter etiam non licet seipsum occidere propter aliquod peccatum commissum. Tum quia in hoc sibi maxime nocet quod sibi adimit necessarium poenitentiae tempus. Tum etiam quia malefactorem occidere non licet nisi per iudicium publicae potestatis.[15]

Similiter etiam non licet mulieri seipsam occidere ne ab alio corrumpatur. Quia non debet in se committere crimen maximum, quod est sui ipsius occisio, ut vitet minus crimen alienum (non enim est crimen mulieris per violentiam violatae, si consensus non adsit: quia *non inquinatur corpus nisi de consensu mentis,* ut Lucia dixit.[16]) Constat autem minus esse peccatum fornicationem vel adulterium quam homicidium: et praecipue sui ipsius, quod est gravissimum, quia sibi ipsi nocet, cui maximam dilectionem debet. Est etiam periculosissimum:

---

14. C.9, 1115a26-27; S. Thomas, lect.14, n.536.
15. Cf. a.3.
16. Cf. Iacobum A Voragine, *Legendam auream*, c.4, I: ed. T. Graesse, Lipsiae, 1850, p.31.

람의 자유재량이 아니라 하느님의 권한에 복종해야 한다. 이 사실에서 더 행복한 생명으로 나아갈 수 있는 자신의 생명을 자신이 파멸시키는 것은 허용되지 않는다.

유사하게, 현재의 삶이 어떻든, 어떤 불행에서든 탈출할 수 있는 자신의 생명을 스스로 파멸시키는 것도 허용되지 않는다. 철학자가 『니코마코스 윤리학』 제3권[14]에서 분명히 한 대로, 이 생명(삶)에 대해 "궁극적이고 가장 무시무시한" 악은 죽음이기 때문이다. 그러므로 이 생명(삶)에서 어떤 불행에서 달아나기 위해 자신에게 죽음을 가져오는 것은, 덜한 악을 회피하기 위해 더 무거운 악을 채택하는 것이다.

유사하게, 어떤 죄가 (자신에게) 범해졌다는 까닭에 자살하는 것도 허용되지 않는다. 그렇게 하는 것은, 회개에 필요한 충분한 시간을 자신에게서 박탈함으로써, 자신에게 매우 심각한 손해를 끼치기 때문이며, 또 공공 권한의 법적 절차를 통하지 않고 악행을 저지른 자를 죽이는 것도 허용되지 않기 때문이다.[15]

유사하게, 어떤 여인이 다른 사람에 의해 타락할까 두려워서 자살하는 것도 허용되지 않는다. 다른 사람의 작은 죄를 회피하기 위해, 자기에게 가장 큰 죄인 살인을 저지르지 말아야 하기 때문이다. "마음의 동의가 없다면 몸에 아무런 오점도 남기지 않는다."라고 루시아가 말했듯이, 만약 동의하지 않았다면, 그녀가 폭력으로 유린당하는 것은 그녀가 범한 죄가 아니기 때문이다.[16] 사실 간음이나 간통이 살인보다, 특히 자살보다 덜한 죄라는 데에는 모두가 동의한다. 자살은 가장 큰 사랑에 마땅한(빚지고 있는) 자신을 해치는 것이기 때문에 가장 중대한 죄다. 그것은 또한 회개로 속죄할 시간을 남기지 않기 때문에 가장 위험하다.

quia non restat tempus ut per poenitentiam expietur.

Similiter etiam nulli licet seipsum occidere ob timorem ne consentiat in peccatum. Quia *non sunt facienda mala ut veniant bona*,[17] vel ut vitentur mala, praesertim minora et minus certa. Incertum enim est an aliquis in futurum consentiat in peccatum, potens est enim Deus hominem, quacumque tentatione superveniente, liberare a peccato.

AD QUARTUM dicendum quod, sicut Augustinus dicit, in I *de Civ. Dei*,[18] nec Samson aliter excusatur quod seipsum cum hostibus ruina domus oppressit, nisi quia latenter Spiritus hoc iusserat, qui per illum miracula faciebat. Et eandem rationem assignat[19] de quibusdam sanctis feminis quae tempore persecutionis seipsas occiderunt, quarum memoria in Ecclesia celebratur.[20]

AD QUINTUM dicendum quod ad fortitudinem pertinet quod aliquis ab alio mortem pati non refugiat propter bonum virtutis, et ut vitet peccatum.[21] Sed quod aliquis sibi ipsi inferat mortem ut vitet mala poenalia, habet quidem quandam speciem fortitudinis, propter quod quidam seipsos interfecerunt aestimantes se fortiter agere, de quorum numero Razias fuit: non tamen est vera fortitudo, sed magis quaedam mollities animi non valentis mala poenalia sustinere, ut pa-

---

17. Cf. 로마 3,8.
18. C. 21: PL 41, 35.
19. C. 21: PL 41, 39.
20. 따라서 성 아폴로니아는 체포되어 화형을 당하는 순간, 무엇을 할까 고민하는 듯 잠시 서 있다가, [도살자인] 그들의 손에서 빠져나와, 과감하게 그를 위해 준비된 불 속으로, 곧 그 안에

유사하게, 누구든 그가 죄에 동의할까 두려워서 자살하는 것도 허용되지 않는다. "악을 행하여 선이 생기게 해서는"[17] 안 되기 때문이다. 또는 악, 특히 사소하고 덜 확실한 악을 회피하기 위해, 자살하는 것도 허용되지 않는다. 미래의 어떤 시점에 죄에 동의할 것인지는 불확실하고, 하느님께서는 어떤 유혹에서든 사람을 죄에서 구해내실 수 있기 때문이다.

4. 아우구스티누스는 『신국론』 제1권[18]에서 다음과 같이 말한다. "삼손을 통해서 놀라운 일을 행했던, 그 성령께서 은밀하게 그에게 자신을 죽이라고 명령한 것이 아니라면, 집을 무너뜨려 그 안에서 적들과 함께 자신을 짓밟은 그것에 대해, 삼손조차 용서받지(변명이 되지) 못할 것이다." 그는 어떤 거룩한 여인들에 관하여 똑같은 근거를 들고 있는데,[19] 그들은 박해 시대에 자신의 생명을 살해했으며, 교회에서는 그것을 기념하고 있다.[20]

5. 사람이 덕이라는 선을 위하여 다른 사람에게 죽임을 당하는 데 주저하지 않는 것과 그가 죄를 회피할 수 있는 것은 불굴의 용기에 속한다.[21] 실로 악한 징벌을 피하려 스스로 죽음을 초래하는 사람은 누구나 특별한 용기의 종(種)을 지니고 있다. 그것 때문에 어떤 이들은, 그들 가운데는 라지아스도 있었는데, 그것이 불굴의 용기에서 나온 행위라고 생각하면서 자신을 파멸시켰다. 하지만 철학자가 『니코마코스 윤리학』 제3권에서[22] 또 아우구스티누스가 『신국론』 제1권[23]에서 밝힌 대

타오르는 성령의 더 위대한 불길 속으로 자신의 몸을 던졌다. *Brev. Rom.*, die 9 febr., IX lect.
21. Cf. q.124, a.2.
22. C. 11: 1116a12-16; S. Thomas, lect.15. n.557.
23. Cc. 22-23: PL 41, 36-37.

tet per philosophum, in III *Ethic.*,[22] et per Augustinum, in I *de Civ. Dei.*[23]

Articulus 6
Utrum liceat in aliquo casu interficere innocentem

Ad sextum sic proceditur. Videtur quod liceat in aliquo casu interficere innocentem.

1. Divinus enim timor non manifestatur per peccatum: quin magis *timor Domini expellit peccatum*, ut dicitur *Eccli.* 1, [27]. Sed Abraham commendatus est quod timuerit Dominum, quia voluit interficere

---

1. 창세 22,12.

로, 그것은 참된 용기가 아니라, 오히려 벌을 주는 악을 견딜 만큼 충분히 강하지 않은 영혼의 나약함 같은 것이다.

제6절 어떤 경우 무죄한 이를 죽이는 것은 허용되는가?

Parall.: I-II, q.94, a.5, ad2; q.100, a.8, ad3; *De Pot.*, q.1, a.6, ad4; *In Ep. ad Heb.*, c.II, lect.4.

Doctr. Eccl.: 인노첸시우스 11세는 1679년 다음과 같이 공표하였다. "13. 적절하게 모든 것을 마땅히 살폈을 때, 대죄를 범하지 않고도 누군가의 삶이 슬퍼지기를, 또 그의 자연적인 죽음이 닥치기를 기뻐할 수 있다. 그 사람에 대한 불만에서 나오든 일시적인 이익을 위해 나오든, 어찌할 수 없는 정서로 그것을 구하고 갈망할 수 있다. 14. 참으로 아버지의 악을 갈망해서가 아니라, 자기에게 떨어질 기름진 유산 때문에, 그것을 탐하는 자의 선을 위해서, 아버지의 죽음을 절대적인 바람으로 탐하는 것은 합법이다. 15. 술에 취해서 저질러진 부모의 존속살인에 대해서 아들에게는, 유산으로 얻은 막대한 재물 때문에, 기뻐하는 것이 허용된다."(Denz. 1163-1165) 아버지의 죽음을 경멸하거나 기뻐하는 것이 아들에게 허용되지 않는다면, 무고한 사람을 살해하는 것에 대해서는 말할 것도 없다. 교회의 교도권은 "무고한 사람을" 직접 "살해하는 것"은 본질적으로 악이라고 분명히 선언한다(Denz. 1890). "독재자(폭군)를 살해하는 것"은 불법행위다(Id. 290); "낙태"와(Id. 1890 a, 2242 sqq.) 태아가 생기기 전에도(Id. 1184 sq.); "머리를 여는 것"과(Id. 1189 sq.) 자궁 바깥의 태아도(Id. 1890 b sq.) 마찬가지다.

[반론] 여섯째 질문과 관련해서는 다음과 같이 전개된다. 어떤 경우에는 무죄한 이를 파멸시키는 것이 허용되는 것으로 보인다.

1. 성스러운 전율(경외)은 죄로 드러나지 않는다. 오히려 집회서 1장 [27절]에서 말한 대로 "주님을 경외함은 죄를 몰아낸다." 실로 아브라함은, 무죄한 아들을 파멸시키려 했기 때문에, 주님을 경외한다는 칭찬을 받았다.[1] 그러므로 사람은 죄를 범하지 않으면서도, 무죄한 사람을 파멸시킬 수 있다.

filium innocentem.¹ Ergo potest aliquis innocentem interficere sine peccato.

2. Praeterea, in genere peccatorum quae contra proximum committuntur, tanto videtur aliquid esse maius peccatum quanto maius nocumentum infertur ei in quem peccatur. Sed occisio plus nocet peccatori quam innocenti, qui de miseria huius vitae ad caelestem gloriam transit per mortem. Cum ergo liceat in aliquo casu peccatorem occidere, multo magis licet occidere innocentem vel iustum.

3. Praeterea, illud quod fit secundum ordinem iustitiae non est peccatum. Sed quandoque cogitur aliquis secundum ordinem iustitiae occidere innocentem: puta cum iudex, qui debet secundum allegata iudicare, condemnat ad mortem eum quem scit innocentem, per falsos testes convictum; et similiter minister qui iniuste condemnatum occidit obediens iudici. Ergo absque peccato potest aliquis occidere innocentem.

SED CONTRA est quod dicitur *Exod.* 23, [7]²: *Innocentem et iustum non occides.*

RESPONDEO dicendum quod aliquis homo dupliciter considerari potest: uno modo, secundum se; alio modo, per comparationem ad aliud. Secundum se quidem considerando hominem, nullum occidere licet: quia in quolibet, etiam peccatore, debemus amare naturam, quam Deus fecit,³ quae per occisionem corrumpitur. Sed sicut

2. 이웃을 거슬러 범한 죄 가운데, 더 중대한 죄는 이웃에게 더 중대한 상처를 입히는 죄로 보인다. 실로 무죄한 사람보다는 죄 있는 사람이 죽임을 당하는 것으로 입는 손해가 더 중대하다. 무죄한 사람은, 그 죽음으로, 이 삶에서 당장 하늘의 영광으로 나아가기 때문이다. 그러므로 어떤 경우에는 죄인을 죽이는 것이 허용되기 때문에, 무죄하거나 의로운 사람을 죽이는 것이 더 많이 허용된다.

3. 정의의 질서(명령)를 따라 이루어진 일은 죄가 아니다. 오히려 때때로 사람은, 정의의 질서(명령)를 따라, 무죄한 사람을 죽인다. 예를 들어, 혐의에 맞게 판결해야 하는 재판관이, 거짓 증언에 근거한 유죄 판결로, 무죄하다고 아는 사람을 사형에 처하는 경우가 있다. 또 유사하게 사형 집행인(복무자)이 재판관에게 복종하여 부당하게 선고된 사람을 죽이는 경우가 있다.

[재반론] 탈출기 23장 [7절]에서[2] 말한 대로, "죄 없는 이와 의로운 이를 죽여서는 안 된다."

[답변] 누구나 사람은 두 방식으로 고려될 수 있는데, 하나는 사람 그 자체로 고려되는 방식이며, 다른 하나는 다른 무엇인가와 관련해서 고려되는 방식이다. 사람 그 자체로 고려된다면, 그가 누구라도 그를 죽이는 것은 허용되지 않는다. 죄인이라 할지라도, 하느님께서 지으신, 모든 사람 안에 있는 그 본성을 사랑해야 하기 때문이다.[3] 그 본성은

---

2. Cf. 다니 13,53.
3. Cf. q.31, a.2, ad2.

supra dictum est,⁴ occisio peccatoris fit licita per comparationem ad bonum commune, quod per peccatum corrumpitur. Vita autem iustorum est conservativa et promotiva boni communis: quia ipsi sunt principalior pars multitudinis. Et ideo nullo modo licet occidere innocentem.

AD PRIMUM ergo dicendum quod Deus habet dominium mortis et vitae: eius enim ordinatione moriuntur et peccatores et iusti. Et ideo ille qui mandato Dei occidit innocentem, talis non peccat, sicut nec Deus, cuius est executor: et ostenditur Deum timere, eius mandatis obediens.⁵

AD SECUNDUM dicendum quod in pensanda gravitate peccati magis est considerandum illud quod est per se quam illud quod est per accidens. Unde ille qui occidit iustum gravius peccat quam ille qui occidit peccatorem. Primo quidem, quia nocet ei quem plus debet diligere: et ita magis contra caritatem agit. Secundo, quia iniuriam infert ei qui est minus dignus: et ita magis contra iustitiam agit. Tertio, quia privat communitatem maiori bono. Quarto, quia magis Deum contemnit: secundum illud Luc. 10, [16]: *Qui vos spernit, me spernit.* — Quod autem iustus occisus ad gloriam perducatur a Deo, per accidens se habet ad occisionem.

AD TERTIUM dicendum quod iudex, si scit aliquem esse inno-

---

4. A.2.

그 사람을 죽임으로써 파괴된다. 하지만 이미 말했듯이,[4] 죄인을 죽이는 것은, 그 죄인으로 인해 부패가 되는, 공동선과 관련해서는 허용이 된다. 하지만 의로운 이들의 생활은 공동선을 유지하고 진척시킨다. 그들이 다수 가운데 주요한 부분이기 때문이다. 그러므로 누구도 죄를 범하지 않고는 무죄한 사람을 죽일 수 없다.

[해답] 1. 하느님께서는 죽음과 생명(삶)의 주인이시다. 죄인이든 의인이든 다 그분의 질서지음(명령)을 따라 죽기 때문이다. 그러므로 하느님의 명령을 집행하는 사람처럼, 하느님의 명령으로 무죄한 이를 죽인 자는 [살인의] 죄를 범하지 않는다. 또 그는 하느님의 명령에 복종함으로써 하느님을 경외한다는 것을 드러낸다.[5]

2. 어떤 죄든 그 무게를 평가할 때 우유(遇有)의 죄보다는 그 자체로 죄인 것을 더 고려해야 한다. 그러므로 의인을 죽인 자는 죄를 범한 사람을 죽인 자보다 더 중대하게 죄를 범한 것이다. 첫째로, 더 사랑해야 할 사람을 해치므로 참사랑을 더 거슬러 행동한 것이기 때문이다. 둘째로, 덜 적합한 사람에게 위해를 입히므로 정의를 더 거슬러 행동한 것이기 때문이다. 셋째로, 더 큰 선에서 공동체를 박탈한 것이기 때문이다. 넷째로, "너희를 물리치는 자는 나를 물리친다."라고 말한 루카복음서 10장 [16절]을 따라서, 하느님을 더 물리친 것이기 때문이다.—하지만 생명을 빼앗긴 의인이 하느님께 받아들여져 영광에 들어간 것은 살인에 우유적이다.

3. 만일 재판관이 거짓 증인들에 의해 유죄를 선고받은 사람이 무죄

---

5. Cf. I-II, q.94, a.5, ad2.

centem qui falsis testibus convincitur, debet diligentius examinare testes, ut inveniat occasionem liberandi innoxium, sicut Daniel fecit.[6] Si autem hoc non potest, debet eum ad superiorem remittere iudicandum. Si autem nec hoc potest, non peccat secundum allegata sententiam ferens: quia non ipse occidit innocentem, sed illi qui eum asserunt nocentem. — Minister autem iudicis condemnantis innocentem, si sententia intolerabilem errorem contineat, non debet obedire: alias excusarentur carnifices qui martyres occiderunt. Si vero non contineat manifestam iniustitiam, non peccat praeceptum exequendo: quia ipse non habet discutere superioris sententiam; nec ipse occidit innocentem, sed iudex, cui ministerium adhibet.[7]

---

6. 다니 13,51 이하.
7. Cf. q.67, q.2.

하다는 것을 알고 있다면, 그는 다니엘처럼,[6] 무죄한 사람을 해방할 기회를 찾기 위해서, 매우 치밀하게 증인들을 조사해야 한다. 만일 그가 그렇게 할 수 없다면 그 사람을 상위 법정의 재판으로 보내야 한다. 만일 이마저 불가능하여 그러한 증거를 따라 선고한다면 그는 죄를 범하지 않는다. 무죄한 사람을 처형한 것은 그가 아니라 그가 죄를 범했다고 진술한 그들이기 때문이다.—무죄한 사람에게 형을 선고한 재판관의 선고를 집행하는 사람은, 만일 판결에 변명의 여지조차 없는 오류가 있다면, 복종하지 말아야 한다. 그래야 순교자들의 사형 집행에 대한 하나의 변명(용서)이 생길 것이다. 하지만 만일 그 선고에 명백한 불의가 포함되어 있지 않다면 그 사형 집행인(복무자)은 상관의 판단을 놓고 토의할 권리를 갖지 않는다. 그 무죄한 사람을 죽인 자는 그가 아니라 그 일을 하게 한 재판관이다.[7]

Articulus 7
Utrum alicui liceat occidere aliquem se defendendo

Ad septimum sic proceditur. Videtur quod nulli liceat occidere aliquem se defendendo.

1. Dicit enim Augustinus, ad *Publicolam*[1]: *De occidendis hominibus ne ab eis quisquam occidatur, non mihi placet consilium, nisi forte sit miles, aut publica functione teneatur, ut non pro se hoc faciat sed pro aliis, accepta legitima potestate, si eius congruat personae.* Sed ille qui se defendendo occidit aliquem, ad hoc eum occidit ne ipse ab eo occidatur. Ergo hoc videtur esse illicitum.

---

1. Epist. 47, al. 154, n.5: PL 33, 186. Cf. Gratianus, *Decretum*, p.11, causa 23, q.5, can.8: ed. Richter-Friedberg, t.I, p.932.

제7절 자기방어로 다른 사람을 죽이는 것은 허용되는가?

Parall.: *In Sent.*, IV, d. 25, q.2, a.2, qc.2, ad3.
Doctr. Eccl.: 인노첸시우스 11세는 1679년 다음과 같이 공표하였다. "30. 존경(명예)받는 사람이, 불손(모욕)을 가져오라고 파견된 침략자를 죽이는 것은 옳다. 그렇지 않으면 그런 모욕을 피할 수 없다. 마찬가지로 뺨을 맞거나 몽둥이로 맞은 사람이 뺨을 때리거나 몽둥이로 때린 다음에 도망치는 것에 대해서도, 똑같이 말할 수 있다. 31. 한 푼이라도 보존하기 위하여 정기적으로 도둑을 죽일 수 있다. 32. 실제로 우리가 소유하고 있는 것을 방어하기 위해서뿐만 아니라, 원래 지닌 권리와 앞으로 소유하기를 희망하는 것을 살인으로 방어하는 것은 합법적 행위이다. 33. 상속인과 피상속인 모두에게, 유산이 집행되는 것이나 그것을 부당하게 방해받지 않기 위해서, 이런 식으로(살인으로) 방어하는 것은 합법적 행위이다. 대성당과 그에 딸린 것들에 대한 권리에 대해서도 마찬가지다. 34. 임신한 여자가 죽임을 당하거나 수치를 당하지 않도록, 태아가 생기기 전에 합법적으로 낙태할 수 있다."(Denz. 1180-1184) 레오 13세의 사도 서한 '사목 직책'(1891)은 다음과 같이 말하고 있다: "자연적 근거(이성)에 비춰본 것과 신적인 영감으로 기록된 편지에 의해 공표된 것은 모두 신적인 법인데, 두 법에서는 공적인 이유 외에는, '불가피한 경우가 아니라면, 즉 자신의 안녕을 지키기 위한 경우가 아니면,' 누구도 사람을 죽이거나 다치게 하지 못하도록 살인이 엄격하게 금지되어 있다." Id. 1939. Vide textus cit. ad a. 3 huius q.

[반론] 일곱째 질문과 관련해서는 다음과 같이 전개된다. 자기방어로 다른 사람을 죽이는 것은 허용되지 않는 것으로 보인다.

1. 아우구스티누스는 『푸블리콜라에게 보낸 서간』[1]에서 다음과 같이 말하고 있다. "사람을 죽이는 일에 관하여, 나는 자신을 위해서가 아니라 남을 위해서 사람을 죽이는 군인이거나 공직(공공의 기능)에 속하게 된 경우가 아니라면, 사람이 다른 사람한테 살해당하지 않으려고, 권한으로 적법하게 받아들여져, 사람을 죽일 수 있다는 생각이 마음에 들지 않는다." 실로 자기방어로 누군가 다른 사람을 살해하는 사람은 다른 사람한테 살해당하지 않으려고 그를 살해하는 것이다. 그러므로 이는 불법행위로 보인다.

2. Praeterea, in I *de Lib. Arb.*[2] dicitur: *Quomodo apud divinam providentiam a peccato liberi sunt qui pro his rebus quas contemni oportet, humana caede polluti sunt?* Eas autem res dicit esse contemnendas *quas homines inviti amittere possunt*, ut ex praemissis[3] patet. Horum autem est vita corporalis. Ergo pro conservanda vita corporali nulli licitum est hominem occidere.

3. Praeterea, Nicolaus[4] Papa dicit,[5] et habetur in Decretis, dist. L[6]: *De clericis pro quibus consuluisti, scilicet qui se defendendo Paganum occiderunt, si postea per poenitentiam possent ad pristinum statum redire aut ad altiorem ascendere, scito nos nullam occasionem dare, nec ullam tribuere licentiam eis quemlibet hominem quolibet modo occidendi.* Sed ad praecepta moralia servanda tenentur communiter clerici et laici. Ergo etiam laicis non est licitum occidere aliquem se defendendo.

4. Praeterea, homicidium est gravius peccatum quam simplex fornicatio vel adulterium. Sed nulli licet committere simplicem fornicationem vel adulterium, vel quodcumque aliud peccatum mortale, pro conservatione propriae vitae: quia vita spiritualis praeferenda est corporali. Ergo nulli licet, defendendo seipsum, alium occidere ut propriam vitam conservet.

5. Praeterea, si arbor est mala, et fructus, ut dicitur Matth. 7, [17-18]. Sed ipsa defensio sui videtur esse illicita: secundum illud *Rom.*

---

2. (Augustini), c.5, n.13: PL 32, 1228.
3. Ibid.
4. Primus

2. 그는 『자유재량』 제1권²에서 다음과 같이 말하고 있다. "하찮은 일을 위하여 사람을 살육한 것으로 오염된 자들이 하느님 섭리(의 판단) 앞에서 어떻게 죄로부터 자유로울 수 있는가?" 실로 그는, 앞서 말한 것에서³ 알 수 있듯이, "사람들이 마지못해 잃을 수 있는 일을" 경멸해야 한다고 말한다. 그런 것들 가운데 최고의 것은 육신의 생명이다. 그러므로 누구든지 육신의 생명을 보존하기 위하여 사람을 살해하는 것은 합법적이지 않다.

3. 교황 니콜라우스⁴가 다음과 같이 말했고,⁵ 그것은 교령집(Decretis, dist. L)⁶에 실려 있다. "여러분이 나의 의견을 구한 성직자에 관하여, 즉 자기방어로 이교도를 죽인 성직자들이 그 일을 참회하고 보상한 후에, 그 이전의 상태로 돌아갈 수 있는가에 관하여, 또는 더 높은 지위로 오를 수 있는가에 관하여, 나는 그들이 그 어떤 상황에서도 그 누구라도 죽이는 것은 절대로 합법적이지 않다는 것을 알고 있다." 실로 성직자와 평신도는 마찬가지로 도덕적 명령을 준수해야 한다. 그러므로 평신도도 자기방어로 누구든 살해하는 것은 합법적이지 않다.

4. 살인은 간음이나 간통보다 더 중대한 죄다. 실로 누구에게도 자신의 생명을 구하기 위해 단순한 간음이나 간통이나 다른 어떤 대죄든 그것을 범하는 것은 허용되지 않는다. 신체의 생명보다 영적 생명이 우선시되어야 하기 때문이다. 그러므로 누구도 자신의 생명을 보존하기 위하여 자기방어로 다른 사람을 살해하는 것은 허용되지 않는다.

5. 마태오복음서 7장 [17-18절]에서 말한 대로, 나무가 나쁘면 그 열

---

5. *Ad Osbald. Chorepisc. Quadrant.*: PL 119, 1131 BC.
6. Gratianus, *Decretum*, p.1, dist.50, can.6: ed. Richter-Friedberg, t.I, p.179.

12, [19]: *Non vos[7] defendentes, carissimi.* Ergo et occisio hominis exinde procedens est illicita.

SED CONTRA est quod *Exod.* 22, [2] dicitur: *Si effringens fur domum sive suffodiens fuerit inventus, et, accepto vulnere, mortuus fuerit, percussor non erit reus sanguinis.* Sed multo magis licitum est defendere propriam vitam quam propriam domum. Ergo etiam si aliquis occidat aliquem pro defensione vitae suae, non erit reus homicidii.

RESPONDEO dicendum quod nihil prohibet unius actus esse duos effectus, quorum alter solum sit in intentione, alius vero sit praeter intentionem. Morales autem actus recipiunt speciem secundum id quod intenditur, non autem ab eo quod est praeter intentionem, cum sit per accidens, ut ex supradictis[8] patet. Ex actu igitur alicuius seipsum defendentis duplex effectus sequi potest: unus quidem conservatio propriae vitae; alius autem occisio invadentis. Actus igitur huiusmodi ex hoc quod intenditur conservatio propriae vitae, non habet rationem illiciti: cum hoc sit cuilibet naturale quod se conservet in esse quantum potest.[9] Potest tamen aliquis actus ex

---

7. Vulgata: *vosmetipsos.*
8. Q.43, a.3; I-II, q.72, a.1.

매도 나쁠 것이다. 실로 "사랑하는 여러분, 여러분을⁷ 방어할 생각을 하지 마십시오."라는 로마서 12장 [19절]을 따라, 자기방어는 그 자체로 불법행위로 보인다. 그러므로 그 결과, 곧 사람을 살해하는 것 역시 불법행위다.

[재반론] 탈출기 22장 [2절]은 다음과 같이 말하고 있다. "도둑이 집을 뚫고 들어가다 들켜서 맞아 죽었으면, 살인죄가 되지 않는다." 실로 사람의 집보다 사람의 생명을 방어하는 것이 훨씬 더 합법적이다. 그러므로 그가 자신의 생명을 방어하기 위해 다른 이를 살해하면 살인죄를 범하지 않을 것이다.

[답변] 한 행위가 두 가지 효과를 내는 것을 방해하는 것은 아무것도 없으며, 그중 하나만 의도한 것이고 다른 하나는 의도에서 벗어난 것이다. 실로 도덕적 행위는, 의도에서 벗어난 것이 아니라, 의도된 바를 따라 그 행위의 종(種)을 취한다. 의도에서 벗어난 행위는, 이미 말했듯이,⁸ 비본질적이기 때문이다. 따라서 자기방어의 종은 두 가지 효과를 낼 수 있다. 하나는 자신의 생명을 보존하는 것이며, 다른 하나는 공격자를 살해하는 것이다. 그러므로 모든 것은 가능한 한 자신의 "존재"로서 자신을 보존하는 것이 자연적이라면, 그의 의도는 자신의 생명을 보존하는 것이므로, 그 행위에는 불법행위일 근거가 없다.⁹ 하지만 선의에서 나온 행위라 하더라도, 목적에 그 비례를 벗어난다면, 그 행위

---

9. 목적(달성)을 위한 한 수단으로서 침략자를 죽이는 것은 자신의 생명을 보존하는 것과 관련이 없다. 하지만 "목적의 필요성을 따르기 위해" 침략자를 죽이는 것이다. 자기방어는 "자신을 구하는 것을 의도한다." 그래서 그는 우발적인 경우를 제외하고는 죽이지 않는다.

bona intentione proveniens illicitus reddi si non sit proportionatus fini. Et ideo si aliquis ad defendendum propriam vitam utatur maiori violentia quam oporteat, erit illicitum. Si vero moderate violentiam repellat, erit licita defensio: nam secundum iura,[10] *vim vi repellere licet cum moderamine inculpatae tutelae*. Nec est necessarium ad salutem ut homo actum moderatae tutelae praetermittat ad evitandum occisionem alterius: quia plus tenetur homo vitae suae providere quam vitae alienae.[11]

Sed quia occidere hominem non licet nisi publica auctoritate propter bonum commune, ut ex supradictis[12] patet; illicitum est quod homo intendat occidere hominem ut seipsum defendat, nisi ei qui habet publicam auctoritatem, qui, intendens hominem occidere ad sui defensionem, refert hoc ad publicum bonum: ut patet in milite pugnante contra hostes, et in ministro iudicis pugnante contra latrones.[13] Quamvis et isti etiam peccent si privata libidine moveantur.

AD PRIMUM ergo dicendum quod auctoritas Augustini intelligenda est in eo casu quo quis intendit occidere hominem ut seipsum a morte liberet.

---

10. *Decretal. Greg. IX*, 1. V, 6. 12, c.18: ed. Richter-Friedberg, t.II, p.801.
11. "다른 사람의 영적 구원을 위해 (자기) 생명이 필요하지 않은 사람이 되는 것이 위대한 참사랑일지라도, 그는 침략자가 회개할 시간을 가질 수 있도록 현재의 생명을 박탈당하는 고통을 겪은 것이다. 그렇게 그는 자신을 하느님께 바치려 했지만, 그렇다고 그것에 매여 있지는 않았다. 이미 말했듯이(q.26, a.5, ad3), 우리가 반드시 이웃의 안녕을 제공해야 하는 경우를 제외하고는, 이웃의 영혼을 위해 자기 목숨을 바치는 그것이 우리가 필수적으로 해야 할 참사랑의 행위라 할 수 없기 때문이다. 이런 경우에는 그렇지 않다는 것이 분명하다. 이것은 필수

는 불법행위가 될 수 있다. 그러므로 누군가 자신의 생명을 방어하기 위해 필요 이상의 강력한 폭력을 사용한다면, 그것은 불법행위일 것이다. 반면에 만일 그가 절도 있게 폭력을 물리친다면 합법적인 방어행위일 것이다. 또 법을 따르면,[10] "절도 있는 정당한 보호로써 폭력을 폭력으로 격퇴하는 것은 허용된다." 또 다른 사람을 살해하지 않으려고 절도 있는 보호 행위를 생략하는 것이 구원에 필요한 것도 아니다. 사람은 다른 사람의 생명보다 반드시 자신의 생명을 더 보살펴야 하기 때문이다.[11]

하지만 이미 밝혔듯이,[12] 공동선을 위한 공공 권위를 제외하고는, 사람을 살해하는 것이 허용되지 않으므로, 사람이 자신을 방어하기 위해 사람을 살해하려고 하는 것은 불법적이다. 방어로 다른 사람을 살해하려고 의도하는 것은 합법적이지 않다. 단 공공의 권위를 지닌 자로서 자기방어를 위해 사람을 살해하려는 사람은 그렇지 않다. 이는 적과 싸우는 군인과 강도와 다투는 재판관의 복무자에게서 알 수 있듯이, 공공의 선과 관련이 있다.[13] 하지만 그들도 사적인 정욕으로 움직여져 그렇게 하면 죄를 범하는 것이다.

[해답] 1. 아우구스티누스를 인용한 말은 사람이 자신을 죽음으로부터 구하기 위해 다른 사람을 살해하는 것을 의도한 사람의 경우에 그 권위에 의한 살인을 의미하는 것이다.

적인 것이 아니라, 부당한 의지로 쪼개어서 구성되었기 때문이다." Caietanus in h. a., n. II.
12. A.3.
13. "군인과 같은 공공의 인물은 공동선에 종속된 목적을 위한 수단으로 적의 살해를 명령한다."(Caietanus in h. a., n. 1) 그래서 그는 스스로 목숨을 끊었다.

In quo etiam casu intelligitur auctoritas inducta[14] ex libro *de Libero Arbitrio*. Unde signanter dicitur, *pro his rebus:* in quo designatur intentio. Et per hoc patet responsio AD SECUNDUM.

AD TERTIUM dicendum quod irregularitas consequitur actum homicidii etiam si sit absque peccato: ut patet in iudice qui iuste aliquem condemnat ad mortem. Et propter hoc clericus, etiam si se defendendo interficiat aliquem, irregularis est, quamvis non intendat occidere, sed seipsum defendere.[15]

AD QUARTUM dicendum quod actus fornicationis vel adulterii non ordinatur ad conservationem propriae vitae ex necessitate, sicut actus ex quo quandoque sequitur homicidium.

AD QUINTUM dicendum quod ibi prohibetur defensio quae est cum livore vindictae. Unde Glossa[16] dicit: *Non vos defendentes: idest, Non sitis referentes adversarios.*

Articulus 8
Utrum aliquis casualiter occidens hominem incurrat homicidii reatum

Ad octavum sic proceditur. Videtur quod aliquis casualiter occidens hominem incurrat homicidii reatum.

14, A.2.
15. Cf. Sup., q.39, a.4, ad2. Vide *Cod. Iur. Can.*, can.984, 6-7.

2. 『자유재량』에서 인용된[14] 권위도 똑같이 이해된다. 그러므로 그는 "이러한 것들에 대해서"라며 의미 있게 말함으로써 그 의도를 나타내고 있다. 그리고 이것으로 두 번째 반론에 대한 해답은 분명하다.

3. 사람을 정당하게 사형에 처하는 재판관의 경우에서 볼 수 있듯이, 비정상성은 죄를 범하지 않으면서 살해하는 그런 행위에서 비롯된다. 이런 이유로, 설령 성직자가 자기를 방어하다가 사람을 살해한다 해도, 비록 그가 그를 살해하려 한 것이 아니라 자신을 지키려 한 것이라 해도, 그것은 비정상적이다.[15]

4. 간음이나 간통 행위는, 때로는 살인을 초래하는 행위처럼, 자신의 생명을 보존하기 위해 불가피하게 명령된 것이 아니다.

5. 이 구절에서 금지된 방어는 복수하려는 앙심에서 나온 것이다. 이 구절을 두고, "여러분 자신을 방어하지 않는 것, 즉 여러분의 적을 되받아치지 않는 것"이라는 주석이[16] 있다.

제8절 우발적으로 사람을 살해한 자는 살인의 책임에 직면하는가?

Parall.: *In Sent.*, IV, d.25, q.2, a.2, qc.2, ad3.

[반론] 여덟째 질문과 관련해서는 다음과 같이 전개된다. 우발적으로 사람을 죽인 자는 살인의 책임에 직면하는 것으로 보인다.

---

16. Lombardus, super *Rom.* 12, 19: PL 191, 1502 C. Cf. Interl. ibid.

q.64, a.8

1. Legitur enim *Gen.* 4, [23-24] quod Lamech, credens interficere bestiam, interfecit hominem, et reputatum est ei ad homicidium. Ergo reatum homicidii incurrit qui casualiter hominem occidit.

2. Praeterea, *Exod.* 21, [22-23] dicitur quod *si quis percusserit mulierem praegnantem et aborsum fecerit, si mors eius fuerit subsecuta, reddet animam pro anima*.[1] Sed hoc potest fieri absque intentione occisionis. Ergo homicidium casuale habet homicidii reatum.

3. Praeterea, in Decretis, dist. L, inducuntur plures canones[2] in quibus casualia homicidia puniuntur. Sed poena non debetur nisi culpae. Ergo ille qui casualiter occidit hominem, incurrit homicidii culpam.

SED CONTRA est quod Augustinus dicit, *ad Publicolam*[3]: *Absit ut ea quae propter bonum ac licitum facimus, si quid per haec, praeter nostram voluntatem, cuiquam mali acciderit, nobis imputetur.* Sed contingit quandoque ut propter bonum aliquid facientibus homicidium consequatur casualiter. Ergo non imputatur facienti ad culpam.

RESPONDEO dicendum quod, secundum Philosophum, in II *Physic.*,[4] casus est causa agens praeter intentionem. Et ideo ea quae casualia sunt, simpliciter loquendo, non sunt intenta neque volun-

---

1. Vulgata: *Si ··· percusserit quis mulierem praegnantem, et abortivum quidem fecrit, sed ipsa vixerit, subiacebit damno ··· sin autem mors eius fuerit subsecuta*, etc.
2. Gratianus, *Decretum*, p.I, dist.50, plures cann.; ed. Richter-Friedberg, t.I, pp.178-180.

1. 창세기 4장 [23-24절]은, 사람을 야수로 믿고 파멸시킨 라멕에게 살인죄가 있는 것으로 말하고 있다. 그러므로 우발적으로 사람을 살해한 자는 살인의 책임에 직면한다.

2. 게다가 탈출기 21장 [22-23절]은 다음과 같이 말하고 있다. "만일 …임신한 여자와 부딪쳤을 경우, 그 여자가 실제 유산하면 …만일 그녀의 죽음이 잇따라 일어나면, 그는 목숨은 목숨으로 갚아야 한다."[1] 실로 이런 일은 그녀를 살해하려는 의도 없이도 일어날 수 있다. 그러므로 우발적 살인도 살인의 책임을 진다.

3. 교령집(Decretis, dist. L)에는 고의가 없는 살인에 대한 형벌을 명한 몇몇 교회법[2]이 실려 있다. 실로 탓이 없다면 벌도 없어야 한다. 그러므로 우발적으로 사람을 살해한 자는 살인의 탓에 직면한다.

[재반론] 아우구스티누스는 대중에게 다음과 같이 말하고 있다.[3] "우리가 선하고 합법적인 목적을 위해 어떤 일을 할 때, 만일 그것으로 누군가에게 우발적으로 악한 일이 생긴다면, 그것이 결코 우리의 탓으로 전가되어서는 안 된다." 실로 좋은 것을 위해 행한 어떤 일의 결과로 때로는 우발적으로 사람이 살해되는 일이 잇따라 생길 수 있다. 그러므로 탓은 그 일을 행한 자에게 전가되지 않는다.

[답변] 『자연학』 제2권에서[4] 철학자를 따르면, "사고는 누군가의 의도를 벗어나서 작용하는 원인이다." 그러므로 우발적으로 발생한 사고

---

3. Epist. 47, al. 154, n.5: PL 33, 187.
4. C.6, 197b18-23; S. Thomas, lect.10, n.8.

taria. Et quia omne peccatum est voluntarium, secundum Augustinum,[5] consequens est quod casualia, inquantum huiusmodi, non sunt peccata. Contingit tamen id quod non est actu et per se volitum vel intentum, esse per accidens volitum et intentum, secundum quod causa per accidens dicitur *removens prohibens*.[6] Unde ille qui non removet ea ex quibus sequitur homicidium, si debeat removere, erit quodammodo homicidium voluntarium.

Hoc autem contingit dupliciter: uno modo, quando dans operam rebus illicitis, quas vitare debebat, homicidium incurrit; alio modo, quando non adhibet debitam sollicitudinem. Et ideo secundum iura,[7] si aliquis det operam rei licitae, debitam diligentiam adhibens, et ex hoc homicidium sequatur, non incurrit homicidii reatum: si vero det operam rei illicitae, vel etiam det operam rei licitae non adhibens diligentiam debitam, non evadit homicidii reatum si ex eius opere mors hominis consequatur.

AD PRIMUM ergo dicendum quod Lamech non adhibuit sufficientem diligentiam ad homicidium vitandum, et ideo reatum homicidii non evasit.

---

5. *De vera Rel.*, c.14, n.27: PL 34, 133.
6. Cf. Aristot., *Phys.*, VIII, c.4, 255b24-29; S. Thomas, lect.8, n.7. Cf. q.3, a.1, ad2; q.4, a.7.

는, 단순히 말하면, 의도된 것도 자발적인 것도 아니다. 또 모든 죄는 자발적이므로, 아우구스티누스를 따르면[5] 우발적으로 발생한 일은 죄가 아니다. 따라서 우발적으로 발생한 일은, 그것으로서는 죄가 아니라는 말이 된다. 그렇지만 "장애가 되는 것을 제거하는 것"을 우발적 원인이라 말하는데, 그 우발적 원인을 따라, 실제로 그리고 직접적으로는 자발적이지 않거나 의도되지 않은 일이 마치 자발적이며 의도된 일처럼 일어나는 경우가 있다.[6] 그러므로 마땅히 제거해야 함에도 살인을 불러오는 그 무엇인가를 제거하지 않는 자는 어떤 의미에서는 자발적 살인의 죄를 범한 자이다.

이런 일은 두 가지 방식으로 일어난다. 하나는 그가 마땅히 회피해야 할 불법행위들에 전념하여 다른 사람의 죽음을 발생시키는 방식이며, 다른 하나는 그가 충분히 조심하지 않는(마땅한 주의를 기울이지 않는) 방식이다. 그러므로 법학자들을[7] 따르면, 만일 합법적인 일을 추구하고 마땅히 조심했는데, 그 일로 살인이 잇따라 온다면, 그는 살인의 책임에 직면하지 않는다. 반면에 만일 그가 어떤 불법적인 일에 전념한다거나, 또는 합법적인 어떤 일이라도 충분히 조심하지 않았다면, 그래서 그의 행위로 누군가의 죽음이 잇따라 온다면, 그는 살인의 책임을 벗어나지 못한다.

[해답] 1. 라멕은 살인을 피하려 충분히 조심하지 않았다. 그래서 그는 살인의 책임을 벗어나지 못했다.

---

7. Cf. Gratianus, *Decretum*, p.I, dist.50, cann.48-49; ed. Richter-Friedberg, t.I, p.197; *Decretal. Greg. IX*, V, t.2, c.23: ed. cit., t.II, p.803.

AD SECUNDUM dicendum quod ille qui percutit mulierem praegnantem dat operam rei illicitae. Et ideo si sequatur mors vel mulieris vel puerperii animati, non effugiet homicidii crimen, praecipue cum ex tali percussione in promptu sit quod mors sequatur.

AD TERTIUM dicendum quod secundum canones imponitur poena his qui casualiter occidunt dantes operam rei illicitae, vel non adhibentes diligentiam debitam.

제64문 제8절

2. 임신한 여자와 부딪친 그는 불법적인 어떤 일을 한 것이다. 그러므로 만일 그것으로 그 여자나 뱃속 아기의 죽음이 잇따른다면, 특히 그 같은 충돌이 곧바로 죽음으로 이어지는 것이라면, 그는 살인의 혐의(범죄)를 피하지 못할 것이다.

3. 교회법을 따라, 불법적인 무엇인가를 하거나, 마땅한 주의를 기울이지 않아 우발적으로 살해하게 된 이들에게는 벌이 부과된다.

QUAESTIO LXV
DE ALIIS INIURIIS QUAE IN PERSONAM COMMITTUNTUR

in quatuor articulos divisa

Deinde considerandum est de peccatis aliarum iniuriarum quae in personam committuntur.[1]

Et circa hoc quaeruntur quatuor.

Primo: de mutilatione membrorum.

Secundo: de verberatione.

Tertio: de incarceratione.

Quarto: utrum peccatum huiusmodi iniuriarum aggravetur ex hoc quod committitur in personam coniunctam aliis.

Articulus 1
Utrum mutilare aliquem membro in aliquo casu possit esse licitum

Ad primum sic proceditur. Videtur quod mutilare aliquem membro in nullo casu possit esse licitum.

1. Damascenus enim dicit, in II libro,[1] quod peccatum commit-

---

1. Cf. q.64, Introd.

제65문
사람에게 저지른 다른 위해에 대하여
(전4절)

다음으로는 사람에게 저지른 다른 위해(危害)의 죄를 고찰해야 한다.[1] 주제와 관련해서는 네 개의 질문이 제기된다.

1. 신체 부위 절단에 대하여
2. 구타에 대하여
3. 감금에 대하여
4. 그와 같은 위해를 가하는 죄가 다른 이와 관련된 사람에게 저질러진다는 사실로 인해 가중되는지의 여부

제1절 어떤 경우에는 신체 부위 절단이 합법적일 수 있는가?

Parall.: Infra, q.108, a.3; *In Matth.*, c.19.

[반론] 첫째 질문과 관련해서는 다음과 같이 전개된다. 어떤 경우든 신체 부위 절단이 합법적일 수 없는 것으로 보인다.

1. 다마셰누스는 그의 『정통 신앙론』 제2권[1]에서 다음과 같이 말하

---

1. *De fide orth.*, II, cc.4 & 30: PG 94, 876 A, 976 A. Cf. IV, c.20: PG 94, 1196 D.

titur per hoc quod *receditur ab eo quod est secundum naturam in id quod est contra naturam*. Sed secundum naturam a Deo institutam est quod corpus hominis sit integrum membris; contra naturam autem est quod sit membro diminutum. Ergo mutilare aliquem membro semper videtur esse peccatum.

2. Praeterea, sicut se habet tota anima ad totum corpus, ita se habent partes animae ad partes corporis, ut dicitur in II *de Anima*.[2] Sed non licet aliquem privare anima occidendo ipsum, nisi publica potestate. Ergo etiam non licet aliquem mutilare membro, nisi forte secundum publicam potestatem.

3. Praeterea, salus animae praeferenda est saluti corporali. Sed non licet aliquem mutilare se membro propter salutem animae: puniuntur enim secundum statuta Nicaeni Concilii[3] qui se castraverunt propter castitatem servandam. Ergo propter nullam aliam causam licet aliquem membro mutilare.

SED CONTRA est quod dicitur *Exod.* 21, [24]: *Oculum pro oculo, dentem pro dente, manum pro manu, pedem pro pede.*

RESPONDEO dicendum quod cum membrum aliquod sit pars totius humani corporis, est propter totum, sicut imperfectum propter perfectum. Unde disponendum est de membro humani corporis

---

2. C.1, 412b23-25; S. Thomas, lect.2, n.239.

고 있다. 죄는 "본성(자연)을 따른 것에서부터 본성에 반하는 것 속으로 되돌아가는 것"으로 범해진다. 실로 사람의 신체(몸)가 그 부위들로 온전하게 되는 것은 하느님에 의해 제정된 본성(자연)을 따르는 것이다. 또 부위로 부족한 것은 그 본성에 어긋난다. 그러므로 누구에게도 그의 신체 부위를 절단하는 것은 언제나 죄로 보인다.

2. 『영혼론』 제2권[2]에서 말하듯이, 전체 영혼이 전체 몸에 상응하듯이, 영혼의 부분들도 몸의 부위들에 상응한다. 실로 공공의 권한 말고는, 누구도 사람을 살해함으로써 그에게서 그의 영혼을 빼앗는 것이 허용되지 않는다. 그러므로 어쩌면 공공의 권한을 따르는 경우를 제외하고는, 누구에게도 그의 신체 부위를 절단하는 것은 허용되지 않는다.

3. 영혼의 안녕은 몸의 안녕보다 선호되어야 한다. 실로 누구든지 자기 영혼의 안녕을 위하여 자신의 신체 부위를 절단하는 것은 허용되지 않는다. 니케아 공의회를 따라,[3] 순결의 보호를 위해 스스로 거세한 자들은 벌을 받기 때문이다. 그러므로 그 누구라도 어떤 이유에서든 간에 그의 신체 부위를 절단하는 것은 허용되지 않는다.

[재반론] 탈출기 21장 [24절]은 "눈은 눈으로, 이는 이로, 손은 손으로, 발은 발로 갚아야 한다."라고 말하고 있다.

[답변] 한 부위는 전체 인간 몸의 일부이므로, 불완전함이 완전함을 위한 것이듯, 전체 몸을 위한 것이다. 그러므로 인간 몸의 한 부위는 전체 몸의 편리함에 맞게 배치되어야 한다. 실로 인간 몸의 한 부위는

---

3. Can.1, ed.I. D. Mansi, t.II, p.667; cf. p.678.

secundum quod expedit toti. Membrum autem humani corporis per se quidem utile est ad bonum totius corporis: per accidens tamen potest contingere quod sit nocivum, puta cum membrum putridum est totius corporis corruptivum. Si ergo membrum sanum fuerit et in sua naturali dispositione consistens, non potest praecidi absque totius hominis detrimento. Sed quia ipse totus homo ordinatur ut ad finem ad totam communitatem cuius est pars, ut supra[4] dictum est; potest contingere quod abscisio membri, etsi vergat in detrimentum totius corporis, ordinatur tamen ad bonum communitatis, inquantum alicui infertur in poenam ad cohibitionem peccatorum. Et ideo sicut per publicam potestatem aliquis licite privatur totaliter vita propter aliquas maiores culpas, ita etiam privatur membro propter aliquas culpas minores. Hoc autem non est licitum alicui privatae personae, etiam volente illo cuius est membrum: quia per hoc fit iniuria communitati, cuius est ipse homo et omnes partes eius.

Si vero membrum propter putredinem sit totius corporis corruptivum, tunc licitum est, de voluntate eius cuius est membrum, putridum membrum praescindere propter salutem totius corporis: quia unicuique commissa est cura propriae salutis.[5] Et eadem ratio est si fiat voluntate eius ad quem pertinet curare de salute eius qui habet membrum corruptum. Aliter autem aliquem membro mutilare est omnino illicitum.

그 자체로 전체 몸의 선에 유용하지만, 썩은 한 부위가 전체 몸을 썩게 하는 근원이 되는 것처럼, 우발적으로 해로울 수도 있게 된다. 그것을 따라서 한 부위가 건강하게 또 그 자연적 배치로 유지되는 동안은, 전체 몸에 위해를 끼치지 않는 한 그 부위가 절단되어서는 안 된다. 하지만 이미 말했듯이,[4] 전체로서 인간은 그 목적으로서 그가 속한 공동체 전체를 향해 질서 지어져 있다. 그래서 비록 한 부위의 절단이 전체 몸에는 유해할 수 있을지라도, 그 부위의 절단이 죄의 억제를 위한 형벌로 누군가에게 가해지는 한, 공동체의 선을 향해 질서 지어질 수 있는 일이 생길 수 있다. 그러므로 공공의 권한으로 더 중대한 어떤 탓 때문에 합법적으로 전체 생명이 박탈당하는 것과 마찬가지로, 더 작은 어떤 탓 때문에 한 부위가 박탈당할 수 있다. 하지만 이것이, 그 부위의 보유자가 바라더라도, 사인(私人)에게는 합법적이지 않다. 이것으로, 그 사람과 그의 모든 부위가 속한 공동체가 손상되기 때문이다.

하지만 만일 부위의 부패 때문에 전체 몸이 부패할 수 있게 된다면, 그 부위 보유자의 바람으로, 전체 몸의 안녕을 위해 그 부위를 잘라내는 것은 합법적이다. 각각의 사람에게는 자신의 안녕을 돌보는 일이 위임되어[5] 자신의 안녕을 돌보는 것이 자기의 일인 사람의 바람으로 자신의 부패한 부위를 절단하는 일도 똑같은 근거로 합법적이다. 그런 일이 아니라면 누구라도 신체 부위를 절단하는 것은 전적으로 불법행위다.

---

4. Q.61, a.1; q.64, aa.2 & 5.
5. Cf. I-II, q.78, a.1.

AD PRIMUM ergo dicendum quod nihil prohibet id quod est contra particularem naturam esse secundum naturam universalem: sicut mors et corruptio in rebus naturalibus est contra particularem naturam eius quod corrumpitur, cum tamen sit secundum naturam universalem.[6] Et similiter mutilare aliquem membro, etsi sit contra naturam particularem corporis eius qui mutilatur, est tamen secundum naturalem rationem in comparatione ad bonum commune.

AD SECUNDUM dicendum quod totius hominis vita non ordinatur ad aliquid proprium ipsius hominis: sed ad ipsam potius omnia quae sunt hominis ordinantur. Et ideo privare aliquem vita in nullo casu pertinet ad aliquem nisi ad publicam potestatem, cui committitur procuratio boni communis.[7] Sed praecisio membri potest ordinari ad propriam salutem unius hominis. Et ideo in aliquo casu potest ad ipsum pertinere.

AD TERTIUM dicendum quod membrum non est praecidendum propter corporalem salutem totius nisi quando aliter toti subveniri non potest. Saluti autem spirituali semper potest aliter subveniri quam per membri praecisionem: quia peccatum subiacet voluntati. Et ideo in nullo casu licet membrum praecidere propter quodcumque peccatum vitandum. Unde Chrysostomus, exponens illud Matth. 19, [12], *Sunt eunuchi qui seipsos castraverunt propter regnum caelorum*, dicit[8]: *Non membrorum abscisionem, sed malarum cogitationum*

---

6. Cf. I, q.22, a.2, ad2; I-II, q.42, a.2, ad3; q.85, a.6; III, q.14, a.2, ad1; *Suppl.*, q.52, a.1, ad2.

[해답] 1. 특수한 본성을 거스르는 것이 보편적 본성을 따르는 것을 막는 것은 아무것도 없다. 따라서 죽음과 부패는, 비록 그것이 보편적 본성을 따르고 있을지라도, 자연적인 사물에서, 부패가 된 것의 특수한 본성을 거스른다.[6] 유사하게 누군가의 부위를 절단하는 것은, 부위가 절단된 사람의 몸의 특수한 본성을 거스르더라도 공동선과 관련해서는 자연적(본성적인)인 근거를 따르는 것이다.

2. 사람의 전체 생명은 그 사람의 어떤 소유물들에도 질서 지어져 있지 않다. 오히려 그것들이 그 생명에 질서 지어져 있다. 그러므로 공동선의 관리(책임)가 맡겨진 공공의 권한을 제외하고는, 어떤 경우라도 누군가의 생명을 박탈하는 것은 누구에게도 속하지 않는다.[7] 하지만 한 부위의 제거는 한 사람의 고유한 안녕에 질서 지어질 수 있다. 따라서 어떤 경우에는 [한 부위의 제거가] 그 자신에 속할 수 있다.

3. 달리 몸 전체의 안녕에 도움이 될 수 없을 때를 제외하고는, 몸 전체의 안녕 때문에 신체 부위가 절단되어서는 안 된다. 실로 어떤 부위를 잘라내지 않고도 언제나 다른 방식으로 사람의 정신적 안녕에 도움이 될 수 있다. 죄는 언제나 의도 아래에 놓여 있기 때문이다. 또 그 결과로 어떤 경우에도, 그것이 무엇이든 죄를 회피하기 위해서라도, 신체 부위를 잘라내는 것은 허용되지 않는다. 그러므로 요한 크리소스토무스는, "하느님 나라 때문에 스스로 고자가 된 이들도 있다."라는 마태오복음서 19장 [12절]에 관한 해설에서 다음과 같이 말하고 있다.[8] "스스로 부위를 잘라냄으로써가 아니라, 사악한 생각을 비워냄으로써 [그렇게 된 것이다]. 신체 부위를 잘라내는 자는 유죄의 저주를 받는

---

7. Cf. q.64, a.3.
8. Homil. 62 *in Matth.*, n.3; PG 58, 599.

interemptionem. Maledictioni enim est obnoxius qui membrum abscidit: etenim quae homicidarum sunt talis praesumit. Et postea subdit[9]: *Neque concupiscentia mansuetior ita fit, sed molestior. Aliunde enim habet fontes sperma quod in nobis est, et praecipue a proposito incontinenti et mente negligente: nec ita abscisio membri comprimit tentationes, ut cogitationis frenum.*

Articulus 2
Utrum liceat patribus verberare filios, aut dominis servos

Ad secundum sic proceditur. Videtur quod non liceat patribus verberare filios, aut dominis servos.

1. Dicit enim Apostolus, *ad Ephes.* 6, [4]: *Vos, patres, nolite ad iracundiam provocare filios vestros.* Et infra, [9] subdit: *Et vos, domini, eadem facite servis,*[1] *remittentes minas.* Sed propter verbera aliqui ad iracundiam provocantur. Sunt etiam minis graviora. Ergo neque patres filios, neque domini servos debent verberare.

2. Praeterea, Philosophus dicit, in X *Ethic.*,[2] quod *sermo paternus habet solum monitionem, non autem coactionem.* Sed quaedam coactio est per verbera. Ergo parentibus non licet filios verberare.

---

9. Ibid.: PG 58, 600.

1. Vulgata: *illis.*

다. 그는 그런 일을 수행한 살인자이기 때문이다." 이어서 그는 다음과 같이 말하고 있다.⁹ "욕망은 그것으로(절단으로) 부드러워지지 않고, 오히려 더 끈질기게 된다. 정액은 우리 안에 있는 다른 원천에서, 또 특히 음란한 계획과 부주의한 마음에서 나오기 때문이다. 생각의 억제만큼이나 부위의 절단으로 그 유혹이란 것이 억제되지는 않는다."

제2절 아버지가 아들을 또는 주인이 그 종을 때리는 것은 허용되는가?

[반론] 둘째 질문과 관련해서는 다음과 같이 전개된다. 아버지가 아들을 또는 주인이 그 종을 때리는 것은 허용되지 않는 것으로 보인다.

1. 사도는 에페소서 6장 [4절]에서는 "아버지 여러분, 자녀들을 성나게 하지 마십시오."라고 하고 그 아래 [9절]에서 "그리고 주인 여러분, 여러분도 종들을¹ 이와 같이 대해 주십시오. 겁주는 일을 그만두십시오."라고 말하고 있다. 실로 어떤 이들은 채찍질 때문에 격노한다. 또 그들을 겁주면 다루기 더 힘들어진다. 그러므로 아버지가 자녀를 또 주인이 종을 때려서는 안 된다.

2. 철학자는 『니코마코스 윤리학』 제10권²에서 다음과 같이 말하고 있다. "아버지의 말은 권고의 말이지 강압의 말이 아니다." 실로 채찍질은 일종의 강압(강제)이다. 그러므로 부모에게 아들들을 때리는 것은

---

2. C.10, 1180a18-22; b5-7; S. Thomas, lect.9, n.2153; lect.10, n.2159.

3. Praeterea, unicuique licet alteri disciplinam impendere: hoc enim pertinet ad eleemosynas spirituales, ut supra³ dictum est. Si ergo parentibus licet propter disciplinam filios verberare, pari ratione cuilibet licebit quemlibet verberare. Quod patet esse falsum. Ergo et primum.

SED CONTRA est quod dicitur *Prov.* 13, [24]: *Qui parcit virgae, odit filium suum;* et infra 23, [13-14]: *Noli subtrahere a puero disciplinam. Si enim percusseris eum virga, non morietur: tu virga percuties eum, et animam eius de Inferno liberabis.* Et *Eccli.* 33, [28] dicitur: *Servo malevolo tortura et compedes.*

RESPONDEO dicendum quod per verberationem nocumentum quoddam infertur corpori eius qui verberatur, aliter tamen quam in mutilatione: nam mutilatio tollit corporis integritatem, verberatio vero tantummodo afficit sensum dolore. Unde multo minus nocumentum est quam membri mutilatio. Nocumentum autem inferre alicui non licet nisi per modum poenae propter iustitiam. Nullus autem iuste punit aliquem nisi sit eius ditioni subiectus. Et ideo verberare aliquem non licet nisi habenti potestatem aliquam super illum qui verberatur. Et quia filius subditur potestati patris, et servus potestati domini, licite potest verberare pater filium et dominus servum,

---

3. Q.32, a.2.

허용되지 않는다.

3. 서로를 훈육하는 것은 허용된다. 이미 말했듯이,³ 훈육하는 행위는 영적 자선에 속하기 때문이다. 그러므로 만일 부모에게 자녀의 훈육을 위하여 때리는 것이 허용된다면, 부분적 근거로, 누구든지 누구를 때리는 것이 허용될 것이다. 하지만 이는 명백히 잘못이다. 그러므로 첫 번째 반론의 결론으로 돌아간다.

[재반론] 잠언 13장 [24절]은 다음과 같이 말하고 있다. "매를 아끼는 이는 자식을 미워하는 자이다." 또 그 아래 잠언 23장 [13절]은 다음과 같이 말하고 있다. "아이를 훈육하는 데에 주저하지 마라. 매로 때려도 죽지는 않는다. 아이를 매로 때리는 것은 그의 목숨을 저승에서 구해내는 일이다." 또한 집회서 33장 [27절]은 다음과 같이 말하고 있다. "못되게 구는 종에게는 주리와 곤장이 제격이다."

[답변] 때리는 것으로 맞는 사람의 몸에는 위해를 입지만, 절단되었을 때만큼은 아니다. 때리는 것은 고통의 느낌에만 영향을 미치지만, 절단은 몸의 온전함을 앗아가기 때문이다. 따라서 때리는 행위가 신체 부위의 절단보다 덜 해롭다. 하지만 정의를 위한 벌의 방식을 제외하고는 위해를 가하는 것은 누구에게도 허용되지 않는다. 또 자기 관할권에 속한 사람을 제외하고는, 누구도 다른 사람을 정당하게 처벌하지 못한다. 그러므로 다른 사람을 때리는 것은, 맞는 사람에 대해 어떤 권한을 가지지 않는 한, 누구에게도 허용되지 않는다. 또 아들은 아버지의 권한에 종속되고, 종은 그 주인의 권한에 종속되므로, 교정과 훈육의 이유로, 아버지가 그 아들을, 또 주인이 그 종을 합법적으로 때릴

causa correctionis et disciplinae.

AD PRIMUM ergo dicendum quod, cum ira sit appetitus vindictae, praecipue concitatur ira cum aliquis se reputat laesum iniuste: ut patet per Philosophum, in II *Rhet.*.[4] Et ideo per hoc quod patribus interdicitur ne filios ad iracundiam provocent, non prohibetur quin filios verberent causa disciplinae: sed quod non immoderate eos affligant verberibus. — Quod vero inducitur dominis quod remittant minas, potest dupliciter intelligi. Uno modo, ut remisse minis utantur: quod pertinet ad moderationem disciplinae. Alio modo, ut aliquis non semper impleat quod comminatus est: quod pertinet ad hoc quod iudicium quo quis comminatus est poenam, quandoque per remissionis misericordiam temperetur.

AD SECUNDUM dicendum quod maior potestas maiorem debet habere coactionem. Sicut autem civitas est perfecta communitas, ita princeps civitatis habet perfectam potestatem coercendi: et ideo potest infligere poenas irreparabiles, scilicet occisionis vel mutilationis. Pater autem et dominus, qui praesunt familiae domesticae, quae est imperfecta communitas,[5] habent imperfectam potestatem coercendi secundum leviores poenas, quae non inferunt irreparabile nocumentum. Et huiusmodi est verberatio.

AD TERTIUM dicendum quod exhibere disciplinam volenti cuilibet licet. Sed disciplinam nolenti adhibere est solum eius cui alterius cura committitur. Et ad hoc pertinet aliquem verberibus castigare.

수 있다.

[해답] 1. 철학자가 『수사학』 제2권[4]에서 말했듯이, 성냄(화)은 복수의 욕구이므로, 그것은 특히 누군가 자신이 부당하게 맞았다고 생각할 때 일어난다. 그러므로 아버지가 자녀를 성나게 하지 말라는 말은 훈계의 원인으로 자녀를 때리지 말라는 것이 아니라, 절도 없이 때리는 행위를 금지한다는 말이다. 주인이 그 종을 겁주지 말아야 한다는 명령은 두 가지로 이해될 수 있다. 하나는 겁을 주는 데 더뎌야 한다는 것으로서, 이는 교정의 정도에 관련한다. 다른 하나는 항상 겁을 주어서는 안 된다는 것으로서, 이는 벌에 대해 겁을 먹을 것이라는 판단도 때로는 방면(放免)의 자비심으로 완화된다는 것에 관련한다.

2. 더 큰 권한은 더 큰 강제(강압)를 지녀야 한다. 성읍(城邑)이 완전한 공동체인 것처럼 그 성읍의 군주는 강제하는 데 있어 완전한 권한을 지닌다. 그러므로 그는 돌이킬 수 없는 벌, 즉 살해하거나 신체 부위를 절단하는 벌을 가할 수 있다. 한편 불완전한 공동체[5]인, 가족의 가정사를 주재하는 아버지와 주인은 강제하는 데 있어 불완전한 권한을 지니는데, 그 권한은 수준이 낮은 벌을, 돌이킬 수 없을 위해를 끼치지 않는 벌을 가할 수 있다. 그리고 그 형식 가운데 하나가 때리는 행위다.

3. 원하는 사람은 누구에게나 훈육하는 것이 허용된다. 하지만 원하지 않는 사람에게 훈육하는 것은 그에게 책임이 있는 사람에게만 속한다. 그리고 이는 누군가를 채찍질로 때리는 것에 관한 것이기도 하다.

---

4. Cc.2-3, 1378a31; 1380b16.
5. Cf. q.50, a.3, ad3.

Articulus 3
Utrum liceat aliquem hominem incarcerare

Ad tertium sic proceditur. Videtur quod non liceat aliquem hominem incarcerare.

1. Actus enim est malus ex genere qui cadit supra indebitam materiam, ut supra[1] dictum est. Sed homo, habens naturalem arbitrii libertatem, est indebita materia incarcerationis, quae libertati repugnat. Ergo illicitum est aliquem incarcerare.

2. Praeterea, humana iustitia regulari debet ex divina. Sed sicut dicitur *Eccli.* 15, [14]: *Deus reliquit hominem[2] in manu consilii sui.* Ergo videtur quod non est aliquis coercendus vinculis vel carcere.

3. Praeterea, nullus est cohibendus nisi ab opere malo: a quo quilibet licite potest alium impedire. Si ergo incarcerare aliquem esset licitum ad hoc quod cohiberetur a malo, cuilibet esset licitum aliquem incarcerare. Quod patet esse falsum. Ergo et primum.

SED CONTRA est quod *Levit.* 24, [11-12] legitur quendam missum fuisse in carcerem propter peccatum blasphemiae.

RESPONDEO dicendum quod in bonis corporis tria per ordinem

---

1. I-II, q.18, a.2.

제3절 누구든 사람을 감금하는 것은 허용되는가?

Parall.: Infra, q.108, a.3.

[반론] 셋째 질문과 관련해서는 다음과 같이 전개된다. 누구든 사람을 감금하는 것은 허용되지 않는 것으로 보인다.

  1. 이미 말한 대로,[1] 마땅치 않은 질료에 떨어지는 행위는 유(類)에서 악하다. 실로 본성적 선택적 자유(의지)를 지닌 사람은 마땅치 않은 질료로 감금되는데, 그것은 자유와 양립하지 않는다. 그러므로 사람을 감금하는 것은 불법행위다.

  2. 인간의 정의는 신적인 정의로 마땅히 다스려져야 한다. 실로 집회서 15장 [14절]에서[2] 말한 것처럼, "하느님께서는 인간을 제 의지의 손에 내맡기셨다." 그러므로 누구든 사람이 강제로 사슬로 묶여있거나 감금되어 있어서는 안 되는 것으로 보인다.

  3. 누구에게든, 악한 짓을 저지르는 것 말고는, 금지되어야 할 것이란 없다. 또 누구든 다른 이의 악한 행실을 합법적으로 막을 수 있다. 그러므로 만일 악한 행실을 억제하기 위해 사람을 감금하는 것이 허용된다면, 누구에게든 다른 누군가를 감금하는 것이 허용될 것이다. 이는 명백히 잘못이다. 그러므로 첫 번째 반론의 결론으로 돌아간다.

[재반론] 레위기 24장 [11-12절]을 보면, 주님의 분부를 따라 어떤 사람이 [주님께 대한] 독성(瀆聖)의 죄 때문에 감금되었다.

---

2. Vulgata: *illum*.

considerantur. Primo quidem, integritas corporalis substantiae: cui detrimentum affertur per occisionem vel mutilationem. Secundo, delectatio vel quies sensus: cui opponitur verberatio, vel quidlibet sensum dolore afficiens. Tertio, motus et usus membrorum: qui impeditur per ligationem vel incarcerationem, seu quamcumque detentionem. Et ideo incarcerare aliquem, vel qualitercumque detinere, est illicitum nisi fiat secundum ordinem iustitiae, aut in poenam aut ad cautelam alicuius mali vitandi.

AD PRIMUM ergo dicendum quod homo qui abutitur potestate sibi data, meretur eam amittere. Et ideo homo qui peccando abusus est libero usu suorum membrorum, conveniens est incarcerationis materia.

AD SECUNDUM dicendum quod Deus quandoque, secundum ordinem suae sapientiae, peccatores cohibet ne possint peccata implere: secundum illud *Iob* 5, [12]: *Qui dissipat cogitationes malignorum, ne possint implere manus eorum quod coeperant.* Quandoque vero eos permittit quod volunt agere. Et similiter secundum humanam iustitiam non pro qualibet culpa homines incarcerantur, sed pro aliquibus.

AD TERTIUM dicendum quod detinere hominem ad horam ab aliquo opere illicito statim perpetrando, cuilibet lice: sicut cum aliquis detinet aliquem ne se praecipitet, vel ne alium feriat. Sed simpliciter aliquem includere vel ligare ad eum solum pertinet qui

[답변] 몸의 선(善)에는 세 가지가 고려된다. 첫째로, 몸의 본체(실체)적 온전함이며, 이는 살인이나 신체 부위의 절단으로 훼손된다. 둘째로 감각의 기쁨과 고요함이며, 고통의 감각에 영향을 미치는 채찍질이나 그와 같은 모든 것은 이것에 반대된다. 셋째로 신체 부위의 이동이나 이용이며, 이는 포박, 감금 또는 어떤 종류의 억류로 방해를 받는다. 그러므로 정의의 질서(명령)를 따라 이루어지지 않는다면, 형벌(처벌)로서든 어떤 악을 예방하려는 조치로서든, 사람을 감금하거나 어떤 식으로든 억류하는 것은 불법행위다.

[해답] 1. 자기에게 주어진 권한을 남용한 사람은 그 권한을 잃을 만하다. 그러므로 죄를 범해 자기 신체 부위를 사용할 자유를 남용하면, 그 행위는 감금에 적절한 질료가 된다.

2. 하느님께서는 당신 지혜의 질서(명령)를 따라서 때로는 죄인이 죄를 완결할 수 없도록 제지하신다. 욥기 5장 [12절]은 다음과 같이 말하고 있다. "그분께서는 교활한 자들의 계획을 꺾으시니 그들의 손이 그들이 시작한 일을 이루지 못하게 하신다." 하지만 때때로 하느님께서는 그들이 뜻한 것을 하게 하신다. 유사하게, 인간의 정의를 따라서, 사람은 모든 탓이 아니라 어떤 탓 때문에 감금된다.

3. 불법적인 행위를 범하지 못하도록 그때 그 자리에서 사람을 한동안 억류하는 것은 누구에게나 허용된다. 어떤 사람이 자신을 (벼랑에) 던지지 못하도록, 다른 사람을 때리지 못하도록 그를 억류하는 것과 같다. 하지만 간단히 말해, 누군가를 가두거나 포박하는 것은 (누구에게나 다가 아니라) 보편적으로 다른 이의 행위들과 삶을 배열해야 할 사람에게만 속한다. 이렇게 함으로써 다른 사람은 악한 행위들뿐만 아니라

habet disponere universaliter de actibus et vita alterius: quia per hoc impeditur non solum a malis, sed etiam a bonis agendis.

Articulus 4
Utrum peccatum aggravetur ex hoc quod praedictae iniuriae inferuntur in personas aliis coniunctas

Ad quartum sic proceditur. Videtur quod peccatum non aggravetur ex hoc quod praedictae iniuriae inferuntur in personas aliis coniunctas.[1]

1. Huiusmodi enim iniuriae habent rationem peccati prout nocumentum alicui infertur contra eius voluntatem. Sed magis est contra hominis voluntatem malum quod in personam propriam infertur quam quod infertur in personam coniunctam. Ergo iniuria illata in personam coniunctam est minor.

2. Praeterea, in sacra Scriptura praecipue reprehenduntur qui pupillis et viduis iniurias inferunt: unde dicitur *Eccli.* 35, [17]: *Non despiciet preces pupilli, nec viduam, si effundat loquelam gemitus*. Sed vidua et pupillus non sunt personae aliis coniunctae. Ergo ex hoc quod infertur iniuria personis coniunctis non aggravatur peccatum.

3. Praeterea, persona coniuncta habet propriam voluntatem, sicut

---

[1] Cf. q.64, Introd.; q.61, a.3.

선한 행위들까지 하지 못하도록 방해를 받기 때문이다.

제4절 다른 사람과 연결된 사람에게 위와 같은 위해가 저질러진다는 것으로 죄는 가중되는가?

Parall.: I-II, q.73, a.9.

[반론] 넷째 질문과 관련해서는 다음과 같이 전개된다. 다른 사람과 연결된 사람에게 위와 같은 위해가 저질러진다는 것으로는 죄가 가중(악화)되지 않는 것으로 보인다.[1]
 1. 그런 식의 위해는 누군가에게 그의 의지(의도)를 거슬러 손해가 저질러지기 때문에 죄의 근거를 지닌다. 실로 그 의지를 거슬러 자신에게 저질러진 악은 자신과 연결된 다른 사람에게 저질러진 악보다 중대하다. 그러므로 다른 사람과 연결된 사람에게 저질러진 위해는 덜 중대하다.
 2. 성경은 특별히 고아와 과부에게 위해를 저지르는 이들을 훈계하고 있다. 집회서 35장 [17절]은 다음과 같이 말하고 있다. "그분께서는 고아의 간청을 무시하지 않으시고 과부가 쏟아놓는 하소연을 들어주신다." 실로 과부와 고아는 다른 사람과 연결되어 있지 않다. 그러므로 죄는 다른 이와 연결된 어떤 사람에게 저질러진 위해로는 가중되지 않는다.
 3. 연결된 사람도 주요한 사람과 마찬가지로 자신의 의지를 지니고 있다. 그래서 여자는 기쁘게 하지만 남편에게는 그렇지 않은 간통의

et principalis persona. Potest ergo aliquid ei esse voluntarium quod est contra voluntatem principalis personae: ut patet in adulterio, quod placet uxori et displicet viro. Sed huiusmodi iniuriae habent rationem peccati prout consistunt in involuntaria commutatione. Ergo huiusmodi iniuriae minus habent de ratione peccati.

SED CONTRA est quod *Deut.* 28, [32], ad quandam exaggerationem dicitur: *Filii tui et filiae tuae tradentur alteri populo videntibus oculis tuis.*

RESPONDEO dicendum quod quanto aliqua iniuria in plures redundat, ceteris paribus, tanto gravius est peccatum. Et inde est quod gravius est peccatum si aliquis percutiat principem quam personam privatam: quia redundat in iniuriam totius multitudinis, ut supra[2] dictum est. Cum autem infertur iniuria in aliquam personam coniunctam alteri qualitercumque, iniuria illa pertinet ad duas personas. Et ideo, ceteris paribus, ex hoc ipso aggravatur peccatum. Potest tamen contingere quod secundum aliquas circumstantias sit gravius peccatum quod fit contra personam nulli coniunctam: vel propter dignitatem personae, vel propter magnitudinem nocumenti.

AD PRIMUM ergo dicendum quod iniuria illata in personam coniunctam minus est nociva personae cui coniungitur quam si in ipsam immediate inferretur: et ex hac parte est minus peccatum.

경우처럼, 어떤 것은 그에게는 자발적일 수 있지만, 주요한 사람의 의지를 거스를 수 있다. 실로 그런 방식의 위해는 비자발적 교환으로 구성되기 때문에 죄의 근거를 지닌다. 그러므로 그런 방식의 위해들은 죄의 근거를 덜 지닌다.

[재반론] 신명기 28장 [32절]은 다음과 같이 약간 과장해서 말하고 있다. "너희 아들딸들이 다른 백성에게 넘겨질 것이며, 너희 눈이 바라볼 것이다."

[답변] 다른 모든 조건이 같다면, 더 많은 사람이 위해를 입을수록 죄는 더 중대해진다. 사인(私人)보다 군주를 때리는 죄가 더 중대한 것은 그 때문이다. 이미 말했듯이,[2] 그것이 전체 무리에 위해를 흘러넘치게 하기 때문이다. 하지만 어떤 방식으로든 다른 사람과 연결된 사람에게 위해가 가해진다면, 그 위해는 두 사람과 관련이 있다. 그러므로 다른 모든 것이 같다면, 바로 이 사실 때문에 죄는 가중된다. 하지만 특정 상황을 따라서는, 누구와도 연결되지 않은 사람에게 저지른 죄라도 그 사람의 존엄 때문에 또는 피해의 크기 때문에 더 중대해지는 일이 발생할 수 있다.

[해답] 1. 다른 이와 연결된 사람에게 가해진 위해는, 위해를 입은 사람과 연결된 사람에게는 위해가 덜하다. 이 관점에서 볼 때는 죄가 덜 중대하다. 하지만 연결된 사람에게 가해진 모든 위해는 스스로 다른

---

2. I-II, q.73, a.9.

Sed hoc totum quod pertinet ad iniuriam personae cui coniungitur, superadditur peccato quod quis incurrit ex eo quod aliam personam secundum se laedit.

AD SECUNDUM dicendum quod iniuriae illatae in viduas et pupillos magis exaggerantur, tum quia magis opponuntur misericordiae. Tum quia idem nocumentum huiusmodi personis inflictum est eis gravius, quia non habent relevantem.

AD TERTIUM dicendum quod per hoc quod uxor voluntarie consentit in adulterium, minoratur quidem peccatum et iniuria ex parte ipsius mulieris: gravius enim esset si adulter violenter eam opprimeret.[3] Non tamen per hoc tollitur iniuria ex parte viri: quia *uxor non habet potestatem sui corporis, sed vir,* ut dicitur I *ad Cor.* 7, [4.][4] Et eadem ratio est de similibus. De adulterio tamen, quod non solum iustitiae, sed etiam castitati opponitur, erit locus infra[5] agendi in tractatu de temperantia.

사람을 해침으로써 죄를 범한 사람의 죄에 더하여진다.

   2. 과부와 고아에게 가해진 위해는 죄를 가중한다. 그 위해는 자비심에 더 반대되기 때문이다. 게다가 그런 이에게는 친척이 없으므로, 그런 사람에게 입힌 이런 방식의 위해는 그들에게 더 중대하기 때문이다.

   3. 아내가 자발적으로 간통에 동의했다면, 여자에 관한 한, 부분적으로나마 그 죄와 위해는 줄어든다. 만일 간통한 남자(간부)가 그녀를 힘으로 억누른다면 더 중대한 일이 될 것이기 때문이다. 하지만 그렇다고 해서 부분적으로도 남편의 상처가 제거되지는 않는다.[3] 코린토 1서 4장 [4절]에서 말한 대로 "아내의 몸은 아내가 아니라 남편의 것이기"[4] 때문이다. 또한 유사한 행위에 관해서도 그 근거는 똑같다. 간음에 대하여는, 정의뿐만 아니라 순결에도 반대되기 때문에 절제에 대한 아래 자리에서[5] 다룰 것이다.

---

3. Cf. q.59, a.3.
4. Vulgata: *Mulier sui corporis potestatem non habet, sed vir.*
5. Q.154, a.8.

QUAESTIO LXVI
DE FURTO ET RAPINA
in novem articulos divisa

Deinde considerandum est de peccatis iustitiae oppositis per quae infertur nocumentum proximo in rebus[1]: scilicet de furto et rapina.

Et circa hoc quaeruntur novem.

Primo: utrum naturalis sit homini possessio exteriorum rerum.

Secundo: utrum licitum sit quod aliquis rem aliquam possideat quasi propriam.

Tertio: utrum furtum sit occulta acceptio rei alienae.

Quarto: utrum rapina sit peccatum specie differens a furto.

Quinto: utrum omne furtum sit peccatum.

Sexto: utrum furtum sit peccatum mortale.

Septimo: utrum liceat furari in necessitate.

Octavo: utrum omnis rapina sit peccatum mortale.

Nono: utrum rapina sit gravius peccatum quam furtum.

제66문
절도와 강도에 대하여
(전9절)

다음으로는 사물로 이웃에 위해를 가하는, 정의에 반대되는 죄,[1] 곧 절도와 강도를 고찰해야 한다. 이 주제와 관련해서는 아홉 질문이 제기된다.

1. 외부 사물을 소유하는 것은 사람에게 자연스러운가?
2. 한 사람이 무엇인가를 그만의 것으로 소유하는 것은 허용되는가?
3. 절도는 다른 이의 사물을 은밀히 취하는 것인가?
4. 강도는 절도와는 구별되는 종(種)의 죄인가?
5. 모든 절도는 죄인가?
6. 절도는 대죄인가?
7. 불가피하다면 절도하는 것도 허용되는가?
8. 모든 강도는 대죄인가?
9. 강도는 절도보다 중대한 죄인가?

---

1. Cf. q.64, Introd.

Articulus 1
Utrum naturalis sit homini possessio exteriorum rerum

Ad primum sic proceditur. Videtur quod non sit naturalis homini possessio exteriorum rerum.

1. Nullus enim debet sibi attribuere quod Dei est. Sed dominium omnium creaturarum est proprie Dei: secundum illud Psalm. [Ps. 23,1]: *Domini est terra* et cetera. Ergo non est naturalis homini rerum possessio.

2. Praeterea, Basilius, exponens verbum divitis dicentis, Luc. 12, [18], *Congregabo omnia quae nata sunt mihi et bona mea*, dicit[1]: *Dic mihi, quae tua? Unde ea sumens in vitam tulisti?* Sed illa quae homo possidet naturaliter, potest aliquis convenienter dicere esse sua. Ergo homo non possidet naturaliter exteriora bona.

3. Praeterea, sicut Ambrosius dicit, in libro *de Trin.*,[2] *dominus nomen est potestatis*. Sed homo non habet potestatem super res exteriores: nihil enim potest circa earum naturam immutare. Ergo possessio exteriorum rerum non est homini naturalis.

SED CONTRA est quod dicitur in Psalm. [Ps. 8,8]: *Omnia subiecisti sub pedibus eius*, scilicet hominis.

---

1. Homil.6 *in Luc.* 12, 18, n.7: PG 31, 276 B.
2. Al. de Fide, I, c.1, n.7: PL 16, 530 B.

제1절 외부 사물들을 소유하는 것은 사람에게 자연스러운가?

Parall.: *ScS*, III, c.22; *In Polit.*, I, lect.6.

[반론] 첫째 질문과 관련해서는 다음과 같이 전개된다. 외부 사물을 소유하는 것은 사람에게 자연스럽지 않은 것으로 보인다.

1. 누구도 하느님의 것을 자신의 것으로 돌려놓아서는 안 된다. 실로 "주님 것이라네, 세상과 그 안에 가득 찬 것들 누리와 그 안에 사는 것들"이라고 말한 시편 23장 [1절]을 따르면, 모든 창조물에 대한 지배는 하느님에게만 합당하다. 그러므로 사물을 소유하는 것은 사람에게 자연스럽지 않다.

2. 바실리우스는 "내 모든 곡식과 재물을 모아 두어야겠다."라는 루카복음서 12장 [18]의 부유한 사람의 말을 해설하면서 다음과 같이 말하고 있다.[1] "말해보십시오. 어떤 것이 당신 것이오? 당신은 어디서 그것을 취하여 존재하게 했소?" 실로 제대로 말하자면, 사람이 자연스럽게 소유하게 된 것을 자신의 것이라고 말할 수는 있다. 그러므로 사람은 외부 재화를 자연스럽게 소유하지는 않는다.

3. 암브로시우스는 『삼위일체론』[2]에서 "주인은 권한의 이름이다."라고 말한다. 하지만 사람은 외부 사물에 대한 권한을 가지고 있지 않다. 그는 외부 사물의 본성에 아무런 변화도 일으킬 수 없기 때문이다. 그러므로 외부 사물의 소유가 사람에게는 자연스럽지 않다.

[재반론] 시편 8장 [7절]은 "당신은 만물을 그의" 즉 사람의 "발아래 두셨습니다."라고 말하고 있다.

q.66, a.1

RESPONDEO dicendum quod res exterior potest dupliciter considerari. Uno modo, quantum ad eius naturam: quae non subiacet humanae potestati, sed solum divinae, cui omnia ad nutum obediunt.[3] Alio modo, quantum ad usum ipsius rei. Et sic habet homo naturale dominium[4] exteriorum rerum: quia per rationem et voluntatem potest uti rebus exterioribus ad suam utilitatem,[5] quasi propter se factis; semper enim imperfectiora sunt propter perfectiora, ut supra[6] habitum est. Et ex hac ratione Philosophus probat, in I *Polit.*,[7] quod possessio rerum exteriorum est homini naturalis. Hoc autem naturale dominium super ceteras creaturas, quod competit homini secundum rationem, in qua imago Dei consistit,[8] manifestatur in ipsa hominis creatione, *Gen.* 1, [26], ubi dicitur: *Faciamus hominem ad similitudinem et imaginem nostram: et praesit piscibus maris,* etc.[9]

AD PRIMUM ergo dicendum quod Deus habet principale dominium omnium rerum. Et ipse secundum suam providentiam ordina-

---

3. 만물에 대한 하느님의 주권에 대하여: Cf. I, q.13, a.7. ad5; III, q.35, a.5 (in fine). "한 분 하느님"에 대하여(cf. *ScG*, I, c.1) 말한 다음, 우리는 다음의 내용을 "볼 수 있다." "하느님께서는 당신 완전함의 그 풍성함에서 존재하는 모든 것에 당신의 존재를 부여하신다. 그것으로 존재의 첫 번째일 뿐만 아니라, 모든 왕의 첫 번째임이 증명된다. 하지만 자연의 필요가 있어서가 아니라 당신의 뜻을 따라 다른 것들에 존재를 부여하신 것이다. …그러므로 그분께서는 낳신 행위(업적)의 주인이시다. 반면에 우리의 뜻에 종속된 것은 우리에 의해 다스려진다. 이제 이 주인(인간)은 자신이 만든 것을 완전하게 통제할 수 있게 되었다. 만들어내는 사람은 외부의 다른 대리인의 지원도, 토대가 되는 재료도 필요하지 않기 때문에, 그렇게 그 주인은 전체 존재의 보편적인 생산자가 된다." 반면에 하느님께서는 당신이 만드신 모든 것을 당신의 선하심에 어떤 식으로든 참여시키려 하시며(cf. I, q.44, a.4; *ScG*, III, cc.17-21, 64, 74), 그렇게 그분께서는 그것들을 끝까지 다스리심으로써 그들에 대한 주권을 행사하신다(*ScG*, III, 64). Cf. C. Spicq, OP, *Les péches d'injustice,* t.I (II-II, qq.63-66, trad. franç.), Paris, 1934, pp.274-280.

[답변] 외부 사물은 두 가지로 고찰될 수 있다. 하나는 그 본성에 관한 고찰이다. 그 본성은 인간의 권한이 아니라, 오로지 그분의 권한에만 복종하여, 모든 사물은 그분의 명령에 순종한다.[3] 다른 하나는, 사물 자체의 이용(사용)에 관한 고찰이다. 자연스럽게 고찰할 때, 이런 방식으로 사람은 외부 사물의 지배권을 갖는다.[4] 외부 사물은 사용되기 위하여 만들어졌으므로,[5] 마치 그 자체로 사용되기 위해 만들어졌다는 듯이, 근거와 의도를 통해 사람의 이익(실리)을 위해 이용될 수 있기 때문이다. 또한 이미 말했듯이,[6] 불완전함은 언제나 완전함을 위한 것이기 때문이다. 철학자가 『정치학』 제1권[7]에서 외부 사물의 소유가 사람에게 자연스러운 것임을 증명하는 것은 이 논증에 의한 것이다. 더구나 나머지 창조물에 대한 사람의 지배가 자연스럽다는 것은 [8] 창세기 1장 [26절]의 "우리와 비슷하게 우리 모습으로 사람을 만들자. 그래서 그가 바다의 물고기와 …온갖 것을 다스리게 하자"라고 말한 사람의 창조로 드러난다. 그 다스림은, 하느님의 모상으로 구성된, 이성을 따르는 인간에게 걸맞다.[9]

[해답] 1. 하느님께서는 모든 사물에 대한 존엄한 지배권을 지니신

---

4. 이 근거에 대해서: Cf. C. Spicq, OP, "Dominium, possessio, proprietas chez S. Thomas et chez les juristes romains", *R. des Sc. Phil. et Théol*, 18(1929), pp.269-281.
5. Cf. I-II, q.16.
6. Q.64, a.1.
7. C.8, 1256b7-8; S. Thomas, lect.6.
8. Cf. I-II, prol.
9. 그러므로 첫째로, 하느님께서는 사람을 통하여 모든 낮은 것들을 다스리신다(cf. I, q.22, a.3). 게다가(둘째로), 말한 대로(c. art. (cf. q.64, a.1; I, q.96, a.1)), 사람은 이성과 의지를 통해 외부적인 것을 마치 그를 위해 만들어진 것처럼 사용할 수 있다. 그것들은 완전함에서 기인하기 때문에 불완전함이다. 마지막 셋째로, 하느님께서는 누구에게도 빚지지 않고(I, q.21, a.I,

vit res quasdam ad corporalem hominis sustentationem. Et propter hoc homo habet naturale rerum dominium quantum ad potestatem utendi ipsis.

AD SECUNDUM dicendum quod dives ille reprehenditur ex hoc quod putabat exteriora bona esse principaliter sua, quasi non accepisset ea ab alio, scilicet a Deo.

AD TERTIUM dicendum quod ratio illa procedit de dominio exteriorum rerum quantum ad naturas ipsarum: quod quidem dominium soli Deo convenit, ut dictum est.[10]

---

ad3), 각 사람의 본성과 조건의 근거를 따라 합당한 그것을 그에게 주신다(cf. ibid.). 하지만 사람은 자신의 본성과 조건을 따라 자신의 완전성을 달성하기 위해 외부의 것들을 사용할 수밖에 없다. 이것이, 외부의 사물에 대한 사람의 지배에 기반이 되는 세 가지 주요 근거이다. Cf. C. Spicq, OP, *op. cit.*, pp.282-297. 이로써 이러한 방식의 참여 지배권(공동지배권)이 무제한이 아니라는 것이 분명해진다.

다. 또 그분께서는, 당신 자신의 섭리를 따라, 특정 사물을 인간 몸의 유지(생계)를 위해 정하셨다. 이런 이유로, 사람은 사물을 사용하는 능력에 관한 한 자연스럽게 사물을 지배한다.

2. 부유한 사람은 외부의 재화를 마치 다른 사람한테, 곧 하느님한테 받지 않았다는 듯이, 주로 자기에게 속한 것이라고 여겼기 때문에 책망을 받는다.

3. 이 주장은, 그 근거로서 외부 사물의 본성이라는 관점에서 그 지배권을 고찰한 것이다. 그런 지배권은, 말한 대로[10] 하느님께만 속한다.

---

10. 본론.

Articulus 2
Utrum liceat alicui rem aliquam quasi propriam possidere

Ad secundum sic proceditur. Videtur quod non liceat alicui rem aliquam quasi propriam possidere.

1. Omne enim quod est contra ius naturale est illicitum. Sed secundum ius naturale omnia sunt communia: cui quidem communitati contrariatur possessionum proprietas. Ergo illicitum est cuilibet homini appropriare sibi aliquam rem exteriorem.

---

1. 루카 12,18. Cf. a.1, obj.2.
2. Hom. 6 *in Luc.* 12, 18; n.7: PG 31, 276 B.

제2절 누구에게나 어떤 사물을 자기만의 것처럼 소유하는 것이 허용되는가?

Parall.: *ScG*, III, c.127; *In Polit.*, II, lect.4.
Doctr. Eccl.: "우리는 하느님의 계명을 지키며, 세상에 남아서 자기 소유물을 소유한 자들, 자기의 사물에서 구호품과 혜택 등을 제공하는 자들이 구원받을 것을 고백하며 믿는다."(1208년 인노첸시우스 3세의 명령에 의해, 발덴시안주의자들인 두란두스 데 오스카와 그의 동료들의 신앙고백)(Denz. 427. Cf. Id. 494, 575-577, 595, 656). 비오 9세는 종종 가장 준엄한 용어로 사회주의와 공산주의를 비난했다(Id. 1718 a). 레오 13세와 비오 11세는 특히 회칙 '새로운 사태'(1891)와 '사십주년'(1931)에서 사유 재산권이 자연적이라는 것을 분명하게 가르쳤다(Denz. 1851, 1938 a b c, 2256). 또한 필수적인 공동선에 대해서(Id. 1851, 2254), 가족의 선에 대해서(Id. 1851, 1938 a, 2254), 개인의 선에 대해서(Id. 1851, 1938 a), 가난한 사람들에게 초과의 것을 주는 가장 중대한 참사랑의 계명과 결합한 것에 대해서(Id. 1852, 1938 b, 2257)도 분명하게 가르쳤다. 그리고 소유권과 그 사용 사이에는 차이가 있으며(Id. 1938 a, 2255), 그래서 강제로 빼앗기지 않아야 할 것(Id. 2255), 공동체의 선을 위해 필요한 것은 법으로 결정할 수 있다는 것(Id. 1938 c, 2256)을 분명하게 가르쳤다. 또한 상속으로 취한 사유 재산(Id. 2256), 아무도 점유하지 말아야 할 사물(Id. 2258), 산업(*ibid.*), 혼자만의 노동이 아니라는 것에 대해 (Id. 2260) 분명하게 가르쳤다. Vide Denzinger-Umberg, *Enchirid. symbol.*, ed. 21-23, Friburgi, Br. 1937, Indic. system., XI s, p. [39].

[반론] 둘째 질문과 관련해서는 다음과 같이 전개된다. 누구에게도 어떤 사물을 자기만의 것처럼 소유하는 것은 허용되지 않는 것으로 보인다.

1. 법을 거스르는 것은 자연스럽게 불법행위다. 실로 법을 따라 모든 것은 자연스럽게 공동의 것이어서, 재화의 사적 소유는 틀림없이 공동체에 역행하게 된다. 그러므로 누구든 어떤 외부 사물을 자기에게 전유(專有)(독점, 할당)하는 것은 불법행위다.

2. 바실리우스는 앞에서 인용한[1] 부유한 사람의 말을 해설하면서, 다음과 같이 말한다.[2] "부유한 이들이 미리 점유한(움켜쥔) 공동의 재화

2. Praeterea, Basilius dicit,[1] exponens praedictum[2] verbum divitis: *Sicut qui, praeveniens ad spectacula, prohiberet advenientes, sibi appropriando quod ad communem usum ordinatur; similes sunt divites qui communia, quae praeoccupaverunt, aestimant sua esse.*[3] Sed illicitum esset praecludere viam aliis ad potiendum communibus bonis. Ergo illicitum est appropriare sibi aliquam rem communem.

3. Praeterea, Ambrosius dicit[4] et habetur in Decretis,[5] dist. XLVII, can. *Sicut hi: Proprium nemo dicat quod est commune*. Appellat autem communes res exteriores: sicut patet ex his quae praemittit. Ergo videtur illicitum esse quod aliquis appropriet sibi aliquam rem exteriorem.

SED CONTRA est quod Augustinus dicit, in libro *de Haeres.*[6]: *Apostolici dicuntur qui se hoc nomine arrogantissime vocaverunt, eo quod in suam communionem non acciperent utentes coniugibus, et res proprias possidentes, quales habet Catholica Ecclesia et monachos et clericos plurimos*. Sed ideo isti haeretici sunt quoniam, se ab Ecclesia separantes, nullam spem putant eos habere qui utuntur his rebus, quibus ipsi carent. Est ergo erroneum dicere quod non liceat homini propria possidere.

---

3. Cf. Cic., *De fin. bon. et mal.*, III, c.20: ed. C. F. W. Mueller, Lipsiae, 1889, pp.196, ll.17-31.
4. Serm. 81, al. 64, *in in Luc.* 12, 18; PL 17, 593-594. Cf. Basilius, Hom. 3 *in Luc.* 12, 16, n.7: PG 31, 1752 A.

를 그들만의 것으로 여긴 자들은 마치 연극에 미리 가서 다른 사람이 오는 것을 막아, 공동의 이용으로 질서 지어져 있는 것(연극)을 그들 자신에게 전유(할당)하는 자들과 같다."³ 실로 다른 사람이 공동의 재화(공공의 선)에 접근할 권리를 막는 것은 불법행위다. 그러므로 무엇이라도 공동의 사물을 자신에게 전유(할당)하는 것은 불법행위다.

3. 암브로시우스는 다음과 같이 말하고,⁴ 이는 교령(dist. XLVII, can.)⁵에 실렸다. "누구도 공동의 것을 자신의 것이라 부르게 하지 마시오." 이는 그가 앞에서 분명히 한 것처럼, 그에게 "공동의 것"은 외부의 사물을 의미한다. 그러므로 누구라도 어떤 외부 사물이든 그것을 자신에게 전유(할당)하는 것은 불법행위로 보인다.

[재반론] 아우구스티누스는 『이단』⁶에서 다음과 같이 말하고 있다. "그들은 극도의 오만한 방식으로 '사도들'이라는 이름으로 불리는 자들이다. 왜냐하면 그들은 가톨릭교회에서 상당수 발견되는 수도자와 성직자처럼 결혼했거나 무엇인가 자신의 재산을 소유한 사람을 그들의 친교 안에 받아들이지 않기 때문이다." 실로 이런 자들이 이단자인 이유는 그들이 교회에서 갈라졌기 때문인데, 그들은 자기들에게 부족한 위의 것들을 누리는 사람들에게는 [구원의] 희망이 없다고 생각한다. 그러므로 사적으로 소유하는 것이 사람에게는 허용되지 않는다고 말하는 것은 오류다.

---

5. Gratianus, *Decretum*, p.I, dist.47, can.8: ed. Richter-Frieberg, t.I, p.171.
6. Haeres. 40: PL 42, 32.

RESPONDEO dicendum quod circa rem exteriorem duo competunt homini. Quorum unum est potestas procurandi et dispensandi.[7] Et quantum ad hoc licitum est quod homo propria possideat. Et est etiam necessarium ad humanam vitam, propter tria. Primo quidem, quia magis sollicitus est unusquisque ad procurandum aliquid quod sibi soli competit quam aliquid quod est commune omnium vel multorum: quia unusquisque, laborem fugiens, relinquit alteri id quod pertinet ad commune; sicut accidit in multitudine ministrorum. — Alio modo, quia ordinatius res humanae tractantur si singulis immineat propria cura alicuius rei procurandae: esset autem confusio si quilibet indistincte quaelibet procuraret. — Tertio, quia per hoc magis pacificus status hominum conservatur, dum unusquisque re sua contentus est. Unde videmus quod inter eos qui communiter et ex indiviso aliquid possident, frequentius iurgia oriuntur.

Aliud vero quod competit homini circa res exteriores est usus[8] ipsarum. Et quantum ad hoc non debet homo habere res exteriores ut proprias, sed ut communes: ut scilicet de facili aliquis ea communicet in necessitates aliorum. Unde Apostolus dicit, I *ad Tim.* ult., [17-18]:

---

7. Cf. C. Spicq, OP, "Potestas procurandi et dispensandi", in *R. des Science Phil. et Théol*, 23(1934), pp.82-93.
8. 오늘날 이 말은 더 널리 나뉘어 사용되는 것으로 보인다. 그것은 '마련하는(획득) 권한'과 그 자체가 어떤 용도로 사용되어야 하는지에 대한 '나누어주는(분배) 권한'이, (앞의 절에서 말한 대로, 엄격하게는 그 비용에서) 서로 구별되기 때문이다. 여기에서 성 토마스는 사람이, 자신의 것으로서 소유하고 있는, 그러한 것들을 목적(공동의 목적)에 맞게, 얼마나 윤리적으로 사용할 수 있는

[답변] 외부 사물과 관련하여 사람에게 걸맞은 것은 두 가지이다. 하나는 그 사물을 획득하고 분배하는 권한이다.[7] 이 점에서 사람이 (외부 사물을) 사적으로 소유하는 것은 합법적이다. 더욱이 이는 세 가지 이유로 사람의 생활에 필요하다. 첫째로 모든 사람은 다수나 모두에게 공동의 것인 것보다 자신만을 위한 것을 획득하는 데 더 정성을 기울이기 때문이다. 그렇지 않으면, 복무자들이 다수일 때 발생하는 것처럼, 각각의 사람은 노동을 피하고 공동체와 관련된 것을 다른 사람에게 맡길 것이기 때문이다.—둘째로 각각의 사람이 획득한 어떤 사물을 그 스스로 돌보아야 할 책임이 있다면 인간사는 더 질서 있는 방식으로 수행되는 반면에, 만일 누구나 다 한 가지 공동 사물을 막연하게 돌보아야 한다면 혼돈이 생길 것이기 때문이다.—셋째로 각각의 사람이 자신의 것으로 만족하면 더 평화로운 상태가 보존될 것이기 때문이다. 여기서 우리는 무엇이든 분할되지 않고 공동으로 소유한 사람들 사이에서는 다툼이 더 자주 발생한다는 것을 보게 된다.

외부 사물에 관하여 사람에게 걸맞는 다른 하나는 사물 자체의 이용이다.[8] 이 점에서 사람은 외부 사물을 자신만의 것으로서가 아니라 공동의 것으로서도 소유해야 한다. 그래서 그 사물이 필요한 다른 사람에게 그 사물을 전달할 수 있어야 한다. 그러므로 사도는 티모테오 1서 6장 [17-18절]에서 다음과 같이 말하고 있다. "현세에서 부자로 사

지에 주목한다. 또 우리는 목적(끝, 결과)만 즐길 수 있으므로, 사람이 외부 사물의 그 결실 자체에 필적할 뿐이라고 말할 수 없다. 아무리 좋은 것이라도, 사람이 자기의 것으로 소유한 것의 목적은 어디까지나 그 '사용'이다. Cf. C. Spicq, OP, *Les péches d'injustice*, t.I (II-II, qq. 63-66, trad. franç), Paris, 1934, p.97, nota 1; pp.329-332. Unde idem p. Spicq ita gallice vertit hunc locum: "ce qui convient encore à l'homme vis-à-vis des biens extérieurs c'est d'en jouir."

Divitibus huius saeculi praecipe facile tribuere, communicare.[9]

AD PRIMUM ergo dicendum quod communitas rerum attribuitur iuri naturali, non quia ius naturale dictet omnia esse possidenda communiter et nihil esse quasi proprium possidendum: sed quia secundum ius naturale non est distinctio possessionum, sed magis secundum humanum condictum, quod pertinet ad ius positivum, ut supra[10] dictum est. Unde proprietas possessionum non est contra ius naturale; sed iuri naturali superadditur per adinventionem rationis humanae.[11]

AD SECUNDUM dicendum quod ille qui, praeveniens ad spectacula, praepararet aliis viam, non illicite ageret: sed ex hoc illicite agit quod alios prohibet. Et similiter dives non illicite agit si, praeoccupans possessionem rei quae a principio erat communis, aliis communicat: peccat autem si alios ab usu illius rei indiscrete prohibeat. Unde Basilius ibidem[12] dicit: *Cur tu abundas, ille vero mendicat, nisi ut tu bonae dispensationis merita consequaris, ille vero patientiae praemiis coroneris?*

AD TERTIUM dicendum quod cum dicit Ambrosius, *Nemo pro-*

---

9. Cf. q.119, a.2, obj.2 et ad2; I-II, q.105, a.2, ad1.
10. Q.57, aa.2-3.
11. Cf. I-II, q.94, a.5, ad3.

는 이들에게는 …아낌없이 베풀고 기꺼이 나누어주는 사람이 되라고 하십시오."⁹

[해답] 1. 사물의 공동체는 자연법에 귀속(설정)된다. 그것은 자연법이 모든 것은 공동으로 소유되어야 하며 어떤 것도 자신의 것처럼 소유되어서는 안 된다고 명령하기 때문이 아니다. 소유물은 자연법에 따라 구별되는 것이라기보다는, 이미 말했듯이,¹⁰ 실정법에 속하는 인간의 합의에 따라 구별되기 때문이다. 그러므로 사적 소유권은 자연스럽게 법을 거스르는 것이 아니라, 인간 이성의 고안을 통해 자연법에 추가(부가)된 것이다.¹¹

2. 연극에 먼저 가서 다른 이들을 위해 길을 준비했다면 그 사람은 불법적으로 행동하지 않은 것이지만, 이것으로 다른 이들을 막는다면 불법적으로 행동한 것이다. 유사하게, 부유한 사람이 만일 처음부터 공동의 것인 사물의 소유를 선점하여 다른 사람에게 전달한다면 불법적으로 행동한 것이 아니지만, 다른 사람이 그것을 사용하지 못하도록 무차별적으로 막는다면 그는 죄를 범한 것이다. 그러므로 바실리우스도 같은 곳에서¹² 다음과 같이 말하고 있다. "당신이 좋은 분배의 장점을 얻기 위한 것이 아니라면, 또 그가 인내의 보상으로 면류관을 받기 위한 것이 아니라면, 어찌하여 당신은 부유한데 그는 구걸하고 있겠는가?"

3. 암브로시우스가 "누구도 공동의 것을 자신의 것이라 부르게 하지 마시오."라고 말할 때, 그는 사용과 관련한 재산에 대하여 말하는 것이

---

12. Hom. 6 *in Luc.* 12, 18, n.7: PG 31, 276 C.

prium dicat quod est commune, loquitur de proprietate quantum ad usum. Unde subdit[13]: *Plus quam sufficeret sumptui, violenter obtentum est.*

Articulus 3
Utrum sit de ratione furti occulte accipere rem alienam

Ad tertium sic proceditur. Videtur quod non sit de ratione furti occulte accipere rem alienam.

1. Illud enim quod diminuit peccatum non videtur ad rationem peccati pertinere. Sed in occulto peccare pertinet ad diminutionem peccati: sicut e contrario ad exaggerandum peccatum quorundam dicitur Isaiae 3, [9]: *Peccatum suum quasi Sodoma praedicaverunt, nec absconderunt*. Ergo non est de ratione furti occulta acceptio rei alienae.

2. Praeterea, Ambrosius dicit,[1] et habetur in Decretis, dist. XLVII[2]: *Neque minus est criminis habenti tollere quam, cum possis et abundas, indigentibus denegare*. Ergo sicut furtum consistit in acceptione rei alienae, ita et in detentione ipsius.

3. Praeterea, homo potest furtim ab alio accipere etiam quod suum est: puta rem quam apud alium deposuit, vel quae est ab eo iniuste

---

13. 재반론의 인용구.

1. Serm. 81, al. 64, *in Luc.* 12, 18: PL 17, 539-594. Cf. Basilius, Hom. 3 *in Luc.* 12, 16, n.7: PG 31, 1752 B.

다. 그래서 그는 "충분한 것보다 더 많은 자금 조달은 폭력으로 얻은 것이다."라고 덧붙였다.[13]

제3절 남의 사물을 은밀히 취하는 것은 절도의 근거에서 비롯되는가?

[반론] 셋째 질문과 관련해서는 다음과 같이 전개된다. 남의 사물을 은밀히 취하는 것은 절도의 근거에서 비롯하지 않은 것으로(절도를 구성하지 않는 것으로) 보인다.

1. 죄를 줄이는 것은 죄의 근거에 속하지 않는 것으로 보인다. 실로 은밀히 죄를 범하는 것은 죄의 감소에 속한다. 반면에, 이사야서 3장 [9절]에서 말하는 것처럼, 어떤 사람들의 죄를 과장하기 위해서 "그들은 소돔처럼 자기들의 죄악을 감추지 않고 드러낸다." 그러므로 남의 사물을 은밀히 취하는 행위는 절도에서 비롯하지 않는다.

2. 암브로시우스는 다음과 같이 말하고,[1] 이는 교령(dist. XLVII)[2]에도 실려 있다. "궁핍한 사람이 가진 것을 제거하는 것이, 당신이 할 수 있고 풍부할 때 그를 [돕는 것을] 거부하는 것보다 덜한 범죄는 아니다." 그러므로 절도가 바로 다른 이의 사물을 취하는 행위로 구성되는 것처럼 그것을 유치(留置)하는 행위로도 구성된다.

3. 사람은 자기 것까지도, 예를 들어 그가 다른 사람에게 맡긴 것이라든가, 부당하게 빼앗긴 것까지도, 다른 사람에게서 은밀하게(몰래)

---

2. Gratianus, *Decretum*, p.I, dist.47, can.8: ed. Richter-Friedberg, t.I, p.171.

ablata. Non est ergo de ratione furti quod sit occulta acceptio rei alienae.

SED CONTRA est quod Isidorus dicit, in libro *Etymol.*[3]: *Fur a furvo dictus est, idest a fusco: nam noctis utitur tempore.*

RESPONDEO dicendum quod ad rationem furti tria concurrunt. Quorum primum convenit sibi secundum quod contrariatur iustitiae, quae unicuique tribuit quod suum est. Et ex hoc competit ei quod usurpat alienum. — Secundum vero pertinet ad rationem furti prout distinguitur a peccatis quae sunt contra personam, sicut ab homicidio et adulterio. Et secundum hoc competit furto quod sit circa rem possessam. Si quis enim accipiat id quod est alterius non quasi possessio, sed quasi pars, sicut si amputet membrum; vel sicut persona coniuncta, ut si auferat filiam vel uxorem, non habet proprie rationem furti. — Tertia differentia est quae complet furti rationem, ut scilicet occulte usurpetur alienum. Et secundum hoc propria ratio furti est ut sit occulta acceptio rei alienae.[4]

AD PRIMUM ergo dicendum quod occultatio quandoque quidem

---

3. X, ad litt. F, n.107: PL 82, 378 A.

취할 수 있다. 그러므로 다른 사람의 사물을 은밀히 취하는 것은 절도의 근거에서 비롯하지 않는다.

[재반론] 이시도루스는 『어원론』³에서 다음과 같이 말하고 있다. "fur(도둑)는 'furvus(겁쟁이)'란 말에서, 즉 'fuscus(갈색)'란 말에서 유래한다. 그들은 밤의 시간을 이용하기 때문이다."

[답변] 절도의 근거에는 세 가지 다른 것이 모인다. 첫째는 정의에 모순되는 것으로서의 절도인데, 정의는 각자에게 그 자신의 것을 주는 것이다. 이를 따라서 남의 것을 빼앗는 것은 절도에 해당한다.—두 번째는 살인이나 간통같이 사람을 거스르는 죄와 구별되는 것으로서의 절도인데, 이를 따라서 (사람이 아니라, 그가) 소유한 사물에 대한 죄가 절도에 해당한다. 남의 사물을 그의 소유로 취하는 것이 아니라, 신체부위를 절단하는 것처럼 그 사람의 일부로서 취하면, 또는 그의 딸이나 아내를 가져가는 것처럼 그(남)에게 연결된 사람으로서 취하면, 엄밀히 말하면, 절도의 근거를 지니지 않는다.—세 번째는 절도의 근거를 완결하는 것인데, 물론 그것은 은밀하게 빼앗긴 남의 사물이다. 이를 따라서, 절도 특유의 근거는 다른 이의 사물을 은밀히 취하는 행위에 있다.⁴

[해답] 1. 예를 들어 사기(事機)와 기만(欺瞞)에서⁵ 발생하는 것처럼, 누

---

4. Cf. q.61, a.3.

est causa peccati: puta cum quis utitur occultatione ad peccandum, sicut accidit in fraude et dolo.[5] Et hoc modo non diminuit, sed constituit speciem peccati. Et ita est in furto. — Alio modo occultatio est simplex circumstantia peccati. Et sic diminuit peccatum: tum quia est signum verecundiae; tum quia tollit scandalum.

AD SECUNDUM dicendum quod detinere id quod alteri debetur eandem rationem nocumenti habet cum acceptione. Et ideo sub iniusta acceptione intelligitur etiam iniusta detentio.

AD TERTIUM dicendum quod nihil prohibet id quod est simpliciter unius, secundum quid esse alterius. Sicut res deposita est simpliciter quidem deponentis, sed est eius apud quem deponitur quantum ad custodiam.[6] Et id quod est per rapinam ablatum est rapientis, non simpliciter, sed quantum ad detentionem.

Articulus 4
Utrum furtum et rapina sint peccata differentia specie

Ad quartum sic proceditur. Videtur quod furtum et rapina non sint peccata differentia specie.

1. Furtum enim et rapina differunt secundum occultum et mani-

---

5. 사기와 기만에 대해서: Cf. q.55, aa.4-5.

군가 죄를 범하기 위해 은폐를 이용할 때, 은폐는 때때로 참으로 죄의 한 원인이 된다. 이런 식으로 은폐는 죄를 줄이는 것이 아니라, 죄의 종(種)을 구성한다. 그래서 절도에는 은폐가 있다. 또 다른 식으로 은폐는 단순히 죄의 한 조건(상황)이며, 따라서 은폐는 죄를 줄인다. 은폐는 부끄러움의 표지이기 때문이며 또한 추문을 제거하기 때문이기도 하다.

  2. 다른 이에게 마땅한 것을 주지 않는 것(유치하는 것)은 부당하게 사물을 취하는 행위와 똑같은 위해의 근거를 지닌다. 그러므로 부당하게 유치하는 것은 부당하게 취하는 것 아래서 이해된다.

  3. 단순히 한 사람의 것이 다른 사람의 것으로 되는 것을 막는 것은 아무것도 없다. 그래서 맡겨진 사물은 단순히 맡긴 사람의 것이지만, 그 보관에 관한 한 그것은 맡은 사람의 것일 뿐이다.[6] 또 부당하게 빼앗긴 그것 역시 단순히 강도의 것이 아니라, 그것을 유치하고 있는 한 그의 것일 뿐이다.

제4절 절도(도둑)와 강도는 다른 종의 죄인가?

  [반론] 넷째 질문과 관련해서는 다음과 같이 전개된다. 절도와 강도는 다른 종(種)의 죄가 아닌 것으로 보인다.

  1. 절도와 강도는 비밀(은밀)과 명백(노골)을 따라 구별된다. 절도는 무엇인가를 몰래 취하는 것인데 반해 강도는 무엇인가를 폭력적으로

---

6. Cf. a.5, ad3.

festum: furtum enim importat occultam acceptionem, rapina vero violentam et manifestam. Sed in aliis generibus peccatorum occultum et manifestum non diversificant speciem. Ergo furtum et rapina non sunt peccata specie diversa.

2. Praeterea, moralia recipiunt speciem a fine, ut supra[1] dictum est. Sed furtum et rapina ordinantur ad eundem finem, scilicet ad habendum aliena. Ergo non differunt specie.

3. Praeterea, sicut rapitur aliquid ad possidendum, ita rapitur mulier ad delectandum: unde et Isidorus dicit, in libro *Etymol.*,[2] quod *raptor dicitur corruptor, et rapta corrupta*. Sed raptus dicitur sive mulier auferatur publice, sive occulte. Ergo et res possessa rapi dicitur sive occulte, sive publice rapiatur. Ergo non differunt furtum et rapina.

SED CONTRA est quod Philosophus, in V *Ethic.*,[3] distinguit furtum a rapina, ponens furtum occultum, rapinam vero violentam.

RESPONDEO dicendum quod furtum et rapina sunt vitia iustitiae opposita, inquantum aliquis alter facit iniustum. *Nullus* autem *patitur iniustum volens:* ut probatur in V *Ethic.*.[4] Et ideo furtum et rapina ex hoc habent rationem peccati quod acceptio est involuntaria

---

1. I-II, q.1, a.3; q.18, a.6.
2. X, ad litt. R, n.237: PL82, 392 B.
3. C.5, 1131a6-9; S. Thomas, lect.4, nn.930-931.

또 공개적으로 취하는 것이기 때문이다. 실로 죄의 여러 다른 유(類, 유의 다양성)들에 있어, 비밀과 명백은 종을 달리하지 않는다. 그러므로 절도와 강도는 다른 종의 죄가 아니다.

 2. 이미 말했듯이[1] 도덕적 행위는 목적에 따라 그 종을 달리한다. 실로 절도와 강도는 똑같은 목적, 즉 다른 이가 가지고 있는 것을 향해 있다. 그러므로 그것들은 종으로서는 다르지 않다.

 3. 소유를 위해 강제로 빼앗긴 어떤 것처럼, 여자도 쾌락을 위해 강제로 빼앗긴다. 그래서 이시도루스는 『어원론』에서[2] 다음과 같이 말하고 있다. "강간을 저지르는 사람을 부패시키는 자라고 하고, 강간당한 사람은 부패가 된 사람이라고 한다." 실로 강간은, 여자가 노골적으로 든지 은밀히든지 상관없이 끌려간 것을 말한다. 그러므로 은밀히 가져가든 노골적으로 가져가든 점유된 사물은 강제로 빼앗긴 것이라 말한다. 그러므로 도둑과 강도는 다르지 않다.

 [재반론] 철학자는 『니코마코스 윤리학』 제5권에서[3] 절도는 은밀하지만, 강도는 폭력적이란 점에서 절도와 강도를 구별한다.

 [답변] 절도와 강도는, 한 사람이 다른 이에게 불의를 행하는 까닭에, 정의에 반하는 악습이다. 실로 『니코마코스 윤리학』 제5권[4]에서 입증된 대로, "누구도 자진해서 불의를 견디지는 않는다." 그러므로 절도와 강도는, 무엇인가를 빼앗긴 사람 편에서 보자면, 취한 것이 비자발적이

---

4. C.15, 1131a12; S. Thomas, lect.17, n.1095. Cf. q.59, a.3.

ex parte eius cui aliquid subtrahitur.[5] Involuntarium autem dupliciter dicitur: scilicet per ignorantiam, et violentiam, ut habetur in III *Ethic.*.[6] Et ideo aliam rationem peccati habet rapina, et aliam furtum. Et propter hoc differunt specie.

AD PRIMUM ergo dicendum quod in aliis generibus peccatorum non attenditur ratio peccati ex aliquo involuntario, sicut attenditur in peccatis oppositis iustitiae. Et ideo ubi occurrit diversa ratio involuntarii, est diversa species peccati.

AD SECUNDUM dicendum quod finis remotus est idem rapinae et furti: sed hoc non sufficit ad identitatem speciei, quia est diversitas in finibus proximis. Raptor enim vult per propriam potestatem obtinere, fur vero per astutiam.

AD TERTIUM dicendum quod raptus mulieris non potest esse occultus ex parte mulieris quae rapitur.[7] Et ideo etiam si sit occultus ex parte aliorum, quibus rapitur, adhuc remanet ratio rapinae ex parte mulieris, cui violentia infertur.

---

5. Cf. q.61, a.3.
6. C.1, 1009b35-1110a1; S. Thomas, lect.1, n.386. Cf. I-II, q.6, aa.5 & 8.

라는 것에서 죄의 근거를 갖는다.[5] 하지만 비자발적인 것은, 『니코마코스 윤리학』 제3권[6]에서 알려진 대로 두 가지, 즉 폭력을 통한 것과 무지를 통한 것이 있다. 그러므로 강도가 지닌 죄의 근거와 절도가 지닌 죄의 근거는 다르다. 이것 때문에 그것들은 종(種)에 있어 서로 다르다.

[해답] 1. 정의에 반대되는 죄에서 주목되는 것처럼, 죄의 다른 유들에 있어, 비자발적인 어떤 것에서 나온 것은 죄의 근거로 주목되지 않는다. 따라서 그것이 발생하는 곳, 곧 비자발적인 여러 다른 근거가 발생하는 곳에는, 죄의 여러 다른 종(種, 종의 다양성)이 있다.

2. 강도와 절도의 먼 목적은 똑같다. 하지만 이것이 종의 구별(정체성)에는 충분치 않은 이유는, 가까운 목적에 있어 다양함이 있기 때문이다. 즉 강도(약탈자)는 자신의 권한으로 어떤 사물을 획득하려 하지만, 절도는 잔꾀로 획득하려 하기 때문이다.

3. 여자의 납치는 납치된 여자 입장에서 보자면 은밀히 일어날 수 없다. 그러므로 여자를 빼앗긴 다른 사람 입장에서 보자면[7] 그것이 비밀이라고 하더라도, 폭력이 가해진 그 여자 입장에서 보면 강도의 근거는 여전히 남아 있다.

---

7. Cf. q.154, a.7.

Articulus 5
Utrum furtum semper sit peccatum

Ad quintum sic proceditur. Videtur quod furtum non semper sit peccatum.

1. Nullum enim peccatum cadit sub praecepto divino: dicitur enim *Eccli.* 15, [21]: *Nemini mandavit impie agere.* Sed Deus invenitur praecepisse furtum: dicitur enim *Exod.* 12, [35-36]: *Fecerunt filii Israel sicut praeceperat Dominus Moysi, et expoliaverunt Aegyptios.*[1] Ergo furtum non semper est peccatum.

2. Praeterea, ille qui invenit rem non suam, si eam accipiat, videtur furtum committere: quia accipit rem alienam. Sed hoc videtur esse licitum secundum naturalem aequitatem; ut iuristae dicunt.[2] Ergo videtur quod furtum non semper sit peccatum.

3. Praeterea, ille qui accipit rem suam non videtur peccare: cum non agat contra iustitiam, cuius aequalitatem non tollit. Sed furtum committitur etiam si aliquis rem suam occulte accipiat ab altero de-

---

1. Vulgata: *Feceruntque filii Israel sicut praeceperat Moyses ··· et spoliaverunt Aegyptios.*
2. Cf. loc. cit. in resp.

제5절 절도는 언제나 죄인가?

Doctr. Eccl.: 주인의 부추김으로 다른 사람의 사물을 가져가는 것은 대죄이기(Denz. 1851, 717 h) 때문에 주인은 그 절도로 위해를 입으며(Id. 1851), 절박한 상황에서도 결코 합법적이지 않다(Id. 1186). 하인들이 자기 부인한테서 무엇인가를 몰래 훔칠 때, 자기의 일로 받은 급여가 그들이 받은 급여보다 더 많다고 판단될 때, 은밀한 보상은 불법행위로 간주된다(Id. 1187). Vide Denzinger-Umberg, *Enchir. Symbol.*, ed 21-23, Friburgi Br. 1937, Indic. system., XI s. p. [39].

[반론] 다섯째 질문과 관련해서는 다음과 같이 전개된다. 절도(도둑)가 언제나 죄는 아닌 것으로 보인다.

1. 어떤 죄도 신적인 계명 아래 놓여 있지 않다. 집회서 15장 [21절]은 이를 두고 다음과 같이 말하고 있다. "하느님께서는 아무에게도 불경하게 되라고 명령하신 적이 없다." 하지만 우리는 하느님께서 절도도 명령하셨음을 알고 있는데, 탈출기 12장 [35-36절]은 이를 다음과 같이 말하고 있다. "이스라엘 자손들은 하느님께서 모세에게 일러준 대로 하였다. …또 그들은 이집트인들을 털었다."[1] 그러므로 절도가 언제나 죄는 아니다.

2. 만일 자기 것이 아닌 것을 발견하고 그것을 취하면, 그는 절도를 범한 것으로 보인다. 다른 사람의 사물을 취한 것이기 때문이다. 하지만 이는, 법학자들이 말하는 것처럼,[2] 자연의 평등(공평)을 따라 허용되는 것으로 보인다. 그러므로 절도가 언제나 죄는 아닌 것으로 보인다.

3. 자신의 것을 취한 사람은 죄를 범하는 것으로 보이지 않는다. 정의를 거슬러 행동을 하지 않음으로써, 그 평등(공평)을 제거하지 않았기 때문이다. 하지만 만일 다른 사람이 유치(留置)하거나 보관하고 있는 자기의 재산을 은밀히 취한다면 그는 절도를 범하게 된다. 그러므

tentam vel custoditam. Ergo videtur quod furtum non semper sit peccatum.

SED CONTRA est quod dicitur *Exod.* 20, [15]: *Non furtum facies.*

RESPONDEO dicendum quod si quis consideret furti rationem, duas rationes peccati in eo inveniet. Primo quidem, propter contrarietatem ad iustitiam, quae reddit unicuique quod suum est. Et sic furtum iustitiae opponitur, inquantum furtum est acceptio rei alienae. Secundo, ratione doli seu fraudis, quam fur committit occulte et quasi ex insidiis rem alienam usurpando.[3] Unde manifestum est quod omne furtum est peccatum.

AD PRIMUM ergo dicendum quod accipere rem alienam vel occulte vel manifeste auctoritate iudicis hoc decernentis, non est furtum: quia iam fit sibi debitum per hoc quod sententialiter sibi est adiudicatum. Unde multo minus furtum fuit quod filii Israel tulerunt spolia Aegyptiorum de praecepto domini hoc decernentis pro afflictionibus quibus Aegyptii eos sine causa afflixerant. Et ideo signanter dicitur *Sap.* 10, [19]: *Iusti tulerunt spolia impiorum.*[4]

AD SECUNDUM dicendum quod circa res inventas est dis-

---

3. Cf. a.3, c et ad1.
4. Cf. I-II, q.94, a.5, ad2.

로 절도가 언제나 죄가 되는 것은 아닌 것으로 보인다.

[재반론] 탈출기 20장 [15절]은 다음과 같이 말하고 있다. "도둑질해서는 안 된다."

[답변] 누구든 절도의 근거를 살펴보면, 죄의 두 근거를 알 것이다. 하나는 정의에 역행하는 근거인데, 정의는 각각의 사람에게 그의 것을 돌려준다. 따라서 절도는 다른 사람의 사물을 취한 것인 만큼 정의에 반대된다. 다른 하나는 기만이나 사기의 근거이다. 그런 식으로 도둑은 은밀하게 그리고 함정 같은 것을 놓고 다른 사람의 사물을 빼앗는다.³ 그러므로 모든 절도가 죄인 것은 분명하다.

[해답] 1. 재판관의 권위에 따른 결정으로, 은밀히든 노골적으로든 다른 사람의 사물을 취하는 것은 절도가 아니다. 자기에게 선고로 판결이 내려졌다는 이유로 이미 그에게는 그것이 빚(의무)이 되었기 때문이다. 그러므로 이집트인들이 아무 이유 없이 이스라엘 자손들에게 가한 고난에 대한 결정(심판)인 주님의 명령대로 그들이 이집트인들에게서 전리품을 거둔 것은 더더욱 절도가 아니다. 따라서 지혜서 10장 [19절]은 다음과 같이 의미심장하게 말하고 있다. "의인들이 악인들에게 전리품을 거두었다."⁴

2. 발견된 사물에 관해서는 구별할 필요가 있다. 바닷가에서 발견된

---

5. Cf. *Digest.*, I, t.8, c.3: ed Krueger, t.I, pl 39 b; *Instit.*, II, t.1, §18: ed cit., t.I, p.II a.

tinguendum. Quaedam enim sunt quae nunquam fuerunt in bonis alicuius, sicut lapilli et gemmae quae inveniuntur in littore maris: et talia occupanti conceduntur.[5] Et eadem ratio est de thesauris antiquo tempore sub terra occultatis, quorum non est aliquis possessor: nisi quod secundum leges civiles tenetur inventor medietatem dare domino agri, si in alieno agro invenerit[6]; propter quod in parabola Evangelii dicitur, Matth. 13, [44], de inventore *thesauri absconditi in agro, quod emit agrum,* quasi ut haberet ius possidendi totum thesaurum. — Quaedam vero res inventae fuerunt de propinquo in alicuius bonis. Et tunc, si quis eas accipiat non animo retinendi, sed animo restituendi domino, qui eas pro derelictis non habet, non committit furtum. Et similiter si pro derelictis habeantur, et hoc credat inventor, licet sibi retineat, non committit furtum.[7] Alias autem committitur peccatum furti.[8] Unde Augustinus dicit, in quadam homilia,[9] et habetur XIV, qu. 5[10]: *Si quid invenisti et non reddidisti, rapuisti.*

AD TERTIUM dicendum quod ille qui furtim accipit rem suam apud alium depositam, gravat depositarium: quia tenetur ad restituendum, vel ad ostendendum se esse innoxium. Unde manifestum est quod peccat: et tenetur ad relevandum gravamen depositarii. — Qui vero furtim accipit rem suam apud alium iniuste detentam, peccat

---

6. Cf. *Instit.*, II, t.I, §39: ed. cit., t.I, p.12 b; *Cod.*, X, t.15, leg.I: ed cit., II, p.401 a.
7. Cf. *Instit.*, II, t.1, §47: ed. cit., t.I, p.13 a.
8. Cf. *Digest.*, XLI, t.1, c.8: ed. cit., t.I, p.692 a; *Instit.*, II, t.1 §48: ed. cit., t.I, p.13 a.
9. Serm.178, al. 19, c.8: PL 38, 965.

자갈과 보석처럼 다른 사람의 재화가 된 적이 없는 것이 있는데, 그런 것은 점유한 사람에게 부여되기 때문이다.[5] 또 고대에 땅속에 숨겨져, 누구도 소유자가 아닌 보물에 관해서도 똑같은 근거다. 민법을 따라, 발견한 사람이 그것을 다른 사람의 밭에서 발견하면 그 밭주인에게 반을 준다는 것은 여기서 제외된다.[6] "밭에 숨겨진 보물"을 발견한 사람에 대한 마태오복음서 13장 [44절]의 비유에서는, 마치 그가 모든 보물을 소유할 권리가 있는 것처럼 "밭을 샀다."고 말한다.—반면에 다른 사람의 재화에서 발견된 몇 가지는 누군가의 사물이 될 수 있다. 만일 그것을 버려진 것이라 여기지 않는 누군가가 점유할 마음이 아니라 주인에게 반환하려는 마음으로 취한다면, 그는 절도를 범하지 않는 것이다. 유사하게, 만일 버려진 것으로 여겨지고 또 그것을 발견한 사람이 자신이 그것을 점유하는 것이 허용될 것이라 믿으면, 그는 절도를 범하지 않는 것이다.[7] 하지만 다른 경우에는 절도의 죄가 저질러진다.[8] 그러므로 아우구스티누스는 어떤 강론에서[9] 다음과 같이 말하였는데, 이는 교령(XIV, qu. V)[10]에도 실려 있다. "만일 당신이 어떤 것을 발견하고 그것을 돌려주지 않았다면, 당신은 그것을 훔친 것이다."

3. 다른 사람에게 맡겨진 자기의 사물을 몰래 취한 자는 보관자에게 부담을 준다. 보관자는 반드시 그것을 돌려주어야 하거나, 자신이 유해하지 않음을 보여주어야 하기 때문이다. 그러므로 그가 죄를 범한 것은 분명하며, 반드시 보관한 사람의 부담을 해소해야 한다.—다른 사람이 부당하게 점유하고 있는 자기 사물을 몰래 취한 사람도 실제로는 죄를 범한 것인데, 이는 점유한 사람에게 부담을 주며 그가 반드시

---

10. Gratianus, *Decretum*, p.II, causa 14, q.5, can.6: ed. Richter-Friedber, t.I, p.739.

quidem, non quia gravet eum qui detinet: et ideo non tenetur ad restituendum aliquid vel ad recompensandum: — sed peccat contra communem iustitiam, dum ipse sibi usurpat suae rei iudicium, iuris ordine praetermisso. Et ideo tenetur Deo satisfacere, et dare operam ut scandalum proximorum, si inde exortum fuerit, sedetur.

Articulus 6
Utrum furtum sit peccatum mortale

Ad sextum sic proceditur. Videtur quod furtum non sit peccatum mortale.

1. Dicitur enim *Prov.* 6, [30]: *Non grandis est culpae cum quis furatus fuerit.* Sed omne peccatum mortale est grandis culpae. Ergo furtum non est peccatum mortale.

2. Praeterea, peccato mortali mortis poena debetur. Sed pro furto non infligitur in lege poena mortis, sed solum poena damni: secundum illud *Exod.* 22, [1]: *Si quis furatus fuerit bovem aut ovem, quinque boves pro uno bove restituet, et quatuor oves pro una ove.* Ergo furtum non est peccatum mortale.

3. Praeterea, furtum potest committi in parvis rebus, sicut et in

어떤 것도 반환하거나 보상하지 않아도 되기 때문인 것이 아니다.─오히려 자신의 사물에 대한 법적 절차를 직접(스스로) 강탈하여, 법적 질서(정의의 명령)에 있어 생략(누락)이 생기게 함으로써, 일반적 의미의 정의를 거스르는 죄를 범했기 때문이다. 그러므로 그는 반드시 하느님을 만족스럽게 해드려야 하며, 거기서 이웃의 추문이 비롯된 것이라면, 그것이 가라앉도록 노력해야 한다.

제6절 절도는 대죄인가?

Parall.: *In Sent.*, II, d.42, q.1, a.4; *De Malo*, q.10, a.2; q.15, a.2; *De buob. Praecept.* etc., cap. *de Sept. Praecept.*

[반론] 여섯째 질문과 관련해서는 다음과 같이 전개된다. 절도는 대죄가 아닌 것으로 보인다.

1. 잠언 6장 [30절]은 다음과 같이 말하고 있다. "남의 것을 훔친다면 그의 잘못은 그렇게 무겁지 않다." 하지만 모든 대죄는 무거운 탓(잘못)이다. 그러므로 절도는 대죄가 아니다.

2. 대죄는 죽음의 벌을 받아야 한다. 하지만 "어떤 사람이 소나 양을 도둑질하면, …소 한 마리에 소 다섯 마리를, 양 한 마리에 양 네 마리를 배상해야 한다."라는 탈출기 21장 [37절]을 따라, 법에 의해 절도에는 죽음의 벌이 아니라 손해(피해)의 벌만 부과된다. 그러므로 절도는 대죄가 아니다.

3. 작은 사물뿐만 아니라 큰 사물에도 절도가 범해질 수 있다. 하지

magnis. Sed inconveniens videtur quod pro furto alicuius parvae rei, puta unius acus vel unius pennae, aliquis puniatur morte aeterna. Ergo furtum non est peccatum mortale.

SED CONTRA est quod nullus damnatur secundum divinum iudicium nisi pro peccato mortali. Condemnatur autem aliquis pro furto: secundum illud Zach. 5, [3]: *Haec est maledictio quae egreditur super faciem omnis terrae: quia omnis fur sicut ibi scriptum est condemnatur.*[1] Ergo furtum est peccatum mortale.

RESPONDEO dicendum quod, sicut supra[2] habitum est, peccatum mortale est quod contrariatur caritati, secundum quam est spiritualis animae vita. Caritas autem consistit quidem principaliter in dilectione Dei, secundario vero in dilectione proximi, ad quam pertinet ut proximo bonum velimus et operemur. Per furtum autem homo infert nocumentum proximo in suis rebus, et si passim homines sibi invicem furarentur, periret humana societas.[3] Unde furtum, tanquam contrarium caritati, est peccatum mortale.

AD PRIMUM ergo dicendum quod furtum dicitur non esse

---

1. Vulgata: *iudicabitur*.
2. Q.59, a.4; I-II, q.72, a.5.
3. 그러므로 절도는 교환 정의와 참사랑뿐만 아니라 사회정의에도 반하는 죄다.

만 예를 들어 바늘 하나 또는 깃털(펜) 하나와 같은 누군가의 작은 사물을 절도하는 것 때문에 영원한 죽음의 벌을 받는 것은 부자연스러워 보인다. 그러므로 절도는 대죄가 아니다.

[재반론] 누구도 대죄에 대한 것을 제외하고는 신적인 심판을 따라서 유죄판결을 받지 않는다. 하지만 "이것은 온 세상에 내릴 저주이다. 도둑질하는 자는 이 두루마리의 한쪽 내용을 따라 모두 제거될 것이다."[1] 라는 즈카르야서 5장 [3절]을 따라, 절도에 대해 누구나 유죄판결을 받는다. 그러므로 절도는 대죄다.

[답변] 이미 말했듯이,[2] 대죄는 영혼의 영적 삶을 가져오는 참사랑에 역행하는 죄다. 실로 참사랑은 주로 하느님을 사랑하는 데에 있을 뿐만 아니라, 다음으로 이웃을 사랑하는 데에도 있는데, 이웃의 선을 원하고 바라는 것과 그 일을 하는 것이 여기에 속한다. 하지만 사람은 절도로 이웃의 사물을 매개로 그에게 위해를 가한다. 또 사람들이 여기저기서 도둑질하면 인간 사회는 멸망할 것이다.[3] 그러므로 절도는 참사랑에 역행하는 것으로서 대죄다.

[해답] 1. 그러므로 두 가지 근거로 절도는 무거운 탓이 아니라고들 한다. 하나는 도둑질로 유인한(끌어들인) 불가피함 때문이다. 이런 불가피함은, 아래에서[4] 볼 수 있듯이, 탓을 감하거나 완전히 제거한다. 그러므로 잠언의 같은 장 같은 자리에서 "그의 허기진 영혼을 채우려고

---

4. infra a.7.

q.66, a.6

grandis culpae duplici ratione. Primo quidem, propter necessitatem inducentem ad furandum, quae diminuit vel totaliter tollit culpam, ut infra[4] patebit. Unde subdit: *Furatur enim ut esurientem impleat animam.* — Alio modo dicitur furtum non esse grandis culpae per comparationem ad reatum adulterii, quod punitur morte.[5] Unde subditur [31-32] de fure quod *deprehensus reddet septuplum, qui autem adulter est, perdet animam suam.*

AD SECUNDUM dicendum quod poenae praesentis vitae magis sunt medicinales quam retributivae[6]: retributio enim reservatur divino iudicio, quod est *secundum veritatem*[7] in peccantes. Et ideo secundum iudicium praesentis vitae non pro quolibet peccato mortali infligitur poena mortis, sed solum pro illis quae inferunt irreparabile nocumentum, vel etiam pro illis quae habent aliquam horribilem deformitatem. Et ideo pro furto, quod reparabile damnum infert, non infligitur secundum praesens iudicium poena mortis, nisi furtum aggravetur per aliquam gravem circumstantiam: sicut patet de sacrilegio, quod est furtum rei sacrae, et de peculatu, quod est furtum rei communis, ut patet per Augustinum, *super Ioan.*[8]; et de plagio, quod est furtum hominis, pro quo quis morte punitur, ut patet *Exod.* 21, [16].

AD TERTIUM dicendum quod illud quod modicum est ratio apprehendit quasi nihil.[9] Et ideo in his quae minima sunt homo non reputat sibi nocumentum inferri: et ille qui accipit potest praesumere hoc non esse contra voluntatem eius cuius est res.[10] Et pro tanto si

훔친 것이기 때문이다."라고 말한다.—또 다른 양상으로, 죽음으로 처벌되는 간통에 비하면[5] 절도는 무거운 탓이 아니라고 한다. 그러므로 잠언 6장 [31-32절]은 절도에 관하여 다음과 같이 덧붙인다. "만일 그가 붙잡히면 일곱 곱절로 갚아야 하고, …하지만 남의 여자와 간통하는 자는 자신을 망칠 것이다."

2. 현세 생활의 벌은 보복을 위한 것이라기보다는 치료를 위한 것이다.[6] 죄인에 대한 보복은 "진리를 따르는"[7] 신적인 심판에 유보되어 있기 때문이다. 따라서 현세 생활의 심판을 따르면 죽음의 형벌은 모든 대죄에 부과되지 않는다. 오로지 돌이킬 수 없이 위해를 입히는 경우에만, 또는 일부 끔찍한 기형이 있는 경우에만 죽음의 형벌이 부과된다. 그러므로 『요한복음서 강해』[8]의 아우구스티누스를 통해 분명히 알 수 있듯이, 신적인 사물의 절도인 독성(瀆聖), 공동 사물의 절도인 공금 횡령, 또 탈출기 21장 [16절]에서 알 수 있듯이, 사람의 절도인 납치와 같이, 절도가 일부 심각한 조건에 의해 가중되지 않는 한, 돌이킬 수 있는 손해를 입힌 절도에 대해서는 현세의 심판에 따라서 죽음의 형벌이 부과되지 않는다.

3. 사소한 것을 이성(理性)은 마치 아무것도 아닌 것처럼 파악한다.[9] 그래서 사람은 작은 것으로는 자신이 위해를 입었다고 여기지 않는다. 또 그런 작은 것을 취한 자는 그 일이 소유자의 의지를 거스르지 않는

---

5. 레위 20,10; 신명 22,22.
6. Cf. q.68, a.1.
7. 로마 2,2.
8. Tract.50 super 12, 6, n.10: PL 35, 1762.
9. Cf. q.87, a.2, ad3; q.156, a.1, ad1; q.158, a.3; I-II, q.14, a.4; q.30, a.2, ad3.

quis furtive huiusmodi res minimas accipiat, potest excusari a peccato mortali. Si tamen habeat animum furandi et inferendi nocumentum proximo, etiam in talibus minimis potest esse peccatum mortale: sicut et in solo cogitatu per consensum.

Articulus 7
Utrum liceat alicui furari propter necessitatem

Ad septimum sic proceditur. Videtur quod non liceat alicui furari propter necessitatem.

1. Non enim imponitur poenitentia nisi peccanti. Sed extra, *de Furtis*,[1] dicitur: *Si quis per necessitatem famis aut nuditatis furatus fuerit cibaria, vestem vel pecus, poeniteat hebdomadas tres*. Ergo non licet furari propter necessitatem.

2. Praeterea, Philosophus dicit, in II *Ethic.*,[2] quod *quaedam confestim nominata convoluta sunt cum malitia*, inter quae ponit furtum. Sed illud quod est secundum se malum non potest propter aliquem bonum finem bonum fieri. Ergo non potest aliquis licite furari ut ne-

---

10. Cf. q.59, a.4, ad2.

1. *Decretal. Greg. IX*, V, t.18, c.3: ed Richter-Friedberg, t.II, p.810.

다고 추정할 수도 있다.¹⁰ 만일 누군가 그런 식으로 작은 것을 은밀하게 취한다면, 대죄에서 면제될 수 있는 경우가 많을 것이다. 하지만 그가 절도하여 이웃에게 위해를 입히고자 한다면, 그러한 작은 일에도 대죄가 있을 수 있다. 또한 그러한 생각을 한 것만으로도 대죄가 될 수 있다.

제7절 누군가에게는 불가피 때문에 절도하는 것이 허용되는가?

Parall.: Supra, q.32, a.7, ad3; *In Sent.*, IV, d.15, q.2, a.1, qc.4, ad2; *Quodlib.*, V, q.9, a.1, ad1.
Doctr. Eccl.: 결국 격리하라는 것은 정당함을 가져가는 것이다(Denz. 1938 b).

[반론] 일곱째 질문과 관련해서는 다음과 같이 전개된다. 누구에게도 불가피 때문에 절도하는 것은 허용되지 않는 것으로 보인다.

1. 속죄는 죄인을 제외하고는 부과되지 않는다. 실로 교령(Extra, de furtis)에¹ 실린 대로, "만일 굶주림이나 헐벗음으로 인해 불가피하게 음식이나 옷이나 가축을 절도했다면, 그는 세 주일 동안 속죄해야 한다." 그러므로 불가피 때문에 절도하는 것은 허용되지 않는다.

2. 철학자는 『니코마코스 윤리학』 제2권²에서 "지체하지 않고 지명(指名)된 어떤 것은 악의와 얽혀 있다."고 하는데, 그 가운데는 절도가 있다. 실로 그 자체로 악한 것은 어떤 선한 목적을 위해서라도 선해질 수 없다. 그러므로 누구도 자기의 불가피에 도움이 되기 위해서라 할

---

2. C.6, 1107a9-17; S. Thomas. lect.7, n.329.

cessitati suae subveniat.

3. Praeterea, homo debet diligere proximum sicut seipsum. Sed non licet furari ad hoc quod aliquis per eleemosynam proximo subveniat; ut Augustinus dicit, in libro *Contra Mendacium*.[3] Ergo etiam non licet furari ad subveniendum propriae necessitati.

SED CONTRA est quod in necessitate sunt omnia communia.[4] Et ita non videtur esse peccatum si aliquis rem alterius accipiat, propter necessitatem sibi factam communem.

RESPONDEO dicendum quod ea quae sunt iuris humani non possunt derogare iuri naturali vel iuri divino. Secundum autem naturalem ordinem ex divina providentia institutum, res inferiores sunt ordinatae ad hoc quod ex his subveniatur hominum necessitati.[5] Et ideo per rerum divisionem et appropriationem, de iure humano procedentem, non impeditur quin hominis necessitati sit subveniendum ex huiusmodi rebus.[6] Et ideo res quas aliqui superabundanter habent, ex naturali iure debentur pauperum sustentationi. Unde Ambrosius dicit,[7] et habetur in Decretis, dist. XLVII[8]: E*surientium panis est quem tu detines; nudorum indumentum est quod tu recludis; miserorum redemptio et absolutio est pecunia quam tu in terram defodis.*

---

3. C.7, n.18: PL 40, 528.
4. Cf. q.32, a.7, ad3; q.110, a.3, ad4.
5. Cf. a.1.

지라도 합법적으로 절도할 수 없다.

3. 사람은 마땅히 이웃을 자신처럼 사랑해야 한다. 하지만 아우구스티누스의 『거짓말 반박』[3]에서 말한 대로, 자선으로 이웃에 도움이 되기 위해 절도하는 것은 허용되지 않는다. 그러므로 자신의 불가피에 도움이 되기 위해 절도하는 것도 허용되지 않는다.

[재반론] 불가피하게 모든 것은 공공의 재화다.[4] 그래서 누군가 다른 이의 사물을 취한다면 불가피로 인하여 자기에게 공동의 것이 되어, 죄라고 보이지 않는다.

[답변] 인간의 권리(법)에 속하는 것은 자연의 권리나 신적인 권리에 속한 것을 덜어낼 수 없다. 실로 신적인 섭리로 제정된 자연의 질서를 따라, 열등한 사물들은 사람의 불가피에 도움이 되도록 질서 지어진 것이다.[5] 인간의 법으로 사물을 분할하고 할당하더라도 그 사물이 사람의 불가피에 도움이 되어야 한다는 사실을 방해하지 못한다.[6] 그러므로 어떤 사람이 초과로 풍부히 가지고 있는 사물은 무엇이나, 자연의 권리를 따라 마땅히 가난한 이들을 지원하는 데 치러져야 한다. 그래서 암브로시우스는 다음과 같이 말했고,[7] 그것은 교령(XLVII)[8]에도 실려 있다. "굶주린 사람들의 빵은 당신이 점유하고 있는 그 빵이며, 헐벗은 사람들의 옷은 당신이 벗어놓은 그 옷이며, 불쌍한 사람들의 구속과 사면은 당신이 땅에 묻어놓은 그 돈이다." 하지만 불가피를

---

6. Cf. a.2.
7. Serm.81, al. 64, *in Luc.* 12, 18: PL 17, 593-594. Cf. Basilius, Hom.3 *in Luc.* 12, 16, n.7: PG 31, 1752 C.
8. Gratianus, *Decretum*, p.I, dist.47, can.8: ed. Richter-Friedberg, t.I, p.171.

Sed quia multi sunt necessitatem patientes, et non potest ex eadem re omnibus subveniri, committitur arbitrio uniuscuiusque dispensatio propriarum rerum, ut ex eis subveniat necessitatem patientibus. Si tamen adeo sit urgens et evidens necessitas ut manifestum sit instanti necessitati de rebus occurrentibus esse subveniendum, puta cum imminet personae periculum et aliter subveniri non potest; tunc licite potest aliquis ex rebus alienis suae necessitati subvenire, sive manifeste sive occulte sublatis. Nec hoc proprie habet rationem furti vel rapinae.[9]

AD PRIMUM ergo dicendum quod decretalis illa loquitur in casu in quo non est urgens necessitas.

AD SECUNDUM dicendum quod uti re aliena occulte accepta in casu necessitatis extremae non habet rationem furti, proprie loquendo. Quia per talem necessitatem efficitur suum illud quod quis accipit ad sustentandam propriam vitam.

AD TERTIUM dicendum quod in casu similis necessitatis etiam potest aliquis occulte rem alienam accipere ut subveniat proximo sic indigenti.[10]

---

9. "절도는 그 종(種)에 있어 거짓말, 간음, 살인 등과 같은 추악한 죄다. 그것은 어떤 경우에도 합법적이지 않다. 또 어떤 올바른 의도도 변명이 될 수 없다. 하지만 다른 사람의 재산을 합법적으로 취하는 경우, 절도가 범해지는 것도 아니며, 그러한 행위에는 절도의 정의(定義)가 담겨 있지도 않다. 불의가 거기에 담겨 있지 않기 때문이다. …그러므로 극도의 불가피한 경우, 절도하는 것도 허용된다는 말은 욕설을 하는 것과 같다. 앞에 소개한 추악한 죄에 대해서도 마찬가지다. 이는 재판관에게는 살인을 범하는 것이 허용된다고 말하는 것이 옳지 않다고 말하는 것과 같다."(Caietanus in h. a) 한때 복수의 여인이 거룩한 경륜의 시대에 허용되었던 것처럼, 자녀들이

견디고 있는 사람들이 많으며, 똑같은 사물들로 모든 사람에게 도움이 되게 할 수도 없다. 따라서 자기 사물의 관리(시여)는 각자의 재량에 맡겨졌는데, 그 재량으로 궁핍을 견디고 있는 사람에게 도움이 되게 하려는 것이다. 그렇지만 그 불가피가 너무 시급하고 분명하여, 발생하는 일들에 대한 즉각적 불가피에 도움이 된다는 것이 명백하다면, 예를 들어 급박한 위기에 놓여 있으며, 달리 도움을 구할 수 없으면, 누구라도, 노골적으로든 은밀히든, 다른 사람의 재물로 자기의 불가피에 도움이 되게 하는 것은 합법적이다. 제대로 말한다면, 이것은 절도나 강도의 근거를 지니지도 않는다.[9]

[해답] 1. 그 교령은 불가피가 시급하지 않은 경우에 관해 말한 것이다.

2. 제대로 말하자면, 극단적 불가피의 경우에 다른 사람의 사물을 은밀히 취하여 사용하는 것은 절도의 근거를 지니지 않는다. 자기 생명의 지원을 위해 그가 취한 것은, 그 불가피를 통해 자기의 재화가 되었기 때문이다.

3. 유사한 불가피의 경우, 누구나 곤경에 처한 이웃에 도움이 되도록 다른 사람의 재화를 은밀히 취할 수 있다.[10]

변성할 때는 그것이 필요하다고 알았다. 자녀들의 선이 결혼의 주된 목적이며, 또 '주된 목적은 언제나 부수적(이차적) 목적보다 더 크게 준수되어야 하기' 때문이다(*In Sent.*, IV, d.33, q.1, a.2 c; *Suppl.*, q.65, a.2 c).; 따라서 다른 모든 것이 같다면, 자기의 불가피를 지원하기 위해, 다른 사람의 사물에서 노골적이든 은밀히든 훔쳐오는 것은, 그 사람이 급박한 위험에 처해 있고, 다른 방법으로 도움을 받을 수 없을 때 허용된다. 자연의 법칙에서 인간의 불가피가 열등한 것들(낮은 것들)에 의해 제공될 수 있도록 그것들이 첫째로 명령받은 것이기 때문이다. 사물의 분할과 할당(전유)은 기본적으로 자연권이 아니다(cf. a.2, ad1). Cf. C. Spicq, OP, *Les péches d'injustice*, t.I (II-II, qq.63-66, trad. *franç.*), Paris, 1934, p.182.

10. Cf. q.31, a.3, ad3; q.32, a.7, ad3; q.62, a.5, ad4; Sup., q.8, a.6, sc.1.

Articulus 8
Utrum rapina possit fieri sine peccato

Ad octavum sic proceditur. Videtur quod rapina possit fieri sine peccato.

1. Praeda enim per violentiam accipitur; quod videtur ad rationem rapinae pertinere, secundum praedicta.[1] Sed praedam accipere ab hostibus licitum est; dicit enim Ambrosius, in libro *de Patriarchis*[2]: *Cum praeda fuerit in potestate victoris, decet militarem disciplinam ut regi serventur omnia*, scilicet ad distribuendum. Ergo rapina in aliquo casu est licita.

2. Praeterea, licitum est auferre ab aliquo id quod non est eius. Sed res quas infideles habent non sunt eorum: dicit enim Augustinus, in epistola *ad Vinc. Donatist.*[3]: *Res falso appellatis vestras, quas nec iuste possidetis, et secundum leges terrenorum regum amittere iussi estis*. Ergo videtur quod ab infidelibus aliquis licite rapere posset.

3. Praeterea, terrarum principes multa a suis subditis violenter extorquent; quod videtur ad rationem rapinae pertinere. Grave autem videtur dicere quod in hoc peccent: quia sic fere omnes principes damnarentur. Ergo rapina in aliquo casu est licita.

---

1. A.4.
2. *De Abraham*, I, c.3, n.17: PL 14, 427 C.
3. Epist.93, al. 48, c.12, n.50: PL 33, 345.

제8절 강도는 죄 없이도 범해질 수 있는가?

Parall.: *In Sent.*, IV, d.15, q.2, a.1, q.l, a.4, ad.2.

[반론] 여덟째 질문과 관련해서는 다음과 같이 전개된다. 강도는 죄 없이도 범해질 수 있는 것으로 보인다.

1. 이미 말했듯이,[1] 전리품은 강제로 취해진 것이며, 강도의 근거에 속하는 것으로 보인다. 실로 적에게서 전리품을 취하는 것은 합법적이다. 암브로시우스가 『성조 해설』[2]에서 다음과 같이 말하고 있기 때문이다. "정복자의 권한으로 전리품이 되었다면, 군령은 모든 것이 군주에게", 즉 분배를 위해 "유보되어야 할 것을 요구한다." 그러므로 어떤 경우에는 강도가 합법적이다.

2. 다른 사람한테서 그의 것이 아닌 것을 가져오는 것은 합법적이다. 실로 믿지 않는 이들이 가지고 있는 사물들은 그들의 것이 아니다. 아우구스티누스가 그의 서간 『도나투스 추종자들에게』[3]에서 다음과 같이 말하고 있기 때문이다. "그것은 정당하게 소유하지 않은 것이며, 그래서 지상 왕의 법을 따라 그것에 대한 몰수 명령을 받았으므로, 당신 것이라 말하는 것은 잘못이다." 그러므로 누군가는 믿지 않는 이들로부터 합법적으로 강탈할 수 있는 것으로 보인다.

3. 지상의 군주들은 피지배자들한테서 많은 것을 강제로 쥐어짠다. 그것은 강도의 근거에 속하는 것으로 보인다. 그러나 여기에서 그들이 죄를 범한다고 말하는 것은 심각해 보인다. 그러면 거의 모든 군주가 지옥에 떨어질 것이기 때문이다. 그러므로 어떤 경우에는 강도가 합법적이다.

SED CONTRA est quod de quolibet licite accepto potest fieri Deo sacrificium vel oblatio. Non autem potest fieri de rapina: secundum illud Isaiae 61, [8]: *Ego Dominus diligens iudicium, et odio habens rapinam in holocaustum.*[4] Ergo per rapinam aliquid accipere non est licitum.

RESPONDEO dicendum quod rapina quandam violentiam et co-actionem importat per quam, contra iustitiam, alicui aufertur quod suum est. In societate autem hominum nullus habet coactionem nisi per publicam potestatem. Et ideo quicumque per violentiam aliquid alteri aufert, si sit privata persona non utens publica potestate, illicite agit et rapinam committit: sicut patet in latronibus.

Principibus vero publica potestas committitur ad hoc quod sint iustitiae custodes. Et ideo non licet eis violentia et coactione uti nisi secundum iustitiae tenorem: et hoc vel contra hostes pugnando, vel contra cives malefactores puniendo. Et quod per talem violentiam aufertur non habet rationem rapinae: cum non sit contra iustitiam. Si vero contra iustitiam aliqui per publicam potestatem violenter abstulerint res aliorum, illicite agunt et rapinam committunt, et ad restitutionem tenentur.

AD PRIMUM ergo dicendum quod circa praedam distinguendum est. Quia si illi qui depraedantur hostes habeant bellum iustum,[5] ea quae per violentiam in bello acquirunt eorum efficiuntur. Et hoc non

[재반론] 합법적으로 취해진 것은 무엇이든지 제물이나 공물로 하느님께 바쳐질 수 있다. 실로 그것이 "나 주님은 올바름을 사랑하고 불의한 수탈을[4] 미워한다."라는 이사야서 61장 [8절]을 따라서, 강도로 마련될 수는 없다. 그러므로 무엇이든 강도로 취하는 것은 합법적이지 않다.

[답변] 강도는 어떤 사람의 재화를 정의를 거슬러 가져감으로써 특정한 폭력과 강제력을 불러온다. 실로 인간 사회에서 공공 권한을 통하지 않고서는 누구도 강제력을 지니지 않는다. 그러므로 공공의 권한을 사용하지 않는 사인(私人)이면서, 폭력을 통해 다른 사람에게서 무엇인가를 가져가는 사람은, 누구든지 약탈(강탈)에서 드러나는 것처럼, 불법적으로 행동하고 강도를 범하는 것이다.

한편 군주에게는 정의의 수호자가 될 수 있도록 공공의 권한이 맡겨진다. 그러므로 적과 대항하여 싸우거나 악을 행하는 가신[臣民]을 처벌하는 경우, 곧 정의의 책무를 따르는 경우가 아니라면, 폭력이나 강제력을 사용하는 것은 군주에게도 허용되지 않는다. 또 전쟁이나 처벌에서 사용된 폭력으로 빼앗긴 것들은 강도의 근거를 지니지 않는다. 정의를 거스르지 않기 때문이다. 하지만 만일 공공의 권한으로 정의를 거슬러 다른 사람의 사물을 폭력으로 탈취했다면, 누구든지 불법적으로 행동하고 강도를 저지른 것이며, 반드시 반환해야 한다.

[해답] 1. 전리품에 관해서는 구별이 있어야 한다. 만일 적에게서 전

---

4. Vulgata: *holocausto*.

habet rationem rapinae: unde nec ad restitutionem tenentur. Quamvis possint in acceptione praedae iustum bellum habentes peccare per cupiditatem ex prava intentione, si scilicet non propter iustitiam, sed propter praedam principaliter pugnent: dicit enim Augustinus, in libro *de Verb. Dom.*,[6] quod *propter praedam militare peccatum est.* — Si vero illi qui praedam accipiunt habeant bellum iniustum, rapinam committunt, et ad restitutionem tenentur.

AD SECUNDUM dicendum quod intantum aliqui infideles iniuste res suas possident, inquantum eas *secundum leges terrenorum principum amittere iussi sunt.* Et ideo ab eis possunt per violentiam subtrahi, non privata auctoritate, sed publica.

AD TERTIUM dicendum quod si principes a subditis exigant quod eis secundum iustitiam debetur propter bonum commune conservandum, etiam si violentia adhibeatur, non est rapina. — Si vero aliquid principes indebite extorqueant per violentiam, rapina est, sicut et latrocinium. Unde dicit Augustinus, in IV *de Civ. Dei*[7]: *Remota iustitia, quid sunt regna nisi magna latrocinia? Quia et latrocinia quid sunt nisi parva regna?* Et Ezech. 22, [27] dicitur: *Principes eius in medio eius*[8] *quasi lupi rapientes praedam.* Unde et ad restitutionem tenentur, sicut et latrones. Et tanto gravius peccant quam latrones,

---

5. Cf. q.40, a.1, c et ad3.
6. Serm.82, al. 19, *de verbis Domini*, n.1: PL 39, 1904. – Inter opp. Aug.
7. C.4: PL 41, 115.

리품을 취한 사람들이 정당한 전쟁을 수행하고 있다면,[5] 전쟁 중에 폭력을 통해 그들이 획득한 것은 그들의 것이 된다. 이는 강도의 근거를 지니지 않는다. 그러므로 반드시 배상하지 않아도 된다. 비록 그들이 정당한 전쟁을 하더라도 그릇된 의도에서 나온 탐욕으로 싸우면, 말하자면 정의가 아니라 전리품 때문에 싸운다면, 주로 전리품을 취하는 행위에서 죄를 범할 수도 있다. 아우구스티누스가 『주님의 말씀』에서[6] "전리품 때문에 싸우는 것은 죄다."라고 말하고 있기 때문이다. 하지만 만일 전리품을 취한 자들이 부당한 전쟁을 벌인 것이라면, 그들은 강도를 범한 것이며, 반드시 반환해야 한다.

2. 믿지 않는 이들은, "지상 왕의 법을 따라 그것에 대한 몰수" 명령을 받은 한, 그것을 부당하게 소유한 것이다. 그러므로 그것은, 사적 권위가 아니라 공공 권위의 폭력을 통해 빼앗길 수 있다.

3. 만일 군주가 공동선을 보존하기 위해 정의를 따라 신민에게 마땅한 것을 그들(신민)에게 강요한다면, 그렇게 하는 데 있어 폭력이 채택되더라도, 그것은 전혀 강도가 아니다.―하지만 만일 그가 부당하게 폭력으로 무엇인가를 쥐어짜내면, 그것은 약탈과 마찬가지로 강도다. 그러므로 아우구스티누스는 『신국론』 제4권[7]에서 다음과 같이 말하고 있다 "만일 정의가 무시되어도 된다면, 왕은 막강한 약탈자가 아니고 무엇인가? 또 약탈자는 하찮은 왕이 아니고 무엇인가?" 또 에제키엘서 22장 [27절]은 다음과 같이 말하고 있다. "그 안에[8] 있는 대신들은 먹이를 잡아 찢는 이리와 같다." 그러므로 그런 왕이나 군주는, 강도들과 마찬가지로, 반드시 반환해야 한다. 또 그들은 약탈자보다 중대한 죄

---

8. Vulgata: *illius*.

quanto periculosius et communius contra publicam iustitiam agunt, cuius custodes sunt positi.

Articulus 9
Utrum furtum sit gravius peccatum quam rapina

Ad nonum sic proceditur. Videtur quod furtum sit gravius peccatum quam rapina.

1. Furtum enim, super acceptionem rei alienae, habet adiunctam fraudem et dolum, quod non est in rapina. Sed fraus et dolus de se habent rationem peccati, ut supra[1] habitum est. Ergo furtum videtur esse gravius peccatum quam rapina.

2. Praeterea, verecundia est timor de turpi actu, ut dicitur in IV *Ethic.*.[2] Sed magis verecundantur homines de furto quam de rapina. Ergo furtum est turpius quam rapina.

3. Praeterea, quanto aliquod peccatum pluribus nocet, tanto gravius esse videtur. Sed per furtum potest nocumentum inferri et magnis et parvis: per rapinam autem solum impotentibus, quibus potest violentia inferri. Ergo gravius videtur esse peccatum furti quam rapinae.

---

1. Q.55, aa.4-5.

를 범한다. 그들은 공공의 정의를 수호해야 하는데, 그들의 행위에는 공공의 정의에 대해 더 중대하고 보편적인 위험으로 가득 차 있기 때문이다.

제9절 절도는 강도보다 중대한 죄인가?

Parall.: Infra, q.73, a.3, ad2; q.116, a.2, ad1; q.144, a.2, ad4; *In Ethic.*, V, lect.4.

[반론] 아홉째 질문과 관련해서는 다음과 같이 전개된다. 절도는 강도보다 중대한 죄로 보인다.

1. 절도는 다른 사람의 사물을 취하는 데에, 강도에는 없는 기만과 사기를 얹는다. 실로 사기와 기만은, 이미 말했듯이,[1] 그 자체로 죄의 근거를 지닌다. 그러므로 절도는 강도보다 중대한 죄로 보인다.

2. 『니코마코스 윤리학』 제6권[2]에서 말한 대로, 수치심은 사악한 행위에 관한 두려움이다. 실로 사람은 강도보다 절도를 더 수치스러워한다. 그러므로 절도는 강도보다 더 사악하다.

3. 죄는 더 많은 사람에게 위해를 가하면 가할수록 더 중대한 것으로 보인다. 실로 신분이 높은 사람이나 낮은 사람이나 모두 절도로 위해를 입을 수 있다. 하지만 강도는 약한 사람에게만 위해를 가할 수 있다. 약한 사람에게는 폭력이 가해질 수 있기 때문이다. 그러므로 절도의 죄는 강도의 죄보다 중대한 것으로 보인다.

---

2. C.15, 1128b11-12; 22-23; S. Thomas, lect.17, nn.868 & 874.

SED CONTRA est quod secundum leges gravius punitur rapina quam furtum.

RESPONDEO dicendum quod rapina et furtum habent rationem peccati, sicut supra[3] dictum est, propter involuntarium quod est ex parte eius cui aliquid aufertur; ita tamen quod in furto est involuntarium per ignorantiam, in rapina autem involuntarium per violentiam. Magis est autem aliquid involuntarium per violentiam quam per ignorantiam: quia violentia directius opponitur voluntati quam ignorantia. Et ideo rapina est gravius peccatum quam furtum.

Est et alia ratio. Quia per rapinam non solum infertur alicui damnum in rebus, sed etiam vergit in quandam personae ignominiam sive iniuriam. Et hoc praeponderat fraudi vel dolo, quae pertinent ad furtum.

Unde patet responsio AD PRIMUM.

AD SECUNDUM dicendum quod homines sensibilibus inhaerentes magis gloriantur de virtute exteriori, quae manifestatur in rapina, quam de virtute interiori, quae tollitur per peccatum. Et ideo minus verecundantur de rapina quam de furto.

AD TERTIUM dicendum quod licet pluribus possit noceri per furtum quam per rapinam, tamen graviora nocumenta possunt inferri per rapinam quam per furtum. Unde ex hoc etiam rapina est detestabilior.

[재반론] 법을 따르면 강도가 절도보다 더 중대하게 처벌된다.

[답변] 강도와 절도는, 이미 말한 대로,³ 무엇인가를 빼앗긴 사람의 비자발성 때문에 죄의 근거를 지닌다. 하지만 절도에서의 비자발성은 무지를 통한 것이지만, 강도에서의 그것은 폭력을 통한 것이다. 더 비자발적이 되는 것은 무지에 의해서보다는 폭력을 통해서이다. 폭력은 무지보다 직접적으로 의지에 반대가 되기 때문이다. 그러므로 강도는 절도보다 중대한 죄다.

강도에는 다른 근거도 있다. 강도는 다른 사람의 사물에 손해를 입힐 뿐만 아니라, 사람에게도 특정한 치욕 또는 부상을 함께 안긴다. 이것은 절도에 속하는 사기나 기만을 압도한다.

[해답] 1. 그러므로 반론1에 대한 해답은 명백하다.

2. 감각에 타고난 사람은, 죄를 통해 제거된 내면의 덕보다, 강도로 나타나는 외적 덕을 더 자랑한다. 그러므로 그런 사람은 절도보다는 강도를 덜 수치스러워한다.

3. 비록 강도보다는 절도를 통해 더 많은 사람이 위해를 당할 수 있지만, 절도보다는 강도를 통해 더 중대한 위해가 가해질 수 있다. 그러므로 이것으로도 강도가 더 혐오스럽다.

---

3. A.4

QUAESTIO LXVII
DE INIUSTITIA IUDICIS IN IUDICANDO
in quatuor articulos divisa

Deinde considerandum est de vitiis oppositis commutativae iustitiae quae consistunt in verbis in quibus laeditur proximus.[1] Et primo, de his quae pertinent ad iudicium; secundo, de nocumentis verborum quae fiunt extra iudicium.[2]

Circa primum quinque consideranda occurrunt: primo quidem, de iniustitia iudicis in iudicando; secundo, de iniustitia accusatoris in accusando[3]; tertio, de iniustitia ex parte rei in sua defensione[4]; quarto, de iniustitia testis in testificando[5]; quinto, de iniustitia advocati in patrocinando.[6]

Circa primum quaeruntur quatuor.

Primo: utrum aliquis possit iuste iudicare eum qui non est sibi subditus.

Secundo: utrum liceat iudicium ferre contra veritatem quam novit, propter ea quae sibi proponuntur.

---

1. Cf. q.64, Introd.
2. Q.72
3. Q.68.
4. Q.69.
5. Q.70.

제67문
재판(법적 절차)에 있어 재판관의 불의에 대하여
(전4절)

다음으로는 이웃에게 위해를 입히는 말로 구성되며 교환 정의에 반대되는, 악습들을 고찰해야 한다.[1] 첫째로, 재판에 속하는 것들에 대하여, 둘째로 재판 밖에서 이루어지는 해로운 말들에 대하여[2] 고찰할 것이다.

첫째와 관련해서는 다섯 주제가 제기된다.

1. 재판에 있어 재판관의 불의
2. 고발에 있어 고발인의 불의[3]
3. 자기방어에 있어 피고발인의 불의[4]
4. 증언에 있어 증인의 불의[5]
5. 변호(방어)에 있어 변호인의 불의[6]

다시 위의 첫째와 관련해서는 다음의 네 질문이 제기된다.

1. 자기에게 종속되지 않은 사람을 정당하게 재판할 수 있는가?
2. 재판관에게는, 법정에 알려진 것 때문에, 그가 알고 있는 진실을 거슬러 재판하는 것이 허용되는가?

---

6. Q.71.

Tertio: utrum iudex possit aliquem iuste condemnare non accusatum.

Quarto: utrum licite possit poenam relaxare.

Articulus 1
Utrum aliquis possit iuste iudicare eum qui non est sibi subietus

Ad primum sic proceditur. Videtur quod aliquis possit iuste iudicare eum qui non est sibi subditus.

1. Dicitur enim Dan. 13, [45 sqq.] quod Daniel seniores de falso testimonio convictos suo iudicio condemnavit. Sed illi seniores non erant subditi Danieli: quinimmo ipsi erant iudices populi [vv. 5, 41]. Ergo aliquis potest licite iudicare sibi non subditum.

2. Praeterea, Christus non erat alicuius hominis subditus: quinimmo ipse erat *Rex regum et Dominus dominantium.*[1] Sed ipse exhibuit se iudicio hominis. Ergo videtur quod aliquis licite possit iudicare aliquem qui non est subditus eius.

3. Praeterea, secundum iura[2] quilibet sortitur forum secundum rationem delicti. Sed quandoque ille qui delinquit non est subditus eius ad quem pertinet forum illius loci: puta cum est alterius dioece-

---

1. 요한 묵시 17,41; 19,16.
2. Cf. *Decretal. Greg. IX*, II, t.2, c.20: ed. Richter-Freidberg, t.II, p.255.

3. 재판관이 고발되지 않는 사람을 정당하게 단죄할 수 있는가?
4. 재판관에게는 벌을 완화(감면)하는 것이 허용되는가?

제1절 자기에게 종속되지 않은 (자기 관할권에 속하지 않은) 사람을 정당하게 재판할 수 있는가?

Parall.: Supra, q.60, a.6.

[반론] 첫째 질문과 관련해서는 다음과 같이 전개된다. 재판관은 자기에게 종속되지 않은 사람을 정당하게 재판할 수 있는 것으로 보인다.

1. 다니엘서 13장 [45절 이하]에서, 다니엘은 거짓 증언으로 유죄판결을 받은 원로들을 자기 재판으로 단죄하였다. 하지만 그 원로들은 다니엘에게 종속되지 않았다. 실로 그들은 백성의 재판관들이었다[5, 41절]. 그러므로 누구에게든 자기 관할권에 속하지 않은 사람을 합법적으로 재판할 수 있다.

2. 그리스도께서는 누구에게도 종속되지 않으셨다. 실로 그분께서는 몸소 "임금들의 임금, 주님들의 주님"[1]이셨다. 하지만 그분께서는 사람의 재판에 넘겨지셨다. 그러므로 자신에게 종속되지 않은 사람을 재판하는 것은 가한 것으로 보인다.

3. 법을 따라서,[2] 각각의 사람에게 위반의 근거에 따라 법정이 나뉘어 배치된다. 하지만 때로는 위반하는 사람이, 예를 들어 다른 교구 출신이거나 면제된 사람처럼, 그 장소의 법정에 속한 사람(재판관)에게 종속되지 않는다. 그러므로 누군가는 자기에게 종속되지 않는 사람을

sis, vel cum est exemptus. Ergo videtur quod aliquis possit iudicare eum qui non est sibi subditus.

SED CONTRA est quod Gregorius dicit,[3] super illud *Deut.* 23, [25], *Si intraveris segetem* etc.: *Falcem iudicii mittere non potest in eam rem quae alteri videtur esse commissa.*

RESPONDEO dicendum quod sententia iudicis est quasi quaedam particularis lex in aliquo particulari facto. Et ideo sicut lex generalis debet habere vim coactivam, ut patet per Philosophum, in X *Ethic.*[4]; ita etiam et sententia iudicis debet habere vim coactivam, per quam constringatur utraque pars ad servandam sententiam iudicis: alioquin iudicium non esset efficax. Potestatem autem coactivam non habet licite in rebus humanis nisi ille qui fungitur publica potestate. Et qui ea funguntur superiores reputantur respectu eorum in quos, sicut in subditos, potestatem accipiunt: sive habeant ordinarie, sive per commissionem.[5] Et ideo manifestum est quod nullus potest iudicare aliquem nisi sit aliquo modo subditus eius, vel per commissionem vel per potestatem ordinariam.

AD PRIMUM ergo dicendum quod Daniel accepit potestatem

---

3. *Regist.*, XI, ep.64, ad interr. 9; al. XII, ep.31: PL 77, 1192 B. Cf. Gratianus, *Decretum*, p.II, causa 6, q.3, can.I: ed. Richter-Friedberg, t.I, p.562.

재판할 수 있는 것으로 보인다.

[재반론] 그레고리우스는 "너희가 이웃의 포도밭에 들어갈 경우, …" 라고 말하는 신명기 23장 [25절]에 관해 해설하면서 다음과 같이 말하고 있다.[3] "여러분은 다른 이에게 맡겨진 것으로 보이는 그 포도밭에 심판(재판)의 낫을 들이댈 수 없습니다."

[답변] 재판관의 선고는 어떤 특정 사실에 관해서는 특정 법과 같다. 그러므로 일반법이 마땅히 강제력을 지녀야 하고, 철학자가 『니코마코스 윤리학』 제10권[4]에서 밝힌 것처럼, 재판관의 선고도 마땅히 강제력을 지녀야 한다. 그 강제력으로 어느 쪽이든 재판관의 선고를 따르지 않을 수 없게 된다. 그렇지 않으면 재판은 아무런 효력도 없을 것이다. 사실 권한으로 공공의 일을 수행하는 사람을 제외하고는, 인간사에서 합법적으로 강제력을 지닌 사람은 없다. 또 그러한 일을 수행하는 사람은, 마치 신민(臣民)에 대한 권한을 받은 사람처럼, 직할의 권한으로든 위임된 권한으로든,[5] 그에게 주어진 사람들에 대한 권한을 지닌 상관으로 여겨진다. 그러므로 누구도, 어떤 식으로든 그의 지배 아래에 놓인 사람들을 제외하고는, 위임된 권한으로든 직할의 권한으로든, 재판할 수 없음은 명백하다.

[해답] 1. 다니엘은 신적인 본능으로 위임받은 것처럼 원로들에 대한

---

4. C.10, 1180a21-22; S. Thomas, lect.14, n.2153.
5. Cf. aa.2 & 4; q.60, a.2; a.6, c et ad3-4; q.69, a.1.

ad iudicandum illos seniores quasi commissam ex instinctu divino. Quod significatur per hoc quod ibi [45] dicitur, quod *suscitavit Dominus spiritum*[6] *pueri iunioris*.

AD SECUNDUM dicendum quod in rebus humanis aliqui propria sponte possunt se subiicere aliorum iudicio, quamvis non sint eis superiores: sicut patet in his qui compromittunt in aliquos arbitros. Et inde est quod necesse est arbitrium poena vallari: quia arbitri, qui non sunt superiores, non habent de se plenam potestatem coercendi. Sic igitur et Christus propria sponte humano iudicio se subdidit: sicut etiam et Leo Papa[7] iudicio Imperatoris se subdidit.

AD TERTIUM dicendum quod episcopus in cuius dioecesi aliquis delinquit, efficitur superior eius ratione delicti, etiam si sit exemptus: nisi forte delinquat in re aliqua exempta, puta in administratione bonorum alicuius monasterii exempti. Sed si aliquis exemptus committat furtum vel homicidium vel aliquid huiusmodi, potest per ordinarium iuste condemnari.

---

6. Vulgata: *spiritum sanctum*.

재판의 권한을 받았다. [45절]에서 "하느님께서는 다니엘이라고 하는 아주 젊은 사람 안에 있는 하느님의 영을⁶ 깨우셨다."라고 한 말이 의미하는 바가 그것이다.

2. 인간사에서, 어떤 심사인들 사이에 타협하는 사람들에게서 볼 수 있듯이, 어떤 사람은 자기 상관이 아닌데도 자진하여 다른 사람의 판단에 복종할 수 있다. 그래서 중재는 형벌로 강화될 필요가 있다. 왜냐하면 상관이 아닌 중재인들은 스스로 강제할 수 있는 권한을 지니고 있지 않기 때문이다. 따라서 그리스도께서도 자진하여 인간의 판단에 자신을 내맡기셨다. 마찬가지로 레오 [교황]⁷도 황제의 판단에 자신을 내맡겼다.

3. 예를 들어, 특정 면속(免屬) 수도원의 물품을 관리하는 사람은 면제된 사항을 위반하지 않는 한, 주교에게 종속되지 않는다. 교구 주교는 비록 그가 면제자라 하더라도 그 위반의 근거 때문에 실효적으로 상관이 된다. 하지만 면제된 사람이 절도죄나 살인죄나 그와 유사한 죄를 범한다면, 그는 감독권을 지닌 교구장을 통해 정당하게 유죄의 선고를 받을 수 있다.

---

7. 물론 레오 4세는 루도비쿠스 아우구스투스에게 고발당한 범죄를 해결하기 위해서였다. Cf. Gratianus, *Decretum*, p.II, causa 2, q.7, can.41: ed. Richter-Friederg, t.I, p.496.

Articulus 2
Utrum iudici liceat iudicare contra veritatem quam novit, propter ea quae in contrarium proponuntur

Ad secundum sic proceditur. Videtur quod iudici non liceat iudicare contra veritatem quam novit, propter ea quae in contrarium proponuntur.

1. Dicitur enim *Deut.* 17, [9]: *Venies ad sacerdotes Levitici generis, et ad iudicem qui fuerit in illo tempore, quaeresque ab eis, qui indicabunt tibi iudicii veritatem.* Sed quandoque aliqua proponuntur contra veritatem: sicut cum aliquid per falsos testes probatur. Ergo non licet iudici iudicare secundum ea quae proponuntur et probantur, contra veritatem quam ipse novit.

2. Praeterea, homo in iudicando debet divino iudicio conformari: *quia Dei iudicium est,* ut dicitur *Deut.* 1, [17]. Sed *iudicium Dei est secundum veritatem,* ut dicitur *Rom.* 2, [2]: et Isaiae 11, [3-4] praedicitur de Christo: *Non secundum visionem oculorum iudicabit, neque secundum auditum aurium arguet: sed iudicabit in iustitia pauperes, et arguet in aequitate pro mansuetis terrae.* Ergo iudex non debet, secundum ea quae coram ipso probantur, sententiam ferre contra ea quae

제2절 재판관에게는, 법정에 알려진 것 때문에, 자신이 알고 있는 진실을 거슬러 재판하는 것이 허용되는가?

Parall.: Supra, q.64, a.6, ad3.
Doctr. Eccl.: 알렉산데르 7세는 1665년 다음과 같이 공표하였다. "26. 재판 당사자가 자신에 대해 동등하게 개연성 있는 의견을 가지고 있는 경우, 재판관은 한 사람이 다른 사람보다 유리한 선고를 내림으로써 돈을 취할 수 있다."(Denz. 1126); 인노첸시우스 11세는 1679년 다음과 같이 공표하였다. "2. 개연적으로 나는, 절도의 개연성이 낮다는 의견만 재판할 수 있는 재판관을 생각한다."(Id. 1152) Cf. *CIC*, can.1896.

[반론] 둘째 질문과 관련해서는 다음과 같이 전개된다. 재판관에게는, 법정에 알려진 것 때문에, 자신이 알고 있는 진실을 거슬러 재판하는 것이 허용되는 것으로 보인다.

1. 신명기 17장 [9절]에서는 다음과 같이 말하고 있다. "너희는 레위인 사제들과 그때에 직무를 맡은 판관에게 가서 문의해야 한다. 그러면 그들이 너희에게 그 사건의 판결을 알려줄 것이다." 실로 때때로 어떤 일은, 거짓 증인들을 통해 입증될 때처럼, 진실을 거슬러 추정된다. 그러므로 재판관에게는 자신이 알고 있는 진실을 거슬러, 추정되고 입증된 것을 따라 재판하는 것이 허용되지 않는다.

2. 재판하는 데 있어 사람은 신적인 법적 절차에 마땅히 부합되어야 한다. 신명기 1장 [17절]에서 말한 대로, "재판은 하느님께 속한 것이기" 때문이다. 실로 로마서 2장 [2절]에서 말한 대로, "하느님의 심판은 진리에 따른 것"이며, 이사야서 11장 [3-4절]에는 다음과 같이 그리스도에 관해 예언되었다. "그는 자기 눈에 보이는 대로 판결하지 않고 자기 귀에 들리는 대로 심판하지 않으리라. 힘없는 이들을 정의로 재판하고 이 땅의 가련한 이들을 정당하게 심판하리라." 그러므로 재판

ipse novit.

3. Praeterea, idcirco in iudicio probationes requiruntur ut fides fiat iudici de rei veritate: unde in his quae sunt notoria non requiritur iudicialis ordo, secundum illud I *ad Tim.* 5, [24]: *Quorundam hominum peccata manifesta sunt, praecedentia ad iudicium.* Si ergo iudex per se cognoscat veritatem, non debet attendere ad ea quae probantur, sed sententiam ferre secundum veritatem quam novit.

4. Praeterea, nomen conscientiae importat applicationem scientiae ad aliquid agibile, ut in Primo[1] habitum est. Sed facere contra conscientiam est peccatum. Ergo iudex peccat si sententiam ferat, secundum allegata, contra conscientiam veritatis quam habet.

SED CONTRA est quod Augustinus dicit, *super Psalt.*[2]: *Bonus iudex nihil ex arbitrio suo facit, sed secundum leges et iura pronuntiat.* Sed hoc est iudicare secundum ea quae in iudicio proponuntur et probantur. Ergo iudex debet secundum huiusmodi iudicare, et non secundum proprium arbitrium.

RESPONDEO dicendum quod, sicut dictum est,[3] iudicare perti-

---

1. Q.79, a.13.
2. Cf Ambrosius, *Super Ps.* 118, serm.20, n.36: PL 15, 1494. Cf. Gratianus, *Decretum*, p.II,

관은 자신 앞에 있는 것이 자신이 알고 있는 것을 거스른다면, 그것을 따라 선고해서는 안 된다.

3. 법적 절차에서 입증이 요구되는 것은 그 문제의 진실에 대해 재판관에게 믿음이 생기게 하기 위해서이다. 티모테오 1서 5장 [24절]에서 말한 대로, "어떤 사람들의 죄는 명백하여 재판 전에 드러난다." 따라서 주지의 사실인 문제에 있어서는 법적 절차가 요구되지 않는다. 그러므로 재판관이 스스로 진실을 알고 있으면, 그는 입증된 것들에 주목하지 않아도 되지만, 마땅히 그가 알고 있는 진실을 따라 선고가 이루어져야 한다.

4. "양심(의식)"이란 말은, 제1부에서[1] 말한 대로, 자신이 할 수 있는 일에 대한 지식의 적용을 가져온다. 실로 자신의 양심을 거슬러 행동하는 것은 죄다. 그러므로 재판관이, 법정에 알려진 것을 따라서, 자기 앞에 있는 진실의 양심을 거슬러 선고한다면, 죄를 범하는 것이다.

[재반론] 아우구스티누스는 『시편 강해』[2]에서 다음과 같이 말하고 있다. "좋은 재판관은 자신의 사적 견해를 따라서는 아무것도 하지 않지만, 법과 권리(정의)를 따라 선고한다." 실로 이는 법적 절차에 제출되고 입증된 것을 따라서 재판하는 것을 말한다. 그러므로 재판관은 자신의 재량에 따라서가 아니라, 제출되고 입증된 것들을 따라 재판해야 한다.

[답변] 말한 대로,[3] 공공의 일을 수행할 수 있는 권한을 가지고 재판

---

causa 3, q.7, can.4: ed. Richter-Friedberg, t.I, p.527.
3. A.2; q.60, a.6.

net ad iudicem secundum quod fungitur publica potestate. Et ideo informari debet in iudicando non secundum id quod ipse novit tanquam privata persona, sed secundum id quod sibi innotescit tanquam personae publicae. Hoc autem innotescit sibi et in communi, et in particulari. In communi quidem, per leges publicas vel divinas vel humanas: contra quas nullas probationes admittere debet. In particulari autem negotio aliquo, per instrumenta et testes et alia huiusmodi legitima documenta: quae debet sequi in iudicando magis quam id quod ipse novit tanquam privata persona. Ex quo tamen ad hoc adiuvari potest ut districtius discutiat probationes inductas, ut possit earum defectum investigare. Quod si eas non possit de iure repellere, debet, sicut dictum est,[4] eas in iudicando sequi.

AD PRIMUM ergo dicendum quod ideo praemittitur in verbis illis de quaestione iudicibus facienda, ut intelligatur quod iudices debent veritatem iudicare secundum ea quae fuerunt sibi proposita.

AD SECUNDUM dicendum quod Deo competit iudicare secundum propriam potestatem. Et ideo in iudicando informatur secundum veritatem quam ipse cognoscit, non secundum hoc quod ab aliis accipit. Et eadem ratio est de Christo, qui est verus Deus et homo. Alii autem iudices non iudicant secundum propriam potestatem. Et ideo non est similis ratio.

---

4. 재반론.

을 하는 것은 재판관에 속한다. 따라서 재판하는 데에 있어 재판관의 생각은 사인(私人)으로서 자신이 알고 있는 것을 따라 형성되어서는 안 되며, 마땅히 공인(公人)으로서 자신에게 알려지게 된 것을 따라 형성되어야 한다. 그것은 일반적으로 또 특별하게 자신에게 알려지게 된다. 일반적으로는, 신적이든 인간의 것이든 공법을 통해서 그에게 사안이 알려지는데, 그는 공법을 거스르는 증거들(입증된 것들)은 어떤 것도 인정(채택)해서는 안 된다. 특별히 어떤 사안은, 그 자신이 사인으로서 알고 있는 것(정보)보다는 도구, 증인 등등 다른 합법적인 문서를 통해 알려지게 된다. 하지만 재판관은 사인으로서 알게 된 것으로부터 [법적 절차에] 도입된 증거들을 더 정확하게 논의하는 데에 도움을 받을 수 있으며, 그 증거들의 결함을 조사할 수 있다. 그러나 도입된 증거들을 정당하게 배척할 수 없다면, 말했듯이,[4] 그는 재판하는 데에 있어 마땅히 그 증거들을 따라야 한다.

[해답] 1. 인용된 구절에서 재판관들에게 무엇보다 먼저 물어야 한다고 한 것은 재판관이 마땅히 자신에게 제출된 것들을 따라 진실을 판단해야 함을 이해시키기 위해서다.

2. 자신의 권한을 따라 심판하는 것은 하느님께만 적합하다. 그러므로 심판하실 때 그분의 판단(생각)은 다른 사람에게서 (무엇인가를) 취하여 형성된 것이 아니라, 당신께서 아시는 진실을 따라 형성될 뿐이다. 이는 그리스도에 관해서도 똑같은 근거로 말할 수 있다. 그분께서는 참 하느님이시며 참 인간이시다. 반면에 다른 재판관들은 자기 권한을 따라 재판하지 않는다. 그들에게는 [하느님과 예수님과] 유사한 근거도 없다.

AD TERTIUM dicendum quod Apostolus loquitur in casu quando aliquid non solum est manifestum iudici, sed sibi et aliis, ita quod reus nullo modo crimen infitiari potest, sed statim ex ipsa evidentia facti convincitur. Si autem sit manifestum iudici et non aliis, vel aliis et non iudici, tunc est necessaria iudicii discussio.

AD QUARTUM dicendum quod homo in his quae ad propriam personam pertinent, debet informare conscientiam suam ex propria scientia. Sed in his quae pertinent ad publicam potestatem, debet informare conscientiam suam secundum ea quae in publico iudicio sciri possunt, et cetera.

Articulus 3
Utrum iudex possit aliquem iudicare etiam si non sit alius accusator

Ad tertium sic proceditur. Videtur quod iudex possit aliquem iudicare etiam si non sit alius accusator.

1. Humana enim iustitia derivatur a iustitia divina. Sed Deus peccatores iudicat etiam si nullus sit accusator. Ergo videtur quod homo possit in iudicio alium condemnare etiam si non adsit accusator.

2. Praeterea, accusator requiritur in iudicio ad hoc quod deferat crimen ad iudicem. Sed quandoque potest crimen ad iudicem deve-

3. 사도가 언급한 사건은 재판관한테만 알려진 특정 사건이 아니라 재판관은 물론 다른 이들에게도 잘 알려진 사건이어서, 유죄의 당사자는 유죄를 무슨 수단으로도 부정할 수 없고, 사실의 증거(물증)로 즉시 유죄의 선고를 받는다. 반면에, 재판관에게는 잘 알려졌지만 다른 이들에게는 그렇지 않다면, 또는 다른 이들에게는 잘 알려졌지만 재판관에게는 그렇지 않다면, 토론하는 것(증거를 심문하는 것)은 재판관에게 필수적이다.

4. 자신의 인격에 속한 일에 있어 사람은 누구나 마땅히 그만의 지식으로 양심(의식)을 형성해야 한다. 하지만 공공의 권한에 속한 일에 있어서는 누구나 공공의 법적 절차로 알려질 수 있는 것과 그 밖의 것을 따라 양심을 형성해야 한다.

제3절 재판관은 다른 고발인이 없어도 재판할 수 있는가?

Parall.: *Cont. Impugn. Relig.*, c.3.

[반론] 셋째 질문과 관련해서는 다음과 같이 전개된다. 재판관은 다른 고발인이 없어도 재판할 수 있는 것으로 보인다.

1. 인간의 정의는 신적인 정의에서 유래한다. 하지만 하느님께서는 비록 다른 고발인이 없을지라도 죄인들을 심판하신다. 그러므로 비록 고발인이 앞에 없을지라도 재판으로 다른 사람을 단죄할 수 있는 것으로 보인다.

2. 범죄를 재판관에게 관련시킬 수 있도록 하려면 재판에 고발인이

nire alio modo quam per accusationem: sicut per denuntiationem vel per infamiam, vel etiam si ipse iudex videat. Ergo iudex potest aliquem condemnare absque accusatore.

3. Praeterea, facta Sanctorum in Scripturis narrantur quasi quaedam exemplaria humanae vitae. Sed Daniel simul fuit accusator et iudex contra iniquos senes, ut patet Dan. 13, [45 sqq.]. Ergo non est contra iustitiam si aliquis aliquem damnet tanquam iudex, et ipsemet sit accusator.

SED CONTRA est quod, I *ad Cor.* 5,[1] Ambrosius, exponens sententiam Apostoli de fornicatore, dicit quod *iudicis non est sine accusatore damnare: quia Dominus Iudam, cum fuisset fur, quia non est accusatus, minime abiecit.*

RESPONDEO dicendum quod iudex est interpres iustitiae: unde sicut Philosophus dicit, in V *Ethic.*,[2] *ad iudicem confugiunt sicut ad quandam iustitiam animatam.* Iustitia autem, sicut supra[3] habitum est, non est ad seipsum, sed ad alterum. Et ideo oportet quod iudex inter aliquos duos diiudicet: quod quidem fit cum unus est actor

---

1. *In Ep. I ad Cor.*, super 5, 2: PL 17, 208 A. Cf. Gratianus, *Decretum*, p.II, causa 2, q.1, can.17: ed Richter-Friedberg, t.I, p.445.

요구된다. 하지만 때로는 범죄가 고발이 아닌 다른 방법으로, 공공연한 비난(탄핵)이나 악평으로, 또는 재판관이 직접 봄(인지, 목격)으로써, 재판관에게 알려질 수 있다. 그러므로 재판관은 고발인 없이도 누구라도 단죄할 수 있다.

3. 거룩한 인물의 행적은, 인간 생활의 본보기인 것처럼, 성경에 기록되어 있다. 실로 다니엘서 13장 [45절 이하]에서 보여주듯이, 다니엘은 사악한 원로들에 대한 고발인이면서 동시에 재판관이었다. 그러므로 사람이 어떤 사람에 대한 고발인이면서 동시에 재판관으로서 그를 재판하는 것은 정의를 거스르지 않는다.

[재반론] 암브로시우스는 코린토 1서 5장 [2절][1]에 관한 해설에서 간통한 남자에 대한 사도의 판결을 설명하면서, 다음과 같이 말하고 있다. "재판관은 고발인 없이 단죄해서는 안 된다. 우리의 주님께서도, 도둑이었지만 고발되지 않았던, 유다를 절대로 버리지 않으셨기 때문이다."

[답변] 재판관은 정의의 통역(해석)자이다. 그러므로 철학자가 『니코마코스 윤리학』 제5권[2]에서 말한 대로, "사람들은 마치 일종의 활기 넘치는 정의에 자신을 의탁하듯이 재판관에게 의탁한다." 하지만 이미 말했듯이,[3] 정의는 그 자체를 위한 것이 아니라 다른 것들(사람들)을 위한 것이다. 그러므로 재판관은 어떤 두 당사자 사이에서 심판할 수밖

---

2. C.7, 1132a20-25; S. Th. lect.6, n.955. Cf. q.58, a.1, ad5; q.60, a.1.
3. Q.58, a.2.

et alius est reus. Et ideo in criminibus non potest aliquem iudicio condemnare iudex nisi habeat accusatorem: secundum illud *Act.* 25, [16]: *Non est consuetudo Romanis[4] damnare aliquem hominem prius quam is qui accusatur praesentes habeat accusatores, locumque defendendi accipiat ad abluenda crimina* quae ei obiiciebantur.

AD PRIMUM ergo dicendum quod Deus in suo iudicio utitur conscientia peccantis quasi accusatore: secundum illud *Rom.* 2, [15]: *Inter se invicem cogitationum accusantium, aut etiam defendentium.*[5] Vel etiam evidentia facti quantum ad ipsum: secundum illud *Gen.* 4, [10]: *Vox sanguinis fratris tui Abel[6] clamat ad me de terra.*

AD SECUNDUM dicendum quod publica infamia habet locum accusatoris. Unde super illud *Gen.* 4, [10], *Vox sanguinis fratris tui* etc., dicit Glossa[7]: *Evidentia patrati sceleris accusatore non eget.* — In denuntiatione vero, sicut supra[8] dictum est, non intenditur punitio peccantis, sed emendatio: et ideo nihil agitur contra eum cuius peccatum denuntiatur, sed pro eo. Et ideo non est ibi necessarius accusator. Poena autem infertur propter rebellionem ad Ecclesiam: quae, quia est manifesta, tenet locum accusatoris. — Ex eo autem quod ipse

---

4. Vulgata: *Romanis consuetudo.*
5. Vulgata: *cogitationibus accusantibus aus etiam defendentibus.*
6. Vulgata에는 *Abel*이 없다.
7. Interl.

에 없다. 한 사람은 고발인이고 다른 하나는 피고발인이기 때문이다. 그러므로 범죄 사건들에서, 다음과 같은 사도행전 25장 [16절]을 따라, 재판관은 고발인이 없다면 누구라도 단죄할 수 없다. "고발을 당한 자가" 고발을 당한 "그 범죄들을 해명하기 위해, 고발한 자와 대면하여 고발 내용에 관한 변호의 기회를 얻기도 전에 사람을 내어주는 것은 로마인들의 관례가⁴ 아니다."

[해답] 1. 하느님께서는, 다음과 같은 로마서 2장 [15절]을 따라, 사람을 심판하실 때 죄인의 양심(의식)을 고발인으로 삼으신다. "그들의 엇갈리는 생각들이 서로 고발하기도 하고 변호하기도 한다."⁵ 또는 그분께서는, 다음과 같은 창세기 4장 [10절]을 따라, 행위 그 자체에 관한 사실의 증거를 취하신다. "네 아우 아벨의 피가 땅바닥에서 나에게 울부짖고 있다."⁶

2. 대중의 악평은 고발인의 자리를 대신한다. 그러므로 창세기 4장 [10절] "네 아우의 피가 땅바닥에서 나에게 울부짖고 있다."에 관한 주석은⁷ 다음과 같이 말하고 있다. "범행의 완벽한 증거에는 고발인이 필요하지 않다." 그러나 이미 말했듯이,⁸ 공공연한 비난(탄핵)의 경우에는 죄인에게 형벌이 아니라, 교정이 의도된다. 그러므로 공공연한 비난을 받는 죄에 대하여 그에게 아무 일도 일어나지 않았다면(재판에서 다루지 않았다면), 그것은 그를 위해서이며, 고발인이 필요하지 않아서다. 그러므로 교회에 대한 배반에 가해질 벌은 명백하므로 그 벌이 곧 고발인의 자리를 지킨다.—재판관이 직접 봤다는 사실만으로는, 공공의

---

8. Q.33, a.8.

iudex videt, non potest procedere ad sententiam ferendam, nisi secundum ordinem publici iudicii.

AD TERTIUM dicendum quod Deus in suo iudicio procedit ex propria notitia veritatis, non autem homo, ut supra[9] dictum est. Et ideo homo non potest esse simul accusator, iudex et testis, sicut Deus. Daniel autem accusator fuit simul et iudex quasi divini iudicii executor, cuius instinctu movebatur, ut dictum est.[10]

Articulus 4
Utrum iudex licite possit poenam relaxare

Ad quartum sic proceditur. Videtur quod iudex licite possit poenam relaxare.

1. Dicitur enim Iac. 2, [13]: *Iudicium sine misericordia ei qui non facit*[1] *misericordiam*. Sed nullus punitur propter hoc quod non facit illud quod licite facere non potest. Ergo quilibet iudex potest licite misericordiam facere, relaxando poenam.

---

9. A.2, ad2.
10. A.1, ad1.

법적 절차를 따른 경우를 제외하고는, 그가 내려야 할 선고를 진행할 수 없다.

3. 이미 말했듯이,[9] 하느님께서는 당신의 재판에서, 진실에 관한 당신 자신의 지식에서부터 진행하시지만, 사람은 그렇게 하지 않는다. 그러므로 사람은 하느님처럼, 동시에 고소인, 증인, 그리고 재판관일 수 없다. 다니엘이 고소인이면 동시에 재판관이었던 것은, 이미 말했듯이,[10] 그를 움직이게 한 영(靈)으로 말미암아, 그가 하느님 재판의 집행자와 같아졌기 때문이다.

제4절 재판관은 벌을 합법적으로 완화(감면, 감형, 면제, 방면)할 수 있는가?

Parall.: III, q.46, a.2, ad3; *In Sent.*, I, d.43, q.2, a.2, ad5; IV, d.46, q.1. a,2, qc.2.

[반론] 넷째 질문과 관련해서는 다음과 같이 전개된다. 재판관은 벌을 정당하게 완화할 수 있는 것으로 보인다.

1. 야고보서 2장 [13절]은 다음과 같이 말하고 있다. "자비 없는 심판이 자비를 베풀지 않은 자에게 내려질 것이다."[1] 실로 누구도 그가 합법적으로 할 수 없는 것을 하지 않았다는 이유로 벌을 받지 않는다. 그러므로 재판관은 누구나 합법적으로 자비를 베풀어 벌을 완화할 수 있다.

---

1. Vulgata: *illi qui non fecit*.

2. Praeterea, iudicium humanum debet imitari iudicium divinum. Sed Deus poenitentibus relaxat poenam: quia *non vult mortem peccatoris*, ut dicitur Ezech. 18, [23].² Ergo etiam homo iudex potest poenitenti licite laxare poenam.

3. Praeterea, unicuique licet facere quod alicui prodest et nulli nocet. Sed absolvere reum a poena prodest ei et nulli nocet. Ergo iudex licite potest reum a poena absolvere.

SED CONTRA est quod dicitur *Deut.* 13, [8-9] de eo qui persuadet servire diis alienis: *Non³ parcat ei oculus tuus ut miserearis et occultes eum, sed statim interficies eum.*⁴ Et de homicida dicitur *Deut.* 19, [12-13]: *Morietur, nec misereberis eius.*⁵

RESPONDEO dicendum quod, sicut ex dictis⁶ patet, duo sunt, quantum ad propositum pertinet, circa iudicem consideranda: quorum unum est quod ipse habet iudicare inter accusatorem et reum; aliud autem est quod ipse non fert iudicii sententiam quasi ex propria, sed quasi ex publica potestate. Duplici ergo ratione impeditur

---

2. Cf. c.33, v.11.
3. Vulgata: *Neque.*
4. Vulgata에는 *eum*이 없다.

2. 인간의 재판은 신적인 재판을 닮아야 한다. 실로 하느님께서는 에제키엘서 18장 [23절]²이 말한 대로 "죄인의 죽음을 바라지 않으시기" 때문에 죄인들에게 벌을 완화하신다. 그러므로 재판관도 회개하는 사람에게 합법적으로 벌을 완화할 수 있다.

3. 누군가에게 이롭고 누구에게도 위해를 입히지 않는 일을 하는 것은 누구에게나 허용된다. 실로 재판 당사자를 벌로부터 사면하는 것은 그에게 이롭지만, 누구에게도 위해를 입히지 않는다. 그러므로 재판관은 재판 당사자를 합법적으로 벌로부터 사면할 수 있다.

[재반론] 낯선 신들을 섬기라고 재촉하려는 어떤 이에 대해서 신명기 13장 [8-10절]은 다음과 같이 말하고 있다. "너희는 그를 동정하지도 불쌍히 여기지도 말며³ 그를 감싸주지도 말아야 한다. 너희는 오히려 그를⁴ 반드시 죽여야 한다." 또 살인자에 대해서 신명기 19장 [12-13절]은 다음과 같이 말하고 있다. "그는 피의 보복자의 손에 넘겨 죽게 해야 한다. 너희는 그를 동정해서는 안 된다."⁵

[답변] 이미 말한 것에서⁶ 알 수 있듯이, 재판의 목적에 관한 한, 재판관에 대하여 두 가지가 고찰된다. 한 가지는 그가 고발인과 피고발인 사이에서 재판해야 한다는 것이며, 다른 하나는 그가 자신으로서가 아니라 공공의 권한으로서 재판해야 한다는 것이다. 따라서 이중의 근거로 재판관은 재판 당사자를 벌로부터 사면할 수 있는 일에 방해를 받

---

5. Vulgata: ⋯ *morietur. Non misereberis eius.*
6. Aa.2-3.

iudex ne reum a poena absolvere possit. Primo quidem, ex parte accusatoris, ad cuius ius quandoque pertinet ut reus puniatur, puta propter aliquam iniuriam in ipsum commissam: cuius relaxatio non est in arbitrio alicuius iudicis, quia quilibet iudex tenetur ius suum reddere unicuique.

Alio modo impeditur ex parte reipublicae, cuius potestate fungitur, ad cuius bonum pertinet quod malefactores puniantur. Sed tamen quantum ad hoc differt inter inferiores iudices et supremum iudicem, scilicet principem, cui est plenarie potestas publica commissa. Iudex enim inferior non habet potestatem absolvendi reum a poena, contra leges a superiore sibi impositas. Unde super illud Ioan. 19, [11], *Non haberes adversum me potestatem ullam*, dicit Augustinus[7]: *Talem Deus dederat Pilato potestatem ut esset sub Caesaris potestate, ne ei omnino liberum esset accusatum absolvere.* Sed princeps, qui habet plenariam potestatem in republica, si ille qui passus est iniuriam velit eam remittere, poterit reum licite absolvere, si hoc publicae utilitati viderit non esse nocivum.

AD PRIMUM ergo dicendum quod misericordia iudicis habet locum in his quae arbitrio iudicis relinquuntur, in quibus *boni viri est ut sit diminutivus poenarum*, sicut Philosophus dicit, in V *Ethic.*.[8] In

---

7. Tract.116, n.5: PL 35, 1943.

는다. 첫째로 고발인의 편에서 방해를 받는다. 때로는 예를 들어, 그에게 행해진 어떤 위해 때문에 재판 당사자가 처벌되는 것은 그의 권리에 속한다. 그런 점에서 그에 대한 벌의 완화는 재판관의 중재에 맡겨진 문제가 아니다. 어떤 재판관이든 반드시 각자에게 그의 권리를 부여해야 하기 때문이다.

다른 방식으로, 그는 공공의 일 편에서 방해받는다. 공공의 권한으로 수행하는 일과 악을 행하는 자들을 벌하는 것은 모두 공공의 선에 속한다. 그렇지만 이에 관해서, 하위의 재판관들과 최상의 재판관, 즉 공공의 권한을 전적으로 위임받은 군주는 다르다. 하위의 재판관들은, 그의 상관에 의해 부과된 법(권리)을 거슬러, 재판 당사자를 벌로부터 사면할 권한을 지니지 못하기 때문이다. 그러므로 "너는 나에 대해 아무런 권한도 없었을 것이다."라는 요한복음서 19장에 대해 아우구스티누스[7]는 "하느님께서 빌라도에게 부여하신 권한은 카이사르의 권한 아래에 있는 권한이었으므로 그는 피고발인을 무죄로 할 사면의 자유가 전혀 없었다." 다른 한편 공공의 일들에 전적인 권한을 가진 군주는, 위해를 입은 사람이 위해를 가한 자가 방면되기를 원한다면, 또 그것이 공공의 이익(공익)에 위해가 되지 않는다고 본다면, 재판 당사자를 합법적으로 사면할 수 있다.

[해답] 1. 재판관의 자비심은 재판관의 재량에 맡겨져 있는 사안들에 자리를 차지할 수 있는데, 그런 경우에 철학자가 『니코마코스 윤리학』 제5권[8]에서 말한 것처럼, "사람의 선은 벌을 낮출 수 있기 때문이

---

8. C.14, 1138a1-2; S. Thomas, lect.16, n.1089. Cf. q.120, a.1, sc; a.2, c et ad2.

his autem quae sunt determinata secundum legem divinam vel humanam, non est suum misericordiam facere.

AD SECUNDUM dicendum quod Deus habet supremam potestatem iudicandi, et ad ipsum pertinet quidquid contra aliquem peccatur. Et ideo liberum est ei poenam remittere: praecipue cum peccato ex hoc poena maxime debeatur quod est contra ipsum. Non tamen remittit poenam nisi secundum quod decet suam bonitatem, quae est omnium legum radix.

AD TERTIUM dicendum quod iudex, si inordinate poenam remitteret, nocumentum inferret et communitati, cui expedit ut maleficia puniantur, ad hoc quod peccata vitentur: unde *Deut.* 13, [11], post poenam seductoris, subditur: *Ut omnis Israel, audiens, timeat, et nequaquam ultra faciat quispiam*[9] *huius rei simile.* Nocet etiam personae cui est illata iniuria, quae recompensationem accipit per quandam restitutionem honoris in poena iniuriantis.

다." 하지만 신법(神法)이나 인정법(人定法)을 따라 결정된 사안들에서는 재판관 자신의 자비를 베풀 여지가 없다.

2. 하느님께서는 심판할 최상의 권한을 지니시므로, 누구에게든 거슬러 저질러진 죄는 무엇이든 다 그분을 거슬러 저질러진 죄다. 그러므로 그분께서는 벌을 방면할 자유도 있다. 특히 마땅히 최고의 벌을 받아야 할 죄, 즉 당신을 거슬러 저질러진 죄에 대해서 그렇다. 하지만 그분께서는 모든 법의 근원인 당신의 선성(善性)에 합당한 것을 따르지 않고는, 벌을 방면하지 않으신다.

3. 만일 재판관이, 벌을 받아야 할 악행을 저지른 자를 풀어주어 죄를 없애 줄 정도로, 무질서하게 벌을 방면하면 공동체에도 위해를 입힌다. 그러므로 신명기 13장 [11절]은, 낯선 신들을 섬기라고 유혹하는 자의 형벌을 명한 후에, 다음과 같이 덧붙인다. "그러면 온 이스라엘이 그 일을 듣고 두려워하여, 너희 가운데에서 다시는 그런[9] 악한 짓을 저지르지 않을 것이다." 재판관은 또한 위해를 당한 사람에게도 위해를 가할 수 있다. 그 사람은 자신에게 위해를 가한 사람이 받는 벌에서 어느 정도 명예를 회복함으로써 보상을 받기 때문이다.

---

9. Vulgata: *quippiam*.

QUAESTIO LXVIII
DE HIS QUAE PERTINENT AD INIUSTAM ACCUSATIONEM
in quatuor articulos divisa

Deinde considerandum est de his quae pertinent ad iniustam accusationem.[1]

Et circa hoc quaeruntur quatuor.

Primo: utrum homo accusare teneatur.

Secundo: utrum accusatio sit facienda in scriptis.

Tertio: quomodo accusatio sit vitiosa.

Quarto: qualiter male accusantes sint puniendi.

Articulus 1
Utrum homo teneatur accusare

Ad primum sic proceditur. Videtur quod homo non teneatur accusare.

1. Nullus enim excusatur ab impletione divini praecepti propter peccatum: quia iam ex suo peccato commodum reportaret. Sed aliqui propter peccatum redduntur inhabiles ad accusandum, sicut excommunicati, infames, et illi qui sunt de maioribus criminibus accusati prius quam innoxii demonstrentur.[1] Ergo homo non tenetur ex prae-

제68문
부당한 고발에 속하는 것들에 관하여
(전4절)

다음으로는 부당한 고발에 속하는 것들을 고찰해야 한다.[1] 이 주제와 관련하여 네 질문이 제기된다.

1. 사람은 반드시 고발해야 하는가?
2. 고발은 서면으로 이루어져야 하는가?
3. 고발은 어떻게 나쁜 것이 되는가?
4. 악하게 고발한 자들은 어떻게 처벌해야 하는가?

제1절 사람은 반드시 고발해야 하는가?

[반론] 첫째 질문과 관련해서는 다음과 같이 전개된다. 사람이 반드시 고발해야 하는 것은 아닌 것으로 보인다.

1. 누구도 죄 때문에 신적인 명령을 이행하지 못할 사람은 없다. 이미 그는 자신의 죄로부터 편의를 되가져왔을 것이기 때문이다. 하지만 죄 때문에 공동체에서 추방된 자들이나 악평을 지닌 자들, 또는 중대한 범죄로 고발되었으나 아직 무죄하다고 드러나지 않은 자들과 같은

---

1. Cf. q.67, Introd.

cepto divino ad accusandum.

2. Praeterea, omne debitum ex caritate dependet, quae est *finis praecepti*[2]: unde dicitur *Rom.* 13, [8]: *Nemini quidquam debeatis, nisi ut invicem diligatis.* Sed illud quod est caritatis homo debet omnibus, maioribus et minoribus, subditis et praelatis. Cum igitur subditi non debeant praelatos accusare, nec minores suos maiores, ut per plura capitula probatur II, qu. 7[3]; videtur quod nullus ex debito teneatur accusare.

3. Praeterea, nullus tenetur contra fidelitatem agere quam debet amico: quia non debet alteri facere quod sibi non vult fieri. Sed accusare aliquem quandoque est contra fidelitatem quam quis debet amico: dicitur enim *Prov.* 11, [13]: *Qui ambulat fraudulenter revelat arcana: qui autem fidelis est*[4] *celat amici commissum.* Ergo homo non tenetur ad accusandum.

SED CONTRA est quod dicitur *Levit.* 5, [1]: *Si peccaverit anima, et audierit vocem iurantis, testisque fuerit quod aut ipse vidit aut conscius est, nisi indicaverit, portabit iniquitatem suam.*

---

1. Cf. Gratianus, *Decretum*, p.II, causa 4, q.1, can.1; causa 6, q.1, can.2: ed. Richter-Friedberg, t.I, pp.536 & 554.
2. 1티모 1,5.

이들은 고발하기 어려워진다.[1] 그러므로 사람은 신적인 명령으로 반드시 고발해야 하는 것은 아니다.

2. 모든 빚(의무)은 "명령(교훈)의 목적"인[2] 참사랑에 달려 있다. 그러므로 로마서 13장 [8절]은 다음과 같이 말하고 있다. "아무에게도 빚을 지지 마십시오. 그러나 서로 사랑하는 것은 예외입니다." 실로 사람은 신분이 높건 낮건 상관이건 부하이건 모두에게 참사랑의 빚을 지고 있다. 그러므로 교령(II, qu. 7)[3]의 여러 장에서도 입증된 대로, 아랫사람들은 윗사람들을, 부하들은 상관들을 고발해서는 안 됨과 동시에, 누구나 빚으로서 반드시 고발해야 하는 것은 아닌 것으로 보인다.

3. 누구도 친구에게 빚진 충실성을 거슬러서 행동해서는 안 된다. 누구도 다른 사람이 자신에게 하지 않기를 바라는 것을 다른 사람에게 해서는 안 되기 때문이다. 실로 누군가를 고발하는 것은 때때로 친구에게 빚진 충실성을 거스른다. 왜냐하면 잠언 11장 [13]은 다음과 같이 말하고 있기 때문이다. "중상하고 사기치고 다니는 자는 비밀을 누설하지만, 마음이 신실한 이는[4] 친구가 그에게 행한 일을 덮어둔다." 그러므로 사람이 반드시 고발해야 하는 것은 아니다.

[재반론] 레위기 5장 [1절]은 다음과 같이 말하고 있다. "누가 어떤 사건을 보거나 알고 있어서 증인이 되었는데, 증언하지 않으면 저주를 받으리라는 소리를 듣고서도 알리지 않아 죄를 짓고 그 죗값을 지게 될 것이다."

---

3. Gratianus, *Decretum*, p.II, causa 2, q.7, cann.1-3, 8-14, 21, 38, 51: ed. Richter-Friedberg, t.I, pp.483-500.
4. Vulgata: *est animi*.

RESPONDEO dicendum quod, sicut supra[5] dictum est, haec est differentia inter denuntiationem et accusationem, quod in denuntiatione attenditur emendatio fratris, in accusatione autem attenditur punitio criminis. Poenae autem praesentis vitae non per se expetuntur, quia non est hic ultimum retributionis tempus: sed inquantum sunt medicinales, conferentes vel ad emendationem personae peccantis, vel ad bonum reipublicae, cuius quies procuratur per punitionem peccantium.[6] Quorum primum intenditur in denuntiatione, ut dictum est: secundum autem proprie pertinet ad accusationem. Et ideo si crimen fuerit tale quod vergat in detrimentum reipublicae, tenetur homo ad accusationem, dummodo sufficienter possit probare, quod pertinet ad officium accusatoris: puta cum peccatum alicuius vergit in multitudinis corruptelam corporalem seu spiritualem.[7] Si autem non fuerit tale peccatum quod in multitudinem redundet, vel etiam si sufficientem probationem adhibere non possit, non tenetur ad intentandum accusationem: quia ad hoc nullus tenetur quod non potest debito modo perficere.

AD PRIMUM ergo dicendum quod nihil prohibet per peccatum reddi aliquem impotentem ad ea quae homines facere tenentur: sicut ad merendum vitam aeternam, et ad assumendum ecclesiastica sac-

---

5. Q.67, q.3, ad2.
6. Cf. q.66, a.6, ad2.

[답변] 이미 말했듯이,[5] 공공연한 비난(탄핵)과 고발 사이에는 차이가 있는데, 탄핵에서는 형제의 교정이 주목되지만, 고발에서는 범죄의 형벌이 주목된다. 실로 이 생애의 형벌은 그 자체를 위해 추구되는 것이 아니다. 이 생애가 심판(응보)의 마지막 시간이 아니기 때문이다. 하지만 형벌이 치료의 성격을 지니는 한, 이 생애의 형벌은 죄를 지은 사람의 교정 때문에, 또는 형벌로 획득되는 공공의 일들의 선에 이바지하기 때문에 추구되는 것이다.[6] 이 가운데 첫째(죄인의 교정)는 공공연한 비난에서 의도되지만, 둘째(공공의 일의 선)는, 제대로 말하자면 고발에 관한 것이다. 그러므로 범죄가 공공의 일에 위해를 끼칠 정도인 경우, 충분히 입증할 수 있는 한, 사람은 반드시 고발 기관에 고발해야 한다. 예를 들어 누군가의 죄가 많은 사람에게 신체적 또는 영적 타락을 퍼뜨리는 경우 반드시 고발해야 한다.[7] 하지만 만일 그 죄가 많은 사람에게 그다지 영향을 주지 않는다거나 충분한 증거를 적용할 수 없다면, 그는 고발하지 않아도 된다. 적절한 방법으로 완수할 수 없는 일에 매여 있는 사람은 아무도 없기 때문이다.

[해답] 1. 사람이 반드시 해야 할 일, 예를 들어, 영원한 생명을 얻기 위한 일과 교회의 성사들을 받는 일을 죄 때문에, 하지 못하게 하는 것은 아무것도 없다. 그렇지만 사람은 죄로부터 아무런 편의도 되가져오

---

7. "반드시 사인(私人)의 육체적 또는 영적 손해(손실)에 대해서보다 공동의 육체적 또는 영적 손해(손실)에 대해 도움을 주어야 할 사람이 적지 않다. 그만큼 공동의 선이 사인의 선보다 거룩하며 사랑할 만하기 때문이다(cf. q.31, a.3, ad2; q.39, a.2, obj.2 et ad2; q.47, a.10). 실로 이웃의 영적 또는 육체적 부패(타락) 위험에 대해 알고 대처할 수 있는 사람은, 마땅한 조건에 따라, 누구나 반드시 도움을 주어야 한다는 것에 동의한다. 그러므로 공공의 위험에 대해 도움을 주어야 할 의무가 훨씬 무겁다."(Caietanus in h. a. Cf. q.73, a.2, ad1.)

ramenta. Nec tamen ex hoc homo reportat commodum: quinimmo deficere ab his quae tenetur facere est gravissima poena, quia virtuosi actus sunt quaedam hominis perfectiones.

AD SECUNDUM dicendum quod subditi praelatos suos accusare prohibentur *qui non affectione caritatis, sed sua pravitate vitam eorum diffamare et reprehendere quaerun*[8]; vel etiam si subditi accusare volentes, fuerint criminosi; ut habetur II, qu. 7.[9] Alioquin, si fuerint alias idonei ad accusandum, licet subditis ex caritate suos praelatos accusare.

AD TERTIUM dicendum quod revelare secreta in malum personae, est contra fidelitatem: non autem si revelentur propter bonum commune, quod semper praeferendum est bono privato. Et ideo contra bonum commune nullum secretum licet recipere.[10] — Nec tamen est omnino secretum quod per sufficientes testes potest probari.

Articulus 2
Utrum sit necessarium accusationem in scriptis fieri

Ad secundum sic proceditur. Videtur quod non sit necessarium ac-

---

8. Gratianus, *Decretum*, p.II, causa 2, q.7, app. ad can.21: ed. Richter-Friedberg, t.I, p.488.
9. Gratianus, *Decretum*, p.II, causa 2, q.7, can.22: ed. Richter-Friedberg, t.I, p.488.

지 못한다. 실제로 해야 할 일을 하지 않는 것이야말로 가장 중대한 벌이다. 덕행은 어느 정도 인간의 완전성이기 때문이다.

2. "참사랑의 성정에 의해서가 아니라, 자신의 비뚤어짐에 의해서 상관의 삶을 비방하고 비난하려 한다면",[8] 또는 교령(II, qu. 7)[9]에 실려 있는 것처럼, 고발하고 싶어도 부하들이 범죄자들이라면, 상관을 고발하는 행위가 그들에게 금지된다. 그렇지 않고, 그들이 달리 고발할 자격이 있는 경우, 참사랑으로 상관들을 고발하는 것은 부하들에게도 허용된다.

3. 인격의 상처 안에 있는 비밀을 드러내 보이는 것은 충실성을 거스른다. 하지만 공동선을 위해 폭로되어야 할 경우라면 그렇지 않다. 언제나 공동선이 사적인 선보다 우선되어야 하기 때문이다. 그러므로 공동선을 거스르면서까지 어떤 비밀이든 받아들이는 것(고발하지 않는 것)은 허용되지 않는다.[10] ─하지만 그것을 입증할 충분한 증언들이 있을 때 그것은 더 이상 비밀이 아니다.

제2절 고발이 서면으로 이루어져야 하는 것은 필수적인가?

Parall.: *Quodlib*. XI, q.10, a.2.

[반론] 둘째 질문과 관련해서는 다음과 같이 전개된다. 고발이 서면

---

10. Cf. q.70, a.1, ad2.

cusationem in scriptis fieri.

1. Scriptura enim adinventa est ad subveniendum humanae memoriae circa praeterita. Sed accusatio in praesenti agitur. Ergo accusatio Scriptura non indiget.

2. Praeterea, II, qu. 8,[1] dicitur: *Nullus absens accusare potest, nec ab aliquo accusari.* Sed Scriptura ad hoc videtur esse utilis ut absentibus aliquid significetur: ut patet per Augustinum, X *de Trin.*[2] Ergo in accusatione non est necessaria Scriptura, praesertim cum canon[3] dicat quod *per scripta nullius accusatio suscipiatur.*

3. Praeterea, sicut crimen alicuius manifestatur per accusationem, ita per denuntiationem. Sed in denuntiatione non est Scriptura necessaria. Ergo videtur quod neque etiam in accusatione.

SED CONTRA est quod dicitur II, qu. 8[4]: *Accusatorum personae sine scripto nunquam recipiantur.*

RESPONDEO dicendum quod, sicut supra[5] dictum est, quando in criminibus per modum accusationis agitur, accusator constituitur pars, ita quod iudex inter accusatorem et eum qui accusatur medius

---

1. Gratianus, *Decretum*, p.II, causa 2, q.8, can.5: ed. Richter-Friedberg, t.I, p.503.
2. C.1, n.1: PL 42, 972.
3. Gratianus, *Decretum*, loc. cit.

으로 작성되어야 하는 것은 불가피하지 않은 것으로 보인다.

1. 서면으로 작성하는 것은 과거에 관한 인간적인 기억에 도움이 되기 위한 것으로 고안되었다. 하지만 고발은 현재 이루어지고 있다. 그러므로 고발은 서면으로 작성되지 않아도 된다.

2. 교령(II, qu. 8)[1]은 다음과 같이 말하고 있다. "누구도 그가 부재하면 고발할 수도, 고발될 수도 없다." 실로 서면으로 작성하는 것은, 아우구스티누스의 『삼위일체론』 제10권[2]에서 분명히 알 수 있듯이, 부재한 사람에게 무엇인가가 알려지게 하는 데 유용한 것으로 보인다. 그러므로 고발에는 서면의 불가피가 없다. 또 무엇보다도 교회법[3]은 다음과 같이 규정하고 있다. "서면을 통한 어떤 고발도 받아들여져서는 안 된다."

3. 어떤 사람의 범죄는 고발로, 심지어 공공연한 비난(탄핵)으로도 알려지게 된다. 실로 탄핵에서는 서면이 필수적이지 않다. 그러므로 고발에서도 서면이 필수적이지 않다.

[재반론] 교령(II, qu. 8)[4]은 다음과 같이 말하고 있다. "서면 없이는 사람의 고발을 절대로 받아들여서는 안 된다."

[답변] 이미 말했듯이,[5] 고발의 방식으로 이루어지는 형사사건(범죄사건)에서, 고발인은 한 당사자로 제정(임명)된다. 그래서 재판관은 정의의 심사(사법심사)를 위해 고발인과 피고발인 사이에서 중재자로 제정

---

4. Gratianus, *Decretum*, p.II, causa 2, q.8, can.1: ed. cit., t.I, p.503.
5. Q.67. a.3.

constituitur ad examen iustitiae: in quo oportet, quantum possibile est, secundum certitudinem procedere. Quia vero ea quae verbotenus dicuntur facile labuntur a memoria, non posset iudici esse certum quid et qualiter dictum sit, cum debet proferre sententiam, nisi esset in scriptis redactum. Et ideo rationabiliter institutum est ut accusatio, sicut et alia quae in iudicio aguntur, redigantur in scriptis.

AD PRIMUM ergo dicendum quod difficile est singula verba, propter eorum multitudinem et varietatem, retinere: cuius signum est quod multi, eadem verba audientes, si interrogentur, non referent ea similiter etiam post modicum tempus. Et tamen modica verborum differentia sensum variat. Et ideo, etiam si post modicum tempus debeat iudicis sententia promulgari, expedit tamen ad certitudinem iudicii ut accusatio redigatur in scriptis.

AD SECUNDUM dicendum quod Scriptura non solum necessaria est propter absentiam personae quae significat vel cui est aliquid significandum, sed etiam propter dilationem temporis, ut dictum est.[6] Et ideo cum dicit canon, *Per scripta nullius accusatio suscipiatur*, intelligendum est ab absente, qui per epistolam accusationem mittat. Non tamen excluditur quin, si praesens fuerit, necessaria sit Scriptura.

AD TERTIUM dicendum quod denuntiator non obligat se ad probandum: unde nec punitur si probare nequiverit. Et propter hoc in denuntiatione non est necessaria Scriptura, sed sufficit si aliquis verbo denuntiet Ecclesiae, quae ex officio suo procedet ad fratris

되며, 가능한 한 최대한, 확실성을 따라 그 심사를 진행해야 한다. 하지만 평범한 언어로 말해지는 것들은 기억에서 쉽게 사라지기 때문에, 서면으로 줄이지 않는 한, 재판관은 선고를 내려야 할 때, 무엇을 어떻게 말했는지 확신할 수 없다. 따라서 재판 중에 일어난 다른 일과 마찬가지로, 고발을 위해서도 서면으로 줄여 기록되어야 하는 것은 합리적인 제도이다.

[해답] 1. 개별 단어를 유지하는 것(똑같이 기억하는 것)은 어려운데, 그것은 단어가 너무 많고 다양하기 때문이다. 그 어려움의 한 표지는 똑같은 말을 여러 사람이 듣는다는 데서 나타난다. 만일 질문을 받으면 그들은 조금만 시간이 지나도 똑같이 [반복해서] 보고하지 않을 것이다. 또 단어들 사이의 미세한 차이는 의미를 변화시킨다. 그러므로 얼마 지나지 않아 재판관이 선고를 공표할지라도, 재판의 확실성을 위해서는 고발을 서면으로 줄이는 것이 편리하다.

2. 서면은 무엇인가 알아야 할 사람, 또는 무엇인가 알려야 할 사람의 부재 때문만이 아니라, 말한 대로[6] 시간의 지연 때문에도 불가피하다. 그러므로 교회법이 "서면 없이는 사람의 고발을 절대로 받아들여서는 안 된다."라고 한 것은 고발을 했으나 누구한테서 온 것인지 모르는(부재하는) 사람에게서 온 서한을 말한다. 하지만 그것으로, 고발인이 있을 때, 서면 작성의 불가피가 배제되지는 않는다.

3. 탄핵하는 자는 스스로 입증해야 할 의무가 없다. 따라서 그가 입증하지 못하더라도 그것으로 처벌되지 않는다. 또한 이러한 이유로 탄

---

6. Ad1.

emendationem.

Articulus 3
Utrum accusatio reddatur iniusta per calumniam, praevaricationem et tergiversationem

Ad tertium sic proceditur. Videtur quod accusatio non reddatur iniusta per calumniam, praevaricationem et tergiversationem.[1]

1. Quia sicut dicitur II, qu. 3,[2] *calumniari est falsa crimina intendere*. Sed quandoque aliquis alteri falsum crimen obiicit ex ignorantia facti, quae excusat. Ergo videtur quod non semper reddatur iniusta accusatio si sit calumniosa.

2. Praeterea, ibidem[3] dicitur quod *praevaricari est vera crimina abscondere*. Sed hoc non videtur esse illicitum: quia homo non tenetur ad omnia crimina detegenda, ut supra[4] dictum est. Ergo videtur quod accusatio non reddatur iniusta ex praevaricatione.

3. Praeterea, sicut ibidem[5] dicitur, *tergiversari est in universo ab accusatione desistere*. Sed hoc absque iniustitia fieri potest: dicitur enim

---

1. 누군가가 악의적으로 이웃을 거짓 범죄로 고발한다면 '비방'이다. 그가 거짓으로 고발하기 시작한 후, 고발된 범죄에 속한 것을 억누른다면(침묵한다면) '공모'다. 고발인이 시작했던 고발을, 법과 이성의 명령에 따라, 완전히 포기하고 돌아선다면 '기피'다. 그것들로 첫 번째 위해

핵에는 서면이 필수적이지 않다. 또 누군가 말로 교회를 탄핵하면 그 자체로 족하며, 교회는 그 직무로, 형제적 교정에 나서게 될 것이다.

제3절 고발은 중상, 공모 또는 기피로 부당해지는가?

[반론] 셋째 질문과 관련해서는 다음과 같이 전개된다. 고발은 중상(中傷), 공모(共謀) 또는 기피(忌避)로[1] 부당해지지 않는 것으로 보인다.

1. 교령(II, qu. 3)[2]에서 말한 것처럼, "중상하는 것은 거짓 범죄를 의도하는 것"이다. 실로 때때로 어떤 사람은 다른 사람이 면제된 사실에 대한 무지로 그에게 거짓 범죄를 씌운다. 그러므로 중상한다고 해서 고발이 언제나 부당해지지는 않는 것으로 보인다.

2. 같은 교령[3]은 다음과 같이 말하고 있다. "공모하는 것은 범죄의 진실을 감추는 것이다." 하지만 이것이 불법적인 것으로 보이지는 않는다. 이미 말했듯이,[4] 사람이 모든 범죄를 반드시 드러내야 하는 것은 아니기 때문이다. 그러므로 고발이 공모로 언제나 부당해지지는 않는 것으로 보인다.

3. 같은 교령은[5] 또 다음과 같이 말하고 있다. "기피는 고발에서 완전히 멈추는 것이다." 하지만 이는 불의 없이는 이루어질 수 없다. 같

는 재판 당사자에게 돌아간다. 나머지, 공공의 일에는 두 배의 위해가 돌아간다. Cf. Silvius in h. a.
2. Gratianus, *Decretum*, p.II, causa 2, q.3, app. ad can.8: ed. Richter-Friedberg, t.I, p.453.
3. Loc. cit.
4. A.1; q.33, a.7.
5. Loc. cit.

ibidem[6]: *Si quem poenituerit criminaliter accusationem et inscriptionem fecisse de eo quod probare non potuerit, si ei cum accusato innocente convenerit, invicem se absolvant.* Ergo accusatio non redditur iniusta per tergiversationem.

SED CONTRA est quod ibidem[7] dicitur: *Accusatorum temeritas tribus modis detegitur: aut enim calumniantur, aut praevaricantur, aut tergiversantur.*

RESPONDEO dicendum quod, sicut dictum est,[8] accusatio ordinatur ad bonum commune, quod intenditur per cognitionem criminis. Nullus autem debet alicui nocere iniuste ut bonum commune promoveat. Et ideo in accusatione duplici ratione contingit esse peccatum. Uno modo, ex eo quod iniuste agit contra eum qui accusatur, falsa crimina ei imponendo: quod est *calumniari*. — Alio modo, ex parte reipublicae, cuius bonum principaliter intenditur in accusatione, dum aliquis impedit malitiose punitionem peccati. Quod iterum dupliciter contingit. Uno modo, fraudem in accusatione adhibendo. Et hoc pertinet ad *praevaricationem:* nam *praevaricator est quasi varicator, qui adversam partem adiuvat, prodita causa sua.*[9] — Alio modo,

---

6. Loc. cit.
7. Loc. cit.
8. A.1.
9. Cf. Gratianus, loc. cit.: ed. cit., t.I, p.454.

은 교령⁶은 다음과 같이 말하고 있기 때문이다. "그가 입증할 수 없는 일을 했다는 범죄적인 고발과 그 기명(記名)을 회개했다면, 그가 무죄한 피고발인에게 동의했다면, 서로 사면(赦免)해야 한다." 그러므로 고발은 회피로 부당해지지 않는다.

[재반론] 같은 교령은⁷ 다음과 같이 말하고 있다. "고발인의 경솔(무모)은, 누군가 다른 사람이 중상의 대상이 되거나, 공모의 대상이 되거나, 회피의 대상이 되는, 세 방식으로 나타난다."

[답변] 말했듯이,⁸ 범죄의 인지(認知)를 통해 의도된 고발은 공동선을 위해 명령을 받는다. 실로 공동선을 촉진하기 위해서는 누구라도 그 어떤 사람에게라도 부당하게 위해를 가해서는 안 된다. 그러므로 고발에 있어, 두 가지 근거로 죄가 발생한다. 한 양상으로는, 누군가에게 거짓 범죄를 씌움으로써, 즉 "중상하는 것"으로, 고발인이 고발당한 그를 거슬러 부당하게 행동하는 것에서 죄가 발생한다.—다른 양상으로는, 공공의 일의 편에서 보면, 고발에는 주로 공공의 일의 선이 의도되어 있는데, 누군가 악의적으로 죄의 처벌을 방해하면서 죄가 발생한다. 이는 다시 두 가지 양상으로 발생한다. 한 양상으로는, 고발에 사기를 이용함으로써 죄가 발생하는데, 이는 "공모 행위"에 속한다. "공모자란, (마치 양측 사이에 서 있는 바리케이드 위에 앉아 있는 자처럼, 주어진 기회에) 자신의 대의를 배반하고, 반대편에 있는 사람들을 돕기도 하는, 곧 태도가 불명확한 자와 같기"⁹ 때문이다.—다른 양상으로는, 고발에서 완전히 포기함으로써 죄가 발생한다. 그것은 "기피하는 것"이며, 마치 "뒤로 돌아선 것으로" 보이듯, 이것으로 그는 시작했던 것을

totaliter ab accusatione desistendo. Quod est *tergiversari*: in hoc enim quod desistit ab hoc quod coeperat, quasi *tergum vertere* videtur.

AD PRIMUM ergo dicendum quod homo non debet ad accusationem procedere nisi de re sibi omnino certa, in quo ignorantia facti locum non habeat. — Nec tamen qui falsum crimen alicui imponit calumniatur: sed solum qui ex malitia in falsam accusationem prorumpit. Contingit enim quandoque ex animi levitate ad accusationem procedere, quia scilicet aliquis nimis faciliter credit quod audivit: et hoc temeritatis est. Aliquando autem ex iusto errore movetur aliquis ad accusandum. Quae omnia secundum prudentiam iudicis debent discerni, ut non prorumpat eum calumniatum fuisse qui vel ex levitate animi vel ex iusto errore in falsam accusationem prorupit.

AD SECUNDUM dicendum quod non quicumque abscondit vera crimina praevaricatur: sed solum si fraudulenter abscondit ea de quibus accusationem proponit, colludens cum reo, proprias probationes dissimulando, et falsas excusationes admittendo.

AD TERTIUM dicendum quod tergiversari est ab accusatione desistere omnino animum accusandi deponendo, non qualitercumque, sed inordinate. Contingit autem aliquem ab accusatione desistere ordinate absque vitio, dupliciter. Uno modo, si in ipso accusationis processu cognoverit falsum esse id de quo accusabat, et si pari consensu se absolvunt accusator et reus. Alio modo, si princeps, ad quem pertinet cura boni communis, quod per accusationem intenditur, accusationem aboleverit.

중단한다.

[해답] 1. 사람은 사실에 대한 무지가 설 자리가 없이 전적으로 확실한 것 외에는, 고발로 나아가서는 안 된다.—하지만 다른 사람에게 거짓 죄를 씌우는 자가 아니라, 오로지 악의에서 고발에 나온 자만이 중상을 범한 자가 된다. 때로는, 자기가 들은 것을 너무 쉽게 믿어, 경솔한 마음에서 고발로 나아가는 일이 발생하기 때문이다. 이는 성급함과 관계한다. 하지만 때때로 어떤 이는 단순한 실수로 누군가를 고발하기 위해 움직인다. 경솔한 마음에서든 단순한 실수로든 거짓 고발에 나온 고발인이 중상한 것이 아님을 확인하려면, 이 모든 것이 재판관의 현명을 따라 식별되어야 한다.

2. 범죄의 진실을 감추는 모든 사람이 공모의 죄를 범하는 것은 아니다. 피고발인과 공모하여 자신의 증거를 조작하고, 거짓 변명이라는 것을 알면서, 고발에 나온 사항에 대해 그것들을 기만적으로 숨기는 자만이 공모의 죄를 범한다.

3. 기피는, 특정 양상이 아니라 터무니없이 고발하려는 마음을 내려놓음으로써 고발을 완전히 멈추는 것이다. 하지만 죄를 범하지 않고 고발을 멈추는 것에는 두 양상이 있다. 하나는 바로 고발 과정에서 그가 고발한 것에 대해 그것이 거짓임을 알게 되고, 또 고발인과 피고발인이 서로 사면하는 것을 동의함으로써 이루어지는 것이다. 다른 하나는 고발로 의도된, 공동선의 보살핌은 군주에 속하는데, 군주가 고발을 파기하면 고발은 멈춘다.

Articulus 4
Utrum accusator qui in probatione defecerit teneatur ad poenam talionis

Ad quartum sic proceditur. Videtur quod accusator qui in probatione defecerit non teneatur ad poenam talionis.

1. Contingit enim quandoque aliquem ex iusto errore ad accusationem procedere: in quo casu iudex accusatorem absolvit, ut dicitur II, qu. 3.[1] Non ergo accusator qui in probatione defecerit tenetur ad poenam talionis.

2. Praeterea, si poena talionis ei qui iniuste accusat sit iniungenda, hoc erit propter iniuriam in aliquem commissam. Sed non propter iniuriam commissam in personam accusati: quia sic princeps non posset hanc poenam remittere. Nec etiam propter iniuriam illatam in rempublicam: quia sic accusatus non posset eum absolvere. Ergo poena talionis non debetur ei qui in accusatione defecerit.

3. Praeterea, eidem peccato non debetur duplex poena: secundum illud Nahum 1, [9]: *Non iudicabit Deus bis in idipsum.*[2] Sed ille qui

---

1. Gratianus, *Decretum*, p.II, causa 2, q.3, app. ad can.8: ed. Richter-Friedberg, t.I, p.454.
2. Sive *non vindicabit*, ut apud LXX legendum est ex graeco ἐχδιχῆσει. Vulg. sic habet: *Non consurget duplex tribulatio.*
3. Cf. Gratianus, *Decretum*, p.II, causa 6, q.1, can.17: ed. Richter-Friedberg, t.I, p.558.
4. Gratianus, *Decretum*, p.II, causa 2, q.3, app. ad can.7: ed. Richter-Friedberg, t.I, p.453. Cf. Isidorus Merc., *Decretal. Coll.*, epist. Callisti ad Galliae episc.: PL 130, 134 C.

제4절 자기의 고발을 입증하지 못한 고발인은 반드시 보복의 벌(형벌)을 받아야 하는가?

Parall: *In Sent.*, IV, d.41, a.5, qc.2, ad1.

[반론] 넷째 질문과 관련해서는 다음과 같이 전개된다. 자기의 고발을 입증하지 못한 고발인은 보복의 벌을 받지 않아도 되는 것으로 보인다.

1. 누군가는 때때로 정당한 오류에서 비롯하여 고발로 나아가는 일이 발생한다. 그 경우에 재판관은, 교령(II, qu. 3)[1]에서 말한 대로, 고발을 종료한다. 그러므로 자기의 고발을 입증하지 못한 고발인은 보복의 벌을 받지 않아도 된다.

2. 만일 보복의 벌이 부당하게 고발한 자에게 가해져야만 한다면, 이는 그가 누군가에게 가한 위해 때문일 것이다. 하지만 이는 피고발인의 인격에 가해진 위해 때문이 아닐 것이다. 그런 사건에서는 군주가 그 처벌을 방면해줄 수 없기 때문이다. 또한 공공의 일 안에 가한 위해 때문도 아닐 것이다. 그렇다면 피고발인은 고발인을 사면할 수 없을 것이다. 그러므로 보복의 벌은 자기의 고발을 입증하지 못한 고발인에게 합당하지 않다.

3. "그분은 모조리 끝장내시는 분, 어떤 적대자도 두 번 다시 일어나지 못한다."[2]라는 나훔 예언서 1장 [9절]을 따라서, 하나의 같은 죄는 이중으로 처벌되어서는 안 된다. 하지만 자기의 고발을 입증하지 못한 자는 악명에 합당한 벌을 만나는데,[3] 그 벌은, 다음과 같은 교황 젤라시우스[4]를 따라서, 교황조차도 방면해줄 수 없는 것으로 보인다. "비록

in probatione deficit incurrit poenam infamiae[3]: quam etiam Papa non videtur posse remittere, secundum illud Gelasii Papae[4]: *Quanquam animas per poenitentiam salvare possimus, infamiam tamen abolere non possumus.* Non ergo tenetur ad poenam talionis.

SED CONTRA est quod Hadrianus Papa dicit[5]: *Qui non probaverit quod obiecit, poenam quam intulerit ipse patiatur.*

RESPONDEO dicendum quod, sicut supra[6] dictum est, accusator in causa accusationis constituitur pars intendens ad poenam accusati. Ad iudicem autem pertinet ut inter eos iustitiae aequalitatem constituat. Iustitiae autem aequalitas hoc requirit, ut nocumentum quod quis alteri intentat, ipse patiatur: secundum illud *Exod.* 21, [24]: *Oculum pro oculo, dentem pro dente.* Et ideo iustum est ut ille qui per accusationem aliquem in periculum gravis poenae inducit, ipse etiam similem poenam patiatur.

AD PRIMUM ergo dicendum quod, sicut Philosophus dicit, in V *Ethic.*,[7] in iustitia non semper competit contrapassum simpliciter: quia multum differt an aliquis voluntarie an involuntarie alium laedat. Voluntarium autem meretur poenam, sed involuntario debetur

---

5. Gratianus, *Decretum*, p.II, causa 2, q.3, can.3: ed. cit., t.I, p.451.
6. A.2.

우리가(교회가) 참회의 성사로 영혼을 구할 수 있을지라도, 악평까지 제거할 수는 없다." 그러므로 그는 보복의 벌을 받지 않아도 된다.

[재반론] 교황 하드리아누스 1세는 다음과 같이 말하고 있다.[5] "자기의 고발을 입증하지 못한 자는 몸소 그 고발이 추론한 벌을 겪어야 한다."

[답변] 이미 말했듯이,[6] 고발의 경우에, 고발인은 피고발인의 처벌을 의도하는 당사자로 제정된다. 실로 그들 사이에 정의의 평등(공평)이 세워지는 것은 재판관에게 속한다. 또 정의의 평등(공평)이 요구하는 바는, "눈은 눈으로, 이는 이로"라는 탈출기 21장 [24절]을 따라, 다른 사람에게 위해를 입히려는 의도로 말미암아 고발자도 고통을 겪어야 한다는 것이다. 그러므로 고발로 누군가를 가혹한 처벌의 위험에 빠뜨리는 것은 정당하지만, 그도 똑같은 벌을 받아야 한다.

[해답] 1. 철학자가 『니코마코스 윤리학』 제5권[7]에서 말한 대로, 정의에서는 언제나 단순히 '고통의 대갚음'이 경쟁하는 것은 아니다. 한 사람이 다른 사람을 의도적으로 또는 의도하지 않게 위해를 가했느냐가 큰 차이를 만들기 때문이다. 의도적으로 가한 위해에는 벌(형벌)이 마땅하다. 의도하지 않게 가한 위해에는 용서가 합당하다. 그러므로 재판관은 누군가에게 위해를 가할 의도가 아니라 단순한 실수에서 비롯

---

7. C.8, 1132b31-33; S. Thomas, lect.8, nn.971-972. De contrapasso, supra q.61, a.4.

venia. Et ideo quando iudex cognoverit aliquem de falso accusasse non voluntate nocendi, sed involuntarie propter ignorantiam ex iusto errore, non imponit poenam talionis.

AD SECUNDUM dicendum quod ille qui male accusat peccat et contra personam accusati, et contra rempublicam. Unde propter utrumque punitur. Et hoc est quod dicitur *Deut.* 19, [18-19]: *Cumque, diligentissime perscrutantes, invenerint falsum testem dixisse contra fratrem suum mendacium, reddent ei sicut fratri suo facere cogitavit,* quod pertinet ad iniuriam personae: et postea, quantum ad iniuriam reipublicae, subditur [19-20]: *Et auferes malum de medio tui: ut audientes ceteri timorem habeant, et nequaquam talia audeant facere.* Specialiter tamen personae accusati facit iniuriam si de falso accuset: et ideo accusatus, si innocens fuerit, potest ei iniuriam suam remittere; maxime si non calumniose accusaverit, sed ex animi levitate. Si vero ab accusatione innocentis desistat propter aliquam collusionem cum adversario, facit iniuriam reipublicae: et hoc non potest ei remitti ab eo qui accusatur, sed potest ei remitti per principem, qui curam reipublicae gerit.

AD TERTIUM dicendum quod poenam talionis meretur accusator in recompensationem nocumenti quod proximo inferre intentat: sed poena infamiae ei debetur propter malitiam ex qua calumniose alium accusat. Et quandoque quidem princeps remittit poenam, et

된 무지 때문에 오류로 고발한 것을 알고 있다면, 보복의 벌을 부과하지 않는다.

2. 악하게 고발한 자는 고발된 사람은 물론 공공의 일도 거슬러 죄를 범한 것이다. 그러므로 그는 두 가지 죄에 대해 벌을 받는다. 이를 놓고 신명기 19장 [18-19절]은 다음과 같이 말하고 있다. "판관들이 잘 심문한 결과, 증인이 거짓 증인이고 자기 동족에 대하여 거짓으로 증언한 것이 드러나면, 너희는 그가 자기 동족에게 하려고 작정하였던 것과 똑같이 그에게 해야 한다." 또 이것은 사람에게 가한 위해에도 속한다. 이어 [19-20절], 공공의 일에 가한 위해에 대해 말한다. "그래서 너희는 너희 가운데에서 악을 치워버려야 한다. 그러면 남은 사람들이 그것을 듣고 두려워하여, 너희 가운데에서 다시는 그런 악한 짓을 하지 않을 것이다." 하지만 특별히 그가 다른 사람을 거짓으로 고발한다면, 그는 피고발인에게도 위해를 가한다. 그러므로 피고발인은, 그가 무죄하다면, 특히 중상이 아니라 경솔한 마음에서 고발당한 것이라면, 자기에게 가해진 위해를 방면할 수 있다. 하지만 그가 반대자와 어떤 공모로 무죄한 사람에 대한 고발을 멈추면, 그는 공공의 일에만 위해를 입힌다. 이 위해는 피고발인에 의해서는 방면될 수 없으나, 공공의 일을 돌보는 옷을 입은 군주를 통해서는 방면될 수 있다.

3. 고발인은 이웃에게 가하려 의도한 위해에 대한 배상으로 보복의 벌을 받아야 한다. 하지만 악명(악평)에 대한 벌은 다른 사람을 중상해서 고발한 그의 사악함 때문에 그에게 합당하다. 때때로 군주는 그의 벌을 방면하지만, 피고발인이 입은 악평까지는 제거하지 못한다. 하지만 때때로 군주는 악평도 제거한다. 그러므로 교황도 같은 방식으로 악평을 제거할 수 있다. 교황 젤라시우스가 "우리도 악평까지 제거할

non abolet infamiam: quandoque autem etiam infamiam abolet. Unde et Papa potest huiusmodi infamiam abolere: et quod dicit Papa Gelasius, *Infamiam abolere non possumus*, intelligendum est vel de infamia facti, vel quia eam abolere aliquando non expedit. Vel etiam loquitur de infamia irrogata per iudicem civilem, sicut dicit Gratianus.[8]

---

8. *Decretum*, p.II, causa 2, q.3, app. ad can.8: ed. cit., t.I, p.453.

수는 없다."라고 말한 것은 사실의 악평(행위에 따라다니는 악평)이나, 때로는 제거하는 것이 마땅치 않은 악평에 대한 것으로 이해해야 한다. 또는 그라티아누스 교황[8]이 말했듯이, 민사 사건 재판관에 의해 가해진 악평에 대해 말한 것이다.

QUAESTIO LXIX
DE PECCATIS QUAE SUNT CONTRA IUSTITIAM EX PARTE REI

in qutuor articulos divisa

Deinde considerandum est de peccatis quae sunt contra iustitiam ex parte rei.[1]

Et circa hoc quaeruntur quatuor.

Primo: utrum peccet aliquis mortaliter veritatem negando per quam condemnaretur.

Secundo: utrum liceat alicui se calumniose defendere.

Tertio: utrum liceat alicui iudicium subterfugere appellando.

Quarto: utrum liceat alicui condemnato per violentiam se defendere, si adsit facultas.

Articulus 1
Utrum absque peccato mortali possit accusatus veritatem negare per quam condemnaretur

Ad primum sic proceditur. Videtur quod absque peccato mortali

---

[1]. Cf. q.67, Introd.

제69문
재판 당사자(피고발인) 편에서 정의를 거스르는 죄에 대하여
(전4절)

다음으로는 재판 당사자 편에서 정의를 거스르는 죄에 대하여 고찰해야 한다.[1] 이 주제와 관련하여 네 질문이 제기된다.

1. 유죄판결로 이끌 진실을 부인함으로써 그는 치명적으로 죄를 범하는 것인가?
2. 중상(비방)으로 자신을 방어하는 것은 허용되는가?
3. 항소함으로써 판결을 피하는 것은 허용되는가?
4. 유죄판결을 받은 사람에게 그렇게 할 수 있다면, 폭력으로도 자기를 방어하는 것은 허용되는가?

제1절 피고발인이, 치명적으로 죄를 범하지 않고도 자신을 유죄판결로 이끌 진실을 부인할 수 있는가?

Parall.: A.2; *In Sent.*, IV, d.17, q.3, a.1, qc.2, ad1&3; d.19, q.2, a.3, qc.1, ad5; *Quodlib.*, V, q.8, a.2.

[반론] 첫째 질문과 관련해서는 다음과 같이 전개된다. 피고발인은

possit accusatus veritatem negare per quam condemnaretur.

1. Dicit enim Chrysostomus[1]: *Non tibi dico ut te prodas in publicum, neque apud alium accuses.* Sed si veritatem confiteretur in iudicio accusatus, seipsum proderet et accusaret. Non ergo tenetur veritatem dicere. Et ita non peccat mortaliter si in iudicio mentiatur.

2. Praeterea, sicut mendacium officiosum[2] est quando aliquis mentitur ut alium a morte liberet, ita mendacium officiosum esse videtur quando aliquis mentitur ut se liberet a morte: quia plus sibi tenetur quam alteri. Mendacium autem officiosum non ponitur esse peccatum mortale, sed veniale. Ergo si accusatus veritatem in iudicio neget ut se a morte liberet, non peccat mortaliter.

3. Praeterea, omne peccatum mortale est contra caritatem, ut supra[3] dictum est. Sed quod accusatus mentiatur excusando se a peccato sibi imposito, non contrariatur caritati, neque quantum ad dilectionem Dei neque quantum ad dilectionem proximi. Ergo huiusmodi mendacium non est peccatum mortale.

SED CONTRA, omne quod est contrarium divinae gloriae est peccatum mortale: quia ex praecepto tenemur *omnia in gloriam Dei*

---

1. Hom.31 *super epist. ad Heb.*, n.3: PG 63, 216.
2. Cf. q.110, a.2.
3. Q.24, a.12.

치명적인 죄를 범하지 않고도 유죄판결로 이끌 진실을 부인할 수 있는 것으로 보인다.

1. 크리소스토무스는 다음과 같이 말하고 있다.[1] "나는 당신의 죄를 공개적으로 드러내야 한다고 말하는 것이 아니며, 다른 사람들 앞에서 자신을 나무라야 한다고 말하는 것도 아닙니다."

실로 피고발인이 법정에서 진실을 자백한다면 그는 자신의 죄를 폭로하고 자신을 고발하게 될 것이다. 그러므로 그가 반드시 진실을 말해야 하는 것은 아니다. 또한 그가 법정에서 거짓을 말해도 그는 치명적으로 죄를 범하는 것이 아니다.

2. 누군가 다른 사람을 죽음에서 구하기 위해 거짓말을 할 때 그것이 의무적인 거짓말인[2] 것처럼, 누군가 자신을 죽음에서 구하기 위해 거짓말을 할 때, 사람은 누구나 다른 사람보다 자신에게 더 매여 있으므로(더 책임이 있으므로), 그것 역시 의무적인 거짓말이다. 실로 의무적인 거짓말은 치명적이 아니라 용서할 수 있는(경미한) 죄로 분류된다. 그러므로 만일 피고발인이, 죽음에서 자신을 해방하기 위해 법정에서 진실을 부인한다면, 그는 치명적으로 죄를 범하는 것이 아니다.

3. 이미 말했듯이,[3] 모든 대죄는 참사랑을 거스른다. 하지만 피고발인이 자신에게 부과된(기소된) 죄에 대해 변명하면서(부인하면서) 거짓말을 한다는 것은 참사랑을 거스르지 않는다. 우리가 하느님께 돌려야 할 사랑에 관해서도, 우리 이웃에 돌려야 할 사랑에 관해서도 그렇다. 그러므로 그런 식의 거짓말은 대죄가 아니다.

[재반론] 신적인 영광을 거스르는 것은 모두 대죄다. 우리는 모두 코린토 1서 10장 [31절]에서 분명히 밝힌 대로 "모든 것을 하느님의 영광

facere, ut patet I *ad Cor.* 10, [31]. Sed quod reus id quod contra se est confiteatur, pertinet ad gloriam Dei: ut patet per id quod Iosue dixit ad Achar: *Fili mi, da gloriam Domino Deo Israel, et confitere atque indica mihi quid feceris: ne abscondas,* ut habetur *Iosue* 7, [19]. Ergo mentiri ad excusandum peccatum est peccatum mortale.

RESPONDEO dicendum quod quicumque facit contra debitum iustitiae, mortaliter peccat, sicut supra[4] dictum est. Pertinet autem ad debitum iustitiae quod aliquis obediat suo superiori in his ad quae ius praelationis se extendit. Iudex autem, ut supra[5] dictum est, superior est respectu eius qui iudicatur. Et ideo ex debito tenetur accusatus iudici veritatem exponere quam ab eo secundum formam iuris exigit. Et ideo si confiteri noluerit veritatem quam dicere tenetur, vel si eam mendaciter negaverit, mortaliter peccat.[6] Si vero iudex hoc exquirat quod non potest secundum ordinem iuris, non tenetur ei accusatus respondere, sed potest vel per appellationem vel aliter licite subterfugere: mendacium tamen dicere non licet.

AD PRIMUM ergo dicendum quod quando aliquis secundum

---

4. Q.59, a.4.
5. Q.67, a.1.
6. 또한 분명히 심문하는(질문하는) 법의 형식을 따라 재판관에게 빚지고 있는, 그 복종의 의무에 반하는 것이다. 이 원칙은 다음과 같이 제정된 법을 따라 오늘날 더 이상 적용되지 않는다. "법을 따라 질문하는 재판관에게, 임무가 맡겨진 자들에 의해 진행되고 있는 위반의 경우

을 위하여 하라."는 계명에 묶여 있기 때문이다. 실로, 여호수아서 7장 [19절]에서, 다음과 같이 여호수아가 아칸에게 말한 대목에서 분명히 드러나듯이, 피고발인이 자신을 거슬러서라도 자백하는 일은 하느님의 영광에 속한다. "아들아, 주 이스라엘의 하느님께 영광과 찬미를 드려라. 그리고 네가 무엇을 하였는지 숨기지 말고 내게 말하여라." 그러므로 죄를 변명하기 위해 거짓말을 하는 것은 대죄다.

[답변] 이미 말했듯이,[4] 정의의 빚(의무)을 거슬러 행동하는 사람은 누구나 치명적으로 죄를 범한다. 실로 누구나 자기 상관의 우선권이 미치는 일에 있어서 상관에게 복종해야 한다는 것은 정의의 의무에 속한다. 게다가, 이미 말했듯이,[5] 재판관은 자기에게 재판받는 사람에 관련해서 상관이다. 그러므로 피고발인은 재판관이 법의 형식을 따라 자기에게 요구하는 진실을 재판관에게 설명해야 할 의무에 묶여 있다. 그러므로 만일 그가 반드시 말해야 할 진실을 자백하지 않는다면, 또는 만일 그가 거짓으로 진실을 부인한다면, 그는 치명적으로 죄를 범한다.[6] 반면에, 만일 재판관이 그에게 정의의 질서(명령)를 따라 물을 수 없는 것을 요구한다면, 피고발인은 재판관에 응답하지 않아도 되고 항의를 할 수도 있으며, 그렇지 않으면 숨기는 것이 허용될 수 있다. 하지만 거짓을 말하는 것은 허용되지 않는다.

[해답] 1. 어떤 사람이 재판관한테 정의의 질서(명령)를 따라 심리(심

가 아닌 한, 당사자는 진실을 고백하고 대답해야 한다."(*Codex Iur. Can.*, can.1743, §1) Cf. C. Spicq, OP, *Les péches d'injustice*, t.II(II-II, qq.67-69, trad. *franç.*), Paris, 1935, p.277.

ordinem iuris a iudice interrogatur, non ipse se prodit, sed ab alio proditur, dum ei necessitas respondendi imponitur per eum cui obedire tenetur.

AD SECUNDUM dicendum quod mentiri ad liberandum aliquem a morte cum iniuria alterius, non est mendacium simpliciter officiosum, sed habet aliquid de pernicioso admixtum. Cum autem aliquis mentitur in iudicio ad excusationem sui, iniuriam facit ei cui obedire tenetur, dum sibi denegat quod ei debet, scilicet confessionem veritatis.

AD TERTIUM dicendum quod ille qui mentitur in iudicio se excusando, facit et contra dilectionem Dei, cuius est iudicium[7]; et contra dilectionem proximi, tum ex parte iudicis, cui debitum negat; tum ex parte accusatoris, qui punitur si in probatione deficiat. Unde et in Psalm. [Ps. 140,4] dicitur: *Ne[8] declines cor meum in verba malitiae, ad excusandas excusationes in peccatis:* ubi dicit Glossa[9]: *Haec est consuetudo impudentium, ut deprehensi per aliqua falsa se excusent.* Et Gregorius, XXII *Moral.*,[10] exponens illud *Iob* 31, [33], *Si abscondi quasi homo peccatum meum,* dicit: *Usitatum humani generis vitium est et latendo peccatum committere, et commissum negando abscondere, et convictum defendendo multiplicare.*

---

7. 신명 1,17.
8. Vulgata: *Non.*
9. Ordin.: PL 113, 1063 B; Lombardus: PL 191, 1236 D. Cf. Cassiodorus, *Expos. in Psalt.*, super Ps. 140, 4: PL 70, 1001 A.

문)를 받을 때, 그는 자신을 배반하는 것이 아니라 다른 사람에게 배반 당한다. 반면 응답해야 할 불가피는 그가 복종해야 할 상대에 의해 부과된다.

2. 어떤 사람을 죽음에서 구하기 위해, 다른 사람에게 위해를 가하면서 거짓말을 하는 것은 단순히 의무적인 거짓말이 아니라, 악의적인 거짓말이 그 안에 섞여 있다. 또 어떤 사람이 재판에서 자신의 변명을 위해 거짓말을 할 때, 그는 반드시 복종해야 할 사람에게 위해를 입힌다. 그가 재판관에게 해야 할 진실의 자백을 거부하기 때문이다.

3. 재판에서 자신을 변명함으로써 거짓말을 한 사람은 하느님을 기쁘게 하는 일도 이웃을 기쁘게 하는 일에도 거슬러 행동하는 것이다. 하느님을 기쁘게 하는 일이 재판 절차다.[7] 또 재판관의 편에서 보면, 자기에게 반드시 해야 할 것을 거부한 것이 이웃 사랑의 배반이며, 고발을 입증하지 못하면 벌을 받는 고발인의 편에서 보더라도 이웃 사랑의 배반이다. 그러므로 시편 140장 [4절]은 다음과 같이 말하고 있다. "제 마음이 악한 말에 기울어, 불의한 행동을 하지 않게[8] 하소서." 이 말에 관한 주석[9]은 다음과 같다. "부끄러움을 모르는 자들은 범죄 행위가 발각되면 곧잘 거짓말을 함으로써 그들의 범죄 행위를 부정한다." 또 그레고리우스는 『욥기의 도덕적 해설』 제22장[10]에서, "내가 만일 사람들이 하듯 내 잘못을 감추었다면"이라는 욥기 31장 [33절]을 해설하면서 다음과 같이 말하고 있다. "맡겨진 것을 숨긴 것을 부인함으로써, 유죄(판결)를 가중하는 것을 방어함으로써, 범한 죄를 숨기는 행위가 인류의 보통 악습이다."

---

10. C.15, al. 9, in vet.13, n.30: PL 76, 230 C D.

Articulus 2
Utrum accusato liceat calumniose se defendere

Ad secundum sic proceditur. Videtur quod accusato liceat calumniose se defendere.

1. Quia secundum iura civilia,[1] in causa sanguinis licitum est cuilibet adversarium corrumpere. Sed hoc maxime est calumniose se defendere. Ergo non peccat accusatus in causa sanguinis si calumniose se defendat.

2. Praeterea, *accusator cum accusato colludens poenam recipit legibus constitutam*, ut habetur, II, qu. 3[2]: non autem imponitur poena accusato propter hoc quod cum accusatore colludit. Ergo videtur quod liceat accusato calumniose se defendere.

3. Praeterea, *Prov.* 14, [16] dicitur: *Sapiens timet et declinat a malo: stultus transilit et confidit.* Sed illud quod fit per sapientiam non est peccatum. Ergo si aliquis qualitercumque se liberet a malo, non peccat.

SED CONTRA est quod etiam in causa criminali iuramentum de calumnia est praestandum: ut habetur Extra, *de Iuramento Calum., Inhaerentes*.[3] Quod non esset si calumniose defendere se liceret. Ergo non est licitum accusato calumniose se defendere.

---

1. *Cod.*, II, t.4, leg.18: ed. Krueger, t.II, p.96 a.
2. Gratianus, *Decretum*, p.II, causa 2, q.3, can.8: ed. Richter-Friedberg, t.I, p.453.

제2절 궤변으로 자신을 방어하는 것은 피고발인에 허용되는가?

[반론] 둘째 질문과 관련해서는 다음과 같이 전개된다. 궤변으로 자신을 방어하는 것은 허용되는 것으로 보인다.

1. 국법을 따르면,[1] 피(생명)의 사건에서는 반대자를 부패시키는 것이 누구에게나 허용된다. 실로 이는 주로 궤변으로 자신을 방어하는 것이다. 그러므로 피고발인이 생명의 사건에서 궤변으로 자신을 방어한다면 죄를 범하지 않았다.

2. 교령(II, qu. 3)[2]에 실린 대로, 피고발인과 공모하는 고발인은 제정된 법으로 제정된 벌을 받는다. 하지만 공모된 고발 때문에는 피고발인에게 아무런 벌도 부과되지 않는다. 그러므로 궤변으로 자신을 방어하는 것이 피고발인에게는 허용되는 것으로 보인다.

3. 잠언 14장 [16절]은 다음과 같이 말하고 있다. "지혜로운 이는 조심해서 악을 피하지만 우둔한 자는 마음 놓고 굳게 믿는다." 실로 지혜롭게 행한 것은 어떤 것도 죄가 아니다. 그러므로 누군가 어떤 방법으로든 자신을 악에서 해방하면 그는 그것으로 죄를 범하지 않는다.

[재반론] 형사사건에서도, 교령(Extra, extra, de Iuramento Calum., Inhaerentes '궤변, 상속의 맹세에 관한 법')[3]에 실린 것처럼, 궤변에 대한 맹세가 먼저 있어야 한다. 또 만일 궤변으로 자신을 방어하는 것이 허용되었다면, 사실 형사사건이 아니었을 것이다. 그러므로 궤변으로 자신을 방어하는 것은 피고발인에게 합법적이지 않다.

---

3. *Decretal. Greg. IX*, II, t.7, c.1: ed. Richter-Friedberg, t.II, p.265.

RESPONDEO dicendum quod aliud est veritatem tacere, aliud est falsitatem proponere. Quorum primum in aliquo casu licet. Non enim aliquis tenetur omnem veritatem confiteri, sed illam solum quam ab eo potest et debet requirere iudex secundum ordinem iuris: puta cum praecessit infamia super aliquo crimine, vel aliqua expressa indicia apparuerunt, vel etiam cum praecessit probatio semiplena.[4] Falsitatem tamen proponere in nullo casu licet alicui.

Ad id autem quod licitum est potest aliquis procedere vel per vias licitas et fini intento accommodas, quod pertinet ad prudentiam: vel per aliquas vias illicitas et proposito fini incongruas, quod pertinet ad astutiam, quae exercetur per fraudem et dolum, ut ex supradictis[5] patet. Quorum primum est laudabile; secundum vero vitiosum. Sic igitur reo qui accusatur licet se defendere veritatem occultando quam confiteri non tenetur, per aliquos convenientes modos: puta quod non respondeat ad quae respondere non tenetur. Hoc autem non est calumniose se defendere, sed magis prudenter evadere. — Non autem licet ei vel falsitatem dicere, vel veritatem tacere quam confiteri tenetur; neque etiam aliquam fraudem vel dolum adhibere, quia fraus et dolus vim mendacii habent. Et hoc est calumniose se defendere.

AD PRIMUM ergo dicendum quod multa secundum leges hu-

---

4. 한 명의 중대한 증인의 증언은 거의 완전한 개연성이다.
5. Q.55, aa.3 sqq.

[답변] 진실을 침묵하는 것과 거짓을 제출하는 것은 다른 문제다. 어떤 사건에서도 진실을 침묵하는 것은 허용된다. 누구라도 진실 전체를 고백해야 하는 것은 아니며, 다만 법의 질서(명령)를 따라 재판관이 그에게 요구(명)할 수 있고 또 마땅히 요구해야 하는 것에 대해서만 고백해야 하기 때문이다. 그가 다른 어떤 범죄로 악명(악평)이 선행(先行)할 때, 또는 일부 명시적인 증거가 나타났을 때, 또는 비슷한 입증이 선행된 경우도 그런 예에 속한다.[4] 하지만 어떤 [재판] 사건에서도 거짓을 제출하는 것은 누구에게든 허용되지 않는다.

누구라도 합법적인 수단과 지목된 목적의 적합성을 통해 합법적으로 나아갈 수 있는 것이 있는데, 그것은 현명에 속한다. 반면에 어떤 방식으로든 불법적인 수단과 제출된 목적의 부적합성을 통해 합법적으로 나아갈 수 있는 것이 있는데, 이는 앞에서 분명히 말한 대로,[5] 사기와 기만으로 실행되는 교활함에 속한다. 이 가운데 첫째 것은 칭찬받을 만하지만, 둘째 것은 실로 사악하다. 따라서 예를 들어 응답하지 않아도 되는 것에 응답하지 않는 방식으로, 어떤 적절한 방식으로, 자백하지 않아도 되는 진실을 숨김으로써 자신을 방어하는 것은 재판 당사자에게는 허용된다고 말할 수 있다. 이는 궤변으로 자신을 방어하는 것이라기보다는 현명하게 벗어나는 것이다.—하지만 그가 거짓을 말하는 것이나, 그가 반드시 자백해야 할 진실을 침묵하는 것은 그에게 허용되지 않는다. 어떤 사기나 기만이든 그것을 사용하는 것은 더욱 허용되지 않는다. 사기와 기만은 거짓말의 힘을 갖고 있기 때문이다. 그것들을 사용하는 것은 궤변으로 자신을 방어하는 것이다.

[해답] 1. 가벼운 간음에서 알 수 있듯이, 성스러운 심판을 따라 죄가

manas impunita relinquuntur quae secundum divinum iudicium sunt peccata, sicut patet in simplici fornicatione: quia lex humana non exigit ab homine omnimodam virtutem, quae paucorum est, et non potest inveniri in tanta multitudine populi quantam lex humana sustinere habet necesse.[6] Quod autem aliquis non velit aliquod peccatum committere ut mortem corporalem evadat, cuius periculum in causa sanguinis imminet reo, est perfectae virtutis: quia *omnium temporalium maxime terribile est mors*, ut dicitur in III *Ethic.*.[7] Et ideo si reus in causa sanguinis corrumpat adversarium suum, peccat quidem inducendo eum ad illicitum, non autem huic peccato lex civilis adhibet poenam. Et pro tanto licitum esse dicitur.

AD SECUNDUM dicendum quod accusator, si colludat cum reo qui noxius, est, poenam incurrit: ex quo patet quod peccat. Unde, cum inducere aliquem ad peccandum sit peccatum, vel qualitercumque peccati participem esse, cum Apostolus dicat[8] dignos morte eos qui peccantibus consentiunt, manifestum est quod etiam reus peccat cum adversario colludendo. Non tamen secundum leges humanas imponitur sibi poena, propter rationem iam[9] dictam.

AD TERTIUM dicendum quod sapiens non abscondit se calumniose, sed prudenter.

---

6. Cf. I-II, q.96, aa.2-3.
7. C.9, 1115a26-27; S. Thomas, lect.14, n.536.

되는 많은 일이 인간의 법을 따라서는 벌 받지 않고 남겨진다. 인간의 법은 사람한테 모든 덕을 요구하지 않는다. 이는 하느님의 심판을 받지 않을 덕이 몇 되지 않으며, 인간의 법이 마땅히 뒷받침해야(보호해야) 하는 많은 사람에게서는 그 덕을 찾아볼 수 없기 때문이다.[6] 하지만 어떤 사람은, 피의 재판에서 재판 당사자에게 임박한 위험인 사건에서, 육체적 죽음을 피하려 다른 죄를 범하는 것을 원치 않는데, 그것은 완전한 덕의 행위이다. 『니코마코스 윤리학』 제3권[7]에서 말한 것처럼, "죽음은 모든 현세적인 것 가운데 가장 두려운 것이기" 때문이다. 그러므로 만일, 피(생명)의 [재판] 사건에서 재판 당사자가 그의 반대자를 부패시킨다면, 참으로 불법적인 일을 하도록 유인하는 죄를 범하는 것이지만 국법(인간의 법)은 이 죄에 벌을 부과하지 않는다. 또 많은 이는 이를 합법적이라 말한다.

2. 만일 고발인이 더 해로운 재판 당사자와 공모하면, 그가 죄를 범하고 있다는 것이 분명하므로, 그는 벌을 만난다. 그러므로 사도가[8] 죄인들에게 동의하는 자들에게는 죽음이 합당하다고 말하기 때문에, 누군가를 죄로 유인하거나 어떤 식으로든 죄에 참여하는 것은 죄가 되므로, 같은 재판 당사자(피고발인)도 반대자와 공모함으로써 죄를 범하는 것이 분명하다. 그렇지만 인간의 법을 따르면, 이미 말한 그 근거 때문에[9] 그에게는 벌이 부과되지 않는다.

3. 지혜로운 이는 궤변의 방식이 아니라 현명한 방식으로 자신을 숨긴다.

---

8. 로마 1,32.
9. ad1.

Articulus 3
Utrum reo liceat iudicium declinare per appellationem

Ad tertium sic proceditur. Videtur quod reo non liceat iudicium declinare per appellationem.

1. Dicit enim Apostolus, *Rom.* 13, [1]: *Omnis anima potestatibus sublimioribus subdita sit.* Sed reus appellando recusat subiici potestati superiori, scilicet iudici. Ergo peccat.

2. Praeterea, maius est vinculum ordinariae potestatis quam propriae electionis. Sed sicut legitur II, qu. 6,[1] *a iudicibus quos communis consensus elegerit non liceat provocari.* Ergo multo minus licet appellare a iudicibus ordinariis.

3. Praeterea, illud quod semel est licitum, semper est licitum. Sed non est licitum appellare post decimum diem,[2] neque tertio super eodem.[3] Ergo videtur quod appellatio non sit secundum se licita.

SED CONTRA est quod Paulus Caesarem appellavit, ut habetur *Act.* 25, [11].

---

1. Gratianus, *Decretum*, p.II, causa 2, q.6, can.33: ed. Richter-Friedberg, t.I, p.478.
2. Cf. Gratianus, *Decretum*, loc. cit., can.28: ed. cit. t.I, p.474.

제3절 재판 당사자(피고발인)가 항소를 통해 재판(법적 절차)을 기피하는 것은 허용되는가?

[반론] 셋째 질문과 관련해서는 다음과 같이 전개된다. 항소를 통해 법적 절차를 거절하는 것은 재판 당사자에게 허용되지 않는 것으로 보인다.

1. 사도는 로마서 13장 [1절]에서 다음과 같이 말하고 있다. "사람은 누구나 위에서 다스리는 권위에 복종해야 합니다." 실로 재판 당사자는 항소함으로써 상관의 권위, 즉 재판관의 권위에 복종하기를 거부한다. 그러므로 그는 죄를 범한다.

2. 통상적 권한의 구속력은 나름대로 선발된 권한보다 크다. 실로 교령(II, qu. 6)[1]에 실린 대로, "공동의 합의로 선발된 재판관들에게 도발하는 것은 허용되지 않는다." 그러므로 통상적 권한의 재판관들에게 항의(항소)하는 것은 더욱 허용되지 않는다.

3. 한 번 합법적인 것은 언제나 합법적이다. 하지만 열흘이 지난 후 항소하는 것도,[2] 같은 쟁점에 대하여 세 번째나 항소하는 것도[3] 합법적이지 않다. 그러므로 항소는 그 자체로 합법적이지 않은 것으로 보인다.

[재반론] 사도 바오로는, 사도행전 25장 [11절]에서 볼 수 있듯이, 카이사르에게 항소하였다.

---

3. Cf. Gratianus, *Decretum*, loc. cit., app. ad can.39: ed. cit., t.II, p.481; et *Cod.*, VII, t.70, leg. un.: ed Krueger, t.II, p.328 b.

RESPONDEO dicendum quod duplici de causa contingit aliquem appellare. Uno quidem modo, confidentia iustae causae: quia videlicet iniuste a iudice gravatur. Et sic licitum est appellare: hoc enim est prudenter evadere. Unde II, qu. 6,[4] dicitur: *Omnis oppressus libere sacerdotum si voluerit appellet iudicium, et a nullo prohibeatur.*

Alio modo aliquis appellat causa afferendae morae, ne contra eum iusta sententia proferatur. Et hoc est calumniose se defendere, quod est illicitum, sicut dictum est[5]: facit enim iniuriam et iudici, cuius officium impedit, et adversario suo, cuius iustitiam, quantum potest, perturbat. Et ideo sicut dicitur II, qu. 6,[6] *omni modo puniendus est cuius iniusta appellatio pronuntiatur.*

AD PRIMUM ergo dicendum quod potestati inferiori intantum aliquis subiici debet inquantum ordinem superioris servat, a quo si exorbitaverit, ei subiici non oportet: puta *si aliud iusserit proconsul, et aliud Imperator,* ut patet per Glossam[7] *Rom.* 13, [2], Cum autem iudex iniuste aliquem gravat, quantum ad hoc relinquit ordinem superioris potestatis, secundum quam necessitas sibi iuste iudicandi imponitur. Et ideo licitum est ei qui contra iustitiam gravatur, ad di-

---

4. Gratianus, loc. cit., can.3: ed. cit. t.I, p.464.
5. A.2.

[답변] 두 가지 원인에 대해, 무엇인가를 항소하는 일이 발생한다. 그 하나는 재판관으로부터 분명히 부당하게 억압을 받았기 때문에, 그 정당한 원인의 확신으로 항소하는 일이 발생한다. 이는 현명하게 도피하는 것이므로 항소하는 것은 합법적일 것이다. 그래서 교령(II, qu. 6)[4]은 다음과 같이 규정하고 있다. "압제를 받는 모든 사람은 원하면 자유로이 사제들의 재판에 항소할 수 있고 누구도 그를 막을 수 없다."

다른 하나는 누군가는 자신에게 불리한 결과를 초래한 공정한 판결이 내려지지 않도록 지연시키기 위해 항소한다. 이는 궤변으로 자신을 방어하는 것이며, 말한 것처럼[5] 불법행위다. 그가 재판관의 직무를 방해하여 그에게 위해를 가하고, 또 그의 반대자에게는, 그가 할 수 있는 만큼, 그의 정의를 방해한 것이기 때문이다. 그러므로 교령(II, qu. 6)[6]은 다음과 같이 규정하고 있다. "그의 항소가 부당하다고 선고되면 모든 방식으로 벌을 받아야 한다."

[해답] 1. 하위 권한이 상위 권한의 명령에 복종하고 있는 한, 누구나 그 하위의 권한에도 복종해야 한다. 만일 하위의 권한이 상위의 권한에서 이탈하면, 우리는 그 하위의 권한에 복종하지 말아야 한다. 예를 들어, 로마서 13장 [2절]에 관한 주석[7]에서 알 수 있듯이, "총독이 지시하는 것과 황제가 지시하는 것이 다를" 경우가 그렇다. 사실 어떤 재판관이 누구라도 부당하게 억압하면, 그 점에서 그는 상위 권한의 명령에서 이탈한 것이다. 그 재판관의 권한은 상위 권한의 명령으로 부

---

6. Gratianus, loc. cit., can.27: ed. cit. t.I, p.473.
7. Ordin.: PL 114, 512 D; Lombardus: PL 191, 1505 B.

rectionem superioris potestatis recurrere appellando, vel ante sententiam vel post. — Et quia non praesumitur esse rectitudo ubi vera fides non est, ideo non licet Catholico ad infidelem iudicem appellare: secundum illud II, qu. 6[8]: *Catholicus qui causam suam, sive iustam sive iniustam, ad iudicium alterius fidei iudicis provocaverit, excommunicetur.* Nam et apostolus arguit[9] eos qui iudicio contendebant apud infideles.

AD SECUNDUM dicendum quod ex proprio defectu vel negligentia procedit quod aliquis sua sponte se alterius iudicio subiiciat de cuius iustitia non confidit. Levis etiam animi esse videtur ut quis non permaneat in eo quod semel approbavit. Et ideo rationabiliter denegatur subsidium appellationis a iudicibus arbitrariis, qui non habent potestatem nisi ex consensu litigantium. — Sed potestas iudicis ordinarii non dependet ex consensu illius qui eius iudicio subditur, sed ex auctoritate regis et principis, qui eum instituit. Et ideo contra eius iniustum gravamen lex tribuit appellationis subsidium: ita quod, etiam si sit simul ordinarius et arbitrarius iudex, potest ab eo appellari[10]; quia videtur ordinaria potestas occasio fuisse quod arbiter eligeretur; nec debet ad defectum imputari eius qui consensit sicut in arbitrum in eum quem princeps iudicem ordinarium dedit.

AD TERTIUM dicendum quod aequitas iuris ita subvenit uni

---

8. Gratianus, loc. cit., can.32: ed. cit. t.I, p.478.
9. 1코린 6,1 이하.

여된 것이기 때문이다. 그러므로 정의를 거슬러 억압받는 사람에게는, 선고 전이나 후에 항소함으로써 상위 권한의 지시에 의지하는 것이 허용된다.—또한 참된 신앙이 없는 곳에는 어떤 올바름도 없다는 것이 추정되어야 하므로, 다음과 같은 교령(II, qu. 6)[8]을 따라, 가톨릭 신자가 신앙이 없는 재판관에게 항소하는 것은 허용되지 않는다. "정당하든 부당하든, 다른 신앙을 지닌 재판관의 재판에 자신의 대의를 환기시키는 가톨릭 신자는 파문당해야 한다." 그래서 사도도 믿지 않는 자들과 법적 절차로 다투는 자들을 꾸짖었다.[9]

2. 누군가 자신의 정의를 신뢰하지 않는 다른 사람의 판단에 자진해서 자신을 맡기는 것은 자신의 결함이나 태만에서 나온다. 더구나 어떤 사람이 한 번 승인한 것을 계속하지 않는 것은 마음의 경솔로 보인다. 그러므로 중재 재판관들에 의한 항소 지원은 합리적으로 거부된다. 그 재판관은 재판 당사자들의 동의에 의하지 않고는 아무런 권한도 없기 때문이다.—그와 반대로 통상적 재판관의 권한은, 그의 재판에 배당된 재판 당사자들의 동의가 아니라, 그를 임명한 왕이나 군주의 권한에 달려 있다. 그러므로 그의 부당한 억압에 대해, 법은 항소를 지원한다. 그래서 그가 통상적이며 동시에 [재판 당사자들에 의해 선발된] 중재 재판관이더라도 그[의 결정]에 대해 항소할 수 있다.[10] 그의 통상적 권한이 중재인으로 선발되는 계기가 된 것으로 보이기 때문이다. 또한 그것이 군주가 통상적 재판관으로 임명한 자를 중재인으로 삼는 데 동의한 자의 결함으로 전가되어서는 안 된다.

3. 법의 공평(평등)이 한 당사자의 이로움을 보호함으로써, 다른 당

---

10. Cf. Gratianus, loc. cit., app. ad can.33: ed. cit., t.I, p.478.

parti quod altera non gravetur. Et ideo tempus decem dierum concessit ad appellandum, quod sufficiens aestimavit ad deliberandum an expediat appellare. Si vero non esset determinatum tempus in quo appellare liceret, semper certitudo iudicii remaneret in suspenso, et ita pars altera damnaretur. — Ideo autem non est concessum ut tertio aliquis appellet super eodem, quia non est probabile toties iudices a recto iudicio declinare.

Articulus 4
Utrum liceat condemnato ad mortem se defendere, si possit

Ad quartum sic proceditur. Videtur quod liceat condemnato ad mortem se defendere, si possit.

1. Illud enim ad quod natura inclinat semper est licitum, quasi de iure naturali existens. Sed naturae inclinatio est ad resistendum corrumpentibus, non solum in hominibus et animalibus, sed etiam in insensibilibus rebus. Ergo licet reo condemnato resistere, si potest, ne tradatur in mortem.

2. Praeterea, sicut aliquis sententiam mortis contra se latam subterfugit resistendo, ita etiam fugiendo. Sed licitum esse videtur quod aliquis se a morte per fugam liberet: secundum illud *Eccli.* 9, [18]: *Longe esto ab homine potestatem habente occidendi et non vivificandi.*[1] Ergo etiam licitum est resistere.

사자가 억압받아서는 안 된다. 그래서 법의 공평은 항소할 수 있는 열흘의 기간을 부여했으며, 이 기간은 항소하는 것이 편리한지 숙고하는 데 충분한 것으로 평가된다. 만일 항소를 준비하는 기간이 특정되지 않으면 재판의 확실성은 계속 유보되어서, 다른 당사자가 계속 비난받을 것이다.—그러므로 누군가가 같은 사건에 대해 세 번째 항소하는 것은 허용되지 않는다. 재판관이 올바른 재판에서 그렇게 자주 벗어나는 일은 있을 법하지 않기 때문이다.

제4절 사형을 선고받은 사람이, 할 수만 있다면, 자신을 방어하는 것은 허용되는가?

[반론] 넷째 질문과 관련해서는 다음과 같이 전개된다. 사형을 선고받은 사람이, 그가 할 수만 있다면, 자신을 방어하는 것이 허용되는 것으로 보인다.

1. 본성적 경향을 따르는 일은, 마치 자연의 법칙을 따라 존재하고 있는 것처럼 언제나 허용된다. 실로 부패(타락)에 저항하는 것은 사람과 동물만이 아니라 의식(감각)이 없는 사물에도 있는 자연(본성)의 경향이다. 그러므로 유죄판결을 받은 재판 당사자(피고발인)에게는, 그가 할 수만 있다면, 죽음에 넘겨지지 않기 위해 저항하는 것이 허용된다.

2. 저항함으로써, 자신을 거슬러 내려진 사형 선고를 피하는 것처럼, 도주를 통해서도 피한다. 실로 "죽이고 되살리는 권한을 지닌 사람을 멀리하여라."[1]라는 집회서 9장 [18절]을 따라, 누구라도 도주를 통해서 자신을 죽음에서 해방하는 것은 합법적인 것으로 보인다. 그러므로 저

q.69, a.4

3. Praeterea, *Prov.* 24, [11] dicitur: *Erue eos qui ducuntur ad mortem, et eos[2] qui trahuntur ad interitum liberare ne cesses.* Sed plus tenetur aliquis sibi quam alteri. Ergo licitum est quod aliquis condemnatus seipsum defendat ne in mortem tradatur.

SED CONTRA est quod dicit Apostolus, *Rom.* 13, [2]: *Qui potestati resistit, Dei ordinationi resistit, et ipse sibi damnationem acquirit.*[3] Sed condemnatus se defendendo potestati resistit quantum ad hoc in quo est divinitus instituta *ad vindictam malefactorum, laudem vero bonorum.*[4] Ergo peccat se defendendo.

RESPONDEO dicendum quod aliquis damnatur ad mortem dupliciter. Uno modo, iuste. Et sic non licet condemnato se defendere: licitum enim est iudici eum resistentem impugnare; unde relinquitur quod ex parte eius sit bellum iniustum. Unde indubitanter peccat.

Alio modo condemnatur aliquis iniuste. Et tale iudicium simile est

---

1. Vulgata: *Longe abesto ab homine potestatem habenete occidendi.*
2. Vulgata에는 *eos*가 없다.
3. Vulgata: *Qui resistit potestate, Dei ordinationi resistit; qui autem resistunt, ipsi sibi damnationem adquirunt.*
4. 1베드 2,14.

항하는 것도 합법적이다.

3. 잠언 24장 [11절]은 다음과 같이 말하고 있다. "죽음에 사로잡힌 이들을 구해내고 학살에 걸려드는 이들을² 빼내어라." 실로 사람은 다른 사람보다 자신에게 훨씬 더 크게 묶여 있다. 그러므로 유죄판결을 받은 사람은 누구라도 자신이 죽음에 넘겨지지 않도록 자신을 방어하는 것이 합법적이다.

[재반론] 사도는 로마서 13장 [2절]에서 다음과 같이 말하고 있다. "권위에 맞서는 자는 하느님의 질서를 거스르는 것이고, 그렇게 거스르는 자들은 스스로 심판을 불러오게 된다."³ 실로 유죄판결을 받은 사람은 자신을 방어함으로써, 권한이 "악을 저지르는 자들에게는 벌을 주고 선을 행하는 이들에게는 상을 주도록"⁴ 하느님에 의해 제정되었다는 점에서, 권한에 저항한다. 그러므로 그는 자신을 방어하는 행위로 죄를 범한다.

[답변] 사람은 두 양상으로 사형 선고를 받을 수 있다. 하나는 정당하게 선고를 받는 양상이다. 그러면 자신을 방어하는 것은 유죄판결을 받은 사람에게 허용되지 않는다. 따라서 그 저항에 맞서 싸우는 것은 재판관에게는 허용된다. 또 재판관 편에서 보면, 여전히 그 싸움은 부당하다. 그러므로 그는 틀림없이 죄를 짓는다.

다른 하나는 부당하게 유죄판결을 받는 것이다. 또 그런 판결은, "그 안에 있는⁵ 대신들은 먹이를 잡아 찢는 이리와 같아 …사람의 피를 쏟

---

5. Vulgata: *illius*.

violentiae latronum, secundum illud Ezech. 22, [27]: *Principes eius in medio eius*[5] *quasi lupi rapientes praedam ad effundendum sanguinem.* Et ideo sicut licet resistere latronibus, ita licet resistere in tali casu malis principibus: nisi forte propter scandalum vitandum, cum ex hoc aliqua gravis turbatio timeretur.

AD PRIMUM ergo dicendum quod ideo homini data est ratio, ut ea ad quae natura inclinat non passim, sed secundum rationis ordinem exequatur. Et ideo non quaelibet defensio sui est licita, sed quae fit cum debito moderamine.[6]

AD SECUNDUM dicendum quod nullus ita condemnatur quod ipse sibi inferat mortem, sed quod ipse mortem patiatur. Et ideo non tenetur facere id unde mors sequatur, quod est manere in loco unde ducatur ad mortem. Tenetur tamen non resistere agenti, quin patiatur quod iustum est eum pati. Sicut etiam si aliquis sit condemnatus ut fame moriatur, non peccat si cibum sibi occulte ministratum sumat: quia non sumere esset seipsum occidere.

AD TERTIUM dicendum quod per illud dictum sapientis non inducitur aliquis ad liberandum alium a morte contra ordinem iustitiae. Unde nec seipsum contra iustitiam resistendo aliquis debet liberare a morte.

---

6. Cf. q.64, a.7.

고 목숨을 파멸시킨다."라는 에제키엘서 22장 [27절]을 따르면, 강도(약탈자)의 폭력과 같다. 그러므로 강도에게 저항하는 것이 합법적인 것처럼, 그 같은 사건에서, 사악한 군주에게 저항하는 것도 합법적이다. 단, 그것으로 인해 어떤 중대한 소동이 일어날 우려가 있는 추문을 피하기 위한 경우는 제외된다.

[해답] 1. 사람에게 이성이 주어진 것은, 여기저기서 본성적 경향에 따르는 일들을 위한 것이 아니라, 이성의 명령에 따라 처형당하게 하기 위해서다. 그러므로 모든 자기방어가 합법적이 아니라, 마땅한 제한으로 수행되는 자기방어만이 합법적이다.[6]

2. 누구도 스스로 죽음을 초래하는 방식으로 단죄를 받지 않으며, 자신이 죽음을 겪게 되는 방식으로 단죄를 받는다. 그러므로 그는 죽음(사형)이 따라오는 일을, 즉 죽음으로 끌려가는 곳에 머무르는 일을 하지 말아야 한다. 하지만 그는, 마땅히 겪어야 할 고통을 겪지 않으려, 대리인에 저항하지 말아야 한다. 그러나 만일 누군가 굶겨 죽이기 위한 판결을 받더라도, 그에게 비밀리에 반입된 음식을 먹는다면 그는 죄를 범하지 않는다. 그 음식을 취하지 않는 것이 자신을 죽이는 일이 될 것이기 때문이다.

3. 지혜로운 사람의 말(잠언 24:11)로써, 누구나 정의의 질서(명령)를 거슬러 다른 사람을 죽음에서 해방하도록 인도되지 않는다. 그러므로 누구나 정의를 거슬러 저항함으로써 자신을 죽음에서 구해내야 하는 것은 아니다.

QUAESTIO LXX
DE INIUSTITIA PERTINENTE AD PERSONAM TTESTIS
in quatuor articulos divisa

Deinde considerandum est de iniustitia pertinente ad personam testis.[1]

Et circa hoc quaeruntur quatuor.

Primo: utrum homo teneatur ad testimonium ferendum.

Secundo: utrum duorum vel trium testimonium sufficiat.

Tertio: utrum alicuius testimonium repellatur absque eius culpa.

Quarto: utrum perhibere falsum testimonium sit peccatum mortale.

Articulus 1
Utrum homo teneatur ad testimonium ferendum

Ad primum sic proceditur. Videtur quod homo non teneatur ad testimonium ferendum.

1. Dicit enim Augustinus, in *Quaest. Gen.*,[1] quod Abraham dicens de uxore sua, *Soror mea est*, veritatem celari voluit, non mendacium dici. Sed veritatem celando aliquis a testificando abstinet. Ergo non

---

1. Cf. q.67, Introd.

제70문
증언하는 사람에 속한 불의에 대하여
(전4절)

다음으로는 진술하는 사람과 관련된 불의를[1] 고찰해야 한다. 이 주제와 관련하여 네 질문이 제기된다.

1. 사람은 반드시 증언해야 하는가?
2. 둘이나 세 사람의 증언이면 충분한가?
3. 어떤 사람의 증언은 그의 탓 없이도 배척될 수 있는가?
4. 거짓 증언을 하는 것은 대죄인가?

제1절 사람은 반드시 증언해야 하는가?

[반론] 첫째 질문과 관련해서는 다음과 같이 전개된다. 사람은 증언하지 않아도 되는 것으로 보인다.

1. 아브라함이 자기의 아내를 "그녀는 나의 누이요."라고 말한 것을 두고 아우구스티누스는 『창조에 관한 질문』[1]에서 그는 분명히 진실이 숨겨지기를, 거짓말이 들리지 않기를 원했다고 말하고 있다. 실로 사람은 진실을 숨김으로써 증언하는 것을 삼간다. 사실 누군가는 진실을

---

1. I. c. 26 super *Gen.* 12, 12: PL 34, 554-555. Cf. *Cont. Faust.*, XXII.

tenetur aliquis ad testificandum.

2. Praeterea, nullus tenetur fraudulenter agere. Sed *Prov.* 11, [13] dicitur: *Qui ambulat fraudulenter revelat arcana: qui autem fidelis est*[2] *celat amici commissum.* Ergo non tenetur homo semper ad testificandum: praesertim super his quae sunt sibi in secreto ab amico commissa.

3. Praeterea, ad ea quae sunt de necessitate salutis maxime tenentur clerici et sacerdotes. Sed clericis et sacerdotibus prohibetur ferre testimonium in causa sanguinis. Ergo testificari non est de necessitate salutis.

SED CONTRA est quod Augustinus[3] dicit: *Qui veritatem occultat, et qui prodit mendacium, uterque reus est: ille quia prodesse non vult, iste quia nocere desiderat.*

RESPONDEO dicendum quod in testimonio ferendo distinguendum est. Quia aliquando requiritur testimonium alicuius: aliquando non requiritur. Si requiritur testimonium alicuius subditi auctoritate superioris cui in his quae ad iustitiam pertinent obedire tenetur, non est dubium quin teneatur testimonium ferre in his in quibus secun-

---

2. Vulgata: *est animi.*

숨김으로써 증언하는 것을 포기한다. 그러므로 누구나 반드시 증언해야 하는 것은 아니다.

2. 누구도 사기(邪氣)로 행동하지 말아야 한다. 실로 잠언 11장 [13절]은 다음과 같이 말하고 있다. "중상하고 다니는 자는 비밀을 누설하지만, 마음이 신실한 이는² 말을 덮는다." 그러므로 사람이 언제나 증언해야 하는 것은 아니다. 특히 친구가 그에게 비밀리에 맡긴 문제들에 대해서는 그렇다.

3. 성직자와 사제는 특히, 다른 이들과 달리, 구원에 불가피한 것에 매여 있다. 하지만 다른 사람의 피의 원인(생명을 좌우하는 재판)에서 증언하는 것은 그들에게 금지된다. 그러므로 증언하는 것은 구원에 불가피하지 않다.

[재반론] 아우구스티누스는³ 다음과 같이 말하고 있다. "진실을 숨기는 자나 거짓을 내보내는 자나 각각 재판 당사자다. 하나는 이로움이 되는 것을 원하지 않기 때문이며, 다른 하나는 해를 끼치고 싶어 하기 때문이다."

[답변] 증언하는 행위에는 구별이 있어야 한다. 때로는 누군가의 증언이 요구되지만, 때로는 요구되지 않기 때문이다. 만일 요구되는 증언이, 정의에 관한 일에 복종할 의무가 있는 상관의 권위에 종속된 사람의 증언이라면, 의심할 여지 없이, 법의 명령(질서)을 따라 그에게 증

---

3. Cf. Gratianus, *Decretum*, p.II, causa 11, q.3, can.80: ed. Richter-Friedberg, t.I, p.665. Cf. Isidorus, *Sent.*, III, c.55, n.3: PL 83, 727.

dum ordinem iuris testimonium ab eo exigitur: puta in manifestis, et in his de quibus infamia praecessit. Si autem exigatur ab eo testimonium in aliis, puta in occultis et de quibus infamia non praecessit, non tenetur ad testificandum.

Si vero requiratur eius testimonium non auctoritate superioris cui obedire tenetur, tunc distinguendum est. Quia si testimonium requiratur ad liberandum hominem vel ab iniusta morte seu poena quacumque, vel a falsa infamia, vel etiam ab iniquo damno, tunc tenetur homo ad testificandum. Et si eius testimonium non requiratur, tenetur facere quod in se est ut veritatem denuntiet alicui qui ad hoc possit prodesse. Dicitur enim in Psalm. [Ps. 81, 4]: *Eripite pauperem, et egenum de manu peccatoris liberate;* et *Prov.* 24, [11]: *Erue eos qui dicuntur ad mortem.* Et *Rom.* 1, [32] dicitur: *Digni sunt morte non solum qui faciunt, sed etiam qui consentiunt facientibus,*[4] ubi dicit Glossa[5]: *Consentire est tacere, cum possis redarguere.*

Super his vero quae pertinent ad condemnationem alicuius, non tenetur aliquis ferre testimonium nisi cum a superiori compellitur secundum ordinem iuris. Quia si circa hoc veritas occultetur, nulli ex hoc speciale damnum nascitur. Vel, si immineat periculum accusatori, non est curandum: quia ipse se in hoc periculum sponte ingessit. Alia autem ratio est de reo, cui periculum imminet eo nolente.

---

4. Vulgata: ... *digni sunt morte; et non solum qui ea faciunt, sed etiam,* etc.
5. Ordin.: PL 114, 474 B; Lombardus: PL 191, 1336 B. Cf. Ambrosiastrus, *In Rom.*, super 1, 31: PL 17, 63 B.

언이 요구되는 것에 대해, 예를 들어, 명백한 일이나 그 가운데 악평이 선행된 일에 대해, 반드시 증언해야 한다. 하지만 예를 들어 비밀스러운 문제와 악평이 선행되지 않는 다른 문제에 대해 (재판관이) 그한테 증언을 요구하는 경우, 그가 반드시 증언해야 하는 것은 아니다.

반면에, 만일 그의 증언이 그가 복종해야 할 상관의 권위에 의해 요구되지 않는다면, 그 증언의 행위에는 구별이 있어야 한다. 어떤 사람을 부당한 죽음이나 형벌이나 잘못된 악평이나 부당한 피해로부터 구하는(해방하는) 데 증언이 요구되는 경우, 그는 반드시 증언해야 한다. 또 비록 그의 증언이 요구되지 않더라도, 그는 진실로부터 이로움을 얻을 수 있는 사람에게 진실을 알리기 위해 자신이 할 수 있는 일을 해야 한다. 시편 81(82)장 [4절]에서 다음과 같이 말하고 있기 때문이다. "약한 이와 불쌍한 이를 도와주고 악인들의 손에서 구해내어라." 또 잠언 24장 [11절]에서도 다음과 같이 말한다. "죽음에 사로잡힌 이들을 구해내고 학살에 걸려드는 이들을 빼내어라." 로마서 1장 [32]에서도 다음과 같이 말한다. "이와 같은 짓을 저지르는 자들은 죽어 마땅하다는 하느님의 법규를 알면서도, 그들은 그런 짓을 할 뿐만 아니라 그 같은 짓을 저지르는 자들을 두둔하기까지 합니다."[4] 이에 관한 어떤 주석은[5] "논박(반증)할 수 있을 때 침묵하는 것은 동조하는 것이다."라고 말하고 있다.

어떤 사람의 유죄판결에 관련된 문제에 있어, 정의의 질서(명령)를 따라 상관한테 강요받을 때를 제외하고는, 반드시 증언해야 하는 것은 아니다. 그 같은 문제에 관한 진실이 감춰지더라도, 그것으로 인해 누구에게든 특별한 위해가 가해지지 않기 때문이다. 또는 고발인에게 위험이 가까이 있더라도, 그것을 돌보지 않아도 된다. 그가 자발적으로

AD PRIMUM ergo dicendum quod Augustinus loquitur de occultatione veritatis in casu illo quando aliquis non compellitur superioris auctoritate veritatem propalare; et quando occultatio veritatis nulli specialiter est damnosa.[6]

AD SECUNDUM dicendum quod de illis quae homini sunt commissa in secreto per confessionem, nullo modo debet testimonium ferre: quia huiusmodi non scit ut homo, sed tanquam Dei minister, et maius est vinculum sacramenti quolibet hominis praecepto.[7]

Circa ea vero quae aliter homini sub secreto committuntur, distinguendum est. Quandoque enim sunt talia quae, statim cum ad notitiam hominis venerint, homo ea manifestare tenetur: puta si pertineret ad corruptionem multitudinis spiritualem vel corporalem, vel in grave damnum alicuius personae, vel si quid aliud est huiusmodi, quod quis propalare tenetur vel testificando vel denuntiando. Et contra hoc debitum obligari non potest per secreti commissum: quia in hoc frangeret fidem quam alteri debet. — Quandoque vero sunt talia quae quis prodere non tenetur. Unde potest obligari ex hoc quod sibi sub secreto committuntur. Et tunc nullo modo tenetur ea prodere, etiam ex praecepto superioris: quia servare fidem est de iure naturali; nihil autem potest praecipi homini contra id quod est de iure naturali.

---

6. Cf. q.110, a.3, ad3.
7. Cf. Sup., q.11, a.1.

그 위험에 뛰어들었기 때문이다. 하지만 재판 당사자(피고발인)의 경우는 위험을 돌보아야 한다. 그 위험이 그의 의지를 거슬러 초래되었기 때문이다.

[해답] 1. 아우구스티누스가 진실의 은폐에 관해 말하고 있는 것은, 상관의 권위에 의해 진실을 천명하도록 강요받지 않을 때의 경우, 또 그러한 은폐가 누구에게도 특별히 위해를 가하지 않을 때의 경우다.[6]

2. 사람은 누군가의 고백으로 자신에게 은밀하게 위탁된 문제에 관해서는 어떤 방식으로든 증언하지 말아야 한다. 그는, 사람으로서가 아니라 오로지 하느님의 일꾼으로서, 그런 방식으로 그 문제를 알게 된 것이며 또 성사에는 다른 어떤 인간의 법규보다 강한 구속력이 있기 때문이다.[7]

하지만 다른 방식으로 비밀리에 위탁된 문제에 관해서는 구별이 있어야 한다. 때때로 사람들의 눈에 띄자마자 반드시 드러내야 할 일들이 있다. 예를 들어 많은 이의 영적 또는 육체적 타락이나 어떤 사람의 심각한 손해와 관련된 경우, 또는 그와 유사한 경우 반드시 증언이나 발표를 통해 퍼뜨려야 한다. 또 그런 문제의 경우, 그는 비밀의 약속에 매여, 증언과 발표의 의무를 거스를 수 없다. 그런 비밀 유지 의무는 다른 사람에게 빚진 믿음을 깨뜨릴 것이기 때문이다.—하지만 때로는 드러내지 않아도 되는 일들이 있다. 따라서 그는 그것이 비밀리에 그에게 위탁되었다는 것에 매여 있을 수 있다. 그러면, 상관이 명령하더라도, 어떤 방식으로든 그 문제들을 드러내서는 안 된다. 왜냐하면 믿음을 지키는 것은 자연권(법)에 관한 것이며 그것을 거슬러 사람에게 명령할 수 있는 것은 아무것도 없기 때문이다.

AD TERTIUM dicendum quod operari vel cooperari ad occisionem hominis non competit ministris altaris, ut supra[8] dictum est. Et ideo secundum iuris ordinem compelli non possunt ad ferendum testimonium in causa sanguinis.

Articulus 2
Utrum sufficiat duorum vel trium testimonium

Ad secundum sic proceditur. Videtur quod non sufficiat duorum vel trium testimonium.

1. Iudicium enim certitudinem requirit. Sed non habetur certitudo veritatis per dictum duorum testium: legitur enim III *Reg.* 21, [9 sqq.] quod Naboth ad dictum duorum testium falso condemnatus est. Ergo duorum vel trium testimonium non sufficit.

2. Praeterea, testimonium, ad hoc quod sit credibile, debet esse concors. Sed plerumque duorum vel trium testimonium in aliquo discordat. Ergo non est efficax ad veritatem in iudicio probandam.

3. Praeterea, II, qu. 4,[1] dicitur: *Praesul non damnetur nisi in septuaginta duobus testibus. Presbyter autem Cardinalis nisi quadraginta quatuor testibus non deponatur. Diaconus Cardinalis urbis Romae nisi in viginti octo testibus non condemnabitur. Subdiaconus, acolythus, ex-*

---

8. Q.40, a.2; q.64, a.4.

3. 이미 말했듯이,[8] 사람을 살해하거나 그의 죽음에 협력하는 것은 제단의 일꾼들에게 걸맞지 않다. 그러므로 제단의 일꾼들은 피의 사건에서 법의 명령(질서)을 따라 증언하라고 강요받을 수 없다.

제2절 둘이나 세 사람의 증언이면 충분한가?

Parall.: I-II, q.105, a.2, ad8; *In Ioan.*, c.8, lect.2; *In Ep. ad Heb.*, c.10, lect.3.

[반론] 둘째 질문과 관련해서는 다음과 같이 전개된다. 둘이나 세 사람의 증언은 충분하지 않은 것으로 보인다.

1. 재판(법적 절차)은 확실성을 요구한다. 실로 진실에 관한 확실함은 둘이나 세 증인의 주장으로 유지되지 않는다. 열왕기 상권 21장 [9절 이하]에는 나봇이 두 사람의 증언을 따라 부당하게 유죄판결을 받았다고 기록되어 있기 때문이다. 그러므로 둘이나 세 사람의 증언으로는 충분하지 않다.

2. 증언을 신뢰할 수 있으려면 그 증언이 일치해야 한다. 하지만 일반적으로 둘 또는 세 사람의 증언은 무엇가에 있어 일치하지 않는다. 그러므로 재판에서 진실을 입증하는 데 유효하지 않다.

3. 교령(II, qu. 4)[1]에는 다음과 같이 규정되어 있다. "주교는 일흔두 사람의 증언이 없으면, 로마 교회의 추기경 사제는 예순네 사람의 증언이 없으면, 차부제, 시종, 구마자, 독서자 또는 문지기는 일곱 사람

---

1. Gratianus, *Decretum*, p.II, causa 2, q.4, can.2: ed. Richter-Friedberg, t.I, p.466.

orcista, lector, ostiarius, nisi in septem testibus non condemnabitur. Sed magis est periculosum peccatum eius qui in maiori dignitate constitutus est, et ita minus est tolerandum. Ergo nec in aliorum condemnatione sufficit duorum vel trium testimonium.

SED CONTRA est quod dicitur *Deut.* 17, [6]: *In ore duorum vel*[2] *trium testium peribit qui interficietur;* et infra, 19, [15]: *In ore duorum vel*[3] *trium testium stabit omne verbum.*

RESPONDEO dicendum quod, secundum Philosophum, in I *Ethic.*,[4] *certitudo non est similiter quaerenda in omni materia.* In actibus enim humanis, super quibus constituuntur iudicia et exiguntur testimonia, non potest haberi certitudo demonstrativa: eo quod sunt circa contingentia et variabilia. Et ideo sufficit probabilis certitudo, quae ut in pluribus veritatem attingat, etsi in paucioribus a veritate deficiat. Est autem probabile quod magis veritatem contineat dictum multorum quam dictum unius. Et ideo, cum reus sit unus qui negat, sed multi testes asserunt idem cum actore, rationabiliter institutum est, iure divino et humano, quod dicto testium stetur.

Omnis autem multitudo in tribus comprehenditur, scilicet prin-

---

2. Vulgata: *aut.*
3. Vulgata: *aut.*

의 증언이 없으면 유죄판결을 받지 않을 것이다." 실로 더 높은 위계에 서 있는 자의 죄는 더 위험하며, 그에 따라서 더 엄하게 다뤄져야 한다. 그러므로 둘이나 세 사람의 증언도 다른 사람들의 유죄판결에는 충분하지 않다.

[재반론] 신명기 17장 [6절]은 다음과 같이 말하고 있다. "반드시 증인 둘이나[2] 셋의 증언이 있어야 그를 죽일 수 있다." 또 신명기 19장 [15절]은 다음과 같이 말하고 있다. "증인 둘이나[3] 셋의 증언이 있어야 유죄가 성립된다."

[답변] 『니코마코스 윤리학』 제1권[4]에서 철학자를 따르면, "모든 문제에서 똑같은 방식으로 확실성을 추구해서는 안 된다." 재판이 구성되고 증언이 요구되는 인간의 행위에 대한 실증적 확실함은 유지될 수 없는데, 그것들은 우발적이며 쉽게 변하기 때문이다. 그러므로 비록 일부에서는 진실에 미치지 못할 수도 있지만 대부분은 진실에 도달하므로, 개연적인 확실성으로 충분하다. 하지만 한 사람의 말보다 많은 사람의 말이 더 진실을 담고 있다는 것이 개연적이다. 또 피고발인은 부정(부인)하는 유일한 사람이지만, 다수의 증인이 고발인과 같이 주장하므로, 신적인 법과 인간의 법으로, 여러 증인을 세울 것을 규정한 것은 합리적으로 제정된 것이다.

실로 모든 다수는 처음과 가운데와 끝이라는 세 가지로 파악된다.

---

4. C.2, 1094b12-16; c.7, 1098a26-29; S. Thomas, lect.3, n.32; lect.II, n.135. Cf. q.47, a.9, ad2; I-II, q.96, a.1, ad3.

cipio, medio et fine: unde secundum Philosophum, in I *de Coelo*,[5] *omne et totum in tribus ponimus.* Ternarius quidem constituitur asserentium, cum duo testes conveniunt cum actore. Et ideo requiritur binarius testium: vel, ad maiorem certitudinem, ut sit ternarius, qui est multitudo perfecta, in ipsis testibus. Unde et *Eccle.* 4, [12] dicitur: *Funiculus triplex difficile rumpitur.* Augustinus autem, super illud Ioan. 8, [17], *Duorum hominum testimonium verum est,* dicit[6] quod *in hoc est Trinitas secundum mysterium commendata, in qua est perpetua firmitas veritatis.*

AD PRIMUM ergo dicendum quod, quantacumque multitudo testium determinaretur, posset quandoque testimonium esse iniquum: cum scriptum sit *Exod.* 23, [2]: *Ne sequaris*[7] *turbam ad faciendum malum.* Nec tamen, quia non potest in talibus infallibilis certitudo haberi, debet negligi certitudo quae probabiliter haberi potest per duos vel tres testes, ut dictum est.[8]

AD SECUNDUM dicendum quod discordia testium in aliquibus principalibus circumstantiis, quae variant substantiam facti, puta in tempore vel loco vel in personis de quibus principaliter agitur, aufert

---

5. C.1, 268a9-10; S. Thomas, lect.2, n.3.
6. Trac.36 *in Ioan.*, n.10; PL 35, 1669.
7. Vulgata: *sequeris*.
8. 본론.

그러므로 『천체론』 제1부[5]에서, 철학자를 따르면, "우리는 '모두'와 '전체'를 세 가지 안에 넣는다." 두 증인이 고발자와 동의(일치)할 때, 그 셋은 실제로 주장자로 구성된다. 그러므로 두 증인이 요구된다. 또는 더 큰 확신을 위해서는 셋이 있어야 하는데, 그 셋은, 그 증인에 있어 다수로서 완전하다. 그러므로 코헬렛 4장 [12절]은 다음과 같이 말하고 있다. "세 겹으로 꼬인 줄은 쉽게 끊어지지 않는다." 아우구스티누스는 "두 사람의 증언은 유효하다."라는 요한복음서 8장 [17절]에 대해, 다음과 같이 말하고 있다.[6] "여기에는 신비에 따라 삼위일체가 추천(적용)되는데, 그 신비 안에 진리의 영원한 견고함이 있다."

[해답] 1. 증인의 수가 얼마든지 많이 결정될 수 있더라도, 그들의 증언은 부당할 수 있다. 탈출기 23장 [2절]은 다음과 같이 말하고 있기 때문이다. "너희는 다수를 따라[7] 악을 저질러서는 안 된다." 하지만 그러한 문제에 대해 틀림없는 확실성이 유지될 수 없다는 이유로, 이미 말했듯이, 둘이나 세 사람의 증인들로 개연적으로 유지될 수 있는 확실성이 배척되어서는 안 된다.[8]

2. 만일 사실의 실체를 변경하는 특정한 주요 조건들, 예를 들어, 주로 다루어지는 것들 가운데 시간, 장소, 또는 인물에 대한 증인들의 불일치는 증언의 유효성을 상실하게 한다. 만일 증인들이 그런 조건에 일치하지 않으면, 그들의 증언 안에는 별개의 다른 것이 있으며, 서로 다른 사실에 관해 말하기 위한 것으로 보이기 때문이다. 예를 들어, 어떤 사람은 그 시간이나 장소에서 그런 일이 일어났다고 말하고, 다른 사람은 다른 시간이나 장소에서 그런 일이 일어났다고 말한다면, 그들이 같은 사실에 관해 말하는 것으로 보이지는 않는다. 만일 어떤 증인

efficaciam testimonii: quia si discordant in talibus, videntur singulares esse in suis testimoniis, et de diversis factis loqui; puta si unus dicat hoc factum esse tali tempore vel loco, alius alio tempore vel loco, non videntur de eodem facto loqui. Non tamen praeiudicatur testimonio si unus dicat se non recordari, et alius asserat determinatum tempus vel locum.

Et si in talibus omnino discordaverint testes actoris et rei, si sint aequales numero et pares dignitate, statur pro reo: quia facilior debet esse iudex ad absolvendum quam ad condemnandum; nisi forte in causis favorabilibus, sicut est causa libertatis et huiusmodi. ◊ Si vero testes eiusdem partis dissenserint, debet iudex ex motu sui animi percipere cui parti sit standum: vel ex numero testium, vel ex dignitate eorum, vel ex favorabilitate causae, vel ex conditione negotii et dictorum.

Multo autem magis testimonium unius repellitur si sibi ipsi dissideat interrogatus de visu et scientia. Non autem si dissideat interrogatus de opinione et fama: quia potest secundum diversa visa et audita diversimode motus esse ad respondendum.

Si vero sit discordia testimonii in aliquibus circumstantiis non pertinentibus ad substantiam facti, puta si tempus fuerit nubilosum vel serenum, vel si domus fuerit picta aut non, aut aliquid huiusmodi, talis discordia non praeiudicat testimonio: quia homines non consueverunt circa talia multum sollicitari, unde facile a memoria elabuntur. Quinimmo aliqua discordia in talibus facit testimonium credibilius,

이 자신은 기억하지 못한다고 말하는데, 다른 증인은 명확한 시간과 장소를 단언하면 그 증언(증거)에 편견이 생기지는 않는다.

또 만일 고발인과 피고발인의 증인이 모두 그 조건들, 곧 시간이나 장소나 인물 등에 있어 전부 일치하지 않으면, 또 양측 증인들의 수가 같고 그 품위(신분)가 동등하면, (증인들은) 재판 당사자(피고발인) 편에 서 있는 것이다. 재판관은 유죄판결보다 마땅히 사면에 더 쉽게 기울어져야 하기 때문이다. 자유(의 권리)를 놓고 다투는 탄원의 사건과 그와 유사한 사건 같은 호의적 소송(재판)은 아마도 여기서 제외될 것이다. 하지만 재판 당사자들의 증인들의 증언이 일치하지 않으면, 마땅히 재판관은, 자기 영혼의 움직임(자기 직관적 판단력)으로, 또는 증인들의 수, 그들의 신분, 원인(소송)의 호의성, 용건과 주장의 조건으로부터, 누구 편에 서야 하는지를 확고히 해야 한다.

더욱이 만일 한 증인이 그가 본 것과 알고 있는 것에 관해서 질문을 받았을 때, 모순된(반대되는) 말을 한다면, 그 증인의 증언은 배척되어야 마땅하다. 하지만 만일 의견과 명성의 문제들에 관하여 질문을 받았을 때 그가 모순된 말을 한다면, 그렇지 않다. 그는 그가 보고 들은 여러 다른 것들을 따라 다른 방식으로 대답하고 싶은 생각이 들 수 있기 때문이다.

그와 반대로 만일, 예를 들어, 날씨가 흐린지 또는 맑은지, 집에 색이 칠해져 있는지 아닌지, 또는 그와 같은 문제들처럼, 사실의 실체를 건드리는 것이 아닌 상황(조건)들에 관한 증언의 불일치가 있다면, 그런 불일치는 증언에 편견을 가져오지 않는다. 사람들은 그런 것들에 관해 그다지 많이 주목하지 않아, 기억에서 쉽게 나가버리기 때문이다. 실로, 그러한 문제에 대한 어느 정도의 불일치는, 크리소스토무스

ut Chrysostomus dicit, *super Matth.*[9]: quia si in omnibus concordarent, etiam in minimis, viderentur ex condicto eundem sermonem proferre. Quod tamen prudentiae iudicis relinquitur discernendum.

AD TERTIUM dicendum quod illud locum habet specialiter in episcopis, presbyteris, diaconibus et clericis Ecclesiae Romanae, propter eius dignitatem. Et hoc triplici ratione. Primo quidem, quia in ea tales institui debent quorum sanctitati plus credatur quam multis testibus. — Secundo, quia homines qui habent de aliis iudicare, saepe, propter iustitiam, multos adversarios habent. Unde non est passim credendum testibus contra eos, nisi magna multitudo conveniat. — Tertio, quia ex condemnatione alicuius eorum derogaretur in opinione hominum dignitati illius Ecclesiae et auctoritati. Quod est periculosius quam in ea tolerare aliquem peccatorem, nisi valde publicum et manifestum, de quo grave scandalum oriretur.

Articulus 3
Utrum alicuius testimonium sit repellendum absque eius culpa

Ad tertium sic proceditur. Videtur quod alicuius testimonium non sit repellendum nisi propter culpam.

1. Quibusdam enim in poenam infligitur quod ad testimonium

---

9. Hom.1, n.2: PG 57, 16.

가 『마태오복음서 강해 미완성 작품』[9]에서 말한 대로, 증언을 더 신뢰할 수 있게 만든다. 만일 증인들이 모든 일에, 심지어 가장 작은 세부사항에서도 일치한다면, 그들은 같은 말을 하기 위해 공모한 것으로 보이기 때문이다. 다만, 그 식별은 재판관의 현명에 남겨 있어야 한다.

3. 교령의 구절은 특별히, 그 존엄(품위) 때문에, 로마 교회의 주교들, 사제들, 부제들과 성직자들에게 적용된다. 또 이는 세 개의 근거에서다. 그 가운데 첫째로 많은 수의 증인보다 그 성덕이 더 신뢰받는 사람들이 그 교회 안에 제정되어야 하기 때문이다.—둘째로 다른 사람들을 재판(심판)해야 하는 그들은 그들의 정의 때문에 자주 많은 반대자가 생기기 때문이다. 그러므로 그들을 거슬러 증언을 하는 사람을, 그 수가 너무 많지 않은 한, 무분별하게 믿어서는 안 된다.—셋째로 그들 가운데 누구라도 단죄하면 그 교회의 존엄과 권위가 사람들의 의견에서 훼손될 것이기 때문이다. 그가 매우 공적이고 명백한 죄인이 아니라면, 교회 안에 그 죄인을 용납하는 것보다 위험한 일이, 곧 단죄함으로써 중대한 추문이 발생하게 될 것이다.

제3절 누군가의 증언은 그의 탓(잘못) 없이 배척될 수 있는가?

[반론] 셋째 질문과 관련해서는 다음과 같이 전개된다. 사람의 증언은 잘못을 이유로 하지 않는 한 배척되어서는 안 되는 것으로 보인다.

1. 악명(악평) 높은 것으로 알려진 사람의 경우처럼, 일부 사람들에게는 그들이 증언하더라도 증언으로 받아들여지지 않는 벌이 그들에게 가해진다. 실로 잘못 없이 벌이 가해져서는 안 된다. 그러므로 잘못

non admittantur: sicut patet in his qui infamia notantur. Sed poena non est inferenda nisi pro culpa. Ergo videtur quod nullius testimonium debeat repelli nisi propter culpam.

2. Praeterea, *de quolibet praesumendum est bonum, nisi appareat contrarium*.[1] Sed ad bonitatem hominis pertinet quod verum testimonium dicat. Cum ergo non possit constare de contrario nisi propter aliquam culpam, videtur quod nullius testimonium debeat repelli nisi propter culpam.

3. Praeterea, ad ea quae sunt de necessitate salutis nullus redditur non idoneus nisi propter peccatum. Sed testificari veritatem est de necessitate salutis, ut supra[2] dictum est. Ergo nullus debet excludi a testificando nisi propter culpam.

SED CONTRA est quod Gregorius dicit,[3] et habetur II, qu. 1[4]: *Quia a servis suis accusatus est episcopus, sciendum est quod minime audiri debuerunt.*

RESPONDEO dicendum quod testimonium, sicut dictum est,[5] non habet infallibilem certitudinem, sed probabilem. Et ideo quidquid est quod probabilitatem afferat in contrarium, reddit testimonium inefficax. Redditur autem probabile quod aliquis in veritate

---

1. Cf. *Decretal.* Greg. *IX,*, II, t.23, c.16: ed. Richter-Frieberg, t.II, p.359.
2. A.1.
3. *Regist.*, XIII, ep.45; al. IX, ep.56: PL 77, 1299 A.

을 이유로 하지 않는 한, 누구의 증언도 배척되어서는 안 되는 것으로 보인다.

2. "반대의 것이 나타나지 않는 한, 모든 사람에게는 선이 있다고 추정(기대)된다."[1] 실로 사람이 진실을 증언해야 하는 것은 그의 선성(善性)에 속한다. 그러므로 어떤 잘못을 이유로 하지 않는 한 반대의 증거가 있을 수 없으므로, 잘못이 없는 한, 누구의 증언도 배척되어서는 안 되는 것으로 보인다.

3. 누구도, 어떤 죄를 이유로 하지 않는 한, 구원에 불가피한 일에 적합하지 않은 사람으로 되지 않는다. 하지만 이미 말했듯이,[2] 진실을 증언하는 것은 구원에 불가피하다. 그러므로 잘못을 이유로 하지 않는 한, 누구의 증언도 배척되어서는 안 되는 것으로 보인다.

[재반론] 그레고리우스가 다음과 같이 말했고,[3] 그것은 교령(II, qu. 1)[4]에 실려 있다. "주교가 자기 종들한테 고발당했으므로, 그들의 말(증언)은 절대로 들리지 않아야 한다는(배척되어야 한다는) 것을 알아야 한다."

[답변] 말했듯이,[5] 증언은 무오류의 확실성이 아니라 개연성을 갖는다. 따라서 그 반대의 개연성을 가져오는 것은 무엇이든 증거를 비효과적으로 만든다. 때로는 예를 들어, 불신앙의 사람, 악명 높은 사람, 공공의 일에 대해 범죄를 저지른 사람, 고발조차 할 수 없는 사람처럼, 실제의 잘못 때문에, 또 때로는 잘못 없이도, 증언해야 할 진실에 확고

---

4. Cf. Gratianus, *Decretum*, p.II, causa 2, q.1, can.7: ed. Richter-Friedberg, t.I, p.442.
5. 앞 절.

testificanda non sit firmus, quandoque quidem propter culpam, sicut infideles, infames, item illi qui publico crimine rei sunt, qui nec accusare possunt: quandoque autem absque culpa. Et hoc vel ex defectu rationis, sicut patet in pueris, amentibus et mulieribus; vel ex affectu, sicut patet de inimicis et de personis coniunctis et domesticis; vel etiam ex exteriori conditione, sicut sunt pauperes, servi et illi quibus imperari potest, de quibus probabile est quod facile possint induci ad testimonium ferendum contra veritatem. Et sic patet quod testimonium alicuius repellitur et propter culpam, et absque culpa.

AD PRIMUM ergo dicendum quod repellere aliquem a testimonio magis pertinet ad cautelam falsi testimonii vitandi quam ad poenam. Unde ratio non sequitur.

AD SECUNDUM dicendum quod de quolibet praesumendum est bonum nisi appareat contrarium, dummodo non vergat in periculum alterius. Quia tunc est adhibenda cautela, ut non de facili unicuique credatur: secundum illud I Ioan. 4, [1]: *Nolite credere omni spiritui.*

AD TERTIUM dicendum quod testificari est de necessitate salutis, supposita testis idoneitate et ordine iuris. Unde nihil prohibet aliquos excusari a testimonio ferendo, si non reputentur idonei secundum iura.

하지 않은 사람이 있다는 것은 개연적이다. 또한 어린이, 광인, 여성에게서 분명하게 나타나는 것처럼 그 근거의 결함으로, 또한 원수, 가족이나 가족 관계로 연결된 사람에 대해 분명히 나타나는 것처럼 그 정서로, 또한 가난한 사람, 종, 명을 받을 수 있는 사람처럼 그 외부의 조건으로 인해, 쉽게 진실을 거슬러 증언하도록 유도될 수 있다는 것도 개연적이다. 따라서 누구의 증언이라도 그의 잘못을 이유로도 또 잘못 없이도 배척될 수 있다는 것은 명백하다.

[해답] 1. 누군가를 증언에서 배척하는 것은 벌에 속한다기보다는 거짓 증언을 피하려 하는 경계(警戒)에 속한다. 그러므로 첫째 반론은 근거가 없다.

2. 반대의 것이 나타나지 않는 한, 모든 사람에게는 선이 있다고 추정된다. 단 다른 사람에게 위험을 가져다주지 않는 조건에서다. 이는, 요한 1서 4장 [1절]의 "아무 영이나 다 믿지 마십시오."라는 말을 따라, 모든 사람의 말을 쉽게 믿지 않도록 조심해야 하기 때문이다.

3. 증언하는 것은 구원에 불가피하다. 단 증인은 적격해야 하고 법의 명령을 따라야 한다. 그러므로 법을 따라 어떤 사람이 부적격하다고 생각될 경우, 증언하는 행위에서 그들이 면제되는 것을 금하는 것은 아무것도 없다.

Articulus 4
Utrum falsum testimonium semper sit peccatum mortale

Ad quartum sic proceditur. Videtur quod falsum testimonium non semper sit peccatum mortale.

1. Contingit enim aliquem falsum testimonium ferre ex ignorantia facti. Sed talis ignorantia excusat a peccato mortali. Ergo testimonium falsum non semper est peccatum mortale.

2. Praeterea, mendacium quod alicui prodest et nulli nocet, est officiosum, quod non est peccatum mortale. Sed quandoque in falso testimonio est tale mendacium: puta cum aliquis falsum testimonium perhibet ut aliquem a morte liberet, vel ab iniusta sententia quae intentatur per alios falsos testes vel per iudicis perversitatem. Ergo tale falsum testimonium non est peccatum mortale.

3. Praeterea, iuramentum a teste requiritur ut timeat peccare mortaliter deierando. Hoc autem non esset necessarium si ipsum falsum testimonium esset peccatum mortale. Ergo falsum testimonium non semper est peccatum mortale.

SED CONTRA est quod dicitur *Prov.* 19, [v. 5, 9]: *Falsus testis non erit impunitus.*

RESPONDEO dicendum quod falsum testimonium habet triplicem deformitatem. Uno modo, ex periurio: quia testes non admit-

제4절 거짓 증언은 언제나 대죄인가?

[반론] 넷째 질문과 관련해서는 다음과 같이 전개된다. 거짓 증언이 언제나 대죄는 아닌 것으로 보인다.

1. 누구나 사실의 무지로 거짓 증언을 하기도 한다. 실로 그런 무지는 대죄에서 벗어나게 한다. 그러므로 거짓 증언이 언제나 대죄는 아니다.

2. 누구에게나 이로움이 되고 누구도 해치지 않는 거짓말은 도움이 되며, 이는 대죄가 아니다. 실로 때때로 거짓 증언 안에는, 예를 들어 누군가를 죽음에서 해방하기 위해, 또는 다른 거짓 증인이나 비뚤어진 어떤 재판관을 통해 의도된 부당한 판결로 인한 죽음에서 해방하기 위해 거짓 증언을 제출할 때처럼, 그런 거짓말이 있다. 그러므로 그런 거짓 증언은 대죄가 아니다.

3. 증인에게는 치명적으로 죄를 범하는 것을 두려워하도록 선서가 요구된다. 하지만 거짓 증언이 그 자체로 대죄라면, 그 선서는 불가피하지 않을 것이다. 그러므로 거짓 증언이 언제나 대죄는 아니다.

[재반론] 잠언 19장 [5절]은 다음과 같이 말하고 있다. "거짓 증인은 벌을 면하지 못한다."

[답변] 거짓 증언은 삼중의 기형을 갖는다. 하나는 위증으로 기형이 되는데, 선서하지 않으면 증인으로 받아들여지지 않기 때문이다. 이 점에서 거짓 증언은 언제나 대죄이다.[1] ― 다른 하나는 정의의 침해로

---
1. Cf. q.98, a.3.

tuntur nisi iurati. Et ex hoc semper est peccatum mortale.[1] — Alio modo, ex violatione iustitiae. Et hoc modo est peccatum mortale in suo genere, sicut et quaelibet iniustitia.[2] Et ideo in praecepto Decalogi sub hac forma interdicitur falsum testimonium, cum dicitur *Exod.* 20, [16]: *Non loquaris contra proximum tuum falsum testimonium:* non enim contra aliquem facit qui eum ab iniuria facienda impedit, sed solum qui ei suam iustitiam tollit. — Tertio modo, ex ipsa falsitate, secundum quod omne mendacium est peccatum.[3] Et ex hoc non habet falsum testimonium quod semper sit peccatum mortale.

AD PRIMUM ergo dicendum quod in testimonio ferendo non debet homo pro certo asserere, quasi sciens, id de quo certus non est: sed dubium debet sub dubio proferre, et id de quo certus est pro certo asserere. Sed quia contingit ex labilitate humanae memoriae quod reputat se homo quandoque certum esse de eo quod falsum est, si aliquis, cum debita sollicitudine recogitans, existimet se certum esse de eo quod falsum est, non peccat mortaliter hoc asserens, quia non dicit falsum testimonium per se et ex intentione, sed per accidens, contra id quod intendit.

AD SECUNDUM dicendum quod iniustum iudicium iudicium non est. Et ideo ex vi iudicii falsum testimonium in iniusto iudicio prolatum ad iniustitiam impediendam, non habet rationem peccati

---

2. Cf. q.59, a.4.

기형이 되는데, 이 점에서 모든 불의와 마찬가지로,[2] 거짓 증언은 그 자체의 유(類)로 대죄다. 그러므로 십계명에 의한 거짓 증언 금지는 다음과 같은 탈출기 20장 16절의 말씀 형태로 나타난다. "이웃에게 불리한 거짓 증언을 해서는 안 된다." 누구나, 거짓 증언을 하는 사람의 정의를 박탈하기만 하고, 다른 사람(이웃)에게 해를 끼치지 못하게 함으로써, 그(이웃)를 거슬러 아무것도 하지 않는 것이기 때문이다.—셋째 양상은 거짓 그 자체로 기형이 되는데, 그것을 따라 모든 거짓말은 죄다.[3] 이것으로, 거짓 증언을 하는 것이 언제나 대죄는 아니다.

[해답] 1. 증언할 때 사람은, 그가 확신하지 못하는 것에 대해서는, 마치 그가 그것을 알고 있다는 듯이 확실하게 확증해서는 안 된다. 대신 의심은 마땅히 의심[의 언어] 아래에 놓아두고, 확실한 것에 대해서는 확실하게 확증하는 것[의 언어]이어야 한다. 인간 기억의 약점으로 인해, 때때로 사람은 거짓된 것을 확실하다고 생각하는 일이 발생한다. 만일 누군가가 그 문제에 관해 현명하게 생각한 후에 잘못인 것에 대해 자신이 확신한다고 생각하고 평가(판단)한다면, 그것으로 그는 치명적으로 죄를 범하지는 않는다. 그가 한 그 증언은 스스로 또 고의로 거짓 증언을 한 것이 아니라, 그가 의도한 것과는 반대로 우유(偶有)의 거짓 증언을 한 것이기 때문이다.

2. 부당한 재판(법적 절차)은 재판이 아니다. 그러므로 부당한 재판에서 불의를 막기 위한 거짓 증언은 재판의 효력(힘)에 대죄의 근거가 있는 것이 아니라, 침해된 선서에 대죄의 근거가 있다.

---

3. Cf. q.110, a.3.

mortalis: sed solum ex iuramento violato.

AD TERTIUM dicendum quod homines maxime abhorrent peccata quae sunt contra Deum, quasi gravissima: inter quae est periurium. Non autem ita abhorrent peccata quae sunt contra proximum. Et ideo ad maiorem certitudinem testimonii, requiritur testis iuramentum.

3. 사람들은 주로 하느님을 거스르는 그런 죄들을, 가장 중대한 죄인 것처럼 혐오하는데, 그 가운데 위증도 있다. 반면에 사람들은 이웃을 거스르는 죄는 그렇게 심하게 혐오하지 않는다. 따라서 증언의 더 큰 확실성을 위해, 증인에게는 선서가 요구된다.

QUAESTIO LXXI
DE INIUSTITIA QUAE FIT IN IUDICIO EX PARTE ADVOCATORUM
in quatuor articulos divisa

Deinde considerandum est de iniustitia quae fit in iudicio ex parte advocatorum.[1]

Et circa hoc quaeruntur quatuor.

Primo: utrum advocatus teneatur praestare patrocinium causae pauperum.

Secundo: utrum aliquis debeat arceri ab officio advocati.

Tertio: utrum advocatus peccet iniustam causam defendendo.

Quarto: utrum peccet pecuniam accipiendo pro suo patrocinio.

Articulus 1
Utrum advocatus teneatur patrocinium praestare causae pauperum

Ad primum sic proceditur. Videtur quod advocatus teneatur patrocinium praestare causae pauperum.

1. Dicitur enim *Exod.* 23, [5]: *Si videris asinum odientis te iacere*

---

1. Cf. q.67, Introd.

제71문
재판에서 변호인 편에서 행해진 불의에 대하여
(전4절)

다음으로는 재판에서 변호인 편에서 행해진 불의를 고찰해야 한다.[1] 이 주제와 관련하여 네 질문이 제기된다.

1. 변호인은 반드시 가난한 이들의 소송의 법적 방어를 제공해야 하는가?
2. 일부 사람들은 변호인의 직무에 마땅히 금지되어야 하는가?
3. 변호인은 부당한 소송을 방어하는 행위로 죄를 범하는가?
4. 변호인은 법적 방어의 대가로 돈을 취하는 행위로 죄를 범하는가?

제1절 변호인은 반드시 가난한 이들의 소송의 법적 방어를 제공해야 하는가?

[반론] 첫째 질문과 관련해서는 다음과 같이 전개된다. 변호인은 반드시 가난한 이들의 소송의 법적 방어를 제공해야 하는 것으로 보인다.
1. 탈출기 23장 [5절]은 다음과 같이 말하고 있다. "너희를 미워하는 자의 나귀가 짐에 눌려 쓰러져 있는 것을 보았을 경우, 내버려 두지 말고 그와 함께 나귀를 일으켜 주어야 한다." 실로 가난한 이들의 소송이

sub onere, non pertransibis, sed sublevabis cum eo. Sed non minus periculum imminet pauperi si eius causa contra iustitiam opprimatur, quam si eius asinus iaceat sub onere. Ergo advocatus tenetur praestare patrocinium causae pauperum.

2. Praeterea, Gregorius dicit, in quadam homilia,[1]: *Habens intellectum curet omnino ne taceat; habens rerum affluentiam a misericordia non torpescat; habens artem qua regitur, usum illius cum proximo partiatur; habens loquendi locum apud divitem, pro pauperibus intercedat: talenti enim nomine cuilibet reputabitur quod vel minimum accepit.* Sed talentum commissum non abscondere, sed fideliter dispensare quilibet tenetur: quod patet ex poena servi abscondentis talentum, Matth. 25, [24 sq.]. Ergo advocatus tenetur pro pauperibus loqui.

3. Praeterea, praeceptum de misericordiae operibus adimplendis, cum sit affirmativum, obligat pro loco et tempore, quod est maxime in necessitate. Sed tempus necessitatis videtur esse quando alicuius pauperis causa opprimitur. Ergo in tali casu videtur quod advocatus teneatur pauperibus patrocinium praestare.

SED CONTRA, non minor necessitas est indigentis cibo quam indigentis advocato. Sed ille qui habet potestatem cibandi non semper

---

1. Homil.9 *in Evang.*, n.7: PL 76, 1109 A B.
2. Cf. q.32, a.5.

정의를 거슬러 압도된다면, 가난한 이들을 위협하는 위험은 그의 나귀가 짐에 눌려 쓰러져 있는 경우의 위험보다 절대로 가볍지 않다. 그러므로 변호인은 반드시 가난한 이들의 소송의 법적 방어를 제공해야 한다.

2. 그레고리우스는 어떤 강론에서[1] 다음과 같이 말하고 있다. "통찰력(지성) 있는 사람은 그것이 침묵하지 않도록 살피십시오. 풍부한 사물을 가진 사람은 그의 자비심이 무뎌지지 않도록 살피십시오. 사용될 (관리될) 기술을 가진 사람은 그 기술의 사용을 이웃과 나누도록 살피십시오. 부유한 사람과 이야기를 나눌 자리를 가진 사람은 가난한 이들을 위해 개입하도록 살피십시오. 왜냐하면 여러분이 아주 조금 받은 그것은 재능에 붙여진 이름으로 검토될 것이기 때문입니다." 실로 사람은 누구나 다, 마태오복음서 25장 [30절]에서 자기 재능을 숨겨둔 종에게 가해진 벌로 증명되듯이, 누구나 자기에게 맡겨진 재능을 숨기지 말고 반드시 충실하게 분배해야 한다. 그러므로 변호인은 반드시 가난한 사람들을 위해 변론해야 한다.

3. 자비의 과업을 이행하는 일에 관한 규정은 단언(긍정)적이므로, 시간과 장소에 따라 묶여 있으며, 이는 가장 불가피하다. 실로 어떤 가난한 사람의 소송이 억압당하는 때가 자비의 과업을 이행할 때로 보인다. 그러므로 그런 소송에서 변호인은 반드시 가난한 사람들에게 방어 의무를 제공해야 한다.

[재반론] 식량이 결핍된 사람은 변호인이 결핍된 사람보다 불가피함에 있어 덜하지 않다. 하지만 식량을 줄 수 있는 사람이 언제나 궁핍한 사람을 먹여야 하는 것은 아니다.[2] 그러므로 변호인도 언제나 가난한

tenetur pauperem cibare.[2] Ergo nec advocatus semper tenetur causae pauperum patrocinium praestare.

RESPONDEO dicendum quod cum praestare patrocinium causae pauperum ad opus misericordiae pertineat,[3] idem est hic dicendum quod et supra[4] de aliis misericordiae operibus dictum est. Nullus enim sufficit omnibus indigentibus misericordiae opus impendere. Et ideo sicut Augustinus dicit, in I *de Doct. Christ.*,[5] *cum omnibus prodesse non possis, his potissime consulendum est qui pro locorum et temporum vel quarumlibet rerum opportunitatibus, constrictius tibi, quasi quadam sorte, iunguntur.* Dicit, *pro locorum opportunitatibus:* quia non tenetur homo per mundum quaerere indigentes quibus subveniat, sed sufficit si eis qui sibi occurrunt misericordiae opus impendat. Unde dicitur *Exod.* 23, [4]: *Si occurreris bovi inimici tui aut asino erranti, reduc ad eum.* — Addit autem, *et temporum:* quia non tenetur homo futurae necessitati alterius providere, sed sufficit si praesenti necessitati succurrat. Unde dicitur I Ioan. 3, [17]: *Qui viderit fratrem suum necessitatem patientem,*[6] *et clauserit viscera sua ab eo,* etc. — Subdit autem, *vel quarumlibet rerum:* quia homo sibi coniunctis quacumque necessitudine maxime debet curam impendere;

---

3. Cf. q.32, a.2, ad2.
4. Q.32, aa.5 & 9.
5. C.28: PL 34, 30.
6. Vulgata: *habere*.

이들의 소송의 법적 방어를 제공해야 하는 것은 아니다.

[답변] 가난한 이들의 소송의 법적 방어를 제공하는 것은 자비의 과업에 속하므로,³ 이 질문에 대한 답변은 위에서⁴ 다룬 자비의 다른 과업들에 관련한 것과 같다. 실로 누구도 궁핍한 모든 이에게 자비의 과업을 충분히 이행하지 못한다. 그러므로 아우구스티누스는 『그리스도교 교양』 제I권⁵에서 다음과 같이 말하고 있다. "여러분이 모든 사람을 도와줄 수는 없으므로, 무엇보다 여러분은, 시간과 장소 또는 어떤 일의 기회 때문에, 마치 운명에 의해 [그들과] 하나가 된 것처럼, 더 밀접하게 연결되어 있는 사람들을 헤아려야 합니다." 그가 "장소의 기회 때문에"라고 말한 것은, 온 세상에서 궁핍한 사람들을 다 찾아 나서야 할 의무는 없지만, 자신이 만나는 사람들에게 자비의 일을 베풀면 그것으로 충분하기 때문이다. 그러므로 탈출기 23장 [4절]은 다음과 같이 말하고 있다. "길을 잃고 헤매는 너희 원수의 소나 나귀와 마주칠 경우, 너희는 그것을 임자에게 데려다주어야 한다."—아우구스티누스는 또 "시간의 기회"도 덧붙였는데, 그것은 다른 이들이 미래에 겪을 불가피함(궁핍함)에 대비해야 할 의무가 없으며 지금 불가피함(궁핍함)을 구제하는 것으로 충분하기 때문이다. 그러므로 요한 1서 3장 [17절]은 다음과 같이 말하고 있다. "누구든지 세상 재물을 가지고 있으면서도 자기 형제가 궁핍한 것을 보고⁶ 그에게 마음을 닫아버리면, 하느님 사랑이 어떻게 그 사람 안에 머무를 수 있겠습니까?"—마지막으로 그는 "또는 어떤 일의 기회"를 말하는데, 그것은 어떤 방식의 관계로든 자신에 결합이 된 사람에게 최대한 관심을 기울여야 하기 때문이다. 티모테오 1서 5장 [8절]을 따르면, "어떤 사람이 자기 친척 특히 가족을 돌보지 않

secundum illud I *ad Tim.* 5, [8]: *Si quis suorum, et maxime domesticorum curam non habet, fidem negavit.*

Quibus tamen concurrentibus, considerandum restat utrum aliquis tantam necessitatem patiatur quod non in promptu appareat quomodo ei possit aliter subveniri. Et in tali casu tenetur ei opus misericordiae impendere. — Si autem in promptu appareat quomodo ei aliter subveniri possit, vel per seipsum vel per aliam personam magis coniunctam aut maiorem facultatem habentem, non tenetur ex necessitate indigenti subvenire, ita quod non faciendo peccet: quamvis, si subvenerit absque tali necessitate, laudabiliter faciat.

Unde advocatus non tenetur semper causae pauperum patrocinium praestare, sed solum concurrentibus conditionibus praedictis. Alioquin oporteret eum omnia alia negotia praetermittere, et solis causis pauperum iuvandis intendere. — Et idem dicendum est de medico, quantum ad curationem pauperum.

AD PRIMUM ergo dicendum quod quando asinus iacet sub onere, non potest ei aliter subveniri in casu isto nisi per advenientes subveniatur: et ideo tenentur iuvare. Non autem tenerentur si posset aliunde remedium afferri.

AD SECUNDUM dicendum quod homo talentum sibi creditum tenetur utiliter dispensare, servata opportunitate locorum et tempo-

제71문 제1절

으면, 그는 믿음을 저버린 자로 믿지 않는 사람보다 더 나쁩니다."

하지만 그런 조건들(시간, 장소, 일)이 한꺼번에 나타날 때라도, 누가 그러한 불가피함(궁핍함)에 시달리고 있는지에 대해서는 계속 고찰되어야 한다. 그렇지 않으면 그가 도움을 받을 수 있는 방법이 바로 나타나지 않는다. 방법이 바로 나타나는 경우, 그에게는 반드시 자비의 과업을 이행해야 한다.—하지만 가난한 사람이 자신을 통해서나, 더 큰 능력이 있고 그에게 더 밀접하게 연결된 사람을 통해서, 도움을 받을 방법이 명백히 나타난다면, 그렇게 하지 않으면 죄가 될 정도로, 반드시 궁핍한 사람을 도와야 하는 것은 아니다. 하지만 반드시 그렇게 돕지 않아도 되는데도 도움을 주려 한다면, 훌륭하게 그것을 하게 놔둬야 한다.

그러므로 변호인이 반드시 가난한 사람들의 소송의 법적 방어를 제공해야 하는 것은 아니지만, 오로지 앞에서 말한 상황(조건)들이 한꺼번에 나타날 때는 반드시 그렇게 해야 한다. 그렇지 않으면 그는, 가난한 사람들을 돕는 일에만 집중하기 위해, 다른 모든 사업을 제쳐놓아야 할 것이기 때문이다.—이는, 가난한 사람들을 보살피는 일에 관한 한, 의사에 대해서도 마찬가지다.

[해답] 1. 나귀가 짐에 눌려 쓰러져 있는 동안, 지나가는 사람들이 그 사람을 도우러 오지 않는 한, 그를 도울 수단이 달리 없다. 그러므로 그들은 반드시 일으키는 것을 도와야 한다. 하지만 다른 데에서 도움의 수단을 가져올 수 있다면, 그들이 반드시 그렇게 해야 하는 것은 아니다.

2. 반드시 사람은, 앞에서 말한 대로, 시간과 장소와 어떤 일들이라

rum et aliarum rerum, ut dictum est.[7]

AD TERTIUM dicendum quod non quaelibet necessitas causat debitum subveniendi, sed solum illa quae est dicta.[8]

Articulus 2
Utrum convenienter aliqui secundum iura arceantur ab officio advocandi

Ad secundum sic proceditur. Videtur quod inconvenienter aliqui secundum iura arceantur ab officio advocandi.

1. Ab operibus enim misericordiae nullus debet arceri. Sed patrocinium praestare in causis ad opera misericordiae pertinet, ut dictum est.[1] Ergo nullus debet ab hoc officio arceri.

2. Praeterea, contrariarum causarum non videtur esse idem effectus. Sed esse deditum rebus divinis, et esse deditum peccatis, est contrarium. Inconvenienter igitur excluduntur ab officio advocati quidam propter religionem, ut monachi et clerici; quidam autem propter culpam, ut infames et haeretici.

3. Praeterea, homo debet diligere proximum sicut seipsum. Sed ad effectum dilectionis pertinet quod aliquis advocatus causae alicuius patrocinetur. Inconvenienter ergo aliqui quibus conceditur pro seipsis

---

7. 본론.
8. Ibid.

는 기회를 따라서, 자기에게 신탁된 재능을 유용하게 분배해야 한다.[7]

3. 모든 불가피함(궁핍함)이 아니라, 오로지 앞에서 말한 조건의 불가피함에만,[8] 도움을 주어야 할 빚(의무)을 초래(유발)한다.

제2절 법을 따라 일부 사람들이 변호하는 직무에 금지되는 것은 적절한가?

Parall.: Infra, q.188, a.3, ad2.

[반론] 둘째 질문과 관련해서는 다음과 같이 전개된다. 법을 따라 일부 사람들이 변호하는 직무에 금지되는 것은 부적절해 보인다.

1. 누구라도 자비의 과업에 금지되어서는 안 된다. 말한 대로,[1] 실로 소송에서 법적 방어를 제공하는 것은 자비의 과업에 속한다. 그러므로 누구도 그 직무에 금지되어서는 안 된다.

2. 반대되는 두 원인은 같은 결과를 낳지 않는다. 실로 신적인 과업에 헌신하는 것과 죄에 헌신하는 것은 정반대다. 그러므로 일부는 수도자나 성직자처럼 종교 때문에, 일부는 악평이나 이단 때문에 변호인의 직무에서 제외된다는 것은 적절하지 않다.

3. 사람은 이웃을 자기 자신처럼 사랑해야 한다. 실로 어떤 변호인이 어떤 사람의 소송의 법적 방어를 제공한다는 것은 사랑의 결실에 속한다. 그러므로 자신을 변호할 수 있는 권위를 부여받은 일부 사람들이

---

1. A.1.

auctoritas advocationis, prohibentur patrocinari causis aliorum.

SED CONTRA est quod III, qu. 7,[2] multae personae arcentur ab officio postulandi.

RESPONDEO dicendum quod aliquis impeditur ab aliquo actu duplici ratione: uno modo, propter impotentiam; alio modo, propter indecentiam. Sed impotentia simpliciter excludit aliquem ab actu: indecentia autem non excludit omnino, quia necessitas indecentiam tollere potest. Sic igitur ab officio advocatorum prohibentur quidam propter impotentiam, eo quod deficiunt sensu, vel interiori, sicut furiosi et impuberes; vel exteriori, sicut surdi et muti. Est enim necessaria advocato et interior peritia, qua possit convenienter iustitiam assumptae causae ostendere: et iterum loquela cum auditu, ut possit et pronuntiare et audire quod ei dicitur. Unde qui in his defectum patiuntur omnino prohibentur ne sint advocati, nec pro se nec pro aliis.

Decentia autem huius officii exercendi tollitur dupliciter. Uno modo, ex hoc quod aliquis est rebus maioribus obligatus. Unde monachos et presbyteros non decet in quacumque causa advocatos esse, neque clericos in iudicio saeculari: quia huiusmodi personae sunt rebus divinis adstrictae.[3] — Alio modo, propter personae defectum: vel

---

2. Gratianus, *Decretum*, p.II, causa 3, q.7, can.2: ed. Richter-Friedberg, t.I, p.525.
3. Cf. *Cod. Iur. Can.*, can.139.

다른 사람의 소송의 법적 방어를 제공하는 것을 금지하는 것은 적절하지 않다.

[재반론] 교령(III, qu. 7)²을 따라, (교회에) 요구되는 직무에 있는 많은 사람이 변호하는 직무에 금지된다.

[답변] 누구나 두 가지 근거로 행위에 방해가 된다. 하나는 불능으로 행위에 방해가 되며, 다른 하나는 걸맞지 않음으로 행위에 방해가 된다. 실로 불능은 단순하게 누구나 다 행위에서 배제하지만, 걸맞지 않음은 누구나 다를 배제하지 않는다. 불가피함이 걸맞지 않음을 제거할 수 있기 때문이다. 따라서 어떤 사람은 불능 때문에, 광인과 미성년자처럼 내적 감각의 결함이나 귀머거리와 벙어리처럼 외적 감각의 결함으로 변호하는 직무에 금지된다. 변호인에게는 내적 전문성이 불가피하기 때문이다. 그 전문성을 따라 그는 제기된 원인의 정당성을 편리하게 보여줄 수 있다. 또 그는 들음으로써 말할 수 있어야 하는데, 그것은 자기에게 말하는 것을 듣고 말할 수 있어야 하기 때문이다. 따라서 이것에 결함이 있어 고통을 겪는 이들은 전부, 자신을 위해서나 다른 사람을 위해서도, 변호인이 되는 것이 금지된다.

이 직무 행사의 걸맞음은 두 가지 방식으로 제거된다. 하나는, 그 사람이 더 큰 일에 매여 있다는 사실에서 제거되는 방식이다. 그러므로 수도자나 사제가 어떤 소송에서 변호인이 되는 것이나, 성직자가 세속의 재판에서 변호인이 되는 것은 걸맞지 않다. 왜냐하면 그 같은 인물들은 하느님의 일들에 매여 있기 때문이다.³—다른 하나는, 인격의 결함 때문에 또는, 재판관 앞에 제대로 설 수 없는 소경의 경우에서 알

corporalem, ut patet de caecis, qui convenienter iudici adstare non possent; vel spiritualem, non enim decet ut alterius iustitiae patronus existat qui in seipso iustitiam contempsit. Et ideo infames, infideles et damnati de gravibus criminibus non decenter sunt advocati.

Tamen huiusmodi indecentiae necessitas praefertur. Et propter hoc huiusmodi personae possunt pro seipsis, vel pro personis sibi coniunctis, uti officio advocati. Unde et clerici pro Ecclesiis suis possunt esse advocati: et monachi pro causa monasterii sui, si abbas praeceperit.

ADD PRIMUM ergo dicendum quod ab operibus misericordiae interdum aliqui propter impotentiam, interdum etiam propter indecentiam impediuntur. Non enim omnia opera misericordiae omnes decent: sicut stultos non decet consilium dare, neque ignorantes docere.

AD SECUNDUM dicendum quod sicut virtus corrumpitur per superabundantiam et defectum, ita aliquis fit indecens et per maius et per minus. Et propter hoc quidam arcentur a patrocinio praestando in causis quia sunt maiores tali officio, sicut religiosi et clerici: quidam vero quia sunt minores quam ut eis hoc officium competat, sicut infames et infideles.

AD TERTIUM dicendum quod non ita imminet homini neces-

---

4. 사람은 이웃을 자기 몸처럼 사랑해야 한다. 하지만 자신만큼은 아니다.(q.25, a.1; q.26, a.4)

수 있듯이, 신체적 결함 때문에 걸맞음이 제거되는 방식이다. 또는 영적(정신적) 결함 때문에도 제거되는데, 자신의 정의를 경멸하는 사람이 다른 정의의 옹호자가 되려는 것은 걸맞지 않기 때문이다. 그러므로 악명 높은 사람, 믿지 않는 이, 또 중대한 범죄로 유죄판결을 받은 이 역시 변호인이 되는 것에 걸맞지 않다.

하지만 불가피함은 이런 방식의 걸맞지 않음보다 선호된다. 그리고 이러한 이유로 그러한 사람은 자신을 위해, 자신에 연결된 사람을 위해 변호인의 직분을 이용할 수 있다. 그러므로 성직자도 그의 교회를 위해 변호할 수 있으며, 수도자는 대수도원장이 그렇게 하라고 지시한다면, 그의 수도원의 소송을 위해 변호인이 될 수 있다.

[해답] 1. 때때로 어떤 사람은 불능 때문에, 때때로 어떤 사람은 걸맞지 않음 때문에, 자비의 과업에 방해가 된다. 모든 자비의 과업이 모든 인물에게 걸맞은 것은 아니기 때문이다. 따라서 미련한 사람에게 충고하는 것과 무지한 사람을 가르치는 것은 걸맞지 않다.

2. 덕이 "너무 많음"과 "너무 적음"으로 손상(소멸)되는 것과 마찬가지로, 사람도 "더함"과 "덜함"으로 걸맞지 않게 된다. 이러한 이유로, 수도자와 성직자와 같이, 어떤 사람은 변호의 직무보다 '더함'이 있는 반면 악명 높은 사람과 믿지 않는 사람과 같이, 어떤 사람은 그 직무가 요구되는 역량보다 '덜함'이 있어, 소송의 법적 방어를 제공하는 것이 금지된다.

3. 다른 이들의 소송의 법적 방어를 제공할 불가피함은 자기 소송의 법적 방어를 제공할 불가피함보다 시급하지 않다. 다른 이는 다른 방법으로 자신을 도울 수 있기 때문이다.[4] 그러므로 반론의 근거로서는

sitas patrocinari causis aliorum sicut propriis, quia alii possunt sibi aliter subvenire.[4] Unde non est similis ratio.

Articulus 3
Utrum advocatus peccet si iniustam causam defendat

Ad tertium sic proceditur. Videtur quod advocatus non peccet si iniustam causam defendat.

1. Sicut enim ostenditur peritia medici si infirmitatem desperatam sanet, ita etiam ostenditur peritia advocati si etiam iniustam causam defendere possit. Sed medicus laudatur si infirmitatem desperatam sanet. Ergo etiam advocatus non peccat, sed magis laudandus est, si iniustam causam defendat.

2. Praeterea, a quolibet peccato licet desistere. Sed advocatus punitur si causam suam prodiderit, ut habetur II, qu. 3.[1] Ergo advocatus non peccat iniustam causam defendendo, si eam defendendam susceperit.

3. Praeterea, maius videtur esse peccatum si iniustitia utatur ad iustam causam defendendam, puta producendo falsos testes vel allegando falsas leges, quam iniustam causam defendendo: quia hoc est peccatum in forma, illud in materia. Sed videtur advocato licere talibus astutiis uti: sicut militi licet ex insidiis pugnare. Ergo videtur

---

1. Gratianus, *Decretum*, p.II, causa 2, q.3, app. ad can.8: ed. Richter-Friedberg, t.I, p.454.

유사하지도 않다.

제3절 변호인은 부당한 소송을 방어하는 행위로 죄를 범하는가?

[반론] 셋째 질문과 관련해서는 다음과 같이 전개된다. 변호인은 부당한 소송을 방어하는 행위로는 죄를 범하지 않는 것으로 보인다.

1. 의사가 절망적인 병을 고친다면 그의 솜씨가 드러나듯이, 변호인도 부당한 소송을 방어할 수 있으면 그의 솜씨가 드러난다. 실로 의사는 절망적인 질병을 고치면 칭찬을 받는다. 그러므로 변호인도 부당한 소송을 방어하면, 죄를 범하는 것이 아니라 더 큰 칭찬을 받아야 한다.

2. 어떤 죄도 그만두는 것이 허용된다. 하지만 교령(II, qu. 3)[1]에 실려 있는 대로, 변호인이 자기의 소송을 내던지면 벌을 받는다. 그러므로 변호인은 일단 그가 방어를 받아들였다면, 부당한 소송을 방어하는 행위로는 죄를 범하지 않는다.

3. 변호인이 부당한 소송을 방어하는 것보다 정당한 소송에 불의가 이용되는 것이, 예를 들어, 거짓 증인들을 내세우거나 거짓 법을 주장하는 것이, 더 큰 죄인 것으로 보인다. 부당한 소송을 방어하는 것은 질료에 있어서 죄지만, 불의가 이용되는 것은 형상에 있어서 죄이기 때문이다. 하지만 매복으로 싸우는 것이 병사들에게 허용되는 것처럼, 그러한 교활함이 사용되는 것도 변호인에게는 허용되는 것으로 보인다. 그러므로 변호인이 부당한 소송을 방어한다면, 그는 죄를 범하지 않는 것으로 보인다.

quod advocatus non peccat si iniustam causam defendat.

SED CONTRA est quod dicitur II *Paralip.* 19, [2]: *Impio praebes auxilium: et idcirco iram Domini merebaris.* Sed advocatus defendens causam iniustam impio praebet auxilium. Ergo, peccando, iram Domini meretur.

RESPONDEO dicendum quod illicitum est alicui cooperari ad malum faciendum sive consulendo, sive adiuvando, sive qualitercumque consentiendo: quia consilians et coadiuvans quodammodo est faciens; et Apostolus dicit, *ad Rom.* 1, [32], quod *digni sunt morte non solum qui faciunt peccatum, sed etiam qui consentiunt facientibus.*[2] Unde et supra[3] dictum est quod omnes tales ad restitutionem tenentur. Manifestum est autem quod advocatus et auxilium et consilium praestat ei cuius causae patrocinatur. Unde si scienter iniustam causam defendit, absque dubio graviter peccat; et ad restitutionem tenetur eius damni quod contra iustitiam per eius auxilium altera pars incurrit. Si autem ignoranter iniustam causam defendit, putans esse iustam, excusatur, secundum modum quo ignorantia excusare potest.

AD PRIMUM ergo dicendum quod medicus accipiens in cura

---

2. Vulgata: ... *digni sunt morte, et non solum qui ea faciunt, sed etiam,* etc.

[재반론] 역대기 하권 19장 [2절]은 다음과 같이 말하고 있다. "당신이(임금님께서) 그렇게 악한 자를 돕고 …그러므로 이 일 때문에 주님의 진노가 당신께(임금님께) 내릴 것입니다." 실로 변호인은 부당한 소송을 방어하는 행위로 악한 자를 돕는다. 그러므로 그는 죄를 범하여 주님의 진노를 받기에 합당하다.

[답변] 조언함으로써, 지원으로써, 또는 어떤 식으로든 동의함으로써, 다른 사람과 협력하여 악을 행하는 것은 불법행위다. 조언하거나 지원하는 것은, 보기에 따라서는, [악을] 수행하고 있는 것이며, 사도는 로마서 1장 [32절]에서 다음과 같이 말하고 있다. "이와 같은 짓을 저지르는 자들은 죽어 마땅하다. …그들은" 그런 짓을 "할 뿐만 아니라 그 같은 짓을 저지르는 자들을 두둔하기까지 합니다."[2] 그러므로 이미 말했듯이,[3] 그 같은 모든 일에 대해서는 반드시 배상해야 한다. 실로 변호인이 소송의 법적 방어를 제공하는 사람에게 도움과 조언을 제공한다는 것은 명백하다. 그러므로 그가 의도적으로 부당한 소송을 방어한다면, 의심의 여지없이 중대한 죄를 범하는 것이다. 또 그의 도움을 통해 사회정의를 거슬러 상대방에게 입힌 손실에 대해서는 반드시 배상해야 한다. 하지만 만일 그가 모르고, 그냥 정당하다고 생각하며 부당한 소송을 방어한다면, 그는 무지에 대해 변명할 수 있는 양상을 따라서 용서를 받는다.

[해답] 1. 의사는 절망적인 질병을 고치는 일을 수행함으로써 누구에

---

3. Q.62, a.7.

infirmitatem desperatam nulli facit iniuriam. Advocatus autem suscipiens causam iniustam iniuste laedit eum contra quem patrocinium praestat. Et ideo non est similis ratio. Quamvis enim laudabilis videatur quantum ad peritiam artis, tamen peccat quantum ad iniustitiam voluntatis, qua abutitur arte ad malum.

AD SECUNDUM dicendum quod advocatus, si in principio credidit causam iustam esse et postea in processu appareat eam esse iniustam, non debet eam prodere, ut scilicet aliam partem iuvet, vel secreta suae causae alteri parti revelet. Potest tamen et debet causam deserere; vel eum cuius causam agit ad cedendum inducere, sive ad componendum, sine adversarii damno.

AD TERTIUM dicendum quod, sicut supra[4] dictum est, militi vel duci exercitus licet in bello iusto ex insidiis agere ea quae facere debet prudenter occultando, non autem falsitatem fraudulenter faciendo: quia *etiam hosti fidem servare oportet*, sicut Tullius dicit, in III *de Offic.*.[5] Unde et advocato defendenti causam iustam licet prudenter occultare ea quibus impediri posset processus eius, non autem licet ei aliqua falsitate uti.

게도 해를 가하지 않는다. 하지만 부당한 소송을 받아들인 변호인은 법적 방어를 제공하는 사람의 상대 당사자를 부당하게 다치게 한다. 그러므로 반론의 근거로서는 비슷하지도 않다. 비록 그것이 기술의 솜씨에 관해서는 칭찬받을 만한 것으로 보이지만, 악을 향한 기술로 남용됨으로써, 의지의 불의에 관해서는 죄를 범한 것이기 때문이다.

2. 만일 변호인이 처음에는 소송이 정당하다고 믿었으나, 그 후 진행 과정에서 부당하다는 것이 드러나는 경우, 상대를 도우려거나 상대에게 자기 소송의 비밀을 밝히려고, 자신의 믿음을 배신해서는 안 된다. 하지만 그는 소송을 포기할 수 있고 또 그래야 한다. 또는 상대 당사자에게 피해를 주지 않으면서, 의뢰인이 실행한 소송을 양보나 타협으로 유도할 수 있고 또 해야 한다.

3. 이미 말했듯이,[4] 병사들이나 부대의 장군에게, 정당한 전쟁에서 은폐를 통해 현명하게 행해야 할 과업을 매복으로 수행하는 것은 허용된다. 하지만 사기적으로 기만을 행하는 것은 안 된다. 키케로가 『직무론』 제3부[5]에서 말한 대로, "원수에게도 믿음을 지켜야 하기" 때문이다. 그러므로 변호인에게, 정당한 소송을 방어하면서, 그의 절차를 방해할 수 있는 것을 현명하게 숨기는 것은 허용된다. 하지만 일부 기만적인 방식은 그에게 허용되지 않는다.

---

4. Q.40, a.3.
5. C.29, ed. C. F. Mueller, Lipsiae 1910, p.125, II.5-6.

Articulus 4
Utrum advocato liceat pro suo patrocinio pecuniam accipere

Ad quartum sic proceditur. Videtur quod advocato non liceat pro suo patrocinio pecuniam accipere.

1. Opera enim misericordiae non sunt intuitu humanae remunerationis facienda: secundum illud Luc. 14, [12]: *Cum facis prandium aut cenam, noli vocare amicos tuos neque vicinos divites, ne forte et ipsi te reinvitent, et fiat tibi retributio.* Sed praestare patrocinium causae alicuius pertinet ad opera misericordiae, ut dictum est.[1] Ergo non licet advocato accipere retributionem pecuniae pro patrocinio praestito.

2. Praeterea, spirituale non est pro temporali commutandum. Sed patrocinium praestitum videtur esse quiddam spirituale: cum sit usus scientiae iuris. Ergo non licet advocato pro patrocinio praestito pecuniam accipere.

3. Praeterea, sicut ad iudicium concurrit persona advocati, ita etiam persona iudicis et persona testis. Sed secundum Augustinum, *ad Macedonium,*[2] *non debet iudex vendere iustum iudicium, nec testis*

---

1. A.1.
2. Epist.153, al. 54, c.6, n.23: PL 33, 663.

제4절 법적 방어의 대가로 돈을 취하는 것이 변호인에게는 허용되는가?

Parall.: *In Sent.*, IV, d.25, q.1. a.3, a. 2, qc.2, ad9.

[반론] 넷째 질문과 관련해서는 다음과 같이 전개된다. 자기의 법적 방어의 대가로 돈을 취하는 것은 변호인에게 허용되지 않는 것으로 보인다.

1. 자비의 과업들은, 다음과 같은 루카복음서 14장 [12절]의 말씀을 따라, 인간의 보상을 노리고 행해서는 안 된다. "네가 점심이나 저녁 식사를 베풀 때, 네 친구나 형제나 친척이나 부유한 이웃을 부르지 말라. 그러면 그들도 다시 너를 초대하여 네가 보답을 받게 된다." 실로, 말했듯이[1] 누군가의 소송의 법적 방어를 제공하는 것은 자비의 과업에 속한다. 그러므로 법적 방어의 대가로 돈의 보상을 취하는 것은 변호인에게 허용되지 않는다.

2. 정신적(영적)인 것은 현세 것으로 교환하기 위한 것도 아니다. 실로 법적 방어의 제공은 정신적인 어떤 것으로 보이는데, 법의 지식을 이용하기 때문이다. 그러므로 법적 방어 제공의 대가로 돈을 받는 것은 변호인에게 허용되지 않는다.

3. 변호인의 인격이 재판에 동의한 것처럼, 판사의 인격과 증인의 인격도 마찬가지다. 실로, 아우구스티누스의 『마케도니아인들에 보낸 서간』[2]을 따르면, "재판관은 정당한 재판을, 증인은 참된 증언을 팔아먹어서는 안 된다." 그러므로 변호인도 정당한 법적 방어를 팔아먹을 수 없다.

verum testimonium. Ergo nec advocatus poterit vendere iustum patrocinium.

SED CONTRA est quod Augustinus dicit ibidem, quod *advocatus licite vendit iustum patrocinium, et iurisperitus verum consilium.*

RESPONDEO dicendum quod ea quae quis non tenetur alteri exhibere, iuste potest pro eorum exhibitione recompensationem accipere. Manifestum est autem quod advocatus non semper tenetur patrocinium praestare aut consilium dare causis aliorum. Et ideo si vendat suum patrocinium sive consilium, non agit contra iustitiam. Et eadem ratio est de medico opem ferente ad sanandum, et de omnibus aliis huiusmodi personis[3]: dum tamen moderate accipiant, considerata conditione personarum et negotiorum et laboris, et consuetudine patriae. Si autem per improbitatem aliquid immoderate extorqueat, peccat contra iustitiam. Unde Augustinus dicit, *ad Macedonium,*[4] quod *ab his extorta per immoderatam improbitatem repeti solent, data per tolerabilem consuetudinem non solent.*

AD PRIMUM ergo dicendum quod non semper quae homo

---

[3]. "기계학의 대가는 자기 기술로 살 수 있는데, 인문학의 대가가 자기 기술로 살 수 없다는 것은 근거에 맞지 않는 것으로 보이기 때문이다. 마찬가지로 변호인은 사건에서 제공하는 법적 방어(후원)로 생계를 꾸릴 수 있다. 다른 모든 합법적 직업에 대해서도 마찬가지이다."(*Quodl.* VII, q.7, a.1)

[반론] 아우구스티누스는 같은 서간에서 다음과 같이 말하고 있다. "변호인은 정당한 법적 방어를, 법률 전문가는 그의 조언을 합법적으로 팔 수 있다."

[답변] 그는 다른 사람에게 제공하지 않아도 되는 것을 제공하는 것에 대한 보상의 대가를 정당하게 받을 수 있다. 실로 변호인이 언제나 다른 사람의 소송의 법적 방어를 제공해야 하고, 또 조언해야 하는 것이 아님은 분명하다. 그러므로 그가 자기의 법적 방어나 조언을 판매하더라도, 그것이 정의를 거스르는 행위는 아니다. 치료에 도움을 주는 의사에 대해서도, 또 그런 형태의 다른 모든 사람에 대해서도,[3] 그들이 사람과 직업과 노동의 조건과 그 나라의 관습을 고찰하여, 절도 있게 자기의 기술을 판매하더라도, 그 역시 정의를 거스르는 행위가 아니다. 하지만 만일 그들이 부정직하게 무엇인가를 과도하게(무절제하게) 강탈한다면, 그는 정의를 거스르는 죄를 범한다. 그러므로 아우구스티누스도 『마케도니아인들에 보낸 서간』[4]에서 다음과 같이 말하고 있다. "과도한(무절제하게) 부정직으로 강탈된 것은 반환되어야 하지만, 허용되는 관습에 따라 받은 것은 그렇지 않아야 한다."

[해답] 1. 자비의 마음으로 할 수 있는 일을 언제나 무상으로 해야 하는 것은 아니다. 그렇게 해야만 한다면 어떤 물건의 경우, 누구에게도 합법적으로 판매하는 것이 허용되지 않을 것이다. 사람은 무엇이든 자비의 마음으로 내줄 수 있기 때문이다. 실로 그가 자비로운 마음으로

---

4. Epist.153, al. 54, c.6, n.24: PL 33, 664.

potest misericorditer facere, tenetur facere gratis: alioquin nulli liceret aliquam rem vendere, quia quamlibet rem potest homo misericorditer impendere. Sed quando eam misericorditer impendit, non humanam, sed divinam remunerationem quaerere debet. Et similiter advocatus, quando causae pauperum misericorditer patrocinatur, non debet intendere remunerationem humanam, sed divinam: non tamen semper tenetur gratis patrocinium impendere.

AD SECUNDUM dicendum quod etsi scientia iuris sit quiddam spirituale, tamen usus eius fit opere corporali. Et ideo pro eius recompensatione licet pecuniam accipere: alioquin nulli artifici liceret de arte sua lucrari.[5]

AD TERTIUM dicendum quod iudex et testis communes sunt utrique parti: quia iudex tenetur iustam sententiam dare, et testis tenetur verum testimonium dicere; iustitia autem et veritas non declinant in unam partem magis quam in aliam. Et ideo iudicibus de publico sunt stipendia laboris statuta; et testes accipiunt, non quasi pretium testimonii, sed quasi stipendium laboris, expensas vel ab utraque parte, vel ab ea a qua inducuntur: quia *nemo militat stipendiis suis unquam,* ut dicitur I *ad Cor.* 9, [7].[6] Sed advocatus alteram partem tantum defendit. Et ideo licite potest pretium accipere a parte quam adiuvat.

---

5. Cf. q.100, a.3, ad3.

내어 줄 때, 그는 인간의 보수가 아니라 성스러운 보수를 추구해야 한다. 그와 같이 변호인도 자비로운 마음으로 가난한 사람의 소송의 법적 방어를 이행할 때, 인간의 보수가 아니라 성스러운 보수를 의도해야 한다. 하지만 언제나 무상으로 법적 방어를 이행해야 하는 것은 아니다.

2. 법의 지식이 영적(정신적)인 것이라 해도, 그 사용은 육체적인 작업으로 이루어진다. 그러므로 그 지식의 사용에 대한 보상으로 돈을 취하는 것은 허용된다. 그렇지 않으면, 어떤 장인도 자기의 기술에 대해서 이득을 보는 것이 허락되지 않을 것이다.[5]

3. 재판관과 증인들은 양 당사자에게 공동의 인물이다. 재판관은 반드시 정당한 판결을 해야 하고, 증인은 반드시 참된 증언을 해야 하기 때문이다. 실로 정의와 진실은 다른 쪽으로 치우치지 않고 다른 쪽으로 기울지 않는다. 그래서 재판관들에게는 공적인 것에 대한 노동의 비용이 정해진다. 채택된 증인들에게는, 증언의 가격(대가)으로서가 아니라 노동의 비용으로서, 양측 또는 그들을 증인으로 부른 당사자의 경비에 의해서 증언에 대한 보상의 대가가 결정된다. 코린토 1서 9장 [7절][6]에서 말한 대로, 누구도 "자기가 비용을 대면서 군인으로 복무하지 않을 것"이기 때문이다. 하지만 변호인은 재판 당사자(피고발인)만 방어한다. 따라서 그는 자기가 돕는 당사자로부터 대가를 취할 수 있다.

---

6. Vulgata: *Quis militat suis stipendiis unquam?*

QUAESTIO LXXII
DE CONTUMELIA
in quatuor articulos divisa

Deinde considerandum est de iniuriis verborum quae inferuntur extra iudicium.[1] Et primo, de contumelia; secundo, de detractione[2]; tertio, de susurratione[3]; quarto, de derisione[4]; quinto, de maledictione.[5]

Circa primum quaeruntur quatuor.

Primo: quid sit contumelia.

Secundo: utrum omnis contumelia sit peccatum mortale.

Tertio: utrum oporteat contumeliosos reprimere.

Quarto: de origine contumeliae.

Articulus 1
Utrum contumelia consistat in verbis

Ad primum sic proceditur. Videtur quod contumelia non consistat in verbis.

---

1. Cf. q.67, Introd.
2. Q.73.

제72문
불손(모욕)에 대하여
(전4절)

다음으로는 재판 밖에서¹ 가해진 언어의 위해(危害)를 고찰해야 한다. 우리는 첫째로, 불손(不遜, 모욕)에 대해, 둘째로, 폄훼(貶毁, 비방)에² 대해, 셋째로, 험담(險談, 소문 퍼뜨리기)에³ 대해, 넷째로, 조롱(嘲弄)에⁴ 대해, 다섯째로, 악담(惡談, 저주(詛呪))에⁵ 대해 고찰할 것이다. 첫째 주제와 관련하여 네 질문이 제기된다.

1. 불손(모욕)은 무엇인가?
2. 모든 불손은 대죄인가?
3. 불손을 참아야 하는가?
4. 불손의 기원.

제1절 불손은 말로 구성되는가?

[반론] 첫째 질문과 관련해서는 다음과 같이 전개된다. 불손은 말로 구성되지 않는 것으로 보인다.

---

3. Q.74.
4. Q.75.
5. Q.76.

1. Contumelia enim importat quoddam nocumentum proximo illatum: cum pertineat ad iniustitiam. Sed verba nullum nocumentum videntur inferre proximo, nec in rebus nec in persona. Ergo contumelia non consistit in verbis.

2. Praeterea, contumelia videtur ad quandam dehonorationem pertinere. Sed magis aliquis potest inhonorari seu vituperari factis quam verbis. Ergo videtur quod contumelia non consistit in verbis, sed magis in factis.

3. Praeterea, dehonoratio quae fit in verbis dicitur convicium vel improperium. Sed contumelia videtur differre a convicio et improperio. Ergo contumelia non consistit in verbis.

SED CONTRA, nihil auditu percipitur nisi verbum. Sed contumelia auditu percipitur: secundum illud Ierem. 20, [10]: *Audivi contumelias in circuitu.* Ergo contumelia est in verbis.

RESPONDEO dicendum quod contumelia importat dehonorationem alicuius. Quod quidem contingit dupliciter. Cum enim honor aliquam excellentiam consequatur,[1] uno modo aliquis alium dehonorat cum privat eum excellentia propter quam habebat honorem. Quod quidem fit per peccata factorum, de quibus supra[2] dictum est. — Alio modo, cum aliquis id quod est contra honorem alicuius

---

1. Cf. q.103, aa.1-2.

1. 불손은 이웃에게 해를 입히는 무엇인가를 초래한다. 이웃에 해를 끼치는 것은 불의에 속한다. 하지만 말은, 사물에 있어서든 사람에 있어서든, 이웃에 아무런 해도 끼치지 않는 것으로 보인다. 그러므로 불손은 말로 구성되지 않는다.

2. 불손은 불명예에 속하는 무엇인가로 보인다. 누군가는 말보다는 행동으로 더 불명예를 얻거나 경시당할 수 있다. 그러므로 불손은 말보다는 행동으로 구성되는 것으로 보인다.

3. 말로 당한 불명예는 모욕이나 비난이라 불린다. 하지만 불손은 모욕이나 비난과 다른 것으로 보인다. 그러므로 불손은 말로 구성되지 않는다.

[재반론] 말이 들리지 않으면 아무것도 지각(知覺)되지 않는다. 실로 불손은, 다음과 같은 예레미야서 20장 [10절]을 따라, 들음으로써 지각된다. "군중이(사방에서) 수군대는 소리(불손한 말)가 들립니다." 그러므로 불손은 말에 있다.

[답변] 불손은 누군가의 불명예를 가져온다. 그것은 두 양상으로 일어난다. 명예란 탁월에서 유래하므로,[1] 한 양상으로, 다른 사람이 명예를 얻고 있던 탁월을 빼앗음으로써 그를 불명예스럽게 한다. 실로 이는 행위의 죄로 이루어지는데, 그것에 관해서는 이미 말했다.[2]—다른 양상으로, 어떤 사람이 다른 사람의 명예를 거스르는 무엇인가를 그 사람이 또는 다른 사람이 알아채도록 함으로써 그를 불명예스럽게 한

---

2. Q.64 sqq.

deducit in notitiam eius et aliorum. Et hoc proprie pertinet ad contumeliam. Quod quidem fit per aliqua signa. Sed sicut Augustinus dicit, in II *de Doct. Christ.*,³ *omnia signa, verbis comparata, paucissima sunt: verba enim inter homines obtinuerunt principatum significandi quaecumque animo concipiuntur.* Et ideo contumelia, proprie loquendo, in verbis consistit. Unde Isidorus dicit, in libro *Etymol.*,⁴ quod contumeliosus dicitur aliquis *quia velox est et tumet verbis iniuriae.*

Quia tamen etiam per facta aliqua significatur aliquid, quae in hoc quod significant habent vim verborum significantium; inde est quod contumelia, extenso nomine, etiam in factis dicitur. Unde *Rom.* 1, [30], super illud, *contumeliosos, superbos,* dicit Glossa⁵ quod contumeliosi sunt *qui dictis vel factis contumelias et turpia inferunt.*

AD PRIMUM ergo dicendum quod verba secundum suam essentiam, idest inquantum sunt quidam soni audibiles, nullum nocumentum alteri inferunt, nisi forte gravando auditum, puta cum aliquis nimis alte loquitur. Inquantum vero sunt signa repraesentantia aliquid in notitiam aliorum, sic possunt multa damna inferre. Inter quae unum est quod homo damnificatur quantum ad detrimentum honoris sui vel reverentiae sibi ab aliis exhibendae. Et ideo maior est contumelia si aliquis alicui defectum suum dicat coram multis. Et tamen

---

3. C.3: PL 34, 37.
4. X, ad litt. C, n.46: PL 82, 372 B.

다. 이것이, 제대로 말하자면, 불손에 속한다. 그것이 참으로 특정한 표지로 이루어지기 때문이다. 실로, 아우구스티누스가 『그리스도교 교양』 제2권³에서 말한 것처럼, "모든 표지는 말과 비교하면, 매우 적다. 마음으로 생각된 것은 무엇이든지 그것을 표현하는 데 있어, 말이 사람들 사이에서 으뜸의 자리를 받았기 때문이다. 그러므로 제대로 말하자면 불손은 말로 구성된다." 이시도루스가 『어원론』⁴에서 누군가를 불손한 자라고 부르는 것은 그가 "해로운 말이 빠르고 가득 찼기 때문이다."라고 말한 것은 그 때문이다.

하지만 무엇인가는 특정 행위로도 표현되기 때문에, 그 행위들로 표현하는 것은 표현된 말들의 힘을 갖는다. 그러므로 불손은 이름으로 확장되어, 행동으로도 말해진 것이다. 로마서 1장 [30절]의 "불손하고 오만한 자들"에 관해 다음과 같이 주석한다.⁵ 불손한 자들은 "말이나 행동으로 불손(모욕)과 창피 주는 자들이다."

[해답] 1. 말은 그 본질을 따라, 즉 특정 소리로 들리는 한, 예를 들어, 누군가가 너무 크게 말하는 것처럼, 듣는 데 부담을 주지 않는 경우를 제외하고는, 누구에게도 아무런 해를 끼치지 않는다. 하지만 말이 다른 사람이 알아채도록 무엇인가를 나타내는 표지인 한, 말이 큰 손해를 가져올 수도 있다. 그런 것들 가운데 하나가, 사람이 자기 명예를 잃을 정도로, 또는 다른 사람들이 그에게 보여준 존중을 잃을 정도로 손해(손상)를 입는다는 것이다. 누군가 많은 사람 앞에서 자신의 결함에 대해 말한다면, 그 불손(모욕)은 더 심하다. 하지만 자기가 자신의 결함에 대해 말하더라도, 듣는 사람의 존중을 거스르는 행동을 하는

---

5. Interl., Lombardus: PL 191, 1335 D.

si sibi soli dicat, potest esse contumelia, inquantum ipse qui loquitur contra audientis reverentiam agit.

AD SECUNDUM dicendum quod intantum aliquis aliquem factis dehonorat inquantum illa facta vel faciunt vel significant illud quod est contra honorem alicuius. Quorum primum non pertinet ad contumeliam, sed ad alias iniustitiae species, de quibus supra dictum est.[6] Secundum vero pertinet ad contumeliam inquantum facta habent vim verborum in significando.

AD TERTIUM dicendum quod convicium et improperium consistunt in verbis, sicut et contumelia: quia per omnia haec repraesentatur aliquis defectus alicuius in detrimentum honoris ipsius. Huiusmodi autem defectus est triplex. Scilicet defectus culpae, qui repraesentatur per verba contumeliosa. Et defectus generaliter culpae et poenae, qui repraesentatur per *convitium:* quia *vitium* consuevit dici non solum animae, sed etiam corporis. Unde si quis alicui iniuriose dicat eum esse caecum, convicium quidem dicit, sed non contumeliam, si quis autem dicat alteri quod sit fur, non solum convicium, sed etiam contumeliam infert. — Quandoque vero repraesentat aliquis alicui defectum minorationis sive indigentiae, qui etiam derogat honori consequenti quamcumque excellentiam. Et hoc fit per verbum *improperii,* quod proprie est quando aliquis iniuriose alteri ad memoriam reducit auxilium quod contulit ei necessitatem patienti. Unde dicitur *Eccli.* 20, 15: *Exigua dabit, et multa improperabit.* — Quandoque tamen unum istorum pro alio ponitur.

한, 그것 역시 불손일 수 있다.

2. 누군가는 행동으로 다른 누군가를 불명예스럽게 만든다. 그런 행동은 다른 사람의 명예를 거스르는 것을 실제로 초래하거나 표현한다. 이 가운데 전자는 불손에는 속하지 않지만, 다른 불의의 종(種)에 속한다. 그것에 관해서는 이미 말했다.[6] 하지만 후자는 표현함으로써 말의 힘을 가지는 행동인 한, 불손에 속한다.

3. 모욕과 비난이 말로 구성되듯이, 불손도 마찬가지다. 그 모든 것을 통해 누군가의 명예를 떨어뜨리는 그의 결함이 표현되기 때문이다. 하지만 그런 양상의 결함은 세 가지다. 우선, 탓의 결함이 있는데, 그것은 불손의 말을 통해 표현된다. 또 일반적으로 말해서 탓과 벌의 결함이 있는데, 그것은 "모욕의 말"을 통해 표현된다. 관례에 따라, "악"이란 영혼의 악만이 아니라 육체의 악도 말하기 때문이다. 그러므로 누군가 다른 사람에게 악의적으로 그가 맹인(盲人)이라 말한다면, 물론 그는 모욕의 말은 했지만, 불손의 말을 한 것은 아니다. 하지만 누군가 다른 사람에게 그가 도둑이라 말한다면, 그것은 모욕만이 아니라 불손까지 가져온 것이다. 때때로 누군가는 다른 누군가에게 열등이나 가난이라는 결함을 표현한다. 또한 그는 탁월성에 동반되는 명예에 손해(손상)를 입힌다. 이는 "비난"의 말로 행해지는데, 제대로 말하자면, 곤궁을 겪고 있는 사람(환자)에게 가져다준 도움을 다른 사람의 기억에 부당한 것으로 환원시키는 것과 같다. 그러므로 집회서 20장 [15절]은 다음과 같이 말하고 있다. "그는 적게 주면서 비난은 많이 한다." 그렇지만 때때로 이 용어들(모욕, 악, 비난)은 서로를 위해서도 사용된다.

---

6. Loc. cit. in c. art.

Articulus 2
Utrum contumelia, seu convicium, sit peccatum mortale

Ad secundum sic proceditur. Videtur quod contumelia, vel convicium, non sit peccatum mortale.

1. Nullum enim peccatum mortale est actus alicuius virtutis. Sed conviciari est actus alicuius virtutis, scilicet eutrapeliae, ad quam pertinet bene conviciari, secundum Philosophum, in IV *Ethic.*.[1] Ergo convicium, sive contumelia, non est peccatum mortale.

2. Praeterea, peccatum mortale non invenitur in viris perfectis. Qui tamen aliquando convicia vel contumelias dicunt: sicut patet de Apostolo, qui, *ad Gal.* 3, 1 dixit: *O insensati Galatae!* Et Dominus dicit, Luc. ult., 25: *O stulti, et tardi corde ad credendum!* Ergo convicium, sive contumelia, non est peccatum mortale.

3. Praeterea, quamvis id quod est peccatum veniale ex genere possit fieri mortale, non tamen peccatum quod ex genere est mortale potest esse veniale, ut supra[2] habitum est. Si ergo dicere convicium vel contumeliam esset peccatum mortale ex genere suo, sequeretur quod semper esset peccatum mortale. Quod videtur esse falsum, ut patet in eo qui leviter et ex subreptione, vel ex levi ira dicit aliquod verbum contumeliosum. Non ergo contumelia vel convicium ex genere suo est peccatum mortale.

---

1. C.14, 1128a33; S. Thoma, lect.16., nn.862-863.

제2절 불손 또는 모욕은 대죄인가?

Parall.: Infra, q. 58, a.5, ad3; *In Ep. ad Gal.*, c.3, lect.1.

[반론] 둘째 질문과 관련해서는 다음과 같이 전개된다. 불손 또는 모욕은 대죄가 아닌 것으로 보인다.

1. 어떤 대죄도 덕의 행위는 아니다. 실로 철학자의 『니코마코스 윤리학』 제4권에[1] 따르면, 모욕하는 것은 어떤 덕의 행위, 즉 올바르게 모욕하는 것에 속하는 재치의 행위다. 그러므로 불손 또는 모욕은 대죄가 아니다.

2. 대죄는 완벽한 덕의 사람에게서 발견되어서는 안 된다. 하지만 그들도 때로는 불손과 모욕을 말한다. 사도에게서 분명히 알 수 있듯이, 그도 갈라티아서 3장 [1절]에서 "아, 어리석은 갈라티아 사람들이여!"라고 말하고 있다. 또 주님께서도 루카복음서 24장 [25절]에서 "아, 어리석은 자들아! ⋯마음이 어찌 이리 굼뜨냐?"라고 말씀하셨다. 그러므로 불손 또는 모욕은 대죄가 아니다.

3. 비록 종(種)에서 가벼운 죄가 치명적이 될 수 있지만, 종에서 치명적인 죄는, 이미 말했듯이[2] 가벼울 수 없다. 그러므로 만일 그 유(類)에서 불손과 모욕을 말하는 것이 대죄라면, 언제나 대죄여야 한다는 말이 될 것이다. 하지만 이는 오류로 보인다. 현명하지 않게 또는 슬그머니, 또는 가벼운 분노로 불손의 말을 하는 사람에게서 분명히 알 수 있기 때문이다. 그러므로 불손과 모욕은, 그 유에 있어, 대죄는 아니다.

---

2. I-II, q.88, aa.4 & 6.

SED CONTRA, nihil meretur poenam aeternam Inferni nisi peccatum mortale.[3] Sed convicium vel contumelia meretur poenam Inferni, secundum illud Matth. 5, 22: *Qui dixerit fratri suo, Fatue, reus erit Gehennae ignis.* Ergo convicium vel contumelia est peccatum mortale.

RESPONDEO dicendum quod, sicut supra[4] dictum est, verba inquantum sunt soni quidam, non sunt in nocumentum aliorum, sed inquantum significant aliquid. Quae quidem significatio ex interiori affectu procedit. Et ideo in peccatis verborum maxime considerandum videtur ex quo affectu aliquis verba proferat. Cum igitur convicium, seu contumelia, de sui ratione importet quandam dehonorationem, si intentio proferentis ad hoc feratur ut aliquis per verba quae profert honorem alterius auferat, hoc proprie et per se est dicere convicium vel contumeliam. Et hoc est peccatum mortale, non minus quam furtum vel rapina, non enim homo minus amat suum honorem quam rem possessam.[5]

Si vero aliquis verbum convicii vel contumeliae alteri dixerit, non tamen animo dehonorandi, sed forte propter correctionem vel propter aliquid huiusmodi, non dicit convicium vel contumeliam formaliter et per se, sed per accidens et materialiter, inquantum scilicet

---

3. Cf. I-II, q.89, a.6, sc.
4. A.1, ad1.

[재반론] 대죄를 제외하고는 지옥의 영원한 벌을 받을 만한 것은 하나도 없다.³ 하지만 불손과 모욕은 마태오복음서 5장 [22절]의 "자기 형제에게 '멍청이!'라고 하는 자는 불붙는 지옥에 넘겨질 것이다."라는 말씀을 따라서, 지옥의 벌을 받을 만하다. 그러므로 불손과 모욕은 대죄다.

[답변] 이미 말했듯이,⁴ 말은, 소리로서는 다른 사람에게 해롭지 않지만, 무엇인가를 표현하는 표지로서는, 다른 사람에게 해가 된다. 그 말이 표현하는 바는 그 말을 하는 사람 내부의 정서에서 나온다. 그러므로 말의 죄에 있어, 최대로 고찰해야 할 내용은 어떠한 정서에서 그 말이 나오는가다. 모욕 또는 불손이 그 자체의 근거로 어떤 사람의 명예훼손(손상)을 초래할 때, 만일 말하는 사람의 의도가 다른 사람에게 명예를 가져다주는 것을 그의 말을 통해서 빼앗음으로써 명예훼손을 일으킨 것이라면, 이는, 제대로 말해서 또 본질적으로, 모욕 또는 불손을 말한 것이기 때문이다. 그러므로 이것은 절도나 사기보다 가볍지 않은 대죄다. 자신이 소유한 사물보다 자신의 명예를 덜 사랑하는 사람은 없기 때문이다.⁵

하지만 만일 누군가 다른 사람에게 불손과 모욕의 말을 했으나, 명예를 훼손하려는 마음이 아니라, 어쩌면 교정 또는 그와 같은 목적의 마음에서 말한 것이라면, 즉 그가 모욕이나 불손이 될 수 있는 그런 말을 하는 한, 형상적으로 또는 그 자체로는 그렇지 않지만, 우유적으로

---

5. 외부적인 것들 가운데 단순히 가장 위대한 것은 명예다.(q.129, a.1) 그가 어떻게 그러한 모욕 (훼손)에 대해 만족할 수 있겠는가?(Cf. supra, q.62, a.2, ad3)

dicit id quod potest esse convicium, vel contumelia. Unde hoc potest esse quandoque peccatum veniale; quandoque autem absque omni peccato. — In quo tamen necessaria est discretio, ut moderate homo talibus verbis utatur. Quia posset esse ita grave convicium quod, per incautelam prolatum, auferret honorem eius contra quem proferretur. Et tunc posset homo peccare mortaliter etiam si non intenderet dehonorationem alterius. Sicut etiam si aliquis, incaute alium ex ludo percutiens, graviter laedat, culpa non caret.

AD PRIMUM ergo dicendum quod ad eutrapelum pertinet dicere aliquod leve convicium, non ad dehonorationem vel ad contristationem eius in quem dicitur, sed magis causa delectationis et ioci.[6] Et hoc potest esse sine peccato, si debitae circumstantiae observantur. Si vero aliquis non reformidet contristare eum in quem profertur huiusmodi iocosum convicium, dummodo aliis risum excitet, hoc est vitiosum, ut ibidem[7] dicitur.

AD SECUNDUM dicendum quod sicut licitum est aliquem verberare vel in rebus damnificare causa disciplinae, ita etiam et causa disciplinae potest aliquis alteri, quem debet corrigere, verbum aliquod conviciosum dicere.[8] Et hoc modo Dominus discipulos vocavit stultos, et Apostolus Galatas insensatos. — Tamen, sicut dicit Au-

---

6. *De eutrapelia*, infra, q.168, a.2.
7. C.14, 1128a4; S. Thomas, lect.16, n.852.

그리고 질료적으로는 모욕이나 불손의 말을 한 것이다. 그러므로 이것은 때때로 가벼운 죄일 수 있으나, 그렇다고 아무런 죄도 없다는 것은 아니다. 그러나 그런 문제에서는 식별이 있어야 하며, 그런 말은 절도 있게 사용해야 한다. 부주의하게 그런 말을 함으로써 그 말을 들은 사람의 명예를 빼앗을 정도로 그 모욕이 심각할 수 있기 때문이다. 그런 경우, 그가 다른 사람의 명예훼손을 의도하지는 않았더라도, 치명적으로 죄를 범할 수 있다. 이는 마치 어떤 사람이 부주의로 다른 사람을 때려 그를 심하게 다치게 한 경우 그에게 탓(잘못)이 없는 것이 아닌 것과 같다.

[해답] 1. 약간의 모욕의 말을 한다는 것이 위의 세 가지(모욕, 악, 비난)에 속한다는 것은 그 말을 들은 사람에게 명예훼손이나 슬픔을 안기는 것에 속하는 것이 아니라, 오히려 (증언에 있어) 즐거움과 장난의 원인에 속한다는 것이다.[6] 그 마땅한 상황에 주의를 기울인다면, 거기에 죄가 없을 수 있다. 하지만 그런 식으로 장난스러운 모욕을 당하는 사람을 슬프게 하는 것을 줄이지 않으면서 다른 사람을 웃게 만드는 한, 같은 자리에서 말한 대로,[7] 그것은 악하다.

2. 훈육의 원인으로 다른 사람을 때리거나 그의 사물에 손상을 주는 것이 허용되듯이, 훈육의 원인으로 교정되어야 할 사람에게는 어느 정도 모욕의 말도 할 수 있다.[8] 그래서 그런 식으로 주님께서 제자들을 "어리석은 자들"이라 불렀으며, 사도도 갈라티아 사람들을 "어리석은

---

8. 여기에서 그들은, 준수된 비례로, 재판관에 대해 말하는 그것을 구성한다.(q.60, aa.2-3)

gustinus, in libro *de Serm. Dom. in Monte*,[9] *raro, et ex magna necessitate obiurgationes sunt adhibendae, in quibus non nobis, sed ut Domino serviatur, instemus.*

AD TERTIUM dicendum quod, cum peccatum convicii vel contumeliae ex animo dicentis dependeat, potest contingere quod sit peccatum veniale, si sit leve convicium, non multum hominem dehonestans, et proferatur ex aliqua animi levitate, vel ex levi ira, absque firmo proposito aliquem dehonestandi, puta cum aliquis intendit aliquem per huiusmodi verbum leviter contristare.

Articulus 3
Utrum aliuis debeat contumelias sibi illatas sustinere

Ad tertium sic proceditur. Videtur quod aliquis non debeat contumelias sibi illatas sustinere.

1. Qui enim sustinet contumeliam sibi illatam, audaciam nutrit conviciantis. Sed hoc non est faciendum. Ergo homo non debet sustinere contumeliam sibi illatam, sed magis convicianti respondere.

2.. Praeterea, homo debet plus se diligere quam alium. Sed aliquis non debet sustinere quod alteri convicium inferatur, unde dicitur

---

9. II, c.19, n.66: PL 34, 1299.

1. 히브 10,30.

사람들"이라 불렀다. 하지만 아우구스티누스가 『주님의 산상설교』[9]에서 말하고 또 "주장한 대로", "견책은 좀처럼 하지 말아야 하고 오로지 정말 불가피할 때만, 게다가 우리의 일이 아니라 하느님을 더 많이 섬기도록 하기 위해서만 해야 한다."

3. 비난과 모욕이 말한 사람의 마음에 달려 있으므로, 만일 약간의 사람에게 심각한 명예훼손을 가하지 않는 약간의 모욕이라면, 또 만일 명예훼손의 확고한 의도가 아니라, 경솔함이나 약간의 분노에서 말했다면, 예를 들어 누군가 말의 방식으로 다른 사람을 약간 슬프게 하는 것을 의도했다면, 가벼운 죄가 생길 수 있다.

제3절 누구나 자신에게 가해지는 불손(모욕)을 견뎌야 하는가?

[반론] 셋째 질문과 관련해서는 다음과 같이 전개된다. 누구도 자신에게 가해지는 불손을 견디지 않아도 되는 것으로 보인다.

1. 자기에게 가해지는 불손을 견디는 사람은 모욕하는 자들을 격려한다. 하지만 그렇게 해서는 안 된다. 그러므로 누구도 자기에게 가해지는 불손한 말을 견뎌서는 안 되며, 오히려 설득력 있게 대응해야 한다.

2. 사람은 다른 사람보다 자신을 사랑해야 한다. 실로 잠언 26장 [10절]이 말하는 대로, 누구도 다른 사람에게 모욕이 가해지는 것을 견뎌서는 안 된다. "우둔한 자를 윽박질러 침묵시키는 사람은 노염을 진정시킨다." 그러므로 누구도 자기에게 가해지는 불손한 말을 견뎌서는 안 된다.

3. "복수는 내가 할 일, 내가 보복하리라."[1]라는 말씀을 따라 사람에

Prov. 26, 10: *Qui imponit stulto silentium, iras mitigat.* Ergo etiam aliquis non debet sustinere contumelias illatas sibi.

3. Praeterea, non licet alicui vindicare seipsum: secundum illud[1]: *Mihi vindictam, et ego retribuam.* Sed aliquis non resistendo contumeliae se vindicat: secundum illud Chrysostomi[2]: *Si vindicare vis, sile: et funestam ei dedisti plagam.* Ergo aliquis non debet, silendo, sustinere verba contumeliosa, sed magis respondere.

SED CONTRA est quod dicitur in Psalm. Ps. 37, [13-14]: *Qui inquirebant mala mihi, locuti sunt vanitates;* et postea subdit: *Ego autem tanquam surdus non audiebam, et sicut mutus non aperiens os suum.*

RESPONDEO dicendum quod sicut patientia necessaria est in his quae contra nos fiunt, ita etiam in his quae contra nos dicuntur. Praecepta autem patientiae in his quae contra nos fiunt, sunt in praeparatione animae habenda,[3] sicut Augustinus, in libro *de Serm. Dom. in Monte,*[4] exponit illud praeceptum Domini,[5] *Si quis percusserit te in una maxilla, praebe ei et aliam:* ut scilicet homo sit paratus hoc facere, si opus fuerit; non tamen hoc semper tenetur facere actu, quia nec ipse Dominus hoc fecit, sed, cum suscepisset alapam, dixit, *Quid me caedis?* Ut habetur Ioan. 18, [23]. Et ideo etiam circa verba contu-

---

2. Hom.22, *In Ep. ad Rom.*, n.33: PG 60, 612.
3. 마태 5,39; Vulgata: *Si quis te percusserit in dexteram maxillam tuam, praebe illi et alteram.*

게는 몸소 복수하는 것이 허용되지 않는다. 실로, 크리소스토무스의 다음의 말을 따라,[2] 불손에 저항하지 않음으로써, 그는 몸소 복수한다. "복수하고 싶으면 침묵하십시오. 그러면 당신은 그에게 치명적인 타격을 가한 것입니다." 그러므로 누구도 침묵함으로써 불손한 말을 견디지 말아야 하며, 오히려 대응해야 한다.

[재반론] 시편 37장 [13-14절]은 다음과 같이 말하고 있다. "제 불행을 꾀하는 자들은 파멸을 이야기한다." 그리고 이어서, "그러나 저는 귀머거리처럼 듣지 못하고 벙어리처럼 입을 열지 못합니다."

[답변] 우리를 거슬러 닥치는 일에 인내가 필요한 것처럼, 우리를 거슬러 한 말들에도 그래야 한다. 아우구스티누스가 "누가 네 뺨을 치거든 다른 뺨마저 돌려 대주어라."[3]라는 주님의 교훈을 『주님의 산상설교』[4]에서 설명하는 것처럼, 실로 우리를 거슬러 닥치는 일에서의 인내의 교훈은 영혼을 준비하는 데에 있다.[5] 말하자면, 사람은 필요한 경우, 그렇게 할 준비가 되어 있어야 한다. 하지만 그가 실질적으로 언제나 그렇게 해야 하는 것은 아니다. 주님께서도 그렇게 하신 것이 아니라, 요한복음서 18장 [23절]이 말한 대로, 뺨을 맞고 나서 "왜 나를 치느냐?"라고 하셨기 때문이다. 따라서 우리를 거슬러 발설된 불손한 말에 관해서도 똑같이 이해해야 한다. 마땅히 인내해야 한다면, 우리는 반드시 불손을 견딜 마음의 준비를 해야 하기 때문이다. 하지만 때때

---

4. L.I, q.19, nn.58-59: PL 34, 1260.
5. Cf. q.108, a.1, ad4; q.140, a.2, ad2.

meliosa quae contra nos dicuntur, est idem intelligendum. Tenemur enim habere animum paratum ad contumelias tolerandas si expediens fuerit. Quandoque tamen oportet ut contumeliam illatam repellamus: maxime propter duo. Primo quidem, propter bonum eius qui contumeliam infert: ut videlicet eius audacia reprimatur, et de cetero talia non attentet; secundum illud *Prov.* 26, [5]: *Responde stulto iuxta stultitiam suam, ne sibi sapiens videatur.* Alio modo, propter bonum multorum, quorum profectus impeditur per contumelias nobis illatas. Unde Gregorius dicit, *super Ezech.*, homil. IX[6]: *Hi quorum vita in exemplo imitationis est posita, debent, si possunt, detrahentium sibi verba compescere, ne eorum praedicationem non audiant qui audire poterant, et in pravis moribus remanentes, bene vivere contemnant.*

AD PRIMUM ergo dicendum quod audaciam conviciantis contumeliosi debet aliquis moderate reprimere: scilicet propter officium caritatis, non propter cupiditatem privati honoris. Unde dicitur *Prov.* 26, [4]: *Ne respondeas stulto iuxta stultitiam suam, ne ei similis efficiaris.*[7]

AD SECUNDUM dicendum quod in hoc quod aliquis alienas contumelias reprimit, non ita timetur cupiditas privati honoris sicut cum aliquis repellit contumelias proprias: magis autem videtur hoc provenire ex caritatis affectu.

---

6. I, hom.9, n.18: PL 76, 877 D.

로 우리는 주로 두 가지 목적(이유)으로 가해진 불손을 물리쳐야 한다. 하나는, 불손의 말을 내보낸 그자의 선을 위해서다. 말하자면, 잠언 26장 [6절]의 다음의 말을 따라, 그의 대담함이 억제되어 나머지 사람들이 그런 것에 주목하지 않게 해야 한다. "우둔한 자에게 그 어리석음에 맞추어 대답하여라. 그렇지 않으면 자기가 지혜로운 줄 안다." 다른 하나는, 우리에게 가해진 불손의 말 때문에 발전에 방해받는 많은 사람의 선을 위해서다. 그러므로 그레고리우스는 『에제키엘서 강해』 제9권[6]에서 다음과 같이 말하고 있다. "그 삶이 다른 이들의 모범이 되어야 할 사람은, 할 수 있다면, 자기를 비방하는 자들의 말을 제약(억제)해야 한다. 그래서 들을 수 있는 사람들이 그들의 설교를 듣지 못하도록 해야 한다. 그렇지 않으면, 그들은 나쁜 습관에 머물러, 훌륭한 삶을 경멸할 것이다."

[해답] 1. 불손한 자들의 모욕하는 대담함은 누군가 마땅히 절도있게, 즉 사적인 명예에 대한 탐욕을 위해서가 아니라 참사랑의 직무를 위하여, 제약해야 한다. 그러므로 잠언 26장 [4절]은 다음과 같이 말하고 있다. "우둔한 자에게 그 어리석음에 맞추어 대답하지 마라. 너도 그와 비슷해진다."[7]

2. 누군가 다른 사람이 모욕당하는 것을 억제하는 데에는, 사람이 모욕당하는 것을 견딜 때 겪는 위험(유혹), 즉 사적(私的) 명예에 대한 탐욕의 위험이 없다. 오히려 그것은 참사랑의 정서에서 나오는 것으로 보인다.

---

7. Vulgata: *ne efficiaris ei similis*.

AD TERTIUM dicendum quod si aliquis hoc animo taceret ut tacendo contumeliantem ad iracundiam provocaret, pertineret hoc ad vindictam. Sed si aliquis taceat volens *dare locum irae*,[8] hoc est laudabile. Unde dicitur *Eccli.* 8, [4]: *Non litiges cum homine linguato, et non struas*[9] *in ignem illius ligna.*

Articulus 4
Utrum contumelia oriatur ex ira

Ad quartum sic proceditur. Videtur quod contumelia non oriatur ex ira.

1. Quia dicitur *Prov.* 11, [2]: *Ubi superbia, ibi contumelia.*[1] Sed ira est vitium distinctum a superbia. Ergo contumelia non oritur ex ira.

2. Praeterea, *Prov.* 20, [3] dicitur: *Omnes stulti miscentur contumeliis.* Sed stultitia est vitium oppositum sapientiae, ut supra[2] habitum est: ira autem opponitur mansuetudini. Ergo contumelia non oritur ex ira.

3. Praeterea, nullum peccatum diminuitur ex sua causa. Sed peccatum contumeliae diminuitur si ex ira proferatur: gravius enim peccat qui ex odio contumeliam infert quam qui ex ira. Ergo contumelia

---

8. 로마 12,19.
9. Vulgata: *strues*.

3. 침묵함으로써 모욕하는 사람의 화를 도발하려는 정신으로 침묵한다면, 이는 복수에 속한다. 하지만 화를 참기 위해 "잠자코 있으면",⁸ 이는 칭찬할 만하다. 그러므로 집회서 8장 [3절]은 다음과 같이 말하고 있다. "말 많은 사람과 겨루지 말고, 그의 불 위에 장작을 쌓지 마라."⁹

제4절 불손(모욕)은 분노(노여움, 화)에서 나오는가?

Parall.: Infra, q.73, a.3, ad3; q.158, a.7.

[반론] 넷째 질문과 관련해서는 다음과 같이 전개된다. 불손은 분노에서 나오지 않는 것으로 보인다.

1. 잠언 11장 [2절]은 다음과 같이 말하고 있다. "교만이 오면 수치(불손)도 온다."¹ 하지만 분노는 교만과 구별되는 악습이다. 그러므로 불손은 분노에서 나오지 않는다.

2. 잠언 20장 [3절]은 다음과 같이 말하고 있다. "미련한 자는 모두 싸움에 뛰어든다." 실로, 이미 말했듯이² 미련은 지혜에 반대되는 악습이지만, 분노는 온유에 반대된다. 그러므로 불손은 분노에서 나오지 않는다.

3. 어떤 죄도 그것의 원인으로 작아지지 않는다. 하지만 만일 불손(모욕)이 (자기 안으로) 들어온 분노로 터져 나온 것이면, 그 불손의 죄는

---

1. Vulgata: *Ubi fuerit superbia, ibi erit et contumelia.*
2. Q.46. a.1.

non oritur ex ira.

SED CONTRA est quod Gregorius dicit, XXXI *Moral.*,[3] quod ex ira oriuntur contumeliae.

RESPONDEO dicendum quod, cum unum peccatum possit ex diversis oriri, ex illo tamen dicitur principalius habere originem ex quo frequentius procedere consuevit, propter propinquitatem ad finem ipsius. Contumelia autem magnam habet propinquitatem ad finem irae, qui est vindicta: nulla enim vindicta est irato magis in promptu quam inferre contumeliam alteri. Et ideo contumelia maxime oritur ex ira.

AD PRIMUM ergo dicendum quod contumelia non ordinatur ad finem superbiae, qui est celsitudo: et ideo non directe contumelia oritur ex superbia. Disponit tamen superbia ad contumeliam, inquantum illi qui se superiores aestimant, facilius alios contemnunt et iniurias eis irrogant. Facilius etiam irascuntur: utpote reputantes indignum quidquid contra eorum voluntatem agitur.

AD SECUNDUM dicendum quod, secundum Philosophum, in VII *Ethic.*,[4] *ira non perfecte audit rationem:* et sic iratus patitur ratio-

---

3. C.45, al. 17, in vet. 31, n.88: PL 76, 621 B.

작아질 것이다. 분노로 불손을 내보내는 사람보다 증오로 불손을 내보내는 사람이 더 중대한 죄를 범하기 때문이다. 그러므로 불손은 분노에서 나오지 않는다.

[재반론] 그레고리우스는 『욥기의 도덕적 해설』 제31장³에서 "분노에서 불손들이 일어난다(떠오른다)."라고 말하고 있다.

[답변] 하나의 죄가 여러 가지에서 일어날 수 있음에도, 그 가운데 가장 자주 나오게 되는 그곳에 주요 기원이 있다고 말한다. 그 끝과 가장 밀접하게 연결되어 있어서 그런 죄가 일어난다는 것이다. 실로 불손은 분노의 끝(목적), 곧 복수와 밀접하게 연결되어 있다. 다른 사람에게 불손(모욕)을 가하는 것보다 충동적인 분노가 더 쉬운 복수이기 때문이다. 그러므로 불손은 주로 분노에서 일어난다.

[해답] 1. 불손은 교만의 목적(끝), 높은 자리로 질서 지어져 있지 않다. 그러므로 불손은 교만에서 직접 일어나지 않는다. 하지만 자신을 상관이라 여기는 사람들이 더 쉽게 다른 사람들을 경멸하고 그들에게 상처를 입히므로, 교만이 사람들을 불손하게 하는 경향은 있다. 그들은, 자신들의 의지를 거스르는 일들은 무엇이나 다 부적절하다고 여김으로써, 더 쉽게 화를 내기 때문이다.

2. 『니코마코스 윤리학』 제7권⁴에서, 철학자를 따르면, "분노는 이성을 완전하게 듣지 않는다." 그리하여 분노하는 사람은 이성의 결함을

---

4. C.7, 1149a25–b3; S. Thomas, lect.6, nn.1386-1389. Cf. I-II, q.48, a.3, obj.1 et ad1.

nis defectum, in quo convenit cum stultitia. Et propter hoc ex stultitia oritur contumelia, secundum affinitatem quam habet cum ira.

AD TERTIUM dicendum quod, secundum philosophum, in II *Rhet.*,[5] *iratus intendit manifestam offensam, quod non curat odiens.* Et ideo contumelia, quae importat manifestam iniuriam, magis pertinet ad iram quam ad odium.

---

5. Cc.2 & 4, 1378a31-33; 1382a8-9. Cf. I-II, q.48, a.3, ad2.

겪게 된다. 그 결함으로 그는 어리석음을 만나러 나아간다. 그러므로 분노와 어리석음의 결합을 따라서, 불손(모욕)은 어리석음에서도 일어난다.

3. 『수사학』 제2권[5]에서, 철학자에 따르면, "분노하는 사람은 노골적인 공격을 의도하지만, 증오하는 사람은 그것을 걱정하지 않는다." 그러므로 노골적인 위해를 가져오는 불손은 증오보다는 분노에 속한다.

QUAESTIO LXXIII
DE DETRACTIONE
in quatuor articulos divisa

Deinde considerandum est de detractione.[1]

Et circa hoc quaeruntur quatuor.

Primo: quid sit detractio.

Secundo: utrum sit peccatum mortale.

Tertio: de comparatione eius ad alia peccata.

Quarto: utrum peccet aliquis audiendo detractionem.

Articulus 1
Utrum detractio sit denigratio alienae famae per occulta verba

Ad primum sic proceditur. Videtur quod detractio non sit *denigratio alienae famae per occulta verba*, ut a quibusdam[1] definitur.

---

1. Cf. q.72, Introd.

1. Cf. Albertus M., *Summa Theol.*, p.II, q.117, m.2, a.1: ed. Borgnet, XXXIII, p.363.

제73문
폄훼(비방)에 대하여
(전4절)

다음으로는 폄훼(貶毀, 험담, 비방, 중상)를 고찰해야 한다.[1] 그 주제와 관련하여 네 질문이 제기된다.

1. 폄훼는 무엇인가?
2. 그것은 대죄인가?
3. 다른 죄들과 비교하면?
4. 폄훼를 듣는 것은 죄인가?

제1절 폄훼는 은밀한 말로 다른 이의 명성을 실추(손상)시키는가?

Parall.: Infra, q.74, a.1; *In Ep. ad Rom.*, c.1, lect.8.
Doctr. Eccl.: 인노첸시우스 11세는 1679년 다음과 같이 선고했다. "43. 거짓 범죄로 자기에게 위해를 가함으로써 높은 권위를 끌어내리는 것이 어찌 소소한 일인가? 44. 자기의 정의와 명예를 방어하기 위해, 다른 이에게 거짓 범죄를 씌우는 자는, 치명적인 죄를 범하지 않았을 개연성이 있다. 그리고 이것이 개연적이 아니라면, 신학에는 개연성이 있는 견해가 거의 없을 것이다."(Denz. 1193 sq.)

[반론] 첫째 질문과 관련해서는 다음과 같이 전개된다. 폄훼는 일부 사람들이[1] 정의하는 대로, "은밀한 말을 통한 다른 이의 명성의 손상"

1. Occultum enim et manifestum sunt circumstantiae non constituentes speciem peccati: accidit enim peccato quod a multis sciatur vel a paucis. Sed illud quod non constituit speciem peccati non pertinet ad rationem ipsius, nec debet poni in eius definitione. Ergo ad rationem detractionis non pertinet quod fiat per occulta verba.

2. Praeterea, ad rationem famae pertinet publica notitia. Si igitur per detractionem denigretur fama alicuius, non poterit hoc fieri per verba occulta, sed per verba in manifesto dicta.

3. Praeterea, ille detrahit qui aliquid subtrahit vel diminuit de eo quod est. Sed quandoque denigratur fama alicuius etiam si nihil subtrahatur de veritate: puta cum aliquis vera crimina alicuius pandit. Ergo non omnis denigratio famae est detractio.

SED CONTRA est quod dicitur *Eccle.* 10, [11]: *Si mordeat serpens in silentio, nihil eo minus habet qui occulte detrahit*. Ergo occulte mordere famam alicuius est detrahere.

RESPONDEO dicendum quod sicut facto aliquis alteri nocet dupliciter, manifeste quidem sicut in rapina vel quacumque violentia illata, occulte autem sicut in furto et dolosa percussione; ita etiam

---

2. Q.72, a.1; a.4, ad3

제73문 제1절

이 아닌 것으로 보인다.

1. '은밀한'과 '노골적인'은 죄의 종을 구성하는 조건(상황)이 아니다. 소수에게든 다수에게든 알려져야 한다는 것은 어떤 죄에 있어서든 우유(偶有)일 뿐이기 때문이다. 실로 죄의 종을 구성하지 않는 것은 죄의 근거에 속하지 않아서, 그 정의에 포함되어서는 안 된다. 그러므로 은밀한 말로 행해져야 한다는 조건은 폄훼의 근거에 속하지 않는다.

2. 대중적인 주목(注目)은 명성의 근거에 속한다. 그러므로 만일 누군가의 명성이 폄훼로 실추된다면, 그것은 은밀한 말을 통해서가 아니라, 노골적인 말로 행해질 수 있다.

3. 이미 존재하는 것에서 무엇인가를 빼거나 줄이는 사람은 그것을 없앤다. 하지만 때때로 어떤 사람의 명성은, 예를 들어 누군가 다른 누군가의 진짜 범죄를 퍼뜨리는 경우처럼, 진실에서 [아무것도] 빠지지 않으면서도, 실추된다. 그러므로 폄훼가 모든 명성의 실추는 아니다.

[재반론] 코헬렛 10장 [11절]은 다음과 같이 말하고 있다. "주술을 걸기도 전에 뱀이 물면 뱀 주술사는 쓸모가 없다(뱀이 말없이 문다면, 은밀히 폄훼(비방)하는 자보다 나을 것이 없다)." 그러므로 은밀히 누군가의 명성을 무는 것은 폄훼가 아니다.

[답변] 누군가는 두 방식의 행동으로, 강도나 어떤 방식이든 폭력과 같은 노골적인 방식으로, 또는 절도나 교활한 가격(加擊)과 같은 은밀한 방식으로, 다른 사람에게 해를 끼친다. 마찬가지로 두 가지 방식의 말로도 다른 사람에게 상처를 준다. 그 하나는, 이미 말했듯이[2] 노골적인 방식으로서, 이는 불손(모욕)을 통해서 이루어진다. 다른 하나는 은

verbo aliquis dupliciter aliquem laedit: uno modo, in manifesto, et hoc fit per contumeliam, ut supra[2] dictum est; alio modo, occulte, et hoc fit per detractionem.[3] Ex hoc autem quod aliquis manifeste verba contra alium profert, videtur eum parvipendere, unde ex hoc ipso exhonoratur, et ideo contumelia detrimentum affert honori eius in quem profertur. Sed qui verba contra aliquem profert in occulto, videtur eum vereri magis quam parvipendere: unde non directe infert detrimentum honori, sed famae; inquantum, huiusmodi verba occulte proferens, quantum in ipso est, eos qui audiunt facit malam opinionem habere de eo contra quem loquitur.[4] Hoc enim intendere videtur, et ad hoc conatur detrahens, ut eius verbis credatur.

Unde patet quod detractio differt a contumelia dupliciter. Uno modo, quantum ad modum proponendi verba: quia scilicet contumeliosus manifeste contra aliquem loquitur, detractor autem occulte. Alio modo, quantum ad finem intentum, sive quantum ad nocumentum illatum: quia scilicet contumeliosus derogat honori, detractor famae.

AD PRIMUM ergo dicendum quod in involuntariis commutationibus, ad quas reducuntur omnia nocumenta proximo illata verbo vel facto, diversificat rationem peccati occultum et manifestum: quia alia est ratio involuntarii per violentiam, et per ignorantiam, ut su-

---

3. Cf. q.61, a.3.

밀한 방식으로서, 이는 폄훼를 통해서 이루어진다.³ 하지만 누군가 다른 사람을 거스르는 말을 노골적으로 꺼낸다는 사실에서 보면, 그것은 그를 하찮게 만드는 행위(무시하는 행위)로 보인다. 이런 이유로 그는 그 사람을 불명예스럽게 한다. 그러므로 불손(모욕)은 불손을 떠안게 된 사람의 명예에 손상을 가져다준다. 하지만 다른 사람을 거스르는 말을 은밀히 꺼내는 사람은 그를 무시한다기보다는 오히려 존중하는 것으로 보인다. 그러므로 그는, 그런 말을 은밀하게 꺼냄으로써 자신이 거슬러 말하는 사람에 관해 청중이 나쁜 의견을 갖게 하는 한, 그의 명예가 아니라 그의 명성에 직접적으로 손상을 가져다준 것이다.⁴ 그는 자기의 말을 믿게 하려고 의도하고 또 거기까지 끌어가려고 노력한 것으로 보인다.

그러므로 폄훼는 불손과 두 가지로 다르다는 것이 분명하다. 하나는 말이 발설되는 방식에서 서로 다르다. 불손의 말은 다른 사람을 거슬러 노골적으로 발설되지만, 폄훼의 말은 은밀하게 발설되기 때문이다. 다른 하나는 의도된 목적에서, 즉 가한 위해에 있어 차이가 있다. 불손의 말은 명예에, 폄훼의 말은 명성에 목적을 가한다.

[해답] 1. 말로든 행위로든 이웃에 가한 모든 위해는 비자발적 교환들로 축소되는데, 그 비자발적 교환들에서도, 죄의 근거를 은밀한 것과 노골적인 것으로 구별한다. 이미 말했듯이,⁵ 폭력을 통한 비자발적 근거와 무지를 통한 비자발적 근거가 또 있기 때문이다.

---

4. Cf. q.115, a.1, ad3.
5. Q.66, a.4.

pra⁵ dictum est.

AD SECUNDUM dicendum quod verba detractionis dicuntur occulta non simpliciter, sed per comparationem ad eum de quo dicuntur: quia eo absente et ignorante, dicuntur. Sed contumeliosus in faciem contra hominem loquitur. Unde si aliquis de alio male loquatur coram multis, eo absente, detractio est: si autem eo solo praesente, contumelia est. Quamvis etiam si uni soli aliquis de absente malum dicat, corrumpit famam eius, non in toto, sed in parte.

AD TERTIUM dicendum quod aliquis dicitur detrahere non quia diminuat de veritate, sed quia diminuit famam eius. Quod quidem quandoque fit directe, quandoque indirecte. Directe quidem, quadrupliciter: uno modo, quando falsum imponit alteri[6]; secundo, quando peccatum adauget suis verbis; tertio, quando occultum revelat; quarto, quando id quod est bonum dicit mala intentione factum. Indirecte autem: vel negando bonum alterius; vel malitiose reticendo.[7]

---

6. 성 토마스에게서 분명히 알 수 있듯이, 그는 폄훼(detractio)와 비방(calumnia)을 구분하지 않는다.(Cf. q.62, a.2, ad2; q.73, a.3, ad4; a.4, ad2) 비방에는 단순히 물러남에 거짓말이 더해진다.(cf. q.110, a.4)

2. 폄훼의 말은 단순히 은밀히 말하는 것이 아니라, 그 말로 지칭된 사람과 관련하여 (비교해서), 그가 없는 자리에서 또는 그가 알지 못한 채 발설되기 때문에 은밀하다고 말하는 것이다. 그와 반대로, 불손의 말은 사람을 거슬러 그 앞에서 발설된다. 만일 누군가의 말이 여러 사람이 있는 곳에서 다른 이에 대해 나쁘게 발설된 것이면, 그 사람이 그 자리에 없으면 그 말은 폄훼이지만, 그 자리에 그 사람만 있으면 그 말은 불손(모욕)이다. 그러므로 누구라도 그 자리에 없는 다른 사람에 대해 단 한 사람에게라도 나쁘게 말하면, 그는 그 사람의 명성을, 전체가 아니라 부분적으로 해친다.

3. 그가 폄훼한다고 말하는 것은 그가 다른 사람의 진실에서 [무엇인가를] 끌어내서가 아니라 그의 명성을 줄이기 때문이다. 이는 때로는 직접적으로, 때로는 간접적으로 이루어진다. 직접적으로는 네 가지 방식으로, 첫째 다른 사람에 관해 그릇된 것을 부과하는 방식으로,[6] 둘째 자기 말에 [그의] 죄를 더하는 방식으로, 셋째 비밀을 드러내는 방식으로, 넷째 [그의] 선한 것을 나쁜 의도에서 나온 행동이라고 말하는 방식으로 이루어진다. 하지만 간접적인 방식은 다른 이의 선을 부정(반박)하거나 악의적으로 감추거나 줄임으로써 이루어진다.[7]

---

7. Cf. Hesychius, *In Lev.*, VI, super 19, 16-18: PG 93, 1028-1029.

Articulus 2
Utrum detractio sit peccatum mortale

Ad secundum sic proceditur. Videtur quod detractio non sit peccatum mortale.

1. Nullus enim actus virtutis est peccatum mortale. Sed revelare peccatum occultum, quod, sicut dictum est,[1] ad detractionem pertinet, est actus virtutis: vel caritatis, dum aliquis fratris peccatum denuntiat eius emendationem intendens; vel etiam est actus iustitiae, dum aliquis fratrem accusat. Ergo detractio non est peccatum mortale.

2. Praeterea, super illud *Prov.* 24, [21], *Cum detractoribus non commiscearis*, dicit Glossa[2]: *Hoc specialiter vitio periclitatur totum genus humanum*. Sed nullum peccatum mortale in toto humano genere invenitur: quia multi abstinent a peccato mortali, peccata autem venialia sunt quae in omnibus inveniuntur. Ergo detractio est peccatum veniale.

3. Praeterea, Augustinus, in homilia *de Igne Purg.*,[3] inter *peccata minuta* ponit, *quando cum omni facilitate vel temeritate maledicimus*, quod pertinet ad detractionem. Ergo detractio est peccatum veniale.

---

1. A.1, ad3.

제2절 폄훼(비방)는 대죄인가?

Parall.: *In Ep. ad Rom.*, c.1, lect.8

[반론] 둘째 질문과 관련해서는 다음과 같이 전개된다. 폄훼는 대죄가 아닌 것으로 보인다.

1. 어떤 미덕의 행위도 대죄가 아니다. 실로, 은밀한 죄를 폭로하는 것은 말한 대로,[1] 폄훼에 속한다. 그것은 미덕, 곧 참사랑의 행위인데, 그 행위로 사람은 자기 형제가 죄를 바로잡을 수 있도록 그의 죄를 탄핵한다. 또 그것은 정의의 행위이기도 한데, 그 행위로 사람은 자기 형제를 고발한다. 그러므로 폄훼는 대죄가 아니다.

2. 잠언 24장 [21절]의 "너와 생각이 다른 자들과는 사귀지 마라(비방(폄훼)하는 사람들과 섞이지 마라)."에 관한 주석은[2] 다음과 같이 말하고 있다. "특별히 전체 인류는 이 악습으로 인해 위험에 처해 있다." 하지만 인류의 전체 안에서는 어떤 대죄도 보이지 않는다. 많은 사람이 대죄를 삼가며, 모든 사람 가운데 보이는 죄들은 가벼운 죄들이기 때문이다. 그러므로 폄훼는 가벼운 죄다.

3. 아우구스티누스는 그의 강론 '연옥의 불에 대하여'에서[3] "작은 죄들" 안에 "너무 쉽게 또 무모하게 악담할 때"를 포함시키고 있는데, 그것은 폄훼에 속한다. 그러므로 폄훼는 가벼운 죄다.

---

2. Ordin.: PL. 113, 1108 A. Cf. Rabanus. M., *In Prov.*, II, super 24, 21: PL 111, 759 A
3. Serm.104, in Append., al. 41, de Sanctis, n.3: PL 39, 1947.

SED CONTRA est quod *Rom.* 1, [30] dicitur: *Detractores, Deo odibiles:* quod ideo additur, ut dicit Glossa,[4] *ne leve putetur propter hoc quod consistit in verbis.*

RESPONDEO dicendum quod, sicut supra[5] dictum est, peccata verborum maxime sunt ex intentione dicentis diiudicanda. Detractio autem, secundum suam rationem, ordinatur ad denigrandam famam alicuius. Unde ille, per se loquendo, detrahit qui ad hoc de aliquo obloquitur, eo absente, ut eius famam denigret. Auferre autem alicui famam valde grave est: quia inter res temporales videtur fama esse pretiosior, per cuius defectum homo impeditur a multis bene agendis. Propter quod dicitur *Eccli.* 41, [15]: *Curam habe de bono nomine: hoc enim magis permanebit tibi quam mille thesauri magni et pretiosi.*[6] Et ideo detractio, per se loquendo, est peccatum mortale.

Contingit tamen quandoque quod aliquis dicit aliqua verba per quae diminuitur fama alicuius, non hoc intendens, sed aliquid aliud hoc autem non est detrahere per se et formaliter loquendo, sed solum materialiter et quasi per accidens. Et si quidem verba per quae fama alterius diminuitur proferat aliquis propter aliquod bonum vel necessarium, debitis circumstantiis observatis, non est peccatum: nec potest dici detractio. — Si autem proferat ex animi levitate, vel prop-

---

4. Ordin.: PL 114, 474 A; Lombardus: PL 191, 1335 D.
5. Q.72, a.2.

제73문 제2절

[재반론] 로마서 1장 [30절]에서는 "험담꾼이며 하느님을 미워하는 자"를 말하고 있다. 이에 관한 주석[4]에서는 다음과 같은 내용을 덧붙인다. "그것이 말로 구성되어 있다는 이유로 가볍게 생각하지 않게 하십시오."

[답변] 이미 말했듯이,[5] 말로 하는 죄는 주로 말하는 사람의 의도로 판단된다. 실로 폄훼는, 그 근거를 따라, 다른 사람의 명성의 실추를 겨냥한다. 폄훼를 그 자체로 말하자면, 그 자리에 없는 사람에 대해 말할 때 그의 명성을 실추시키기 위해 그 사람에게서 무엇인가를 끌어내린다(비방한다). 실로 다른 사람의 명성을 제거하는 것은 대단히 중대한 일이다. 현세 사물 가운데 명성이 더 귀한 것으로 보이는 이유는 그 결함으로 많은 선행을 못하게 되기 때문이다. 그 이유로 집회서 41장 [12절]은 다음과 같이 말하고 있다. "네 이름에 주의를 기울여라. 이름이 황금 덩이 천 개보다 오래 남는다."[6] 그러므로 폄훼는, 그 자체로 대죄다.

그렇지만 때때로 누군가 그것이 아니라 다른 무엇인가를 의도했지만 다른 사람의 명성을 훼손하는 말을 할 때가 있다. 하지만 이는 그 자체로 그리고 형상적으로 말하더라도 폄훼가 아니다. 이는 단지 질료적으로 그리고 거의 우유적으로만 그 [명성이 줄어드는] 일이 일어났을 뿐이다. 물론 만일 다른 사람의 명성이 줄어드는 그런 말을, 정당한 상황에 주의를 기울이면서, 선하고 불가피한 무엇인가를 위해 다른 사람에게 했다면, 그것은 죄가 아닌데다 폄훼라 할 수도 없다.―만일 그런 말을 경솔한 마음에서 또는 불가피하지 않은 것을 위해 다른 사람

---

6. Vulgata: *pertiosi et magni*. Cf. q.132, a.1, obj.2 et ad2.

ter aliquid non necessarium, non est peccatum mortale: nisi forte verbum quod dicitur sit adeo grave quod notabiliter famam alicuius laedat, et praecipue in his quae pertinent ad honestatem vitae; quia hoc ex ipso genere verborum habet rationem peccati mortalis.

Et tenetur aliquis ad restitutionem famae, sicut ad restitutionem cuiuslibet rei subtractae, eo modo quo supra[7] dictum est, cum de restitutione ageretur.

AD PRIMUM ergo dicendum quod revelare peccatum occultum alicuius propter eius emendationem denuntiando, vel propter bonum publicae iustitiae accusando, non est detrahere, ut dictum est.[8]

AD SECUNDUM dicendum quod Glossa illa non dicit quod detractio in toto genere humano inveniatur, sed addit, *paene*. Tum quia *stultorum infinitus est numerus*,[9] et pauci sunt qui ambulant per viam salutis. Tum etiam quia pauci vel nulli sunt qui non aliquando ex animi levitate aliquid dicunt unde in aliquo, vel leviter, alterius fama minoratur: quia, ut dicitur Iac. 3, [2], *si quis in verbo non offendit, hic perfectus est vir.*

AD TERTIUM dicendum quod Augustinus loquitur in casu illo quo aliquis dicit aliquod leve malum de alio non ex intentione nocendi, sed ex animi levitate vel ex lapsu linguae.

---

7. Q.62, a.2, ad2.
8. 본론.

에게 한 것이라면, 대죄가 아니다. 단, 말이 특히 삶의 정직함에 속하는 문제에 있어 다른 사람의 명성을 눈에 띄게 손상할 정도로 중대하지 않아야 한다. 중대한 경우 대죄가 되는 것은 삶의 정직함을 폄훼하는 말의 유(類) 자체에 [대죄]의 근거가 있기 때문이다.

어떤 사물이든 빼앗긴 사물에 대해서는 반드시 배상(반환)해야 하는 것처럼, 누구든 명성의 빼앗김에 대해서도 [손상에 대해서도] 배상을 해야 하는데, 그럴 때는 이미 말한[7] 방식으로 해야 한다.

[해답] 1. 말한 대로,[8] 교정을 위해 탄핵함으로써, 또는 공공 정의의 선을 위해 고발함으로써, 누군가의 알려지지 않은(은밀한) 죄를 폭로하는 것은 폄훼하는 것이 아니다.

2. 그 주석은 폄훼가 전체 인류 안에서 볼 수 있어야 한다고 말하는 것이 아니다. 주석은 '거의'라는 말을 덧붙이고 있는데, 이는 "어리석은 자의 수가 무한하고(없는 것은 헤아려질 수 없고)"[9] 구원의 길을 걷는 이가 매우 적기 때문이다. 또한 이는 야고보서 3장 [2절]에서 "누가 말을 하면서 실수를 저지르지 않으면, 그는 자기의 온몸을 다스릴 수 있는 완전한 사람입니다."라고 말한 대로, 때때로 경솔한 마음으로 무엇인가를, 또는 다른 사람의 명성이 약간 물리는 그런 말을 하지 않는 사람은 적거나 없기 때문이기도 하다.

3. 아우구스티누스는 어떤 사람이 다른 사람을 해치려는 의도에서가 아니라, 경솔한 마음으로 또는 말의 실수로 그에 대해 약간 나쁜 무엇인가에 대해 말하는 것에 관해서 말하고 있다.

---

9. 코헬 1,15.

Articulus 3
Utrum detractio sit gravius omnibus peccatis quae in proximum committuntur

Ad tertium sic proceditur. Videtur quod detractio sit gravius omnibus peccatis quae in proximum committuntur.

1. Quia super illud Psalm. [Ps. 108, 4], *Pro eo ut me diligerent, detrahebant mihi,* dicit Glossa[1]: *Plus nocent in membris detrahentes Christo, quia animas crediturorum interficiunt, quam qui eius carnem, mox resurrecturam, peremerunt.* Ex quo videtur quod detractio sit gravius peccatum quam homicidium: quanto gravius est occidere animam quam occidere corpus. Sed homicidium est gravius inter cetera peccata quae in proximum committuntur. Ergo detractio est simpliciter inter omnia gravior.

2. Praeterea, detractio videtur esse gravius peccatum quam contumelia: quia contumeliam potest homo repellere, non autem detractionem latentem. Sed contumelia videtur esse maius peccatum quam adulterium: per hoc quod adulterium unit duos in unam carnem, contumelia autem unitos in multa dividit. Ergo detractio est maius peccatum quam adulterium: quod tamen, inter alia peccata quae sunt in proximum, magnam gravitatem habet.

3. Praeterea, contumelia oritur ex ira, detractio autem ex invidia: ut patet per Gregorium, XXXI *Moral.*.[2] Sed invidia est maius pecca-

---

1. Ordin.: PL 113, 1028 D; Lombardus: PL 191, 988 C. Cf. August., *Enarr. in Ps.*, super Ps.

제3절 폄훼(비방)는 이웃을 거슬러 범한 모든 죄 가운데 가장 중대한가?

[반론] 셋째 질문과 관련해서는 다음과 같이 전개된다. 폄훼는 이웃을 거슬러 범한 모든 죄 가운데 가장 중대한 것으로 보인다.

1. 시편 109편 [4절]의 "그들은 까닭 없이 저를 공격하며 제 사랑의 대가로 저를 적대합니다."에 관해서 다음과 같은 주석이 있다.[1] "그들은 구성원을 비방함으로써 그리스도께 더 큰 해를 끼치는데, 그것은 곧 부활하실 그분의 육신을 죽인 자보다, 믿는 이들의 영혼을 죽이는 자들이기 때문이다." 여기서 육신을 죽이는 것보다 영혼을 죽이는 것이 더 중대한 문제인 것처럼, 폄훼는 살인보다 훨씬 더 중대한 죄인 것으로 보인다. 실로 살인은 자기 이웃을 거슬러 범한 다른 죄들 가운데 가장 중대한 죄이다. 그러므로 폄훼는 모든 죄 가운데 가장 중대하다.

2. 폄훼(비방)는 불손(모욕)보다 더 중대한 것으로 보인다. 사람은 불손을 물리칠 수 있으나, 숨겨진 폄훼는 물리칠 수 없기 때문이다. 실로, 불손은 간통보다 중대한 죄인 것으로 보인다. 간통은 둘을 한 몸으로 만들지만, 폄훼는 모인 사람들을 철저히 떼어놓기 때문이다. 그러므로 폄훼는 간통보다 중대한 죄다. 하지만 간통은 이웃을 거슬러 범한 죄들 가운데 가장 중대하다.

3. 그레고리우스의 『욥기의 도덕적 해설』 제31장[2]에서 분명히 볼 수 있듯이, 불손은 분노에서 유래하지만, 폄훼는 부러움(질투)에서 유래한다. 실로 질투는 분노보다 중대한 죄다. 그러므로 폄훼는 불손보다 중

---

1. 108, 4: PL 37, 1433.
2. C.45, al. 17, in vet.31, n.88: PL 76, 621 B.

tum quam ira. Ergo et detractio est maius peccatum quam contumelia. Et sic idem quod prius.

4. Praeterea, tanto aliquod peccatum est gravius quanto graviorem defectum inducit. Sed detractio inducit gravissimum defectum, scilicet excaecationem mentis: dicit enim Gregorius[3]: *Quid aliud detrahentes faciunt nisi quod in pulverem sufflant et in oculos suos terram excitant: ut unde plus detractionis perflant, inde minus veritatis videant?* Ergo detractio est gravissimum peccatum inter ea quae committuntur in proximum.

SED CONTRA, gravius est peccare facto quam verbo. Sed detractio est peccatum verbi: adulterium autem et homicidium et furtum sunt peccata in factis. Ergo detractio non est gravius ceteris peccatis quae sunt in proximum.

RESPONDEO dicendum quod peccata quae committuntur in proximum sunt pensanda per se quidem secundum nocumenta quae proximo inferuntur: quia ex hoc habent rationem culpae. Tanto autem est maius nocumentum quanto maius bonum demitur. Cum autem sit triplex bonum hominis, scilicet bonum animae et bonum corporis et bonum exteriorum rerum,[4] bonum animae, quod est maximum, non potest alicui ab alio tolli nisi occasionaliter, puta per malam persuasionem, quae necessitatem non infert: sed alia duo bona, scilicet corporis et exteriorum rerum, possunt ab alio violenter

대한 죄다. 하지만 불손도 이웃을 거슬러 범한 죄들 가운데서 중대한 죄다.

4. 어떤 죄는 너무 중대해서 더 중대한 결함을 가져온다. 실로 폄훼는 가장 중대한 결함을, 즉 그레고리우스가 다음과 같이 말한 대로,[3] 마음의 맹목을 가져온다. "(표면에 얹혀 있는) 먼지에 숨을 불어, 흙을 흔들어(뒤집어) 자기들 눈에 들어가게 하는 것처럼, 더 많은 폄훼를 날리는 곳에서 그들이 할 수 있는 것은 진실을 덜 보게 되는 것 말고는 무엇이 있겠는가?" 그러므로 폄훼는 이웃을 거슬러 범한 죄들 가운데 가장 중대한 죄다.

[재반론] 행위로 죄를 범하는 것이 말로 범하는 죄보다 중대하다. 실로 폄훼는 말의 죄이지만, 간통과 살인과 절도는 행위의 죄들이다. 그러므로 폄훼는 이웃을 거슬러 범한 다른 죄들보다 중대하지는 않다.

[답변] 이웃을 거슬러 범한 죄들은 이웃에게 가해진 피해에 따라서, 그 무게를 재게 된다. 그 피해에서 탓의 근거를 찾을 수 있기 때문이다. 실로 피해가 더 클수록, 선(善)도 많이 빠진다. 사람의 선에는 세 가지, 즉 영혼의 선, 육신의 선, 그리고 외부 사물의 선이 있다.[4] 그 가운데 최고인 영혼의 선은 다른 사람에 의해 제거될 수 없다. 다만 직접은 아니지만, 예를 들어, 불가피하지 않은 다른 두 선, 곧 다른 사람에 의해 폭력으로 종종 빼앗길 수도 있는 육신의 선과 외부 사물의 선만을

---

3. *Regist.*, XI, epist.2; al. VIII, epist.45; PL 77, 1120 B.
4. Cf. q.85, a.3, ad2; q.104, a.3; q.117, a.6; q.118, a.5; q.152, a.2; q.186, a.7; I-II, q.84, a.4; q.87, a.7, c et ad2; q.108, a.4; III, q.15, a.6, ad2; Sup., q.15, a.3.

auferri. Sed quia bonum corporis praeeminet bono exteriorum rerum, graviora sunt peccata quibus infertur nocumentum corpori quam ea quibus infertur nocumentum exterioribus rebus. Unde inter cetera peccata quae sunt in proximum, homicidium gravius est, per quod tollitur vita proximi iam actu existens: consequenter autem adulterium, quod est contra debitum ordinem generationis humanae, per quam est introitus ad vitam.[5] Consequenter autem sunt exteriora bona. Inter quae, fama praeeminet divitiis, eo quod propinquior est spiritualibus bonis: unde dicitur *Prov.* 22, [1]: *Melius est nomen bonum quam divitiae multae.*[6] Et ideo detractio, secundum suum genus, est maius peccatum quam furtum, minus tamen quam homicidium vel adulterium. — Potest tamen esse alius ordo propter circumstantias aggravantes vel diminuentes.

Per accidens autem gravitas peccati attenditur ex parte peccantis, qui gravius peccat si ex deliberatione peccet quam si peccet ex infirmitate vel incautela. Et secundum hoc peccata locutionis habent aliquam levitatem: inquantum de facili ex lapsu linguae proveniunt, absque magna praemeditatione.[7]

AD PRIMUM ergo dicendum quod illi qui detrahunt Christo impedientes fidem membrorum ipsius, derogant divinitati eius, cui fides innititur. Unde non est simplex detractio, sed blasphemia.

---

5. 방탕의 죄들이 어떻게 뿌리를 내리는 죄인가를 주목해야 한다.
6. Cf. a.2.

추구하는 그릇된 확신을 지닌다면 다른 사람에 의해 제거될 수 있다. 하지만 육신의 선이 외부 사물의 선보다 우선하기 때문에, 육신에 해를 입힌 행위의 죄가 외부 사물에 해를 입힌 행위의 죄보다 중대하다. 그러므로 이웃을 거슬러 범한 죄 가운데, 이미 실제로 존재하는 이웃의 생명이 제거되는 살인이 가장 중대하고, 다음으로는, 생명으로 들어가는 입구가 되는, 곧 인간 출산의 정당한 질서를 거스르는 간통이 중대하다.[5] 마지막으로는 외부의 선이 중대하다. 그 가운데, 명성은 부(富)를 앞서는데, 잠언 22장 [1절]에서 "이름(명성)은 큰 재산보다 값지다."[6]라고 말한 대로, 정신적인 선에 더 가깝기 때문이다. 그러므로 폄훼는, 그 유(類)를 따라 절도보다 중대한 죄지만, 살인과 간통보다는 덜 중대한 죄다.―다만 상황(조건)을 악화하거나 완화하기 때문에, 위의 질서는 다를 수 있다.

우유적으로, 죄의 중대성은 죄를 범한 사람의 입장에서도 주목되는데, 나약하거나 부주의하여 죄를 범할 때보다 숙고하여 죄를 범할 때 더 중대하게 죄를 범한다. 이에 따라 말을 함으로써 범한 죄는, 미리 깊이 숙고하지 않고 실수로 가볍게 나온 말인 한, 어느 정도 [죄의] 경솔함의 성격을 지닌다.[7]

[해답] 1. 그리스도 지체들의 믿음을 방해하여 그리스도에게서 [무엇인가를] 끌어내는 자들은 (그리스도를 폄훼하는 자들은), 지체들의 믿음을 떠받치는 그분의 신적인 것에서 [무엇인가를] 빼낸다. 그러므로 그것은 단순한 폄훼가 아니라 독성(瀆聖)이다.

---

7. Cf. a.2, ad3.

AD SECUNDUM dicendum quod gravius peccatum est contumelia quam detractio, inquantum habet maiorem contemptum proximi: sicut et rapina est gravius peccatum quam furtum, ut supra[8] dictum est. Contumelia tamen non est gravius peccatum quam adulterium: non enim gravitas adulterii pensatur ex coniunctione corporum, sed ex deordinatione generationis humanae. Contumeliosus autem non sufficienter causat inimicitiam in alio, sed occasionaliter tantum dividit unitos: inquantum scilicet per hoc quod mala alterius promit, alios, quantum in se est, ab eius amicitia separat, licet ad hoc per eius verba non cogantur. Sic etiam et detractor occasionaliter est homicida: inquantum scilicet per sua verba dat alteri occasionem ut proximum odiat vel contemnat. Propter quod in epistola Clementis[9] dicitur *detractores esse homicidas*, scilicet occasionaliter: quia *qui odit fratrem suum, homicida est*, ut dicitur I Ioan. 3, [15].

AD TERTIUM dicendum quod quia *ira quaerit in manifesto vindictam inferre*, ut Philosophus dicit, in II *Rhet.*,[10] ideo detractio, quae est in occulto, non est filia irae, sicut contumelia; sed magis invidiae, quae nititur qualitercumque minuere gloriam proximi.[11] Nec tamen sequitur propter hoc quod detractio sit gravior quam contumelia: quia ex minori vitio potest oriri maius peccatum, sicut ex ira nascitur homicidium et blasphemia. Origo enim peccatorum attenditur

---

8. Q.66, a.9.
9. *Ad Iacob.*, ep.I: PG 1, 480 C. Cf. Gratianus, *Decretum*, p.II, causa 33, q.3, dist.1, can. 24: ed. Richter-Friedberg, t.I, p.1164.

2. 이미 말했듯이,[8] 강도가 절도보다 중대한 죄인 것처럼, 이웃을 더 많이 경멸하는 한, 불손(모욕)은 폄훼(비방)보다 중대한 죄다. 실로 불손은 간통보다 중대한 죄가 아니다. 간통의 중대함은 몸의 결합으로 그 무게를 재는 것이 아니라, 인간 출산의 무질서로 그 무게를 재기 때문이다. 게다가 불손의 말은 다른 사람 안에 충분한 적개심(증오)을 불러일으키지는 않지만, 경우에 따라 가끔, 결합이 된 사람들을 나눌 뿐이다. 즉 그가 이것으로(불손한 말로) 다른 사람의 나쁜 것을 내어놓아서, 비록 그의 친구들(결합이 된 사람들)이 그의 말에 강요받지 않았더라도, 그의 입장에서 보면, 자기 말을 들은 친구들로부터 그 사람을 잘라낸다. 그래서 마찬가지로 폄훼하는 자도 기회에 따라 살인자가 된다. 폄훼하는 자도, 그의 말로 다른 사람에게 그의 이웃을 미워하거나 경멸하게 하는 기회를 주기 때문이다. 그 때문에 클레멘스의 편지[9]에서는 다음과 같이 말하고 있다. 물론 기회에 따라서, "폄훼하는 자들도 살인자라 했는데, 그것은 요한 1서 3장 [15절]에서 말한 대로, "자기 형제를 미워하는 사람은 살인자이기 때문이다."

3. 『수사학』 제2권[10]에서 철학자가 말한 대로, "분노가 노골적으로 복수를 가져오는 것을 찾기" 때문에 불손은 분노의 딸이지만, 은밀하게 이루어지는 폄훼는 분노의 딸이 아니다. 오히려 어떤 식으로든 이웃의 영광을 떨어뜨리려 하는 질투의 딸이다.[11] 하지만 이것으로 폄훼가 불손보다 더 중대해지는 것은 아니다. 살인과 독성(瀆聖)이 분노에서 태어난 것처럼, 작은 악에서 더 큰 죄가 나올 수도 있기 때문이다.

---

10. C.2, 1378a31-33. Cf. c.4, 1382a8-9. Cf. q. 72, a 4, ad3.
11. Cf. q.36, a.4, ad3.

secundum inclinationem ad finem, quod est ex parte conversionis, gravitas autem peccati magis attenditur ex parte aversionis.[12]

AD QUARTUM dicendum quod quia *homo laetatur in sententia oris sui,* ut dicitur *Prov.* 15, [23],[13] inde est quod ille qui detrahit incipit magis amare et credere quod dicit; et per consequens proximum magis odire; et sic magis recedere a cognitione veritatis. Iste tamen effectus potest sequi etiam ex aliis peccatis quae pertinent ad odium proximi.

Articulus 4
Utrum audiens qui tolerat detrahentem graviter peccet

Ad quartum sic proceditur. Videtur quod audiens qui tolerat detrahentem non graviter peccet.

1. Non enim aliquis magis tenetur alteri quam sibi ipsi. Sed laudabile est si patienter homo suos detractores toleret: dicit enim Gregorius, *super Ezech.*, homil. IX[1]: *Linguas detrahentium, sicut nostro studio non debemus excitare, ne ipsi pereant; ita per suam malitiam excitatas debemus aequanimiter tolerare, ut nobis meritum crescat.* Ergo non peccat aliquis si detractionibus aliorum non resistat.

---

12. Cf. q.148, a.5, ad2; et I-II, q.84, aa.3-4.
13. Vulgata: *Laetatur homo,* etc.

죄의 기원은 죄의 목적(끝)을 향한 기울기, 즉 전환 부분에서 주목되지만, 죄의 중대함은 그보다는 혐오 부분에서 주목되기 때문이다.[12]

4. 잠언 15장 [23절]에서 말한 대로, "사람은 자기의 입에서 나오는 말에서 기쁨을 얻는다."[13] 이로써 폄훼하는 자는 그가 말한 것을 더 사랑하고 믿는다. 또 그에 따라 이웃을 더 미워하고, 또 그럼으로써 진실의 인식에서 더 멀리 물러설 것이다. 하지만 이런 효과는 이웃에 대한 미움(증오)에 속하는 다른 죄에서도 나타날 수 있다.

제4절 폄훼하는 말을 그냥 듣고만 있는 것은 더 중대하게 죄를 범하는 것인가?

Parall.: *in Psalm.* 14

[반론] 넷째 질문과 관련해서는 다음과 같이 전개된다. 폄훼하는 말을 그냥 듣고만 있는 것은 중대하게 죄를 범하지 않는 것으로 보인다.

1. 누구도 자신보다 다른 사람에게 더 매여 있는 사람은 없다. 실로 만일 자기를 폄훼하는 자들을 참을성 있게 견디는 것은 칭찬할 만한 일이다. 그레고리우스가 『에제키엘서 강해』 제9장[1]에서 다음과 같이 말하고 있기 때문이다. "폄훼하는 자들이 멸망하지 않도록, 마땅히 우리의 의욕으로 그들의 혀를 자극하지 말아야 하는 것과 마찬가지로, 우리는, 그들의 악의에 의해 자극을 받을 때, 우리의 공덕이 더해지도

---

1. I, hom.9, n.17: PL 76, 877 BC.

2. Praeterea, *Eccli.* 4, [30] dicitur: *Non contradicas verbo veritatis ullo modo.* Sed quandoque aliquis detrahit verba veritatis dicendo, ut supra[2] dictum est. Ergo videtur quod non semper teneatur homo detractionibus resistere.

3. Praeterea, nullus debet impedire id quod est in utilitatem aliorum. Sed detractio frequenter est in utilitatem eorum contra quos detrahitur: dicit enim Pius Papa[3]: *Nonnunquam detractio adversus bonos excitatur, ut quos vel domestica adulatio vel aliorum favor in altum extulerat, detractio humiliet.* Ergo aliquis non debet detractiones impedire.

SED CONTRA est quod Hieronymus dicit[4]: *Cave ne linguam aut aures habeas prurientes: aut aliis detrahas, aut alios audias detrahentes.*

RESPONDEO dicendum quod, secundum Apostolum, *ad Rom.* 1, [32], *digni sunt morte non solum qui peccata faciunt, sed etiam qui facientibus peccata consentiunt.*[5] Quod quidem contingit dupliciter. Uno modo: directe, quando scilicet quis inducit alium ad peccatum,

---

2. A.1, ad3.
3. Gratianus, *Decretum*, p.II, causa 6, q.1, app. ad can.9: ed. Richter-Friedberg, t.I, p.557.
4. Epist.52, al. 3, *ad Nepotian.*, n. 14:PL 22, 538.

록, 마땅히 평정심으로 그것을 참아야(견뎌야) 합니다." 그러므로 다른 사람들을 폄훼하는 사람들에게 저항하지 않는다고 해서 그가 죄를 범하는 것은 아니다.

2. 집회서 4장 [30절][4장 25절]은 다음과 같이 말하고 있다. "지혜로 진리를 거스르는 말을 하지 말라." 실로, 이미 말했듯이,[2] 때때로 어떤 사람은 진실의 말을 하면서 폄훼하기도 한다. 그러므로 사람이 언제나 폄훼하는 자에게 저항하지 않아도 되는 것으로 보인다.

3. 누구도 다른 이들에 이로움이 되는 것을 방해해서는 안 된다. 실로 폄훼는 종종 폄훼를 당하는 이에게 이롭다. 교황 비오 1세가[3] 다음과 같이 말하고 있기 때문이다. "때로는 선한 사람들에 대해 제기된 폄훼가, 국내의 아첨이나 다른 사람의 호의로 높은 자리에 들어 올려진 사람들을 겸손하게 만든다." 그러므로 누구도 폄훼하는 자에게 저항해서는 안 된다.

[재반론] 히에로니무스는 다음과 같이 말하고 있다.[4] "혀나 귀가 가렵지 않도록 주의하십시오. 다른 사람을 폄훼하지도 폄훼하는 사람들에 귀를 기울이지도 마십시오."

[답변] 로마서 1장 [32절]에서 사도는 다음과 같이 말하고 있다. "그들은 죽어 마땅하다 …그들은 그런 짓을 할 뿐만 아니라 그 같은 짓을 저지르는 자들을 두둔하기까지 합니다."[5] 실로 그런 일은 두 양상으로 일어난다. 하나는 직접으로, 한 사람이 다른 사람으로 하여금 죄를 범하도록 선동하거나, 그 죄가 그를 기쁘게 하는 양상으로 일어난다. 다

---

5. Vulgata: ⋯ *digni sunt morte; et non solum qui ea faciunt, sed etiam qui consentiunt facientibus.*

vel ei placet peccatum. Alio modo, indirecte, quando scilicet non resistit, cum resistere possit: et hoc contingit quandoque non quia peccatum placeat, sed propter aliquem humanum timorem. Dicendum est ergo quod si aliquis detractiones audiat absque resistentia, videtur detractori consentire: unde fit particeps peccati eius. Et si quidem inducat eum ad detrahendum, vel saltem placeat ei detractio, propter odium eius cui detrahitur, non minus peccat quam detrahens: et quandoque magis. Unde Bernardus dicit[6]: *Detrahere, aut detrahentem audire, quid horum damnabilius sit, non facile dixerim.* — Si vero non placeat ei peccatum, sed ex timore vel negligentia vel etiam verecundia quadam omittat repellere detrahentem, peccat quidem, sed multo minus quam detrahens, et plerumque venialiter. Quandoque etiam hoc potest esse peccatum mortale: vel propter hoc quod alicui ex officio incumbit detrahentem corrigere; vel propter aliquod periculum consequens; vel propter radicem, qua timor humanus quandoque potest esse peccatum mortale, ut supra[7] habitum est.

AD PRIMUM ergo dicendum quod detractiones suas nullus audit: quia scilicet mala quae dicuntur de aliquo eo audiente, non sunt detractiones, proprie loquendo, sed contumeliae, ut dictum est.[8]

---

6. *De consid.*, II, c.13: PL 182, 756 C.
7. Q.19, a.3.

른 하나는 간접으로, 저항할 수 있는데 그렇게 하지 않는 양상으로 일어난다. 이는 때때로 죄가 [그를] 기쁘게 하기 때문이 아니라 어떤 인간적 두려움 때문에 일어난다. 따라서 누군가 저항 없이 폄훼의 말을 듣는다면, 그가 폄훼하는 자에게 동의(두둔)하는 것으로 보여, 그의 죄에 참여하게 된다. 또 만일 그가 그를 폄훼하도록 유도한다면, 또는 적어도 폄훼로 그를 기쁘게 한다면, 폄훼를 당한 (그 자리에 없는) 그 사람의 미움 때문에, 그는 폄훼하는 것보다 작지 않게 죄를 범하며 때로는 더 크게 죄를 범한다. 그래서 베르나르두스는 다음과 같이 말하고 있다.[6] "폄훼하는 것과 폄훼하는 말을 듣는 것, 나는 이들 중 어느 것이 더 비난받아야 하는지 쉽게 말할 수 없다."—하지만 죄가 그를 기쁘게 하지 않고, 또 그가 두려움이나 태만 또는 수치심에서 어떤 방식으로든 폄훼하는 일을 물리치는 것을 생략한다면, 그는 실로 죄를 범하기는 하지만, 폄훼하는 일보다 훨씬 작게 또 일반적으로는 가볍게 죄를 범한 것이다. 때로는 이것도 대죄일 수 있는데, 폄훼하는 것을 교정하는 일이 모든 사람의 빚(의무)이라는 사실 때문이기도 하고, 결과로 따라오는 어떤 위험 때문이기도 하다. 또는 폄훼의 뿌리 때문에도 대죄일 수 있는데, 그것은 이미 말했듯이,[7] 인간의 두려움도 때때로 대죄일 수 있기 때문이다.

[해답] 1. 누구도 자기에 대해 비방하는 것(폄훼의 말)을 듣지 않는다. 물론 위에서 말한 것처럼,[8] 그런 말을 듣는 사람에 대해 나쁜 말을 하는 것은 폄훼(비방)가 아니라, 제대로 말하자면, 불손(모욕)이기 때문이

---

8. A.1, ad2.

Possunt tamen ad notitiam alicuius detractiones contra ipsum factae aliorum relationibus pervenire. Et tunc sui arbitrii est detrimentum suae famae pati, nisi hoc vergat in periculum aliorum, ut supra[9] dictum est. Et ideo in hoc potest commendari eius patientia quod patienter proprias detractiones sustinet. — Non autem est sui arbitrii quod patiatur detrimentum famae alterius. Et ideo in culpam ei vertitur si non resistit, cum possit resistere: eadem ratione qua tenetur aliquis *sublevare asinum alterius iacentem sub onere*, ut praecipitur *Deut.* 22, [4].[10]

AD SECUNDUM dicendum quod non semper debet aliquis resistere detractori arguendo eum de falsitate: maxime si quis sciat verum esse quod dicitur. Sed debet eum verbis redarguere de hoc quod peccat fratri detrahendo: vel saltem ostendere quod ei detractio displiceat per tristitiam faciei; quia, ut dicitur *Prov.* 25, [23], *ventus Aquilo dissipat pluvias: et facies tristis linguam detrahentem.*

AD TERTIUM dicendum quod utilitas quae ex detractione provenit non est ex intentione detrahentis, sed ex Dei ordinatione, qui ex quolibet malo elicit bonum.[11] Et ideo nihilo minus est detractoribus resistendum: sicut et raptoribus vel oppressoribus aliorum, quamvis ex hoc oppressis vel spoliatis per patientiam meritum crescat.

---

9. Q.72, a.3.
10. Cf. 탈출 23,5.

다. 물론 그 사람을 거슬러 행해진 폄훼의 말들이 다른 사람의 말을 통해서 그에게 알려질 수도 있다. 그런 다음에는, 이미 말했듯이,[9] 다른 사람에게 위험을 초래하지 않는 한, 그의 명성에 손실(손해)을 겪는 것은 그 말을 들은 당사자의 선택에 달렸다. 그러므로 이 점에서 자기를 폄훼하는 말을 전해들은 것을 참을성 있게 견딘 그의 인내는 추천할 만하다.—하지만 폄훼의 말을 전하는 사람들은 다르다. 그 명성의 손실 여부는 그들의 선택에 있지 않기 때문이다. 그러므로 폄훼하는 말을 듣는 그가, 저항할 수 있는데 저항하지 않으면, 신명기 22장 [4절]에서 명령한 대로[10], 누구나 다른 사람의 나귀가 "그의 짐에 깔려 누워 있다면 그 나귀를 일으켜주어야 하는" 것과 똑같은 근거로, 그의 잘못으로 돌려진다.

2. 특히 그가 말한 것이 사실이라는 것을 알고 있다면, 폄훼하는 사람을 거짓이라고 비난하며 그때마다 그에게 저항해서는 안 된다. 오히려 폄훼하면서 형제에게 죄를 범한 것에 대해, 그를 말로 반박해야 하며, 또는 잠언 25장 [23절]이 말한 대로, "북풍이 비를 몰고 오듯 숨어 헐뜯는 혀는 성난 얼굴을 몰고 오기" 때문에, 적어도 자기 얼굴의 슬픔을 통해서라도 자신이 폄훼를 싫어한다는 것을 보여주어야 한다.

3. 폄훼에서 나온 이로운 것은 폄훼하는 자의 의도가 아니라, 모든 악에서도 선을 유도하시는 하느님의 안배(질서지음)에서 나온 것이다.[11] 그러므로 아무리 인내를 통해서도, 억압받거나 약탈당하는 것을 통해서도 공덕이 자라난다 하더라도, 사람을 납치하거나 억압하는 사람에게 마땅히 저항해야 하는 것처럼, 폄훼하는 자에게도 저항해야 한다.

---

11. Cf. q.78, a 4; I-II, q.79, a.4, ad1.

QUAESTIO LXXIV
DE SUSURRATIONE
in duos articulos divisa

Deinde considerandum est de susurratione.[1]

Et circa hoc quaeruntur duo.

Primo: utrum susurratio sit peccatum distinctum a detractione.

Secundo: quod horum sit gravius.

Articulus 1
Utrum susurratio sit peccatum distinctum a detractione

Ad primum sic proceditur. Videtur quod susurratio non sit peccatum distinctum a detractione.

1. Dicit enim Isidorus, in libro *Etymol.*[1]: *Susurro de sono locutionis appellatur: quia non in facie alicuius, sed in aure loquitur, detrahendo.* Sed loqui de altero detrahendo ad detractionem pertinet. Ergo susur-

---

1. Cf. q.72, Introd.

1. X, ad litt. S. n.249: PL 82, 349 A.

제74문
소문 퍼뜨리기에 대하여
(전2절)

다음으로는 소문 퍼뜨리기를 고찰해야 한다.[1] 이 주제와 관련하여 두 질문이 제기된다.

1. 소문 퍼뜨리기는 폄훼(비방)와 구별되는 죄인가?
2. 그 가운데 중대한 것은 무엇인가?

제1절 소문 퍼뜨리기는 폄훼와 구별되는 죄인가?

Parall.: Infra, q.75, a.1; *In Ep. ad Rom.*, c.1, lect.8.

[반론] 첫째 질문과 관련해서는 다음과 같이 전개된다. 소문 퍼뜨리기는 폄훼와 구별되지 않는 죄로 보인다.

1. 이시도루스는 『어원론』 제10권[1]에서, 다음과 같이 말하고 있다. "소문 퍼뜨리는 자(속삭이는 자)는 그 때문에 그렇게 불린다. 그는 폄훼할 때 누구의 얼굴이 아니라 귀에 말하기 때문이다." 하지만 다른 사람을 끌어내리는 말을 하는 것은 폄훼에 속한다. 그러므로 소문 퍼뜨리기는 폄훼와 구별되는 죄가 아니다.

2. 레위기 19장 [16절]에서는 다음과 같이 말하고 있다. "너희는 중

q.74, a.1

ratio non est peccatum distinctum a detractione.

2. Praeterea, *Levit.* 19, [16] dicitur: *Non eris criminator nec susurro in populis.*[2] Sed criminator idem videtur esse quod detractor. Ergo etiam susurratio a detractione non differt.

3. Praeterea, *Eccli.* 28, [15] dicitur: *Susurro et bilinguis maledictus erit.*[3] Sed bilinguis videtur idem esse quod detractor: quia detractorum est duplici lingua loqui, aliter scilicet in absentia et aliter in praesentia. Ergo susurro est idem quod detractor.

SED CONTRA est quod, *Rom.* 1, super illud [29-30], *susurrones, detractores,* dicit Glossa[4]: *Susurrones, inter amicos discordiam seminantes; detractores, qui aliorum bona negant vel minuunt.*

RESPONDEO dicendum quod susurratio et detractio in materia conveniunt, et etiam in forma, sive in modo loquendi: quia uterque malum occulte de proximo dicit. Propter quam similitudinem interdum unum pro alio ponitur: unde *Eccli.* 5, super illud, [16], *Non appelleris susurro,* dicit Glossa[5]: *idest detractor.* Differunt autem in fine.

---

2. Vulgata: *populo.*
3. Vulgata에는 *erit*이 없다.
4. Interl.; Ordin.: PL 114, 474 A; Lombardus: PL 191, 1335 D.

상하러(속삭이러) 돌아다녀서는 안 된다. 너희 이웃의 생명을 걸고 나서서는(고발해서는) 안 된다."² 하지만 여기서 고발하는 자는 폄훼하는 자와 같은 것으로 보인다. 그러므로 소문 퍼뜨리기는 폄훼와 다르지 않다.

3. 집회서 28장 [13절]에서는 다음과 같이 말하고 있다. "중상하는 자(속삭이는 자)와 한 입으로 두말하는 자를 저주하여라."³ 한 입으로 두말하는 자는 폄훼하는 자와 같은 것으로 보인다. 폄훼하는 자가 하는 일은 한 입으로 두말하는 것인데, 마치 하나는 있는 자리에서, 다른 하나는 없는 자리에서 하는 것과 같기 때문이다. 그러므로 소문 퍼뜨리는 자는 폄훼하는 자와 같다.

[재반론] 로마서 1장 [29, 30절]의 "험담꾼, 중상꾼"에 관한 어떤 주석⁴은 다음과 같이 말하고 있다. "소문 퍼뜨리는 자는 친구들 사이에 불화의 씨를 뿌리고, 폄훼하는 자는 다른 이들의 좋은 것을 부정하거나 줄인다."

[답변] 소문 퍼뜨리기와 폄훼는 질료(문제)와 형상(형식)에 있어서나 말하는 방식에 있어서 일치한다. 저마다 이웃에 대해 은밀히 나쁜 것을 말하기 때문이다. 이런 유사성 때문에 하나가 다른 하나를 위해 사용된다. 그래서 집회서 5장 [14절]은 "너는 (소문 퍼뜨리는 자) 속삭이는 자로 불리지 않도록 하라."고 말하는데, 주석⁵은 여기에 "즉 폄훼하는 자"라고 덧붙인다. 하지만 그것들은 목적에 있어 서로 다르다. 폄훼는

---

5. Interl.

Quia detractor intendit denigrare famam proximi: unde illa mala de proximo praecipue profert ex quibus proximus infamari possit, vel saltem diminui eius fama. Susurro autem intendit amicitiam separare: ut patet per Glossam inductam,[6] et per id quod dicitur *Prov.* 26, [20]: *Susurrone subtracto, iurgia conquiescunt.* Et ideo susurro talia mala profert de proximo quae possunt contra ipsum commovere animum audientis: secundum illud *Eccli.* 28, [11]: *Vir peccator conturbabit[7] amicos, et in medio pacem habentium immittit inimicitiam.*

AD PRIMUM ergo dicendum quod susurro, inquantum dicit malum de alio, dicitur detrahere. In hoc tamen differt a detractore, quia non intendit simpliciter malum dicere; sed quidquid sit illud quod possit animum unius turbare contra alium, etiam si sit simpliciter bonum, et tamen apparens malum, inquantum displicet ei cui dicitur.

AD SECUNDUM dicendum quod criminator differt et a susurrone et a detractore. Quia criminator est qui publice aliis crimina imponit, vel accusando vel conviciando[8]: quod non pertinet ad detractorem et susurronem.

---

6. 재반론.
7. Vulgata: *turbabit.*

이웃의 명성을 더럽히는 것을 의도하기 때문이다. 그래서 특히 이웃에 대해 나쁜 것을 꺼내(드러내어) 그것으로 이웃의 악명이 높아지게 하거나, 또는 적어도 그의 명성이 낮아지게 한다. 하지만 소문 퍼뜨리는 것은, 앞의 주석[6]에서 분명히 한 것처럼, 또 잠언 26장 [20절]에서 "중상꾼(소문 퍼뜨리는 자)이 없으면 다툼도 그친다."라고 말한 대로, 교우 관계를 갈라놓으려 의도한다. 그래서 집회서 28장 [9절]에서 "죄지은 사람은 친구들을 불안하게 하고 서로 평화롭게 사는 사람들 사이에 불목(不睦)을 일으킨다.[7]"라고 말한 대로, 소문 퍼뜨리는 자는 이웃에 대해 나쁘게 말함으로써, 그 말을 듣는 이의 마음을 그 이웃에 반대하도록 휘저을 수 있다.

[해답] 1. 소문 퍼뜨리는 것은 다른 이를 나쁘게 말하는 한, 폄훼하는 것이라 할 수 있다. 하지만 그는 그 자체로 나쁘게 말하려 의도하지 않았으나, 단순히 좋은 말을 했을지라도, 다른 사람을 거슬러 마음을 휘저을 수 있으므로, 폄훼와 다르다. 하지만 그것이 그의 말을 듣는 사람에게 불쾌감을 주는 한 명백한 악이다.

2. 고발하는 자는 소문 퍼뜨리는 자나 폄훼하는 자와 다르다. 고발하는 자는 다른 사람을 비난하거나 욕함으로써, 그들에게 공공연히 죄를 씌우는 사람인데,[8] 그것이 폄훼하는 자나 소문 퍼뜨리는 자에게는 적용되지 않기 때문이다.

3. 한 입으로 두말하는 것을, 제대로 말하자면, 소문 퍼뜨리는 것이라 한다. 교우 관계는 두 사람 사이에 있으므로, 소문 퍼뜨리는 것은

---

8. Cf. q.72, a.1, ad3.

AD TERTIUM dicendum quod bilinguis proprie dicitur susurro. Cum enim amicitia sit inter duos, nititur susurro ex utraque parte amicitiam rumpere: et ideo duabus linguis utitur ad duos, uni dicens malum de alio. Propter quod dicitur *Eccli.* 28, [15]: *Susurro et bilinguis maledictus, et subditur: multos enim turbant*[9] *pacem habentes.*

Articulus 2
Utrum detractio sit gravius peccatum quam susurratio

Ad secundum sic proceditur. Videtur quod detractio sit gravius peccatum quam susurratio.

1. Peccata enim oris consistunt in hoc quod aliquis mala dicit. Sed detractor dicit de proximo ea quae sunt mala simpliciter, quia ex talibus oritur infamia vel diminuitur fama: susurro autem non curat dicere nisi mala apparentia, quae scilicet displiceant audienti. Ergo gravius peccatum est detractio quam susurratio.

2. Praeterea, quicumque aufert alicui famam, aufert ei non solum unum amicum, sed multos: quia unusquisque refugit amicitiam infamium personarum; unde contra quendam dicitur, II *Paralip.* 19, [2]: *His qui oderunt Dominum amicitia iungeris.* Susurratio autem aufert unum solum amicum. Gravius ergo peccatum est detractio quam su-

---

9. Vulgata: *turbabit.*

그 교우 관계를 서로 부수려고 하기 때문이다. 따라서 다른 사람에 대해 나쁜 것을 말함으로써 두 겹의 혀가 서로 사용되는 것이다. 그래서 집회서 28장 [13절]에는 "중상하는 자(속삭이는 자)와 한 입으로 두말하는 자를 저주하여라."라고 한 다음에, "그들은 평화로이 사는 많은 사람을 멸망시켰다."[9]라고 말한 것이다.

제2절 폄훼가 소문 퍼뜨리기보다 중대한 죄인가?

[반론] 둘째 질문과 관련해서는 다음과 같이 전개된다. 폄훼는 소문 퍼뜨리기보다 중대한 죄인 것으로 보인다.

1. 입의 죄는 남에게 악한 말을 하는 것에 있기 때문이다. 실로 폄훼하는 자는 그저 이웃에 대해 나쁜(악한) 것들을 말하는데, 그런 일로 악명이 생기거나 명성이 줄어들기 때문이다. 그에 반하여 소문 퍼뜨리는 자는 언뜻 보기에 악한 것을 말하는 일에 관심을 기울일 뿐인데, 그 말이 듣는 사람에게 불쾌함을 주기 때문이다. 그러므로 폄훼가 소문 퍼뜨리기보다 중대한 죄다.

2. 사람한테서 명성을 빼앗는 자는 그 사람한테서 한 명이 아니라 여러 친구를 빼앗는 자이다. 악명을 지닌 사람과 교우 관계를 피하기 때문이다. 그러므로 역대기 1권 19장 [2절]은 특정인을 두고 "주님을 미워하는 자들과 사귄다."라고 말하고 있다. 하지만 소문 퍼뜨리기는 단 한 명의 친구를 빼앗는다. 그러므로 폄훼는 소문 퍼뜨리기보다 중대한 죄다.

3. 야고보서 4장 [11절]은 다음과 같이 말하고 있다. "자기 형제를 헐

surratio.

3. Praeterea, Iac. 4, [11] dicitur: *Qui detrahit fratri suo,*[1] *detrahit legi;* et per consequens Deo, qui est legislator: et sic peccatum detractionis videtur esse peccatum in Deum, quod est gravissimum, ut supra[2] habitum est. Peccatum autem susurrationis est in proximum. Ergo peccatum detractionis est gravius quam peccatum susurrationis.

SED CONTRA est quod dicitur *Eccli.* 5, [17]: *Denotatio pessima super bilinguem: susurratori autem odium et inimicitia et contumelia.*

RESPONDEO dicendum quod, sicut supra[3] dictum est, peccatum in proximum tanto est gravius quanto per ipsum maius nocumentum proximo infertur: nocumentum autem tanto maius est quanto maius est bonum quod tollitur. Inter cetera vero exteriora bona praeeminet amicus: quia *sine amicis nullus vivere posset,* ut patet per Philosophum, in VIII *Ethic.*.[4] Unde dicitur *Eccli.* 6, [15]: *Amico fideli nulla est comparatio:* quia et optima fama, quae per detractionem tollitur, ad hoc maxime necessaria est ut homo idoneus ad amicitiam habeatur. Et ideo susurratio est maius peccatum quam detractio, et etiam quam contumelia: quia *amicus est melior quam honor, et amari quam honorari,* ut in VIII *Ethic.*[5] Philosophus dicit.

---

1. Vulgata에는 *suo*이 없다.
2. Q.20, a.3; I-II, q.73, a.3.
3. Q.73, a.3; I-II, q.73, a.8.

뜯는(폄훼하는) 자는¹ 법을 헐뜯는(폄훼하는) 것입니다." 따라서 법을 제정하는 분이신 하느님을 헐뜯는 것이다. 그러므로 폄훼의 죄는 하느님을 거슬러 범한 죄로 보이는데, 이미 말했듯이,² 그것은 가장 중대한 죄다. 그와 반대로 소문 퍼뜨리기의 죄는 자기 이웃을 거슬러 범한 죄다. 그러므로 폄훼의 죄가 소문 퍼뜨리기의 죄보다 중대하다.

[재반론] 집회서 5장 [17절]은 다음과 같이 말하고 있다. "두 혀를 지닌 자에게는 고약한 평판이 있지만, 소문 퍼뜨리는 자에게는 증오와 적의와 폄훼(모욕)를 불러들인다."

[답변] 이미 말했듯이,³ 자기 이웃을 거스른 죄는, 그 죄가 이웃에 더 큰 위해를 가하는지에 따라서 더 중대한 죄가 된다. 또 위해는, 제거된 선이 더 큰 만큼 그 위해도 훨씬 더 크다. 실로 외부의 사물 가운데 친구가 가장 귀하다. 철학자가 『니코마코스 윤리학』 제8권⁴에서, 분명히 말한 것처럼, "누구도 친구 없이는 살 수 없기" 때문이다. 그래서 집회서 6장 [15절]은 다음과 같이 말하고 있다. "성실한 친구는 값으로 따질 수 없다." 사람이 제대로 된 교우 관계(우정)를 맺으려면 가장 좋은 명성이 불가피한데, 그 명성은 폄훼를 통해 제거된다. 그러므로 소문 퍼뜨리기는 폄훼 또는 심지어 불손보다 중대한 죄이다. 철학자가 『니코마코스 윤리학』 제8권⁵에서 말한 대로, 친구가 명성보다 나으며, 사랑받은 것이 존경받는 것보다 낫기 때문이다.

---

4. C.1, 1155a5-16; S. Thomas, lect.1, nn.1539-1540.
5. C.9, 1159a25-27; S. Thomas, lect.8, nn.1644-1645.

AD PRIMUM ergo dicendum quod species et gravitas peccati magis attenditur ex fine quam ex materiali obiecto. Et ideo ratione finis susurratio est gravior: quamvis detractor quandoque peiora dicat.

AD SECUNDUM dicendum quod fama est dispositio ad amicitiam, et infamia ad inimicitiam. Dispositio autem deficit ab eo ad quod disponit. Et ideo ille qui operatur ad aliquid quod est dispositio ad inimicitiam, minus peccat quam ille qui directe operatur ad inimicitiam inducendam.

AD TERTIUM dicendum quod ille qui detrahit fratri intantum videtur detrahere legi inquantum contemnit praeceptum de dilectione proximi. Contra quod directius agit qui amicitiam disrumpere nititur. Unde hoc peccatum maxime contra Deum est: quia *Deus dilectio est*, ut dicitur I Ioan. 4, [v. 8, 16.][6] Et propter hoc dicitur *Prov.* 6, [16]: *Sex sunt quae odit Dominus, et septimum detestatur anima eius*: et hoc septimum ponit [19] *eum qui seminat inter fratres discordiam*.[7]

---

6. Vulgata: *Deus caritas est*.
7. Vulgata: *discordias*.

[해답] 1. 죄의 종(種)과 중대함은 질료적인 대상보다는 목적(끝)에 달려 있다. 그런 근거로, 비록 때로는 폄훼가 나쁜 것(질료)을 말하더라도, 소문 퍼뜨리기의 끝(목적)이 더 중대하다.

2. 명성은 교우 관계(우정)에 기울어져 있으며, 악명은 불화(적의)에 기울어져 있다. 하지만 기울기(경향)는 그 경향을 일으키는 것에는 미치지 못한다. 그러므로 불화(적의)의 경향을 보이는 것을 위해 일하는 사람은 불화(적의)를 불러일으키기 위해 직접 일하는 사람보다 죄를 덜 범한다.

3. 자기 형제를 폄훼하는 자는, 자기 이웃을 사랑하라는 계명을 경멸하는 한, 법을 폄훼하는 것으로 보인다. 반면에 교우 관계를 갈라놓으려는 자는 그 계명을 더 직접적으로 거슬러 행동하는 것으로 보인다. 그러므로 교우 관계를 갈라놓는 죄는, 요한 1서 4장 [8절과 16절]⁶이 말한 대로, "하느님은 사랑이시기" 때문에, 더 특별히 하느님을 거스른다. 그런 근거로 잠언 6장 [16, 19절]은 각각 다음과 같이 말하고 있다. "이 여섯 가지를 주님께서 미워하시고 이 일곱 번째를 주님께서 역겨워하신다." 그 일곱 번째는 "형제들 사이에 싸움을 일으키는 자다."⁷

QUAESTIO LXXV
DE DERISIONE
in duos articulos divisa

Deinde considerandum est de derisione.[1]

Et circa hoc quaeruntur duo.

Primo: utrum derisio sit peccatum speciale distinctum ab aliis peccatis quibus per verba nocumentum proximo infertur.

Secundo: utrum derisio sit peccatum mortale.

Articulus 1
Utrum derisio sit speciale peccatum

Ad primum sic proceditur. Videtur quod derisio non sit speciale peccatum ab aliis praemissis distinctum.

1. Subsannatio enim videtur idem esse quod derisio. Sed subsannatio ad contumeliam videtur pertinere. Ergo derisio non videtur distingui a contumelia.

2. Praeterea, nullus irridetur nisi de aliquo turpi, ex quo homo erubescit. Huiusmodi autem sunt peccata: quae si manifeste de aliquo

---

1. Cf. q.72, Introd.

제75문

조롱에 대하여

(전2절)

다음으로 우리는 조롱(嘲弄)에 관해 고찰해야 한다.[1] 이 주제와 관련하여 두 질문이 제기된다.

1. 조롱은 말로 이웃에 해를 입히는 다른 죄와 다른 특별한 죄인가?
2. 조롱은 대죄인가?

제1절 조롱은 특별한 죄인가?

[반론] 첫 질문과 관련해서는 다음과 같이 전개된다. 조롱은 다른 전제(前提)들, 곧 앞에서 다룬 말로 범한 죄들과 구별되는 특별한 죄가 아닌 것으로 보인다.

1. 몸짓으로 멸시하는 것은 분명히 조롱과 같다. 하지만 비웃음은 불손(모욕)에 속한다. 그러므로 조롱은 불손(모욕)과 다르지 않은 것으로 보인다.

2. 누구도, 얼굴을 붉힐 만한 부끄러운 일에 의하지 않고는 조롱당하지 않는다. 실로 그런 일은 죄이다. 만일 그런 일이 노골적으로 어떤 사람에게 일어난다면, 그것은 불손에 속한다. 은밀히 일어난다면, 폄훼와 소문 퍼뜨리기에 속한다. 그러므로 조롱은 전제들과 다른 악습이

dicuntur, pertinent ad contumeliam; si autem occulte, pertinent ad detractionem sive susurrationem. Ergo derisio non est vitium a praemissis distinctum.

3. Praeterea, huiusmodi peccata distinguuntur secundum nocumenta quae proximo inferuntur. Sed per derisionem non infertur aliud nocumentum proximo quam in honore vel fama vel detrimento amicitiae. Ergo derisio non est peccatum distinctum a praemissis.

SED CONTRA est quod irrisio fit ludo: unde et *illusio* nominatur. Nullum autem praemissorum ludo agitur, sed serio. Ergo derisio ab omnibus praedictis differt.

RESPONDEO dicendum quod, sicut supra[1] dictum est, peccata verborum praecipue pensanda sunt secundum intentionem proferentis. Et ideo secundum diversa quae quis intendit contra alium loquens, huiusmodi peccata distinguuntur. Sicut autem aliquis conviciando intendit conviciati honorem deprimere, et detrahendo diminuere famam, et susurrando tollere amicitiam; ita etiam irridendo aliquis intendit quod ille qui irridetur erubescat. Et quia hic finis est distinctus ab aliis, ideo etiam peccatum derisionis distinguitur a praemissis peccatis.

AD PRIMUM ergo dicendum quod subsannatio et irrisio conveniunt in fine, sed differunt in modo: quia *irrisio fit ore*, idest verbo et cachinnis: *subsannatio autem naso rugato*, ut dicit Glossa[2] super illud

아니다.

3. 이런 종(種)의 죄는 그것이 이웃에 가한 위해로 구별된다. 실로 조롱으로는 이웃의 명성이나 명예나 교우 관계에 손상을 가져온 위해 말고는 다른 위해가 가해지지 않는다. 그러므로 조롱은 전제들과 다르지 않은 죄다.

[재반론] 조롱은 농담으로 일어난다. 그래서 그것은 "놀림(또는 착각)"으로도 기술(記述)된다. 하지만 농담으로 행해진 전제들은 아무것도 없다. 오히려 심각하게 행해진 것들이다. 그러므로 조롱은 모든 전제와 다르다.

[답변] 이미 말했듯이,[1] 특별히 말의 죄는 말하는 사람의 의도로 평가된다. 그래서 누군가 다른 사람을 거슬러 말하려는 여러 다른 것(의도)을 따라, 그 죄들은 서로 구별된다. 실로 야유함으로써 사람을 억누르려 의도하는 자처럼, 불손(모욕)함으로써 사람의 명예를 빼앗으려 의도하는 자처럼, 폄훼함으로써 사람의 명성을 떨어뜨리려 의도하는 자처럼, 또 소문을 퍼뜨림으로써 사람의 교우 관계를 제거하려 의도하는 자처럼, 마찬가지로 누군가는 조롱함으로써 조롱당하는 사람이 얼굴을 붉히게 하려는 것을 의도한다. 조롱의 죄는 다른 것들과 목적이 다르므로 (말로 범한) 전제의 죄와 구별되는 죄다.

[해답] 1. 몸짓으로 멸시하는 것과 조롱은 목적에 있어서는 일치하지

---

1. Q.72, a.2.

Psalm. [Ps. 2, 4], *Qui habitat in caelis irridebit eos*. Talis tamen differentia non diversificat speciem. Utrumque tamen differt a contumelia, sicut erubescentia a dehonoratione: est enim erubescentia *timor dehonorationis*, sicut Damascenus dicit.[3]

AD SECUNDUM dicendum quod de opere virtuoso aliquis apud alios et reverentiam meretur et famam; apud seipsum bonae conscientiae gloriam, secundum illud II *ad Cor.* 1, [12]: *Gloria nostra haec est, testimonium conscientiae nostrae*. Unde e contrario de actu turpi, idest vitioso, apud alios quidem tollitur hominis honor et fama: et ad hoc contumeliosus et detractor turpia de alio dicunt. Apud seipsum autem per turpia quae dicuntur aliquis perdit conscientiae gloriam per quandam confusionem et erubescentiam: et ad hoc turpia dicit derisor. Et sic patet quod derisor communicat cum praedictis vitiis in materia, differt autem in fine.[4]

AD TERTIUM dicendum quod securitas conscientiae et quies illius magnum bonum est: secundum illud *Prov.* 15, [15]: *Secura mens quasi iuge convivium*. Et ideo qui conscientiam alicuius inquietat confundendo ipsum, aliquod speciale nocumentum ei infert. Unde derisio est peccatum speciale.

---

2. Interl., Lombardus: PL 191, 71 A.
3. *De fide orth.*, II, c.15: PG 94, 932 C. Cf. I-II, q.41, a.4.
4. Cf. q.73, a.2, ad1.

만, 그 양식에 있어서는 다르다. 조롱은 "입"으로, 즉 말과 웃음으로 이루어지는 데 반해, 몸짓으로 멸시하는 것은, 시편 2장 [4절]의 "하늘에 좌정하신 분께서 웃으신다."에 관한 어떤 주석처럼,[2] 코에 주름을 잡음으로써 이루어진다. 그러나 이러한 차이는 종(種)을 다양화하지 않는다. 하지만 얼굴 붉히는 것이 명예가 없어지는 것(불명예)과 다른 것처럼, 그 둘은 불손과 다르다. 다마셰누스가 말한 것처럼,[3] 얼굴 붉히는 것은 "명예가 없어지는 것(불명예)에 대한 두려움"이기 때문이다.

2. 누구라도 고결한 일에 대해서는 다른 사람한테 존경을 받으며 명성을 들을 자격이 생긴다. 또한 자신에 대해서는 "우리의 양심도 증언하듯이 우리가 자랑하는 바는 이렇습니다."라는 코린토 2서 1장 [12절]의 말씀을 따라서, 자신한테는 선한 양심의 영광을 받을 자격이 생긴다. 그와 반대로, 당연히 누구라도 부끄러움의 행동들, 즉 사악한 행동들에 대해서는 다른 사람에 의해 사람의 명성과 명예를 박탈당한다. 게다가 불손한 자와 폄훼하는 자는 다른 사람에 대해 부끄러움을 안기려는 말을 한다. 또 자신에 대해서는, 다른 사람이 그 부끄러움을 통해서 겪는 혼란과 난처함으로 인해 양심의 영광을 상실한다. 게다가 조롱하는 자는 다른 사람에게 부끄러움을 안기려고 말한다. 따라서 조롱이 전제의 악습들과는 그 질료(말)에 있어서는 통하지만, 그 끝(목적)에 있어서는 다르다는 것이 명백하다.[4]

3. 양심의 안전과 고요함은, "흥겨운(안전한) 마음은 늘 잔치와 같다."라는 잠언 15장 [15절]의 말씀을 따라, 대단히 큰 선이다. 따라서 다른 사람을 혼란케 함으로써 그의 양심을 고요하지 않게 하는 자는 그 사람에게 특별한 위해를 가하는 것이다. 그러므로 조롱은 특별한 죄다.

Articulus 2
Utrum derisio possit esse peccatum mortale

Ad secundum sic proceditur. Videtur quod derisio non possit esse peccatum mortale.

1. Omne enim peccatum mortale contrariatur caritati. Sed derisio non videtur contrariari caritati: agitur enim ludo quandoque inter amicos; unde et *delusio* nominatur. Ergo derisio non potest esse peccatum mortale.

2. Praeterea, derisio illa videtur esse maxima quae fit in iniuriam Dei. Sed non omnis derisio quae vergit in iniuriam Dei est peccatum mortale. Alioquin quicumque recidivat in aliquod peccatum veniale de quo poenituit, peccaret mortaliter: dicit enim Isidorus[1] quod *irrisor est, et non poenitens, qui adhuc agit quod poenitet*. Similiter etiam sequeretur quod omnis simulatio esset peccatum mortale: quia sicut Gregorius dicit, in *Moral.*,[2] per *struthionem* significatur simulator, qui deridet *equum*, idest hominem iustum, et *ascensorem*, idest Deum. Ergo derisio non est peccatum mortale.

3. Praeterea, contumelia et detractio videntur esse graviora peccata quam derisio: quia maius est facere aliquid serio quam ioco. Sed non omnis detractio vel contumelia est peccatum mortale. Ergo multo minus derisio.

---

1. *De summo Bono*, al. *Sentent.*, II, c.16, n.1: PL 83, 619 B.

제2절 조롱이 대죄일 수 있는가?

[반론] 둘째 질문과 관련해서는 다음과 같이 전개된다. 조롱은 대죄일 수 없는 것으로 보인다.

1. 모든 대죄는 참사랑에 역행한다. 하지만 조롱은 참사랑에 역행하지 않는 것으로 보인다. 조롱은 때때로 친구들 사이의 농담(장난)으로 생기고, 그래서 "속임(착각)"이라 하기 때문이다. 그러므로 조롱은 대죄일 수 없다.

2. 하느님께 위해를 가하며 이루어진(행해진) 조롱이 가장 큰 것으로 보인다. 하지만 하느님께 위해를 가하려는 경향이 있는 모든 조롱이 대죄는 아니다. 그렇게 되면, 회개한 가벼운 죄를 다시 범하는 사람은 누구나 치명적인 죄를 범하게 될 것이다. 이시도루스가 다음과 같이 말하고 있기 때문이다.[1] "회개한 것을 계속해서 하는 자는, 회개하지 않으면서, 조롱하는 자이다." 유사하게, 그렇게 되면, 그레고리우스가 『욥기의 도덕적 해설』[2]에서 "타조"는 가장(假裝)하는 자(위선자)를 뜻하는데, 그는 "말[馬]" 즉 의인과 [그 의인에 올라탄] "기수(騎手)" 즉 하느님을 조롱하는 자라고 말했듯이, 가장하는 모든 자가 대죄를 범한다는 결론이 나온다. 그러므로 조롱은 대죄가 아니다.

3. 불손(모욕)과 폄훼(비방)가 조롱보다 중대한 것으로 보인다. 농으로 말하는 것보다 진지하게 말하는 것이 중대하기 때문이다. 하지만 모든 폄훼와 불손이 대죄는 아니다. 그러므로 조롱은 더더욱 대죄가 아니다.

---

2. XXXI, c.15, al. 9, in vet. 11, 12, n.27: PL 76, 588 A C.

SED CONTRA est quod dicitur *Prov.* 3, [34]: *Ipse deridet*[3] *illusores.* Sed deridere Dei est aeternaliter punire pro peccato mortali: ut patet per id quod dicitur in Psalm. [Ps. 2, 4]: *Qui habitat in caelis irridebit eos.* Ergo derisio est peccatum mortale.

RESPONDEO dicendum quod irrisio non fit nisi de aliquo malo vel defectu. Malum autem si sit magnum, non pro ludo accipitur, sed seriose. Unde si in lusum vel risum vertatur (ex quo *irrisionis* vel *illusionis* nomen sumitur), hoc est quia accipitur ut parvum. Potest autem aliquod malum accipi ut parvum, dupliciter: uno modo, secundum se; alio modo, ratione personae. Cum autem aliquis alterius personae malum vel defectum in ludum vel risum ponit quia secundum se parvum malum est, est veniale et leve peccatum secundum suum genus. ☒ Cum autem accipitur quasi parvum ratione personae, sicut defectus puerorum et stultorum parum ponderare solemus, sic aliquem illudere vel irridere est eum omnino parvipendere,[4] et eum tam vilem aestimare ut de eius malo non sit curandum, sed sit quasi pro ludo habendum. Et sic derisio est peccatum mortale. Et gravius quam contumelia, quae similiter est in manifesto: quia contumeliosus videtur accipere malum alterius seriose, illusor autem in ludum; et ita videtur esse maior contemptus et dehonoratio.

---

3. Vulgata: *deludet.*

[재반론] 잠언 3장 [34절]은 다음과 같이 말하고 있다. "그분께서는 빈정대는(조롱하는) 자들에게 빈정대신다(조롱하신다)."³ 하지만 시편 2편 [4절]에서 "하늘에 좌정하신 분께서 웃으신다."라고 말한 바와 같이, 하느님의 조롱은 대죄에 대한 영원한 벌이다. 그러므로 조롱은 대죄이다.

[답변] 어떤 악이나 결함에 대한 것 말고는 조롱이 일어나지 않는다. 실로 악이 크면 농으로 말한 것이 아니라 진지하게 말한 것으로 받아들여진다. 따라서 만일 농담이나 웃음으로 바뀐다면 (거기에서 "조롱"과 "놀림"이란 이름이 시작되었는데), 그것이 사소하다고(하찮다고) 받아들여지기 때문이다. 실로 어떤 악은 두 가지로 사소하다고 여겨질 수 있다. 하나는 그 자체로 사소한 경우이며, 다른 하나는 사람을 근거로 사소한 경우다. 누군가 다른 사람의 악이나 결함을 농담이나 웃음에 담을 때, 그것은 악이나 결함의 사소함 때문이며, 그 종(種)은 소소하고 가벼운 죄다.—하지만 어린이와 바보의 결함을 가볍게 생각하려는 경향이 있는 것처럼, 사람을 근거로 [그 악이] 사소한 것처럼 받아들여지기도 한다. 따라서 누군가를 놀리거나 조롱하는 것은 그를 완전히 하찮게 여기는 것이며,⁴ 그의 악에 대해 전혀 걱정하지 않고, 오히려 마치 농으로 할 정도로, 그를 완전히 소소한 사람으로 평가하는 것이다. 따라서 조롱은 대죄다.

또 그것은, 노골적으로 이루어진 불손보다 중대한 죄다. 불손한 자는 다른 사람의 악을 진지하게 받아들이지만, 조롱하는 자는 농담(장

---

4. De parvipensione vide I-II, q. 47, a. 2.

Et secundum hoc, illusio est grave peccatum: et tanto gravius quanto maior reverentia debetur personae quae illuditur. Unde gravissimum est irridere Deum et ea quae Dei sunt: secundum illud Isaiae 37, [23]: *Cui exprobrasti? Et quem blasphemasti? Et super quem exaltasti vocem tuam?* Et postea subditur: *Ad sanctum Israel.* — Deinde secundum locum tenet irrisio parentum. Unde dicitur *Prov.* 30, [17]: *Oculum qui subsannat patrem et despicit partum matris suae, effodiant eum corvi de torrentibus, et comedant eum filii aquilae.* — Deinde iustorum derisio gravis est: quia *honor est virtutis praemium.*[5] Et contra hoc dicitur *Iob* 12, [4]: *Derideatur iusti simplicitas.* Quae quidem derisio valde nociva est: quia per hoc homines a bene agendo impediuntur; secundum illud Gregorii[6]: *Qui in aliorum actibus exoriri bona conspiciunt, mox ea manu pestiferae exprobrationis evellunt.*

AD PRIMUM ergo dicendum quod ludus non importat aliquid contrarium caritati respectu eius cum quo luditur: potest tamen importare aliquid contrarium caritati respectu eius de quo luditur, propter contemptum, ut dictum est.[7]

AD SECUNDUM dicendum quod ille qui recidivat in peccatum

---

5. Aristot., *Eth.*, IV, c.7, 1123b33−1124a1; S. Thomas, lect.8, n.748. Cf. I-II, q.2, a.2, obj.1 et ad1.
6. *Moral.*, XX, c.14, al15, in vet. 12, n.29: PL 76, 155 B.
7. 본론.

난) 안에 받아들이는 것으로 보이기 때문이다. 그래서 (다른 사람을) 더 크게 멸시하고 그의 이름을 더 심하게 더럽히는 것으로 보인다. 이를 따라, 놀림(조롱)은 중대한 죄다. 놀림을 받는 사람이 받아야 마땅한 존경만큼이나 그 죄가 더 중대하기 때문이다. 그러므로 "네가 누구를 조롱하고 모욕하였느냐? 네가 누구에게 큰소리를 쳤느냐? 바로 이스라엘의 거룩한 분이다."라는 이사야서 37장 [23절]의 말씀을 따라, 하느님과 하느님의 사람을 조롱하는 것이 가장 중대하다.―그런 다음 부모를 조롱하는 말이 두 번째 자리에 온다. 그러므로 잠언 30장 [17절]은 다음과 같이 말하고 있다. "아버지를 비웃고 어머니에게 순종하기를 하찮게 여기는 눈은 개울의 까마귀들이 쪼아 내고 독수리 새끼들이 쪼아 먹는다."―그다음으로, 의로운 사람을 조롱하는 것이 중대하다. "명예는 미덕의 보상이기"[5] 때문이다. 그것을 거스르는 것을 욥기 12장 [4절]은 다음과 같이 말하고 있다. "그렇듯 의롭고 흠 없던 내가 이제는 웃음거리가 되었구려." 그런 조롱은 참으로 매우 해롭다. 그런 조롱으로 말미암아, 다음과 같은 그레고리우스의 말을 따르면,[6] 사람들이 선을 행하는 데 방해를 받기 때문이다. "다른 사람의 행동에서 좋은 일이 일어나는 것을 보는 자들은 즉시 비웃음이라는 역병의 손으로 그것들을 뽑아낸다."

[해답] 1. 농담은 그 농담을 함께 나누는 사람과 관련해서는, 참사랑에 역행하는 것은 하나도 일어나게 하지 않는다. 하지만 농담은 농담의 대상이 되는 사람과 관련해서는 말한 것처럼, 멸시 때문에, 참사랑에 역행하는 어떤 것이 일어나게 할 수 있다.[7]

2. 회개한 죄를 다시 범하는 사람과 가장(假裝)하는 사람은, 명백하게

de quo poenituit, et ille qui simulat, non expresse Deum irridet, sed quasi interpretative, inquantum scilicet ad modum deridentis se habet. Nec tamen venialiter peccando aliquis simpliciter recidivat vel simulat, sed dispositive et imperfecte.

AD TERTIUM dicendum quod derisio, secundum suam rationem, levius aliquid est quam detractio vel contumelia: qu ia non importat contemptum, sed ludum. Quandoque tamen habet maiorem contemptum quam etiam contumelia, ut supra[8] dictum est. Et tunc est grave peccatum.

---

8. Ibid.

하느님을 조롱하는 것이 아니다. 하지만 해석적으로(함축적으로), 즉 그의 말투가 조롱인 한, 하느님을 조롱하는 것과 같다. 단순히 다시 죄를 범하거나 가장하는 자는 소소하게 죄를 범한 것이 아니라, 그저 경향적으로 또 불완전하게 죄를 범하는 것이다.

3. 조롱(의 죄)은, 그 근거에 있어서 폄훼(비방)나 불손(모욕)의 죄보다 가볍다. 조롱은 멸시가 아니라 농담을 일으키기 때문이다. 하지만 이미 말했듯이,[8] 때때로 조롱은 불손(모욕)이 담고 있는 것보다 큰 멸시를 담기도 하며, 또 그래서 때때로 조롱은 중대한 죄가 된다.

QUAESTIO LXXVI
DE MALEDICTIONE
in quatuor articulos divisa

Deinde considerandum est de maledictione.[1]

Et circa hoc quaeruntur quatuor.

Primo: utrum licite possit aliquis maledicere homini.

Secundo: utrum licite possit aliquis maledicere irrationali creaturae.

Tertio: utrum maledictio sit peccatum mortale.

Quarto: de comparatione eius ad alia peccata.

Articulus 1
Utrum liceat maledicere aliquem

Ad primum sic proceditur. Videtur quod non liceat maledicere aliquem.

1. Non est enim licitum praeterire mandatum Apostoli, in quo Christus loquebatur, ut dicitur II *ad Cor.* 13, [3]. Sed ipse praecipit,

---

1. Cf. q.72, Introd.

제76문
저주(악담)에 대하여
(전4절)

다음으로는 저주하기를 고찰해야 한다.[1] 이 주제와 관련하여 네 질문이 제기된다.

1. 누구나 합법적으로 저주할 수 있는가?
2. 누구나 이성이 없는 창조물에 합법적으로 저주할 수 있는가?
3. 저주는 대죄인가?
4. 저주는 다른 죄들과 비교해서 대죄인가?

제1절 누군가를 저주하는 것은 합법적인가?

Parall.: *In Sent.*, IV, d.18, q.2, a.1, qc.2, ad1; *De Virtut.*, q.2, a.8, ad15; *In Iob*, a.3, lect.1; *In Ep. ad Rom.*, c.11, lect.1; c.12, lect.3.

[반론] 첫째 질문과 관련해서는 다음과 같이 전개된다. 누군가를 저주하는 것은 합법적이지 않은 것으로 보인다.

1. 코린토 2서 13장 [3절]에서 말한 대로, 그리스도께서 말씀하신 것을 들은 사도의 명령을 어기는 것은 합법적이지 않다. 실로 로마서 12장 [14절]에서 사도는 다음과 같이 명령하였다. "저주하지 말고 축복해

Rom. 12, [14]: *Benedicite, et nolite maledicere.* Ergo non licet aliquem maledicere.

2. Praeterea, omnes tenentur Deum benedicere: secundum illud *Dan.* 3, [82]: *Benedicite, filii hominum, Domino.* Sed non potest ex ore eodem procedere benedictio Dei et maledictio hominis, ut probatur *Iac.* 3, [9 sqq.]. Ergo nulli licet aliquem maledicere.

3. Praeterea, ille qui aliquem maledicit, videtur optare eius malum culpae vel poenae: quia maledictio videtur esse imprecatio quaedam. Sed non licet desiderare malum alterius: quinimmo orare oportet pro omnibus ut liberentur a malo. Ergo nulli licet maledicere.

4. Praeterea, Diabolus per obstinationem maxime subiectus est malitiae. Sed non licet alicui maledicere Diabolum, sicut nec seipsum: dicitur enim *Eccli.* 21, [30]: *Cum maledicit impius Diabolum, maledicit ipse animam suam.* Ergo multo minus licet maledicere hominem.

5. Praeterea, *Num.* 23, super illud, [8], *Quomodo maledicam cui non maledixit dominus?*[1] Dicit Glossa[2]: *Non potest esse iusta maledicendi causa ubi peccantis ignoratur affectus.* Sed homo non potest scire affectum alterius hominis: nec etiam utrum sit maledictus a Deo. Ergo nulli licet aliquem hominem maledicere.

---

1. Vulgata: *Deus?*
2. Ordin.: PL 113, 421 C. Cf. Origenes, *In Num.*, hom.15, n.3: PG 12, 687 B.

주십시오." 그러므로 다른 사람을 저주하는 것은 허용되지 않는다.

2. "사람들아, 주님을 찬미하여라."라는 다니엘서 3장 [82절]의 말씀을 따라, 누구나 반드시 하느님을 찬미해야 한다. 실로, 야고보서 3장 [9절 이하]에서 밝힌 대로, 같은 입으로 하느님을 찬미하면서 동시에 사람을 저주할 수는 없다. 그러므로 다른 사람을 저주하는 것은 허용되지 않는다.

3. 다른 사람을 저주하는 자는 그 사람의 탓이나 벌의 악을 바라는 (선택하는) 것으로 보인다. 저주는 그것을 불러오는 것처럼 보이기 때문이다. 하지만 다른 사람의 악을 바라는 것은 허용되지 않는다. 무엇보다도 우리는 악에서 해방될 수 있도록(구해질 수 있도록) 모든 사람을 위해 기도해야 한다. 그러므로 누구에게도 저주하는 것은 허용되지 않는다.

4. 악마(적대자)는 그의 끈질김으로 악의의 최고 주체이다. 하지만 집회서 21장 [27절]이 다음과 같이 말한 대로, 자신을 저주하는 것이 허용되지 않듯이, 악마(적대자)를 저주하는 것도 허용되지 않는다. "불경스러운 자가 자기의 악마(적대자)를 저주할 때 그것은 자기 자신을 저주하는 것이다." 그러므로 사람을 저주하는 것은 더더욱 허용되지 않는다.

5. 민수기 23장 [8절]의 "주님께서¹ 저주하시지 않은 이를 내가 어찌 저주하랴?"에 관한 어떤 주석은,² 다음과 같이 말하고 있다. "죄인의 정서를 알지 못한다면, 그 모름에 그를 저주해야 할 정당한 원인이 있을 수 없다." 실로 사람은 다른 사람의 정서도, 게다가 그가 하느님의 저주를 받았는지 그 여부도 알 수 없다. 그러므로 다른 사람을 저주하는 것은 누구에게도 허용되지 않는다.

SED CONTRA est quod *Deut.* 27, [26] dicitur: *Maledictus qui non permanet in sermonibus legis huius.* Elisaeus etiam pueris sibi illudentibus maledixit, ut habetur IV *Reg.* 2, [24].

RESPONDEO dicendum quod maledicere idem est quod *malum dicere.* Dicere autem tripliciter se habet ad id quod dicitur.[3] Uno modo, per modum enuntiationis: sicut aliquis exprimitur modo indicativo. Et sic maledicere nihil est aliud quam malum alterius referre: quod pertinet ad detractionem. Unde quandoque maledici detractores dicuntur. — Alio modo dicere se habet ad id quod dicitur per modum causae. Et hoc quidem primo et principaliter competit Deo, qui omnia suo verbo fecit: secundum illud Psalm. [Ps. 32, 9; 148, 5]: *Dixit, et facta sunt.* Consequenter autem competit hominibus, qui verbo suo alios movent per imperium ad aliquid faciendum. Et ad hoc instituta sunt verba imperativi modi. — Tertio modo ipsum dicere se habet ad id quod dicitur quasi expressio quaedam affectus desiderantis id quod verbo exprimitur. Et ad hoc instituta sunt verba optativi modi.

Praetermisso igitur primo modo maledictionis, qui est per simplicem enuntiationem mali, considerandum est de aliis duobus. Ubi scire oportet quod facere aliquid et velle illud se consequuntur in bo-

---

3. Cf. Aristot., *Poet.*, c.19(1456b), 명령(mandatum), 기원(preces), 이야기(narratio), 위협(minae), 질문(interrogatio)의 응답(responsio)의 말투가 열거되고 있다.
4. I-II, q.20, a.3.

[재반론] 신명기 27장 [26절]은 다음과 같이 말하고 있다. "이 율법의 말씀들을 존중하여 실천하지 않는 자는 저주를 받는다." 더욱이 열왕기 2서 2장 [24절]에서 엘리사는 자기를 놀려 댄 어린아이들을 저주하였다.

[답변] 저주하는 것은 "악을 말하는" 것과³ 같다. 실로 말하는 것(동사)은 말해지는 것(목적어)에 대해서는 세 방식의 관계를 갖는다. 한 방식은, 무엇인가가 직설법으로 표현하는 것처럼, 단언(주장)의 관계를 갖는다. 따라서 저주는 다른 사람의 악을 보고하는 그 이상의 어떤 것도 아니며, 그것은 폄훼에 속한다. 그러므로 악을 말하는 자들(저주하는 자들)은 때때로 폄훼하는 자들이라 불린다.—다른 하나는, 원인의 방식으로 말함으로써 그것과 관계를 갖는다. 그리고 이것은 참으로 무엇보다도 먼저 하느님께 속한다. "그분께서 말씀하시자 이루어졌다."라는 시편 32편 [9절]과 148편 [5절]을 따르면, 그분께서는 그분의 말씀으로 모든 것을 만드셨기 때문이다. 그다음으로 그 모든 것(관계)은 사람에게 속하는데, 사람은 그의 말로 명령하여 다른 이를 움직여서 어떤 일을 하게 하기 때문이다. 그리고 이를 위해 명령법의 동사가 제정되었다.—세 번째 방식은 말하는 것 자체가 어떤 그리움의 정서를 표현하는 것처럼, 바람의 관계를 갖는다. 그리고 이를 위해 기원법의 동사들이 제정되었다.

따라서 우리는, 단순히 악을 단언(주장)하는 첫 번째 방식의 악담하기(저주)는 제쳐놓고, 다른 두 방식을 고찰해야 한다. 또 여기서 우리는, 이미 말했듯이,⁴ 어떤 일을 해야 하고 그것을 원하면 그것에서 좋은 결과와 나쁜 결과가 따른다는 것을 알아야 한다. 그러므로 악한 말

nitate et malitia, ut ex supradictis⁴ patet. Unde in istis duobus modis, quibus malum dicitur per modum imperantis vel per modum optantis, eadem ratione est aliquid licitum et illicitum. Si enim aliquis imperet vel optet malum alterius inquantum est malum, quasi ipsum malum intendens, sic maledicere utroque modo erit illicitum. Et hoc est maledicere per se loquendo. — Si autem aliquis imperet vel optet malum alterius sub ratione boni, sic est licitum. Nec erit maledictio per se loquendo, sed per accidens: quia principalis intentio dicentis non fertur ad malum, sed ad bonum.⁵

Contingit autem malum aliquod dici imperando vel optando sub ratione duplicis boni. Quandoque quidem sub ratione iusti. Et sic iudex licite maledicit illum cui praecipit iustam poenam inferri. Et sic etiam Ecclesia maledicit anathematizando. Sic etiam prophetae quandoque imprecantur mala peccatoribus, quasi conformantes voluntatem suam divinae iustitiae (licet huiusmodi imprecationes possint etiam per modum praenuntiationis intelligi). — Quandoque vero dicitur aliquod malum sub ratione utilis: puta cum aliquis optat aliquem peccatorem pati aliquam aegritudinem, aut aliquod impedimentum, vel ut ipse melior efficiatur, vel ut saltem ab aliorum nocumento cesset.⁶

---

5. "악담은 두 양상으로 될 수 있다. 그 하나로, 그가 간청하거나 말하는 악에서 그것을 불러일으키려는 의도를 지니는 양상인데, 따라서 그런 모든 양상의 악담은 금지된다. 다른 한 양상은 저주받은 사람의 선을 위하여, 실제로 악담함으로써 악을 불러오는 것이다. 따라서 저주는, 마치 허약한 사람이 허약함에서 해방되는 그 부분을 위해서 의사가 그에게 어떤 위해를

하기의 두 방식, 곧 명령하는 방식과 기원하는 방식으로 말하는 악에는, 똑같은 근거로, 어떤 것은 합법적이고 어떤 것은 불법적이라고 할 수 있다. 누군가, 마치 악 그 자체를 의도하는 것처럼, 다른 사람의 악한 것을 명령하거나 기원한다면, 그것은 악한 것이므로, 그 두 방식으로 저주하는 것은 불법적일 것이다. 또 이는 말을 하면서 그 자체로 저주하는 것이다.―하지만 누군가, 선한 근거를 지니고, 다른 사람에게 악한 것을 명령하거나 기원한다면, 그것은 합법적일 것이다. 말한 사람의 주된 의도가 악이 아니라 선으로 향해 나아가기 때문에, 말을 하면서 그 자체로 저주가 나온 것이 아니라, 우유적으로 저주가 나온 것이기 때문이다.[5]

실로, 선한 근거를 지니고도, 명령하거나 기원함으로써 말한 어떤 악(나쁜 일)이 발생한다. 때때로 정당한 근거를 지니고 말해도 그런 일은 발생한다. 그래서 재판관은 자신이 정당한 벌을 내리라고 명령한 (선고한) 사람을 합법적으로 저주한다. 마찬가지로 교회도 파문을 선언함으로써 저주한다. 그와 같이 예언자들도 때때로, 마치 자기들의 의지를 신적인 정의에 합체시키는 것처럼 악으로 죄인들에게 저주를 내렸다(그런 방식으로 저주 내림이 예언의 방식을 통해 이해될 수 있는 것은 허용된다).―그리고 물론 때때로 유용한 근거를 지니고서도 악한 어떤 것을 말한다. 예를 들어, 어떤 사람은, 어떤 죄인이 더 나아질 수 있도록, 또는 적어도 다른 사람에게 해를 끼치는 것을 중단하도록, 그 죄인이 어떤 질병으로 또는 어떤 방해로 고통 받기를 원한다.[6]

가하듯이, 때때로 허용되며 치유를 가져온다.(*In Sent.*, IV, d.18, q.2, a.1, qc.2, ad1)
6. De increparionibus Prohetarum; Cf. q.25, a.6, ad3; q.83, a.8, ad1; q.108, a.1, ad4-5; q.174. a.1.

AD PRIMUM ergo dicendum quod Apostolus prohibet maledicere per se loquendo, cum intentione mali.

Et similiter dicendum AD SECUNDUM.

AD TERTIUM dicendum quod optare alicui malum sub ratione boni non contrariatur affectui quo quis simpliciter alicui optat bonum, sed magis habet conformitatem ad ipsum.

AD QUARTUM dicendum quod in Diabolo est considerare naturam, et culpam.[7] Natura quidem eius bona est, et a Deo: nec eam maledicere licet. Culpa autem eius est maledicenda: secundum illud *Iob* 3, [8]: *Maledicant ei qui maledicunt diei.* Cum autem peccator maledicit Diabolum propter culpam, seipsum simili ratione iudicat maledictione dignum. Et secundum hoc dicitur maledicere animam suam.

AD QUINTUM dicendum quod affectus peccantis, etsi in se non videatur, potest tamen percipi ex aliquo manifesto peccato, pro quo poena est infligenda. Similiter etiam, quamvis sciri non possit quem Deus maledicit secundum finalem reprobationem, potest tamen sciri quis sit maledictus a Deo secundum reatum praesentis culpae.

[해답] 1. 사도가 엄격하게 금지한 것은 이른바 악한 의도를 지니고 말하는 저주다.

2. 유사하게, 이는 두 번째 반론에 대한 해답이 된다.

3. 선의 근거를 지니고 다른 사람에게 악을 기원하는 것은 단순히 그에게 선을 기원하는 정서에 역행되기보다는 오히려 그것에 합체된다.

4. 악마(적대자)에 관해서는 본성과 탓이 모두 고찰되어야 한다.[7] 악마의 본성은 참으로 선하고 또 하느님에게서 왔으므로, 악마를 저주하는 것은 허용되지 않는다. 하지만 "날마다 술법을 부리는 자들은 그 밤을 저주하여라."라는 욥기 3장 [8절]을 따르면, 악마의 탓은 저주받아 마땅하다. 죄인이 자신의 잘못으로 악마(적대자)를 저주할 때는, 비슷한 근거로 자신이 저주받기에 합당하다고 자신을 심판하는 것이다. 또 이를 따라, 그는 자신의 영혼을 저주한다는 말을 듣게 된다.

5. 비록 죄인의 정서가 그 자체로 보이지는 않더라도, 벌을 받게 될 어떤 노골적인 죄를 통해 감지될 수 있다. 마찬가지로 비록 하느님께서 최후의 배제(심판)를 따라 누구를 저주하실지는 알 수 없지만, 누가 지금 탓의 책임을 따라 하느님께 저주받을지 알 수 있다.

---

7. Cf. I, q.8, a.1, ad4.

Articulus 2
Utrum liceat creaturam irrationalem maledicere

Ad secundum sic proceditur. Videtur quod non liceat creaturam irrationalem maledicere.

1. Maledictio enim praecipue videtur esse licita inquantum respicit poenam. Sed creatura irrationalis non est susceptiva nec culpae nec poenae. Ergo eam maledicere non licet.

2. Praeterea, in creatura irrationali nihil invenitur nisi natura, quam Deus fecit. Hanc autem maledicere non licet, etiam in Diabolo, ut dictum est.[1] Ergo creaturam irrationalem nullo modo licet maledicere.

3. Praeterea, creatura irrationalis aut est permanens, sicut corpora; aut est transiens, sicut tempora. Sed sicut Gregorius dicit, in IV *Moral.*,[2] *otiosum est maledicere non existenti; vitiosum vero si existeret*. Ergo nullo modo licet maledicere creaturae irrationali.

SED CONTRA est quod Dominus maledixit ficulneae, ut habetur Matth. 21, [19]; et *Iob maledixit diei suo*, ut habetur *Iob* 3, [1].

---

1. A.1, ad4.

제2절 이성이 없는 창조물을 저주하는 것은 합법적인가?

Parall.: Infra, a.4, ad1.

[반론] 이성이 없는 창조물을 저주하는 것은 합법적이지 않은 것으로 보인다.

1. 저주는 우선 그 벌(형벌)에 관한 한 합법적인 것으로 보인다. 실로 이성이 없는 창조물은 죄를 범하여 벌을 받지 않는다. 그러므로 그것들을 저주하는 것은 허용되지 않는다.

2. 이성이 없는 창조물에는, 하느님께서 만드신 본성 외에는 아무것도 발견되지 않는다. 하지만 말한 대로,[1] 적대자(악마)에게서조차, 그의 본성을 저주하는 것은 허용되지 않는다. 그러므로 어떤 방식으로든 이성이 없는 창조물을 저주하는 것은 허용되지 않는다.

3. 이성이 없는 창조물은 물체처럼 영구적이거나 계절처럼 지나간다. 실로, 『욥기의 도덕적 해설』 제4권[2]의 그레고리우스에 따르면 "존재하지 않는 것을 저주하는 것은 게으른 것이며, 존재하는 것을 저주하는 것은 악하다." 그러므로 어떤 방식으로든 이성이 없는 창조물에 저주를 내리는 것은 절대로 허용되지 않는다.

[재반론] 주님께서는, 마태오복음서 21장 [19절]에서 말씀하신 대로 무화과나무를 저주하셨다. 또 욥기 3장 [1절]에 따르면, 욥은 제 생일을 저주하였다.

---

2. C.2: PL 75, 634 C.

RESPONDEO dicendum quod benedictio vel maledictio ad illam rem proprie pertinet cui potest aliquid bene vel male contingere, scilicet rationali creaturae. Creaturis autem irrationalibus bonum vel malum dicitur contingere in ordine ad creaturam rationalem, propter quam sunt.[3] Ordinantur autem ad eam multipliciter. Uno quidem modo, per modum subventionis: inquantum scilicet ex creaturis irrationalibus subvenitur humanae necessitati. Et hoc modo Dominus homini dixit, *Gen.* 3, [17]: *Maledicta terra in opere tuo:* ut scilicet per eius sterilitatem homo puniretur. Et ita etiam intelligitur quod habetur *Deut.* 28, [5]: *Benedicta horrea tua,* et infra [17]: *Maledictum horreum tuum.* Sic etiam David maledixit montes Gelboe,[4] secundum Gregorii expositionem.[5] — Alio modo creatura irrationalis ordinatur ad rationalem per modum significationis. Et sic Dominus maledixit ficulneam, in significationem Iudaeae. — Tertio modo ordinatur creatura irrationalis ad rationalem per modum continentis, scilicet temporis vel loci. Et sic maledixit Iob diei nativitatis suae, propter culpam originalem, quam nascendo contraxit, et propter sequentes poenalitates. Et propter hoc etiam potest intelligi David maledixisse montibus Gelboe, ut legitur II *Reg.* 1[6]: scilicet propter caedem populi quae in eis contigerat.

---

3. Cf. I, q.65, a.2.
4. *Moral.*, IV, c.4, in vet. 3: PL 75, 636 CD.
5. 2사무 1,21.
6. 위를 보라.

제76문 제2절

[답변] 축복과 악담(저주)은, 제대로 말하면, 선하거나 악한 어떤 것이 발생할 수 있는 것에, 즉 이성적인 창조물에 속한다. 하지만 이성이 없는 창조물에는 합리적인 창조물을 위한(향한) 질서 안에서 선한 것과 악한 것이 일어나며, 실로 그 때문에 그것들이 존재한다고 한다.[3] 그것은 여러 방식으로 질서 지어져 있다. 그 가운데 하나는, 인간의 불가피가 이성 없는 창조물에 의해 공급되는 조력의 방식이다. 이런 방식으로 창세기 3장 [17절]에서 하느님께서는 사람에게 다음과 같이 말씀하셨다. "땅은 너 때문에 저주를 받으리라." 그래서 사람은 땅의 불모(不毛)로 벌을 받을 것이다. 이것은 또한 신명기 28장 [5절]에서 "너희의 광주리와 반죽 통도 복을 받을 것이다."라고 말한 것과 [17절]에서 "너희의 광주리와 반죽 통도 저주받을 것이다."라고 말한 것의 의미다. 그리하여 그레고리우스의 설명을 따르면,[4] 다윗도 길보아의 산을 저주하였다.[5] ─또 다른 방식으로, 이성 없는 창조물은 의미(표의)의 방식으로 합리적 존재를 향해 질서 지어져 있다. 그래서 주님은 유다의 의미(표의)로 무화과나무를 저주하셨다. ─셋째 방식으로, 이성 없는 창조물은 (이성적 존재들을) 포함하는 방식으로, 즉 시간과 장소의 방식으로 사람들을 향해 질서 지어져 있다. 따라서 욥은, 그가 태어나면서 물든 원죄 때문에, 또 그 결과로서 일어나는 벌 때문에, 제 생일을 저주하였다. 이 때문에, 사무엘 2서 1장 [21절][6]에서 본 대로, 길보아 산에서 일어난 사람들의 학살 때문에, 다윗이 그 산을 저주한 것도 이해할 수 있다. 하지만 하느님의 창조물로 여겨지는 만큼, 이성 없는 사물에 저주하는 것은 독성(瀆聖)의 죄다.[7] ─게다가 그 자체로 이성 없는 사물로 여

---

7. Cf. q.13.

Maledicere autem rebus irrationalibus inquantum sunt creaturae Dei, est peccatum blasphemiae.[7] — Maledicere autem eis secundum se consideratis, est otiosum et vanum: et per consequens illicitum.

Et per hoc patet responsio AD OBIECTA.

Articulus 3
Utrum liceat creaturam irrationalem maledicere

Ad tertium sic proceditur. Videtur quod maledicere non sit peccatum mortale.

1. Augustinus enim, in homilia *de Igne Purgatorio*,[1] numerat maledictionem inter levia peccata. Haec autem sunt venialia. Ergo maledictio non est peccatum mortale, sed veniale.

2. Praeterea, ea quae ex levi motu mentis procedunt non videntur esse peccata mortalia. Sed interdum maledictio ex levi motu procedit. Ergo maledictio non est peccatum mortale.

3. Praeterea, gravius est male facere quam maledicere. Sed male facere non semper est peccatum mortale. Ergo multo minus maledicere.

SED CONTRA, nihil excludit a regno Dei nisi peccatum mortale. Sed maledictio excludit a regno Dei: secundum illud I *ad Cor.* 6, [10]: *Neque maledici neque rapaces regnum Dei possidebunt.* Ergo maledictio est peccatum mortale.

겨지는 것들을 저주하는 것은 게으르고 헛되며, 따라서 불법적이다.

[해답] 이것으로 반론들에 대한 해답은 명확하다.

제3절 저주는 대죄인가?

[반론] 셋째 질문과 관련해서는 다음과 같이 전개된다. 저주는 대죄가 아닌 것으로 보인다.

1. 아우구스티누스는 그의 강론 '연옥의 불에 대하여'[1]에서 저주를 가벼운 죄들 가운데에 포함시킨다. 실로 그 같은 죄들은 소소하다. 그러므로 저주는 대죄가 아니라 소소한 죄다.

2. 정신의 가벼운 움직임(경솔함)에서 나오는 것들은 대죄로 보이지 않는다. 실로 저주는 때때로 가벼운 움직임에서 발생한다. 그러므로 저주는 대죄가 아니다.

3. 악한 행위는 악담(저주)보다 중대하다. 하지만 악한 행위가 언제나 대죄는 아니다. 그러므로 저주하기는 더더욱 대죄가 아니다.

[재반론] 대죄 외에는 하느님의 나라에서 배제되는 것이 없다. 하지만 "중상꾼(저주하는 자)도 강도도 하느님의 나라를 차지하지 못합니다."라는 코린토 1서 6장 [10절]의 말씀을 따르면, 저주하기는 하느님의 나라에서 배제된다. 그러므로 저주는 대죄다.

---

1. Serm.104, in App., al, 41, de Sanctis, n.3: PL 39, 1947. (inter opp. Aug.).

RESPONDEO dicendum quod maledictio de qua nunc loquimur, est per quam pronuntiatur malum contra aliquem vel imperando vel optando. Velle autem, vel imperio movere ad malum alterius, secundum se repugnat caritati, qua diligimus proximum volentes bonum ipsius. Et ita secundum suum genus est peccatum mortale. Et tanto gravius quanto personam cui maledicimus magis amare et revereri tenemur: unde dicitur *Levit.* 20, [9]: *Qui maledixerit patri suo et[2] matri, morte moriatur.*

Contingit tamen verbum maledictionis prolatum esse peccatum veniale, vel propter parvitatem mali quod quis alteri, maledicendo, imprecatur: vel etiam propter affectum eius qui profert maledictionis verba, dum ex levi motu, vel ex ludo, aut ex subreptione aliqua talia verba profert; quia peccata verborum maxime ex affectu pensantur, ut supra[3] dictum est.

Et per hoc patet responsio AD OBIECTA.

Articulus 4
Utrum maledicere sit gravius peccatum quam detractio

Ad quartum sic proceditur. Videtur quod maledictio sit gravius

---

2. Vulgata: *aut.*

[답변] 지금 발설된 것에 대한 저주는 명령함으로써 또는 기원함으로써 누군가를 거슬러 발화된 악을 통한 것이다. 실로 다른 사람의 악을 원한다거나 명령으로 움직이는 것은 그 자체로 참사랑에 모순된다. 그 참사랑으로 우리는 이웃의 선을 바람으로써 이웃을 사랑한다. 그러므로 그 유(類, genus)를 따라서, 그것은 대죄다. 또 우리가 저주한 사람이 더 많이 사랑받고 존중받아야 하는 그만큼, 더 중대한 죄가 된다. 그러므로 레위기 20장 [9절]도 다음과 같이 말하고 있다. "자기 아버지나 어머니를 욕하였으니, 그는 자기의 죗값으로 죽는 것이다."

하지만 발설된 저주의 말은, 어떤 사람이 저주함으로써 다른 이에게 저주 내린 악의 사소함 때문이든, 저주의 말을 내보낸 사람의 정서 때문이든, 소소한 죄가 되는 일이 생길 수 있다. 그는 어떤 가벼운 움직임을 통해서든, 농담으로든, 현명하지 않게든 일부 그 같은 말을 할 수 있기 때문이다. 또 말의 죄는, 이미 말했듯이,[3] 주로 정서에서 중대함의 무게가 나오기 때문이다.

[해답] 이것으로 반론들에 대한 해답은 명확하다.

제4절 저주는 폄훼보다 중대한 죄인가?

[반론] 넷째 질문과 관련해서는 다음과 같다. 저주는 폄훼보다 중대한 죄인 것으로 보인다.

---

3. Q.72, a.2.

peccatum quam detractio.

1. Maledictio enim videtur esse blasphemia quaedam: ut patet per id quod dicitur in Canonica Iudae, [9], quod *cum Michael Archangelus, cum diabolo disputans, altercaretur de Moysi corpore, non est ausus iudicium inferre blasphemiae;* et accipitur ibi blasphemia pro maledictione, secundum Glossam.[1] Blasphemia autem est gravius peccatum quam detractio. Ergo maledictio est gravior detractione.

2. Praeterea, homicidium est detractione gravius, ut supra[2] dictum est. Sed maledictio est par peccato homicidii: dicit enim Chrysostomus, super Matth.[3]: *Cum dixeris: «Maledic ei, et domum everte, et omnia perire fac», nihil ab homicida differs.* Ergo maledictio est gravior quam detractio.

3. Praeterea, causa praeeminet signo. Sed ille qui maledicit causat malum suo imperio: ille autem qui detrahit solum significat malum iam existens. Gravius ergo peccat maledicus quam detractor.

SED CONTRA est quod detractio non potest bene fieri. Maledictio autem fit bene et male, ut ex dictis[4] patet. Ergo gravior est detractio quam maledictio.

RESPONDEO dicendum quod, sicut in Primo[5] habitum est,

---

1. Interl.
2. Q.73, a.3.

1. 저주는 일종의 독성처럼 보인다. 유다서 [9절]에서 다음과 같이 말하는 것과 같다. "미카엘 대천사도 모세의 주검을 놓고 악마와 다투며 논쟁할 때, 감히 독성적인 판결을 내놓지 않았다." 또 주석을 따르면,[1] 독성은 저주로 받아들여진다. 실로 독성은 폄훼(비방)보다 중대한 죄다. 그러므로 저주하기는 폄훼하기보다 중대하다.

2. 이미 말했듯이,[2] 살인은 폄훼보다 중대하다. 하지만 저주는 살인의 죄와 같은 수준이다. 크리소스토무스가 『마태오복음서 강해 미완성 작품』[3]에서 다음과 같이 말하고 있기 때문이다. "당신이 '그와 그의 가족들은 저주받고, 모든 것을 앗아가라'라고 말한다면 당신은 살인자와 하나도 다를 것이 없다." 그러므로 저주하기는 폄훼하기보다 중대하다.

3. 원인은 표지보다 탁월하다. 하지만 저주하는 자가 악을 명령함으로써 악을 일으키는 것임에 반하여, 폄훼(비방)하는 자는 단지 이미 존재하는 악을 드러낼 뿐이다. 그러므로 저주하는 자는 폄훼하는 자보다 중대하게 죄를 범한다.

[재반론] 폄훼는 좋은 일이 될 수 없다. 반면에, 말했듯이,[4] 저주는 좋은 일이나 나쁜 일이 될 수 있다. 그러므로 폄훼는 저주보다 중대하다.

[답변] 제1부에서[5] 말한 것처럼, 악은 이중적이다. 곧 탓의 악과 벌의

---

3. Hom.19, n.8: PG 57, 285.
4. A.1.
5. Q.48, a.5.

duplex est malum: scilicet culpae, et poenae. Malum autem culpae peius est, ut ibidem ostensum est.[6] Unde dicere malum culpae peius est quam dicere malum poenae: dummodo sit idem modus dicendi. Ad contumeliosum igitur, susurronem et detractorem, et etiam derisorem, pertinet dicere malum culpae: sed ad maledicentem, prout nunc loquimur, pertinet dicere malum poenae, non autem malum culpae nisi forte sub ratione poenae.[7] Non tamen est idem modus dicendi. Nam ad praedicta quatuor vitia pertinet dicere malum culpae solum enuntiando: per maledictionem vero dicitur malum poenae vel causando per modum imperii, vel optando.[8] Ipsa autem enuntiatio culpae peccatum est inquantum aliquod nocumentum ex hoc proximo infertur. Gravius autem est nocumentum inferre quam nocumentum desiderare, ceteris paribus. Unde detractio, secundum communem rationem, gravius peccatum est quam maledictio simplex desiderium exprimens. Maledictio vero quae fit per modum imperii, cum habeat rationem causae, potest esse detractione gravior, si maius nocumentum inferat quam sit denigratio famae; vel levior, si minus.

Et haec quidem accipienda sunt secundum ea quae per se pertinent ad rationem horum vitiorum. Possunt autem et alia per accidens considerari quae praedicta vitia vel augent vel minuunt.

---

6. A.6.

악이 있다. 그 자리에서 드러난 것처럼, 탓의 악이 더 나쁘다.[6] 말하는 방식(화법)이 같다면, 탓의 악을 말하는 것이 벌의 악을 말하는 것보다 나쁘다. 그러므로 탓의 악을 말하는 것은 불손(모욕)한 자, 소문 퍼뜨리는 자, 폄훼(비방)하는 자, 조롱하는 자에게 속하는 것임에 반하여, 우리가 지금 이해하고 있듯이 벌의 악을 말하는 것, 또 벌의 근거를 지니지 않고 탓의 악을 말하는 것은, 저주하는 자에게 속한다.[7] 하지만 말하는 방식은 같지 않다. 단언(주장)함으로써만 탓의 악을 말하는 것은 앞에서 언급된 네 악습에 속하지만, 저주의 악습은 명령의 방식으로 악을 일으킴으로써 또는 그 악을 기원함으로써 벌의 악을 말하기 때문이다.[8] 실로 이것으로 이웃에게 어떤 해(害)가 가해지는 한, 탓을 단언하는 것은 그 자체로 죄다. 또 다른 것(조건)들이 같다면, 해를 바라는 것보다 해를 입히는 것이 더 중대하다. 그러므로 공동의(일반적인) 근거를 따라, 폄훼는 단순한 염원을 표현하는 저주보다 중대하다. 하지만 명령의 방식으로 된 저주는, 원인의 근거를 가지므로, 명성의 더럽힘보다 더 큰 해를 가하는 경우, 폄훼보다 중대할 수 있다. 또는 그 해가 덜하면 폄훼보다 가벼울 수 있다.

 그리고 이러한 것들은 실로 이런 악습들의 근거에 속하는 것을 따라서 이해되어야 한다. 하지만 앞에서 말한 악습들을 증가시키거나 감소시키는 것으로서, 우유적으로 발생하는 다른 조건들도 고찰될 수 있다.

---

7. Cf. I-II, q.87, a.2.
8. Cf. a.I.

AD PRIMUM ergo dicendum quod maledictio creaturae inquantum creatura est, redundat in Deum,⁹ et sic per accidens habet rationem blasphemiae: non autem si maledicatur creatura propter culpam. Et eadem ratio est de detractione.

AD SECUNDUM dicendum quod, sicut dictum est,¹⁰ maledictio uno modo includit desiderium mali. Unde si ille qui maledicit velit malum occisionis alterius, desiderio non differt ab homicida. Differt tamen inquantum actus exterior aliquid adiicit voluntati.

AD TERTIUM dicendum quod ratio illa procedit de maledictione secundum quod importat imperium.

---

9. Cf. a.2.

[해답] 1. 창조물에 대한 저주는, 그것이 창조물인 한, 하느님 안에 흘러 들어가고,⁹ 따라서 우유적으로 독성의 근거를 갖게 된다. 하지만 창조물의 탓으로 인하여 창조물이 저주받는다면, 그렇지 않다. 이는 폄훼에 대해서도 똑같은 근거가 된다.

2. 말한 대로,¹⁰ 저주는 하나의 방식으로서, 악을 바라는 것을 포함한다. 그러므로 저주하는 자가 다른 사람의 살해라는 악을 원하면, 그 바람(염원)으로서, 그는 살인자와 다르지 않다. 하지만 외부의 다른 어떤 행위가 의지에 더해진다면, 그는 살인자와 다르다.

3. 이 반론의 추론은 명령의 방식을 따라 나온 저주에 관한 것이다.

---

10. c et aa.1 & 3.

QUAESTIO LXXVII
DE FRAUDULENTIA QUAE COMMITTITUR IN EMPTIONIBUS ET VENDITIONIBUS
in quatuor articulos divisa

Deinde considerandum est de peccatis quae sunt circa voluntarias commutationes.[1] Et primo, de fraudulentia quae committitur in emptionibus et venditionibus; secundo, de usura, quae fit in mutuis.[2] Circa alias enim commutationes voluntarias non invenitur aliqua species peccati quae distinguatur a rapina vel furto.

Circa primum quaeruntur quatuor.

Primo: de iniusta venditione ex parte pretii, scilicet, utrum liceat aliquid vendere plus quam valeat.

Secundo: de iniusta venditione ex parte rei venditae.

Tertio: utrum teneatur venditor dicere vitium rei venditae.

Quarto: utrum licitum sit aliquid, negotiando, plus vendere quam emptum sit.

---

1. Cf. q.64, Introd.

제77문
구매와 판매(매매)에서 저질러진 사기에 대하여
(전4절)

다음으로는 자발적인 교환과 관련한 죄들을 고찰해야 한다.[1] 첫째로, 매매에서 저질러지는 사기(詐欺)에 대하여, 둘째로, 꾸어줌에서 (대여에서) 발생하는 고리(高利, 이자)를 고찰할 것이다.[2] 다른 자발적 교환과 관련해서는, 강도와 절도와 구별되는 죄의 다른 종들은 나타나지 않는다. 첫째 주제와 관련하여 네 질문이 제기된다.

1. 가격(값어치) 부문에서 이루어지는 부당한 판매에 대하여, 즉 그것이 지닌 가치 이상으로 물건(物件)을 판매하는 것은 허용되는가?
2. 판매되는 물건 부문에서 이루어지는 부당한 판매에 대하여.
3. 판매자는 판매되는 물건의 결함을 반드시 말해야 하는가?
4. 장사(교역)할 때, 구매한 것(가격)보다 더 비싸게 판매하는 것은 합법적인가?

---

2. Q.78.

Articulus 1
Utrum aliquis licite possit vendere rem plus quam valeat

Ad primum sic proceditur. Videtur quod aliquis licite possit vendere rem plus quam valeat.

1. Iustum enim in commutationibus humanae vitae secundum leges civiles determinatur. Sed secundum eas[1] licitum est emptori et venditori ut se invicem decipiant: quod quidem fit inquantum venditor plus vendit rem quam valeat, emptor autem minus quam valeat. Ergo licitum est quod aliquis vendat rem plus quam valeat.

2. Praeterea, illud quod est omnibus commune videtur esse naturale et non esse peccatum. Sed sicut Augustinus refert, XIII *de Trin.*,[2] dictum cuiusdam mimi fuit ab omnibus acceptatum: *Vili vultis emere, et care vendere.* Cui etiam consonat quod dicitur *Prov.* 20, [14]: *Malum est, Malum est, dicit omnis emptor: et cum recesserit, gloriatur.*[3] Ergo licitum est aliquid carius vendere et vilius emere quam valeat.

3. Praeterea, non videtur esse illicitum si ex conventione agatur id quod fieri debet ex debito honestatis. Sed secundum Philosophum, in VIII *Ethic.*,[4] in amicitia utilis recompensatio fieri debet secundum utilitatem quam consecutus est ille qui beneficium suscepit: quae

---

1. *Cod.*, IV, tit.44, leg.8, leg.15: ed. Krueger, t.II, p.179 b, 180 a.
2. C.3: PL 42, 1017.
3. Vulgata: *tunc gloriabitur.*

제1절 누구든 그것이 지닌 가치 이상으로 물건을 합법적으로 판매할 수 있는가?

[반론] 첫째 질문과 관련해서는 다음과 같이 전개된다. 누구든 그것이 지닌 가치 이상으로 물건을 합법적으로 판매할 수 있는 것으로 보인다.

1. 인간 생활의 교환에서 정당성은 국법을[1] 따라 결정된다. 실로 국법을 따르면 구매자와 판매자가 서로 속이는 것은 합법 행위다. 또 이는 판매자는 그것이 지닌 가치 이상으로 물건을 판매하지만, 구매자가 그것이 지닌 가치 이하로 물건을 구매할 때 실제 발생한다. 그러므로 누구라도 그것이 지닌 가치 이상으로 물건을 판매하는 것은 합법 행위이다.

2. 모든 사람에게 공통된 것은 자연스럽고 죄가 아닌 것으로 보인다. 실로 아우구스티누스는 『삼위일체론』 제8권[2]에서, 다음과 같은 어떤 어릿광대의 말이 모든 이에게 받아들여졌다고 말하고 있다. "싸게 사고 싶고, 게다가 싸게 팔고 싶지 않다." 이는 잠언 20장 [14절]의 다음과 같은 말과 일치한다. "물건을 사는 이는 '나쁘다, 나쁘다!' 하지만 돌아가서는 자랑한다."[3] 그러므로 그것이 지닌 가치 이상으로 물건을 판매하고, 그 가치 이하로 구매하는 것은 합법 행위이다.

3. 정직의 의무(빚)에서 마땅히 수행되어야 할 것이 합의로 이루어진다면 그것은 불법행위로 보이지 않는다. 실로 『니코마코스 윤리학』 제8권[4]에서 철학자를 따르면, 우호적 거래관계에서 보상은 혜택을 본 사

---

4. C.5, 1163a16-23; S. Thomas, lect.13, nn.1742-1743.

quidem quandoque excedit valorem rei datae; sicut contingit cum aliquis multum re aliqua indiget, vel ad periculum evitandum vel ad aliquod commodum consequendum. Ergo licet in contractu emptionis et venditionis aliquid dare pro maiori pretio quam valeat.

SED CONTRA est quod dicitur Matth. 7, [12]: *Omnia quaecumque vultis ut faciant vobis homines, et vos facite illis.* Sed nullus vult sibi rem vendi carius quam valeat. Ergo nullus debet alteri vendere rem carius quam valeat.

RESPONDEO dicendum quod fraudem adhibere ad hoc quod aliquid plus iusto pretio vendatur, omnino peccatum est: inquantum aliquis decipit proximum in damnum ipsius. Unde et Tullius dicit, in libro *de Offic.*[5]: *Tollendum est ex rebus contrahendis omne mendacium: non licitatorem venditor, non qui contra se licitetur emptor apponet.*

Si autem fraus deficit, tunc de emptione et venditione dupliciter loqui possumus. Uno modo, secundum se. Et secundum hoc emptio et venditio videtur esse introducta pro communi utilitate utriusque: dum scilicet unus indiget re alterius et e converso, sicut patet per

---

5. III, c.15: ed. C. F. W. Mueller, Lipsiae, 1910, p.109, II.19-22.
6. C.9, 1257a6-9; S. Thomas, lect.7.

람이 얻은 실리를 따라 이루어져야 한다. 그런데 위험의 회피를 위해, 또는 잇따르는 편의를 위해 누군가가 어떤 물건을 많이 필요로 할 때 발생하는 것처럼, 실제로 실리는 때때로 주어진 물건의 가치를 넘어선다. 그러므로 매매(賣買) 계약에서, 지닌 가치 이상의 가격에 무엇인가를 주는 것은 허용된다.

[재반론] 마태오복음서 7장 [12절]은 다음과 같이 말하고 있다. "남이 너희에게 해 주기를 바라는 그대로 너희도 남에게 해 주어라." 실로 누구도 그 값어치(가치) 이상으로 물건을 사기를 바라지 않는다. 그러므로 누구든 다른 사람에게 그것이 지닌 가치보다 높은 가격에 판매해서는 안 된다.

[답변] 무엇인가를 정당한 가격 이상으로 판매하기 위해 사기를 치는 것은 전적으로 죄스럽다. 이는 자기 이웃을 속여서 그에게 해를 입히는 것이기 때문이다. 그러므로 키케로는 『직무론』에서[5] 다음과 같이 말하고 있다. "계약하는 일에서 모든 거짓말은 제거되어야 한다. 판매자는 입찰자를, 구매자는 자신을 거슬러 입찰하는 자를 가까이 두어서는 안 된다."

하지만 우리는, 사기는 제쳐두고, 매매에 관해 두 가지로 말할 수 있다. 한 가지 방식으로, 매매 그 자체에 대해 말하는 것이다. 이를 따르면, 구매와 판매는 모두 공동의 실리를 위해 도입된 것으로 보인다. 『정치학』 제1부[6]에서 철학자가 밝힌 대로, 물론 어떤 사람에게는 다른 사람한테는 있는 그 물건이 없으며 그 반대의 경우도 있다. 실로 공동의 실리를 위해 도입된 것은 무엇이든, 한쪽의 짐(의무)이 다른 쪽의 짐

Philosophum, in I *Polit.*.⁶ Quod autem pro communi utilitate est inductum, non debet esse magis in gravamen unius quam alterius. Et ideo debet secundum aequalitatem rei inter eos contractus institui. Quantitas autem rerum quae in usum hominis veniunt mensuratur secundum pretium datum: ad quod est inventum numisma, ut dicitur in V *Ethic.*⁷ Et ideo si vel pretium excedat quantitatem valoris rei, vel e converso res excedat pretium, tolletur iustitiae aequalitas. Et ideo carius vendere aut vilius emere rem quam valeat est secundum se iniustum et illicitum.

Alio modo possumus loqui de emptione et venditione secundum quod per accidens cedit in utilitatem unius et detrimentum alterius: puta cum aliquis multum indiget habere rem aliquam, et alius laeditur si ea careat. Et in tali casu iustum pretium erit ut non solum respiciatur ad rem quae venditur, sed ad damnum quod venditor ex venditione incurrit. Et sic licite poterit aliquid vendi plus quam valeat secundum se, quamvis non vendatur plus quam valeat habenti.

Si vero aliquis multum iuvetur ex re alterius quam accepit, ille vero qui vendidit non damnificatur carendo re illa, non debet eam supervendere. Quia utilitas quae alteri accrescit non est ex vendente, sed ex conditione ementis: nullus autem debet vendere alteri quod non est suum, licet possit ei vendere damnum quod patitur. Ille tamen qui ex re alterius accepta multum iuvatur, potest propria sponte aliquid

---

7. C.8, 1133a29-31; S. Thomas, lect.9, n.982. Cf. q.61, a,4.

보다 무거워서는 안 된다. 그러므로 그들 사이의 계약은 마땅히 사물과 사물의 평등(공평)을 따라 체결되어야 한다. 사람이 사용하게 된 물건의 양은 그것에 부여된 가격으로 측정되며, 『니코마코스 윤리학』 제5권[7]에서 밝힌 대로, 그것을 위해 주화가 창안되었다. 따라서 가격이 물건 가치의 양을 초과한다거나, 거꾸로 물건이 가격을 초과한다면, 정의의 평등(공평)이 제거된다. 그러므로 지닌 가치보다 높은 가격으로 물건을 판매하거나 낮은 가격으로 물건을 구매하는 것은 그 자체로 부당하며 불법적이다.

다른 방식으로 우리는, 우유적으로 한 사람의 실리와 다른 사람의 손실이 동시에 발생하는 판매와 구매에 대해 말할 수 있다. 예를 들어, 어떤 사람한테는 특정 물건이 절실하게 필요하고, 다른 사람은 그 물건이 없으면 고생할 때가 있다. 그 같은 경우 정당한 가격은 판매된 그 물건뿐만 아니라, 판매자가 입을 손실과도 관련이 있을 것이다. 따라서 비록 그 물건을 가지고 있는 사람은 그 물건이 지닌 가치 이상으로 판매하지 않아야 할지라도, 어떤 물건은 그 가치 이상의 가격에 합법적으로 판매될 수 있다.

하지만 만일 어떤 사람이 다른 사람의 물건에서 (그것을 구매함으로써) 큰 도움을 받고, 다른 사람은 그 물건이 없어짐으로써(그것을 판매함으로써) 손실을 겪지 않는다면, 판매자는 가격을 올려 팔아서는 안 된다. 다른 사람(구매자)에게 증가한 그 실리는 판매함으로써 발생한 것이 아니라, 구매의 조건에서 발생한 것이기 때문이다. 하지만 누구나 판매를 통해 자기가 겪은 손실을 다른 사람에게 전가하는 것이 허용될 수 있더라도, 자기 것이 아닌 것을 다른 사람에게 판매해서는 안 된다. 그와 반대로 다른 사람의 물건에서 많은 도움을 받게 된 사람은, 자유

vendenti supererogare, quod pertinet ad eius honestatem.

AD PRIMUM ergo dicendum quod, sicut supra[8] dictum est, lex humana populo datur, in quo sunt multi a virtute deficientes: non autem datur solis virtuosis. Et ideo lex humana non potuit prohibere quidquid est contra virtutem, sed ei sufficit ut prohibeat ea quae destruunt hominum convictum; alia vero habeat quasi licita, non quia ea approbet, sed quia ea non punit. Sic igitur habet quasi licitum, poenam non inducens, si absque fraude venditor rem suam supervendat aut emptor vilius emat, nisi sit nimius excessus: quia tunc etiam lex humana cogit ad restituendum, puta si aliquis sit deceptus ultra dimidiam iusti pretii quantitatem.[9] Sed lex divina nihil impunitum relinquit quod sit virtuti contrarium. Unde secundum divinam legem illicitum reputatur si in emptione et venditione non sit aequalitas iustitiae observata. Et tenetur ille qui plus habet recompensare ei qui damnificatus est, si sit notabile damnum. Quod ideo dico quia iustum pretium rerum quandoque non est punctaliter determinatum, sed magis in quadam aestimatione consistit, ita quod modica additio vel minutio non videtur tollere aequalitatem iustitiae.

AD SECUNDUM dicendum quod, sicut Augustinus ibidem dicit,

---

8. C.8, 1133a
9. *Cod.*, IV, tit.44, leg.2, leg.8: ed. Krueger, t.II, p.179 b.

의지로 판매자에게 무엇인가를 더 치를 수 있는데, 그것은 그의 정직성에 관련된다.

[해답] 1. 이미 말했듯이,[8] 인간의 법은 사람들 가운데 덕이 부족한 이들에게 주어지며, 고결하기만 한 이들에게는 주어지지 않는다. 그러므로 인간의 법은 덕(미덕)에 반하는 모든 것을 금지할 수 없었다. 하지만 인간의 법에서는 인간 공존의 삶을 파괴하는 것은 모두 금지하는 것으로도 충분하다. 또 인간의 법이 그렇지 않은 것을 합법적인 것처럼 보고 있는 것은 그것을 승인해서가 아니라 처벌하지 않기 때문이다. 그러므로 만일 속임(사기)을 쓰지 않고, 판매자가 그의 물건을 그 가치 이상으로 판매한다거나, 구매자가 그 가치 이하로 구매한다면, 법은 이를 합법적 행위로 보며, 아무런 벌도 가하지 않는다. 단 그 차이가 과하지 않아야 한다. 예를 들어 어떤 사람이 어떤 물건의 정당한 가격의 반 이상의 수량으로 속인다면, 인간의 법은 반환(배상)을 강제하기 때문이다.[9] 하지만 신적인 법은 덕에 반하는 것을 벌하지 않은 채 남겨놓지 않는다. 그러므로 매매에서 정의의 평등(공평)을 지키지 않는다면, 그것은 신적인 법에 따라 불법행위가 된다. 그 때문에 더해서 갖게 된 사람은 손실을 당한 사람에게, 그 손실이 상당하다면, 반드시 반환(배상)해야 한다. 나는 '그 손실이 상당하다면'이라는 조건을 더하는데, 그것은 때때로 물건의 정당한 가격이 세세하게(점 하나 빠짐없이) 확정되어 있다기보다는, 오히려 어떤 추정의 영역에 남아 있어, 약간의 더하기나 빼기가 정의의 평등(공평)을 해치는 것으로 보이지 않기 때문이다.

2. 아우구스티누스는 다음과 같이 말하고 있다. "그 어릿광대는, 자

mimus ille vel seipsum intuendo, vel alios experiendo vili velle emere et care vendere, omnibus id credidit esse commune. Sed quoniam revera vitium est, potest quisque adipisci huiusmodi iustitiam qua huic resistat et vincat. Et ponit exemplum de quodam qui modicum pretium de quodam libro propter ignorantiam postulanti iustum pretium dedit. Unde patet quod illud commune desiderium non est naturae, sed vitii. Et ideo commune est multis, qui per latam viam vitiorum incedunt.

AD TERTIUM dicendum quod in iustitia commutativa consideratur principaliter aequalitas rei. Sed in amicitia utilis consideratur aequalitas utilitatis: et ideo recompensatio fieri debet secundum utilitatem perceptam. In emptione vero, secundum aequalitatem rei.

Articulus 2
Utrum venditio reddatur iniusta et illicita propter defectum rei venditae

Ad secundum sic proceditur. Videtur quod venditio non reddatur iniusta et illicita propter defectum rei venditae.

1. Minus enim cetera sunt pensanda in re quam rei species substantialis. Sed propter defectum speciei substantialis non videtur reddi venditio rei illicita: puta si aliquis vendat argentum vel aurum

신을 들여다보거나 다른 이들을 경험함으로써, 가치 이하로 구매하고 가치 이상으로 판매하고 싶어 한다는 것이 모든 사람에게 공통적이라고 믿게 된 것이다. 하지만 참으로 그것은 악습이므로, 누구든지 이러한 성향에 저항하고 극복함으로써 정의를 획득할 수 있어야 한다." 그리하여 그는 어떤 책에 대한 무지로 그 가격을 낮게 요구한 어떤 사람(판매자)이 정당한 가격을 받은 예를 제시한다. 그러므로 어릿광대가 믿은 공통의 바람(염원)은 본성이 아니라 악한 것임이 분명하다. 악습의 넓은 길을 밟으려는 많은 이에게만 그것이 공통의 바람일 것이다.

3. 교환 정의에서는 주로 물건과 물건 사이의 평등(공평)이 고찰된다. 하지만 우호적 거래관계에서는 실리의 평등(공평)이 고찰된다. 그래서 얻을 실리에 따라서 반환(배상)이 이루어져야 한다. 하지만 구매에 있어서 반환(보상)은 물건과 물건 사이의 평등(공평)에 따라 이루어져야 한다.

제2절 판매(행위)는 판매된 물건의 결함으로 인하여 부당하고 불법적인 것이 되는가?

[반론] 둘째 질문과 관련해서는 다음과 같이 전개된다. 판매된 물건의 결함으로 인해서는 판매가 부당 행위와 불법행위로 되지 않는 것으로 보인다.

1. 어떤 물건에는 본질적인 구성 요소와 비본질적 요소가 있는데, 본질적 요소는 비본질적 요소보다 더 중요하게 고려된다. 하지만 어떤 물건의 판매는 본질적 요소의 결함으로 인하여 불법행위가 되지는 않는

alchimicum pro vero, quod est utile ad omnes humanos usus ad quos necessarium est argentum et aurum, puta ad vasa et ad alia huiusmodi. Ergo multo minus erit illicita venditio si sit defectus in aliis.

2. Praeterea, defectus ex parte rei qui est secundum quantitatem maxime videtur iustitiae contrariari, quae in aequalitate consistit. Quantitas autem per mensuram cognoscitur. Mensurae autem rerum quae in usum hominum veniunt non sunt determinatae, sed alicubi maiores, alicubi minores: ut patet per Philosophum, in V *Ethic.*.[1] Ergo non potest evitari defectus ex parte rei venditae. Et ita videtur quod ex hoc venditio non reddatur illicita.

3. Praeterea, ad defectum rei pertinet si ei conveniens qualitas deest. Sed ad qualitatem rei cognoscendam requiritur magna scientia, quae plerisque venditoribus deest. Ergo non redditur venditio illicita propter rei defectum.

SED CONTRA est quod Ambrosius dicit, in libro *de Offic.*[2]: *Regula iustitiae manifesta est quod a vero non declinare virum deceat bonum, nec damno iniusto afficere quemquam, nec aliquid dolo annectere rei suae.*

---

1. C.10, 1135a1-5; S. Thomas, lect.12, n.1030.

것으로 보인다. 예를 들어, 어떤 사람이 연금(鍊金)한 은이나 금을 판매한다면, 그것은 금과 은이 필요한 모든 인간적 사용에, 예를 들어 용기(容器) 같은 것에 유용한 것이다. 그러므로 다른 방식으로 물건에 결함이 있더라도, 더더욱 그 물건의 판매가 불법적이지는 않을 것이다.

2. 수량으로 확인되는 물건 부문의 결함은, 평등(공평)으로 구성된, 정의에 역행하는 것으로 보인다. 실로 수량은 측정함으로써 알게 된다. 또 철학자가 『니코마코스 윤리학』 제5권[1]에서 밝힌 대로, 사람들이 사용하게 된 물건은 측정할 척도가 고정되어 있지 않으며, 오히려 어떤 곳에서는 그 척도가 더 크고 다른 곳에서는 더 작기까지 하다. 그러므로 판매 물건 부문의 결함은 피할 길이 없다. 마찬가지로 그런 물건의 판매 행위가 불법이 되지는 않는 것으로 보인다.

3. 품질이 적절치 못하면, 그것은 물건의 결함에 속할 것이다. 하지만 어떤 물건의 품질을 알기 위해서는, 대부분의 구매자에게는 부족한, 대단한 지식이 요청된다. 그러므로 물건의 결함으로 인하여 판매가 불법행위가 되지는 않는다.

[재반론] 암브로시우스는 『성직자의 의무』 제3권[2]에서 다음과 같이 말하고 있다. "선한 사람은 마땅히 진리에서 벗어나지 말아야 한다. 마땅히 누구에게도 부당하게 해를 끼치지 말아야 한다. 마땅히 속임수로 자기 물건에 아무것도 더하지 말아야 한다. 그것이 분명한 정의의 법칙이다."

---

2. III, c.11, n.73: PL 16, 166 B.

RESPONDEO dicendum quod circa rem quae venditur triplex defectus considerari potest. Unus quidem secundum speciem rei. Et hunc quidem defectum si venditor cognoscat in re quam vendit, fraudem committit in venditione: unde venditio illicita redditur. Et hoc est quod dicitur contra quosdam Isaiae 1, [22]: *Argentum tuum versum est in scoriam; vinum tuum mixtum est aqua:* quod enim permixtum est patitur defectum quantum ad speciem. — Alius autem defectus est secundum quantitatem, quae per mensuram cognoscitur. Et ideo si quis scienter utatur deficienti mensura in vendendo, fraudem committit, et est illicita venditio. Unde dicitur *Deut.* 25, [13-14]: *Non habebis in sacculo diversa pondera, maius et minus: nec erit in domo tua modius maior et minor;* et postea [16] subditur: *Abominatur enim Dominus eum qui facit haec, et adversatur omnem iniustitiam.* — Tertius defectus est ex parte qualitatis: puta si aliquod animal infirmum vendat quasi sanum. Quod si quis scienter fecerit, fraudem committit in venditione: unde est illicita venditio.

Et in omnibus talibus non solum aliquis peccat iniustam venditionem faciendo, sed etiam ad restitutionem tenetur. Si vero eo ignorante aliquis praedictorum defectuum in re vendita fuerit, venditor quidem non peccat, quia facit iniustum materialiter, non tamen eius operatio est iniusta, ut ex supradictis patet[3]: tenetur tamen, cum ad eius notitiam pervenerit, damnum recompensare emptori.[4]

---

3. Q.59, a.2.

[답변] 판매된 물건과 관련해서는 세 가지 성격의 결함이 고찰될 수 있다. 그 하나는 물건의 종(種)을 따른 결함이다. 만일 판매자가 자신이 판매한 물건에 있는 결함을 알고 있다면, 그는 판매에서 사기를 저지른 것이며, 그 판매는 불법행위가 된다. 그러므로 어떤 사람에 대해 이사야서 1장 [22절]은 다음과 같이 말하고 있다. "너의 은은 쇠 찌꺼기가 되고, 너의 술은 물로 싱거워졌다." 혼합된 것은 그 종에 있어 결함을 지니게 되기 때문이다.—또 다른 결함은, 측정으로 알려지는 수량에서 나타난다. 그러므로 만일 누구라도 판매할 때 결함이 있는 척도를 알고서 사용한다면 그는 사기를 저지른 것이며, 그 판매는 불법행위가 된다. 신명기 25장 [13, 14절]은 다음과 같이 말하고 있다. "너희는 자루에 크고 작은 두 개의 저울추를 가지고 있어서는 안 된다. 너희는 집에 크고 작은 두 개의 되를 가지고 있어서는 안 된다." 또 이어서 신명기 15장 [16절]은 다음과 같이 분명히 말하고 있다. "이런 일을 하는 자, 곧 불의를 저지르는 자는 모두 주 너희 하느님께서 역겨워하신다."—세 번째 성격은 품질 부분의 결함인데, 예를 들어, 어떤 사람이 튼튼하지 못한 동물을 온전한 동물인 것처럼 판매하는 경우다. 누구라도 알면서 이런 일을 한다면 그는 판매에서 사기를 저지른 것이며, 따라서 그 판매는 불법행위가 된다.

이 모든 경우에 그 사람은 부당한 판매 행위의 죄를 범한 것일 뿐만 아니라, 반드시 배상(반환)해야 한다. 하지만 앞에서 기술한 결함들이 판매된 물건에 있었으나, 그가 그것을 몰랐다면, 판매자의 판매 행위는 죄를 범한 것이 아니다. 왜냐하면 앞에서 말했듯이,[3] 그는 질료(質料)적으로 부당한 것을 한 것이지만, 그의 작업은 부당하지 않기 때문이다. 하지만 그가 (나중에라도) 그 결함을 알게 된다면, 반드시 구매자에게

Et quod dictum est de venditore, etiam intelligendum est ex parte emptoris. Contingit enim quandoque venditorem credere suam rem esse minus pretiosam quantum ad speciem: sicut si aliquis vendat aurum loco aurichalci, emptor, si id cognoscat, iniuste emit, et ad restitutionem tenetur. Et eadem ratio est de defectu qualitatis et quantitatis.[5]

AD PRIMUM ergo dicendum quod aurum et argentum non solum cara sunt propter utilitatem vasorum quae ex eis fabricantur, aut aliorum huiusmodi, sed etiam propter dignitatem et puritatem substantiae ipsorum. Et ideo si aurum vel argentum ab alchimicis factum veram speciem non habeat auri et argenti, est fraudulenta et iniusta venditio. Praesertim cum sint aliquae utilitates auri et argenti veri, secundum naturalem operationem ipsorum, quae non conveniunt auro per alchimiam sophisticato: sicut quod habet proprietatem laetificandi, et contra quasdam infirmitates medicinaliter iuvat. Frequentius etiam potest poni in operatione, et diutius in sua puritate permanet aurum verum quam aurum sophisticatum. — Si autem per alchimiam fieret aurum verum, non esset illicitum ipsum pro vero vendere: quia nihil prohibet artem uti aliquibus naturalibus causis ad

---

4. Cf. q.62.
5. Cf. a.1, ad2.

입힌 손실을 반환(배상)해야 한다.⁴

또 판매자에 대해 말한 것은 구매자 부문에서도 마찬가지로 이해되어야 한다. 어떤 사람이 (모르고) 도금한 물건 대신에 순금을 팔고 있는데, 그 사실을 알고 있으면서 구매한다면, 그는 부당하게 구매한 것이며 반드시 반환(배상)해야 하는 경우처럼, 때때로 자기 물건의 가격이 가치보다 낮다고 믿고 있는 판매자들이 생길 수 있기 때문이다. 또한 품질과 수량에서의 결함에 대해서도 똑같은 근거로 말할 수 있다.⁵

[해답] 1. 금과 은은 그것들로 만든 용기들 또는 그와 유사한 것들의 유용성 때문만이 아니라 그것들 본체의 위엄과 순수함(순도) 때문에도 비싸다. 그러므로 만일 연금술로 만든 금이나 은이 그 본질적인 요소를 지니지 않았는데, 그것을 판매하는 것은 사기 행위이며 부당한 행위다. 특히 실제 금과 은에는, 자연스러운 작용에 따라, 연금술로 정제된 금에는 없는 실리, 곧 사람을 즐겁게 해주는 특성이라든가, 어떤 질병들에는 의학적으로 도움이 되는 그런 몇 가지 실리가 있기 때문이다. 더욱이 실제 금은 작업에 더 자주 사용될 수 있으며, 모조의 금보다 그 순도가 더 오래 지속된다.—하지만 만일 실제 금이 연금으로 만들어지게 된다면, 그것을 진품이라고 판매하는 것은 불법행위가 아닐 수 있다. 『삼위일체론』 제3권⁶에서 아우구스티누스가 악마들의 기술로 생긴 물건들에 관해 말하고 있는 대로, 자연스럽고 참된 결과를 만들어내기 위해서 어떤 자연적 원인을 사용하는 기술을 막을 이유는 하

---

6. C.8, n.13: PL 42, 875.

producendum naturales et veros effectus[6]; sicut Augustinus dicit, in III *de Trin.*,[7] de his quae arte Daemonum fiunt.

AD SECUNDUM dicendum quod mensuras rerum venalium necesse est in diversis locis esse diversas, propter diversitatem copiae et inopiae rerum: quia ubi res magis abundant, consueverunt esse maiores mensurae. In unoquoque tamen loco ad rectores civitatis pertinet determinare quae sunt iustae mensurae rerum venalium, pensatis conditionibus locorum et rerum. Et ideo has mensuras publica auctoritate vel consuetudine institutas praeterire non licet.

AD TERTIUM dicendum quod, sicut Augustinus dicit, in XI *de Civ. Dei*,[8] pretium rerum venalium non consideratur secundum gradum naturae, cum quandoque pluris vendatur unus equus quam unus servus: sed consideratur secundum quod res in usum hominis veniunt.[9] Et ideo non oportet quod venditor vel emptor cognoscat occultas rei venditae qualitates: sed illas solum per quas redditur humanis usibus apta, puta quod equus sit fortis et bene currat, et similiter in ceteris. Has autem qualitates de facili venditor et emptor cognoscere possunt.

---

7. 성 토마스는 여기서 연금의 기술로 진짜 금을 만들 수 있다고 단언하는 것으로 보인다. 하지만 다른 곳(Cf. *In Sent.*, II, d.7, q.3, a.1, ad5)에서는 다음과 같이 부언한다. "어떤 것들은, 기술의 방식으로도 전혀 가져올 수 없는, 본체적으로 형상의 것들이다. 그 고유의 능동태와 수동태로서 우리에게 나타날 수 없기 때문이다. 연금술사가 외부의 우유적인 것에 관한 한 금과 비슷하게 무엇인가를 만드는 것처럼, 이것들로 비슷한 어떤 것을 할 수 있다. 하지만 그들은 진짜 금을 만들지 않는다. 연금술사들이 사용하는 불의 열에 의해 금의 본체적 형상이 얻어지

나도 없기 때문이다.[7]

2. 판매할 수 있는 물건의 척도는, 물건의 풍부함과 희소성의 차이 때문에, 장소에 따라 달라져야 한다. 물건이 상당히 풍부한 곳에서는, 척도가 더 큰 것들이 사용될 것이기 때문이다. 장소와 물건의 조건에 주목하면서, 판매 물건의 정당한 척도를 결정하는 것은 각 나라 통치자의 권위에 속한다. 그러므로 공공의 권위나 관습으로 구축된 이 척도를 무시하는 것은 허용되지 않는다.

3. 아우구스티누스가 『신국론』 제11권[8]에서 말하고 있는 대로, 판매할 수 있는 물건의 가격은 그 본성(자연)의 등급을 따라서가 아니라, 사람에게 준 유용성을 따라[9] 고찰된다. 때때로 한 마리 말이 한 명의 노예보다 더 높은 가격에 팔리기 때문이다. 그러므로 판매자나 구매자가 팔리는 물건 자체의 품질까지 인식하고 있을 필요는 없지만, 예를 들어 말은 튼튼하고 잘 달려야 한다는 것처럼, 인간의 사용에 적합한 것인지를 가늠하는 조건(품질)만큼은 알고 있어야 한다. 게다가 그런 특성들은 판매자와 구매자가 쉽게 인식할 수 있다.

는 것이 아니기 때문이다. 금은 광물의 힘이 활성화하는 곳에서 태양의 열에 의해 그 형상이 얻어진다. 따라서 그러한 금은 종에서 잇따르는 작동처럼 보이지 않는다. 그리고 그들의 작업으로 이루어지는 다른 것들에서도 마찬가지다."

8. C.16: PL 41, 331.
9. "따라서 모든 것은 (그 측정에 따라) 동일화될 수 있는데, 모든 것은 무엇인가에 상응될 수 있기 때문이다. …하지만 모두 인간의 필요에 해당하는 물건인 한, 교환될 수 있는 모든 물건을 포함하여, 모든 물건을 그 사물의 진실에 따라 측정한다는 것은 거의 없다고 봐야 한다. 그 물건들은 물건 그 자체의 본성이 지닌 품위에 따라 평가되지 않기 때문이다. 게다가, 다른 경우, 한 마리 쥐처럼, 감각이 있는 동물은 진주 한 알보다 귀하다. 그것은 영혼이 없는 사물이기 때문이다. 이렇게 가격이란 사람이 자신의 사용을 위해 자기에게 부족한 그것에 따라 물건에 부과되는 것이다."(*In Eth.*, V, lect.9, n.981) Cf. II-II, q.66, a.1. 이 교리의 기초는 여기에 둔다.

Articulus 3
Utrum venditor teneatur dicere vitium rei venditae

Ad tertium sic proceditur. Videtur quod venditor non teneatur dicere vitium rei venditae.

1. Cum enim venditor emptorem ad emendum non cogat, videtur eius iudicio rem quam vendit supponere. Sed ad eundem pertinet iudicium et cognitio rei. Non ergo videtur imputandum venditori si emptor in suo iudicio decipitur, praecipitanter emendo, absque diligenti inquisitione de conditionibus rei.

2. Praeterea, stultum videtur quod aliquis id faciat unde eius operatio impediatur. Sed si aliquis vitia rei vendendae indicet, impedit suam venditionem: ut enim Tullius, in libro *de Offic.*,[1] inducit quendam dicentem, *quid tam absurdum quam si, domini iussu, ita praeco praediceret: Domum pestilentem vendo?* Ergo venditor non tenetur dicere vitia rei venditae.

3. Praeterea, magis necessarium est homini ut cognoscat viam virtutis quam ut cognoscat vitia rerum quae venduntur. Sed homo non tenetur cuilibet consilium dare et veritatem dicere de his quae pertinent ad virtutem: quamvis nulli debeat dicere falsitatem. Ergo multo minus tenetur venditor vitia rei venditae dicere, quasi consilium dan-

---

1. III, c.13; ed. C. F. W. Mueller, Lipsiae, 1910, p.107, ll.19-21.

제3절 판매자는 판매 물건의 결함을 반드시 드러내야 하는가?

Parall: *Quodlib*. II, q.5, a.2.

[반론] 셋째 질문과 관련해서는 다음과 같이 전개된다. 판매자는 판매 물건의 탓(결함)을 말하지 않아도 되는 것으로 보인다.

1. 판매자가 구매자에게 구매를 강요하지 않는다면, 그는 판매한 물건을 구매자의 판단에 맡기는 것으로 보인다. 실로 물건의 판단과 지식은 같은 사람의 몫이다. 그러므로 구매자가 자기 판단으로 속는다면, 또는 물건의 조건에 대한 현명한 조사 없이 급하게 구매한다면, 판매자에게 탓을 돌릴 수 없는 것으로 보인다.

2. 누구라도 자기 일에 방해가 되도록 하는 것은 어리석어 보일 것이다. 하지만 어떤 사람이 자기가 판매하고 있는 물건의 결함을 말한다면, 스스로 그 물건의 판매를 방해하는 것이다. 그러므로 키케로는 『직무론』 제3권[1]에서, 어떤 사람을 다음과 같이 묘사하고 있다. "전령이, 주인의 명령으로, '나는 전염병이 있는 집을 팝니다!' 하고 외친다면, 그보다 어리석은 일이 어디 있겠는가?" 그러므로 판매자는 판매되는 물건의 결함을 말하지 않아도 된다.

3. 사람에게는 판매되는 물건의 결함을 아는 것보다 덕의 길을 (유용하게 사용하는 법을) 아는 것이 필요하다. 실로 사람은 누구에게도 거짓을 말해서는 안 되겠지만, 그렇더라도 누구에게나 덕에 관련된 것에 대해 조언을 주고 진실을 말해야 하는 것은 아니다. 그러므로 더욱이, 판매자가 마치 구매자에게 조언하는 것처럼, 판매될 물건의 결함을 말해야 하는 것은 아니다.

do emptori.

4. Praeterea, si aliquis teneatur dicere defectum rei venditae, hoc non est nisi ut minuatur de pretio. Sed quandoque diminueretur de pretio etiam sine vitio rei venditae, propter aliquid aliud: puta si venditor deferens triticum ad locum ubi est carestia frumenti, sciat multos posse venire qui deferant; quod si sciretur ab ementibus, minus pretium darent. Huiusmodi autem non oportet dicere venditorem, ut videtur. Ergo, pari ratione, nec vitia rei venditae.

SED CONTRA est quod Ambrosius dicit, in III *de Offic.*[2]: *In contractibus vitia eorum quae veneunt prodi iubentur: ac nisi intimaverit venditor, quamvis in ius emptoris transierint, doli actione vacuantur.*

RESPONDEO dicendum quod dare alicui occasionem periculi vel damni semper est illicitum: quamvis non sit necessarium quod homo alteri semper det auxilium vel consilium pertinens ad eius qualemcumque promotionem, sed hoc solum est necessarium in aliquo casu determinato, puta cum alius eius curae subdatur, vel cum non potest ei per alium subveniri. Venditor autem, qui rem vendendam proponit, ex hoc ipso dat emptori damni vel periculi occasionem quod

---

2. C.10, n.66: PL 16, 164 B.

4. 누구나 판매될 물건의 결함을 말해야 한다면, 이는 가격을 낮추기 위해서만 그렇게 할 것이다. 실로 때때로 가격은, 판매될 물건의 결함 없이도, 다른 이유로 낮춰질 수 있다. 예를 들어, 판매자가 많은 상인이 자기를 따라 밀을 판매하러 어떤 곳에 가져갈 것임을 알고서도, 또 그것이 구매자에게 알려질 것임을 알고서도, 곡물이 부족한 곳에 밀을 가져간다면, (밀에는) 낮은 가격이 매겨지게 될 것이다. 하지만 아무리 그래도, 분명하게도, (누가 가장 낮은 가격으로 판매하는지 그) 판매자를 (구매자들에게) 반드시 말해야 하는 것은 아니다. 그러므로 똑같은 근거로, 판매자가 판매되는 물건의 결함을 말해야 하는 것은 아니다.

[재반론] 암브로시우스는 『성직자의 의무』 제3권[2]에서 다음과 같이 말하고 있다. "팔러 나온 물건의 결함은 계약에서 반드시 기록되어야 한다. 판매자가 그 결함을 알리지 않는다면, 비록 구매자의 (소유의) 권리로 넘어갔다 하더라도, (그 계약은) 사기적 행위로 무효가 된다."

[답변] 비록 사람이 언제나 다른 사람에게, 어떤 것이든 그의 편의(향상)에 적합한 도움이나 조언을 주어야 할 필요는 없다고 하더라도, 누군가에게 위험하거나 해가 될 기회를 주는 행위는 언제나 불법적이다. 하지만 예를 들어 누군가 그의 직무에 종속되어 보살핌을 받는 경우, 또는 다른 사람을 통해서는 도움을 받을 수 없는 경우처럼, 어떤 특정된 경우에서는 반드시 도움이나 조언을 해주어야 한다. 실로 그 결함에서 손실이나 위험이 발생할 수 있는 그런 물건을 판매하려고 내놓은 사람은, 그 판매 행위로 구매자에게 손실이나 위험의 기회를 제공하는 것이다. 그 가운데 손실의 기회를 줄 경우란, 물건의 결함 때문에 가격

rem vitiosam ei offert, si ex eius vitio damnum vel periculum incurrere possit: damnum quidem, si propter huiusmodi vitium res quae vendenda proponitur minoris sit pretii, ipse vero propter huiusmodi vitium nihil de pretio subtrahat; periculum autem, puta si propter huiusmodi vitium usus rei reddatur impeditus vel noxius, puta si aliquis alicui vendat equum claudicantem pro veloci, vel ruinosam domum pro firma, vel cibum corruptum sive venenosum pro bono. Unde si huiusmodi vitia sint occulta et ipse non detegat, erit illicita et dolosa venditio, et tenetur venditor ad damni recompensationem.

Si vero vitium sit manifestum, puta cum equus est monoculus; vel cum usus rei, etsi non competat venditori, potest tamen esse conveniens aliis; et si ipse propter huiusmodi vitium subtrahat quantum oportet de pretio: non tenetur ad manifestandum vitium rei. Quia forte propter huiusmodi vitium emptor vellet plus subtrahi de pretio quam esset subtrahendum. Unde potest licite venditor indemnitati suae consulere, vitium rei reticendo.

AD PRIMUM ergo dicendum quod iudicium non potest fieri nisi de re manifesta: *unusquisque* enim *iudicat quae cognoscit*, ut dicitur in I *Ethic.*.[3] Unde si vitia rei quae vendenda proponitur sint occulta, nisi per venditorem manifestentur, non sufficienter committitur emptori iudicium. Secus autem esset si essent vitia manifesta.

---

3. C.2, 1094b27-1095a2; S. Thomas, lect.3, n.37.

은 낮아져야 하는데, [판매자가] 가격에서 하나도 감하지 않아, [구매자에] 손실을 일으키는 경우다. 위험의 기회를 줄 경우란, 그러한 결함으로 물건의 사용이 방해받거나, 예를 들어, 누군가 다른 사람에게 빠른 말 대신에 절름발이 말을, 튼튼한 집 대신에 흔들리는 집을, 좋은 음식 대신에 부패하고 해로운 식품을 파는 것처럼, 그 구매자의 사용에 위험을 안기는 경우다. 그러므로 만일 그런 결함이 드러나지 않고, 또 판매자가 그 결함을 알리려 하지 않는다면, 그 판매는 불법행위이며 사기가 될 것이고, 그 판매자는 손실(손해)에 대해 반드시 반환(배상)해야 할 것이다.

하지만 예를 들어 만일 말이 눈이 하나만 있는 경우, 또는 물건이 구매자에게는 쓸모가 없지만 다른 누군가에게는 쓸모가 있는 경우처럼, 그 결함이 분명하고, 그 결함 때문에 적절하게 가격을 낮춘다면 물건의 결함을 말하지 않아도 된다. 아마도 이런 부류의 결함 때문에 구매자는 가격에서 감해야 하는 것보다 더 많이 감해지기를 원할 것이기 때문이다. 그러므로 판매자가 물건의 결함을 밝히지 않으면서도 자신에게 탓이 돌아가지 않도록 조심하는 것은 허용될 수 있다.

[해답] 1. 분명한 문제가 아닌 이상, 판단은 이루어질 수 없다. 『니코마코스 윤리학』 제1권³에서 말한 대로, "사람은 저마다 자기가 아는 것을 판단하기" 때문이다. 그러므로 만일 판매를 위해 내놓은 물건의 결함이 은폐되어 있으면, 또 판매자를 통해 (그 같은 결함이) 명시되지 않는 한, 구매자에게 그 물건에 관한 판단(평가)은 충분치 않은 것이 된다. 하지만 결함이 분명하다면(노골적이면) 그렇지 않을 것이다.

2. 누구나 전령을 통해서 판매할 물건의 결함을 알릴 필요는 없다.

AD SECUNDUM dicendum quod non oportet quod aliquis per praeconem vitium rei vendendae praenuntiet: quia si praediceret vitium, exterrerentur emptores ab emendo, dum ignorarent alias conditiones rei, secundum quas est bona et utilis. Sed singulariter est dicendum vitium ei qui ad emendum accedit, qui potest simul omnes conditiones ad invicem comparare, bonas et malas: nihil enim prohibet rem in aliquo vitiosam, in multis aliis utilem esse.

AD TERTIUM dicendum quod quamvis homo non teneatur simpliciter omni homini dicere veritatem de his quae pertinent ad virtutes, teneretur tamen in casu illo de his dicere veritatem quando ex eius facto alteri periculum immineret in detrimentum virtutis nisi diceret veritatem. Et sic est in proposito.

AD QUARTUM dicendum quod vitium rei facit rem in praesenti esse minoris valoris quam videatur: sed in casu praemisso, in futurum res expectatur esse minoris valoris per superventum negotiatorum, qui ab ementibus ignoratur. Unde venditor qui vendit rem secundum pretium quod invenit, non videtur contra iustitiam facere si quod futurum est non exponat. Si tamen exponeret, vel de pretio subtraheret, abundantioris esset virtutis: quamvis ad hoc non videatur teneri ex iustitiae debito.

그가 결함을 미리 얘기하면, 좋고 유용한 물건의 다른 조건들을 알지도 못한 채, 사람들이 겁에 질려 그 물건을 구매하지 않을 것이기 때문이다. 하지만 구매하려는 사람에게는 그 결함을 개별적으로라도 밝혀야 한다. 그래야 그는 좋은 조건과 나쁜 조건을 동시에 서로 비교할 수 있을 것이기 때문이다. 어떤 물건이 어떤 사람에게는 악하게 되지만 다른 많은 사람에게는 유용하게 되는 것을 막는 것은 아무것도 없기 때문이다.

3. 엄밀히 말해서 사람이 덕에 속한 것들에 관한 진실을 모든 이에게 반드시 말해야 하는 것은 아니더라도, 그가 진실을 말하지 않아서 다른 사람에게 덕이 손상되는 위험을 안길 수 있는 경우에는, 반드시 진실을 말해야 한다. 물건을 판매할 때도 마찬가지의 목적으로 진실을 말해야 한다.

4. 현재 물건의 결함은 보이는 것보다 그 가치를 낮춘다. 하지만 앞에서 인용된 경우에는, 미래 어떤 시점에, 구매자에게는 알려지지 않은 많은 상인이 옴으로써 그 물건의 가격이 내려갈 것이라 예상된다. 그러므로 자기가 매기고 싶은 가격에 따라 물건을 판매하려는 판매자는, 그가 앞으로 발생할 일을 밝히지 않는다고 해서, 정의에 반하여 행동하는 것으로는 보이지 않는다. 하지만 만일 그가 밝히려 했고, 또 만일 가격에서 [얼마간] 덜어낸다면, 비록 그가 정의의 빚(의무)으로 반드시 그래야 하는 것으로는 보이지 않더라도, 그것은 더 풍성한 덕의 행위가 될 것이다.

Articulus 4
Utrum liceat, negotiando, aliquid carius vendere quam emere

Ad quartum sic proceditur. Videtur quod non liceat, negotiando, aliquid carius vendere quam emere.

1. Dicit enim Chrysostomus, super Matth. 21, [12][1]: *Quicumque rem comparat ut, integram et immutatam vendendo, lucretur, ille est mercator qui de templo Dei eiicitur.* Et idem dicit Cassiodorus,[2] super illud Psalm. [70, 15], *Quoniam non cognovi litteraturam, vel negotiationem* secundum aliam litteram[3]: *Quid,* inquit, *est aliud negotiatio nisi vilius comparare et carius velle distrahere?* Et subdit: *Negotiatores tales Dominus eiecit de templo.* Sed nullus eiicitur de templo nisi propter aliquod peccatum. Ergo talis negotiatio est peccatum.

2. Praeterea, contra iustitiam est quod aliquis rem carius vendat quam valeat, vel vilius emat, ut ex dictis[4] apparet. Sed ille qui, negotiando, rem carius vendit quam emerit, necesse est quod vel vilius emerit quam valeat, vel carius vendat. Ergo hoc sine peccato fieri non potest.

3. Praeterea, Hieronymus dicit[5]: *Negotiatorem clericum, ex inope divitem, ex ignobili gloriosum, quasi quandam pestem fuge.* Non autem

---

1. *Opus imp. in Matth.*, hom.38: PG 56, 840. (Inter opp. Chrys.).
2. Expos. *in Psalt.*, super Ps.70, a15: PL 70, 500 D–501 A.
3. LXX Interpret.
4. A.1.
5. Epist.52, al.2, *ad Nepot.*, n.5: PL 22, 531.

제4절 교역(상거래)에서 어떤 물건을 구매한 것보다 높은 가격에 판매하는 것은 합법적인가?

[반론] 넷째 질문과 관련해서는 다음과 같이 전개된다. 상거래(교역)에서 어떤 물건을 구매한 것보다 높은 가격에 판매하는 것은 합법적이지 않은 것으로 보인다.

1. 크리소스토무스는 마태오복음서 21장 [12절]에 관하여[1] 다음과 같이 말하고 있기 때문이다. "어떤 자는, 변경하지 않고 온전한 상태로 판매함으로써 이익을 얻으려 물건을 마련하는데, 그런 자가 하느님의 성전에서 쫓겨난 상인이다." 카시오도루스는[2] 같은 의미로 "저로서는 학식이나 상거래를 알지 못하기 때문입니다(저로서는 그 수를 이루 다 헤아리지 못하기 때문입니다.)"라는 시편 70장 [15절]과 또 다른 기록의[3] 상거래를 다음과 같이 말하고 있다. "상거래란 저렴하게 마련하고 높은 가격에 팔기를 원하는 것 말고 무엇이라고 말할 수 있는가?" 또 그는 다음과 같이 덧붙인다. "그런 상인을 주님께서는 성전에서 내쫓으셨다." 실로 누구도 일부 죄 말고는 성전에서 내쫓기지 않는다. 그러므로 그런 상거래는 죄다.

2. 위에서 밝힌 대로,[4] 누군가 물건을 가치보다 높은 가격에 판매하거나 낮은 가격에 구매하는 것은 정의를 거스르는 행위다. 실로 누군가 상거래에서 어떤 물건을 구매 가격보다 높은 가격으로 판매한다는 것은, 필연적으로 그 물건을 제값보다 낮은 가격에 구매했거나, 또는 제값보다 높은 가격에 판매할 수밖에 없다. 따라서 이는 죄없이는 이루어질 수 없는 일이다.

3. 히에로니무스는 다음과 같이 말하고 있다.[5] "역병을 피하려 도망

negotiatio clericis interdicenda esse videtur nisi propter peccatum. Ergo negotiando aliquid vilius emere et carius vendere est peccatum.

SED CONTRA est quod Augustinus dicit, super illud Psalm. [70, 15],[6] *Quoniam non cognovi litteraturam: Negotiator avidus acquirendi pro damno blasphemat, pro pretiis rerum mentitur et peierat. Sed haec vitia hominis sunt, non artis, quae sine his vitiis agi potest.* Ergo negotiari secundum se non est illicitum.

RESPONDEO dicendum quod ad negotiatores pertinet commutationibus rerum insistere. Ut autem Philosophus dicit, in I *Polit.*,[7] duplex est rerum commutatio. Una quidem quasi naturalis et necessaria: per quam scilicet fit commutatio rei ad rem, vel rerum et denariorum, propter necessitatem vitae. Et talis commutatio non proprie pertinet ad negotiatores, sed magis ad oeconomicos vel politicos, qui habent providere vel domui vel civitati de rebus necessariis ad vitam. Alia vero commutationis species est vel denariorum ad denarios, vel

---

6. *Enarr. in Ps.*, Ps.70, c.1, n.17: PL 36, 886.
7. C.9, 1257a19–b10; S. Thomas, lect.7.
8. Ibid., c.10, 1258a38–b8; S. Thomas, lect.8.

가듯이, 가난하다가 부유하게 되었거나, 무명인이다가 유명 인사가 된 그런 성직자를 피하십시오." 실로 상거래가, 죄 때문이 아니라면, 성직자에게 금지되지 않는 것으로 보인다. 그러므로 상거래에서 낮은 가격에 구매하고 높은 가격에 판매하는 것은 죄다.

[재반론] 아우구스티누스는 "저로서는 그 수를 이루 다 헤아리지 못하기 때문입니다."라는 시편 70장 [15절]에 관해[6] 다음과 같이 말하고 있다. "탐욕스러운 상인은 자신의 실패(죄)를 통해 불경(하느님을 모독)한 것이다. 그는 가격을 통해 거짓말을 하고 맹세를 어긴 것이다. 하지만 이런 일은 사람의 악습이지, 직업(기술)의 악습이 아니다. 그 직업(기술)은 그런 악습 없이도 행사될 수 있다." 그러므로 상거래가 그 자체로 불법적인 것은 아니다.

[답변] 물건과 물건의 교환 사이에 상인이 서 있는 것은 적합하다. 철학자가 『정치학』 제I권[7]에서 말했듯이, 물건의 교환은 이중적 성격을 지닌다. 그 가운데 하나는 참으로 자연스럽고 불가피한 성격이다. 즉 그런 교환의 성격을 통해, 생활의 욕구와 필요를 위해, 물건(일용품)에서 다른 물건으로 교환이, 또는 물건과 돈의 교환이 이루어진다. 그런 거래는, 정확히 말해서, 상인에게 속하지 않고, 오히려 가정과 나라의 생활에 필요한 것을 마련해야 하는, 가정주부나 공직자에게 속한다. 다른 성격의 교환으로는, 돈을 위한 돈의 교환(환전)이나, 무엇이든지 돈을 위한 물건의 교환(중개)이 있는데, 이것은 생활의 욕구와 필요(필수)가 아니라, 이익을 추구하기 위한 것이다. 이런 종의 거래가, 정확히 말해서 상인에게 속하는 것이다. 철학자를 따르면,[8] 첫 번째 성격

quarumcumque rerum ad denarios, non propter res necessarias vitae, sed propter lucrum quaerendum. Et haec quidem negotiatio proprie videtur ad negotiatores pertinere. Secundum Philosophum[8] autem, prima commutatio laudabilis est: quia deservit naturali necessitati. Secunda autem iuste vituperatur: quia, quantum est de se, deservit cupiditati lucri, quae terminum nescit sed in infinitum tendit.[9] Et ideo negotiatio, secundum se considerata, quandam turpitudinem habet: inquantum non importat de sui ratione finem honestum vel necessarium.

Lucrum tamen, quod est negotiationis finis, etsi in sui ratione non importet aliquid honestum vel necessarium, nihil tamen importat in sui ratione vitiosum vel virtuti contrarium. Unde nihil prohibet lucrum ordinari ad aliquem finem necessarium, vel etiam honestum. Et sic negotiatio licita reddetur. Sicut cum aliquis lucrum moderatum, quod negotiando quaerit, ordinat ad domus suae sustentationem, vel etiam ad subveniendum indigentibus: vel etiam cum aliquis negotiationi intendit propter publicam utilitatem, ne scilicet res necessariae ad vitam patriae desint, et lucrum expetit non quasi finem, sed quasi stipendium laboris.[10]

---

9. Cf. I-II, q.30, a.4; et *ibid.*, q.2, a.1.
10. 모든 거래의 도덕성은 이 규칙의 규범에 따라 판단되어야 한다. "목적을 위해 존재하는 모든 것에서 선(善)은 일정한 분량으로 구성된다. 약이 건강을 위한 것처럼, 필수적인(불가피한) 목적을 위한 것은 목적의 모든 것과 함께 평가되어야 한다. …하지만 외부의 선(재화)은 어디까지나 실리의 근거를 지닌다. …그러므로 인간의 선은 그것(외부의 선)에 관한 일정 분량으로 구성되어야 한다는 것이 불가피하다. 물론 사람은, 외부의 부(富)가 자신의 조건에 따르는 삶

의 교환은 칭찬할 만하다. 자연적 욕구와 필요에 이바지하기 때문이다. 하지만 두 번째 성격의 교환은 비난받는 것이 정당하다. 그런 교환은, 그 자체로 고찰될 때, 한계를 모른 채 무한으로 향하는 경향이 있는 이득의 탐욕에 이바지하기 때문이다.⁹ 그러므로 상거래는, 그 자체로 고찰될 때, 그 근거에서 고결하고 또 필요와 욕구의 목적에 이바지하지 않는 한, 일부 기형을 지니고 있다.

그렇지만 거래의 목적인 이득은, 그 근거에서 고결하거나 필요와 욕구의 목적에 이바지하지 않더라도, 그 근거에서부터 죄스럽거나 덕에 반하는 것을 초래하지는 않는다. 그러므로 어떤 고결하거나 필요와 욕구의 목적을 내세워, 이득을 지향하는 것을 가로막는 것은 아무것도 없다. 또 이런 식으로 거래는 합법적 행위가 된다. 따라서 예를 들어, 어떤 사람은 상거래를 함으로써 추구한 절도 있는(알맞은) 이득을 자기 가정의 생계유지로, 궁핍한 사람들에의 원조로 향하게 할 수 있다. 또는 예를 들어, 물론 어떤 사람은 국가 생활에 필요한 물건들이 부족하지 않도록, 공공의 실리를 위해 거래에 집중할 수 있다. 또 물론 어떤 사람은 목적으로서가 아니라 노동의 보수로서 이득을 요구할 수 있다.¹⁰

에 필요하므로, 어느 정도 분량의 외부의 부를 갖기를 추구한다. 그러므로 이 분량을 초과하여 (소유하려는 것은) 죄를 범하는 것이다. 물론 누군가는 정당한 한도를 넘어서서 그것들을 획득하거나 점유하기를 원한다."(Infra, q.118, a.1. Cf. q.50, a.3, ad1) [*추가주] 성 토마스가 합법적 거래가 이루어지게 되는 조건들을 결정한 이 절(제4절)의 다른 부분들은 잘 참고해야 한다. 여기서 아리스토텔레스가 그의 가르침을 완성하는 방식이 나타난다. 거래에 대한 아리스토텔레스의 판단은 엄격했다. 성 토마스의 판단도 마찬가지인 것으로 보인다. 물론 아리스토텔레스 시대 이후 상황이 크게 바뀌었고 13세기에 거래도 많이 증가했으며, 거래의 도덕성에 관한 한, 두 사람에 대해 달리 평가되어야 했다. Cf. C. Spicq. OP, *Les péchés d'injustice*, t.II (II-II, qq.67-79, trad. franç.), Paris, 1935, pp.330-334.

AD PRIMUM ergo dicendum quod verbum Chrysostomi est intelligendum de negotiatione secundum quod ultimum finem in lucro constituit, quod praecipue videtur quando aliquis rem non immutatam carius vendit. Si enim rem immutatam carius vendat, videtur praemium sui laboris accipere. Quamvis et ipsum lucrum possit licite intendi, non sicut ultimus finis, sed propter alium finem necessarium vel honestum, ut dictum est.[11]

AD SECUNDUM dicendum quod non quicumque carius vendit aliquid quam emerit, negotiatur: sed solum qui ad hoc emit ut carius vendat. Si autem emit rem non ut vendat, sed ut teneat, et postmodum propter aliquam causam eam vendere velit, non est negotiatio, quamvis carius vendat. Potest enim hoc licite facere, vel quia in aliquo rem melioravit; vel quia pretium rei est mutatum, secundum diversitatem loci vel temporis; vel propter periculum cui se exponit transferendo rem de loco ad locum, vel eam ferri faciendo. Et secundum hoc, nec emptio nec venditio est iniusta.

AD TERTIUM dicendum quod clerici non solum debent abstinere ab his quae sunt secundum se mala, sed etiam ab his quae habent speciem mali. Quod quidem in negotiatione contingit, tum propter hoc quod est ordinata ad lucrum terrenum, cuius clerici debent esse contemptores; tum etiam propter frequentia negotiatorum vitia, quia *difficiliter exuitur negotiator a peccatis labiorum*, ut dicitur *Eccli.* 26,

---

11. 본론.

[해답] 1. 크리소스토무스의 말은 이득을 최종 목적으로 설정한 상거래에 대한 이해다. 이런 상거래는 특별히 누군가 어떤 변경도 없는 물건을 높은 가격에 판매할 때 이루어진다고 보인다. 만일 변경이 있는 물건을 높은 가격에 판매한다면, 자기 노동의 보상을 받은 것으로 보인다. 그렇지만 최종 목적으로서가 아니라, 이미 말했듯이, 필요와 욕구의 목적이나 고결한 목적을 위해 의도된 이득 그 자체는 합법적일 수 있다.[11]

2. 누구나 구매한 것보다 높은 가격에 판매하는 것은 아니다. 거래하는 사람만 높은 가격에 판매하기 위해 구매한다. 하지만 판매가 아니라 소유를 위해 구매하고, 또 그 후에, 어떤 이유로 그것을 판매하고 싶다면, 그가 이익을 보고 판매할지라도, 그것은 거래가 아니다. 그가 이것을 하는 것은 합법적일 수 있기 때문이다. 그가 어떤 방식으로든 물건을 개량했기 때문에도, 또는 장소나 시간이 변화에 따라서, 그 물건의 가격에 변경이 생겼기 때문에도, 그가 그 물건을 다른 장소로 옮기면서 또 다른 사람이 가지고 다님으로써 당하는 위험 때문에도 그렇게 할 수 있는 것이다. 이런 의미로, 구매도 판매도 부당한 행위는 아니다.

3. 성직자들은 그 자체로 악한 것뿐만 아니라 악하게 보이는 것까지도 삼가야 한다. 이는 거래에도 해당한다. 거래는 세속적 이득을 지향하는데, 그 세속적 이득을 성직자들은 경멸해야 하기 때문이다. 또 거래는 너무 많은 악습에 노출되어 있는데, 집회서 26장 [28절][12]에서 다음과 같이 말하고 있는 대로, "상인이 말(입술)의 죄에서 벗어나기 어렵

---

12. Vulgata: *Difficile exuitur negotians a negligentia, et non iustificabitur caupo a peccatis laborem.*

[28].[12] Est et alia causa, quia negotiatio nimis implicat animum saecularibus curis, et per consequens a spiritualibus retrahit, unde Apostolus dicit, II *ad Tim.* 2, [4]: *Nemo militans Deo implicat se negotiis saecularibus.*[13] — Licet tamen clericis uti prima commutationis specie, quae ordinatur ad necessitatem vitae, emendo vel vendendo.

---

13. Cf. q.40, a.2; q.87, a.2, ad1.

기" 때문이다.

또한 다른 원인도 있다. 거래는 세속적 근심에 너무 많이 마음을 쓰게 하며, 그 결과 영적(정신적) 근심에 마음을 쓰지 않게 한다. 그러므로 사도는 티모테오 2서 2장 [4절]에서 다음과 같이 말하고 있다. "군대에 복무하는 이가 자기를 군사로 뽑은 사람(예수님)의 마음에 들려면, 개인의 일상사에 얽매여서는 안 됩니다."[13]—그렇지만 구매하거나 판매함으로써, 생활의 필요와 욕구를 목적으로 하는 물건의 교환 방식을 이용하는 것은 성직자들에게 허용된다.

QUAESTIO LXXVIII
DE PECCATO USURAE
in quatuor articulos divisa

Deinde considerandum est de peccato usurae, quod committitur in mutuis.[1]

Et circa hoc quaeruntur quatuor.

Primo: utrum sit peccatum accipere pecuniam in pretium pro pecunia mutuata, quod est accipere usuram.

Secundo: utrum liceat pro eodem quamcumque utilitatem accipere quasi in recompensationem mutui.

Tertio: utrum aliquis restituere teneatur id quod de pecunia usuraria iusto lucro lucratus est.

Quarto: utrum liceat accipere mutuo pecuniam sub usura.

제78문
이자(고리)의 죄에 대하여
(전4절)

다음으로는 이자의 죄를 고찰해야 하는데, 그것은 꾸어준 것들에서 나온다.[1] 이 주제와 관련하여 네 개의 질문이 제기된다.

1. 꾸어준 돈에 대한 대가(代價)로서 돈을 취하는 것, 이자를 취하는 것은 죄인가?
2. 꾸어준 것의 보답에서처럼, 어느 경우든 어떤 목적이든, 실리를 취하는 것은 합법적인가?
3. 누구든 이자로 모인 돈에서 생긴 이득은 그것이 무엇이든 반드시 되돌려주어야 하는가?
4. 이자의 조건으로 돈을 꾸는 것은 합법적인가?

---

1. Cf. q.77, Introd.

Articulus 1
Utrum accipere usuram pro pecunia mutuata sit peccatum

Ad primum sic proceditur. Videtur quod accipere usuram pro pecunia mutuata non sit peccatum.

1. Nullus enim peccat ex hoc quod sequitur exemplum Christi. Sed Dominus de seipso dicit, Luc. 19, [23]: *Ego veniens cum usuris exegissem illam,* scilicet pecuniam mutuatam. Ergo non est peccatum accipere usuram pro mutuo pecuniae.

2. Praeterea, sicut dicitur in Psalm. [Ps. 18, 8], *lex Domini immaculata,* quia scilicet peccatum prohibet. Sed in lege divina conceditur aliqua usura: secundum illud *Deut.* 23, [19-20]: *Non faenerabis fratri tuo ad usuram pecuniam, nec fruges nec quamlibet aliam rem, sed alieno.* Et, quod plus est, etiam in praemium repromittitur pro lege ser-

제1절 꾸어준 돈 때문에 이자를 취하는 것은 죄인가?

Parall.: I-II, q.105, a.3, ad3; *In Sent.*, III, d.37, a.6; *De Malo*, q.13, a.4; *Quodlib.*, III, q.7, a.2; *De Dec. Praecept.*, c. de Septim. Praec.; *In Polit.*, I, lect.8.
Doctr. Eccl.: 다섯 차례 공의회(Lateran. III, IV, V: Lugdun. II; Vienn.)는 경제적 이자를 금지하고 있다. 알렉산데르 7세는 1666년 다음과 같은 규정을 선고하였다. "42. 꾸는 자가, 일정 시간까지 제비뽑기를 반복할 의무가 없다면, 무엇인가 제비뽑기 이상의 것을 뽑아내는 것은 합법적이다."(Denz. 1142. Cf. Id. 1191 sq.) 베네딕토 14세는 이탈리아 주교들에 보낸 1745년 회칙 'Vix pervenit'에서 이자에 대한 교리를 설명했다.(Id. 1475-1479. Vide etiam Id. 403, 448, 716, 739) 하지만 돈을 꾸어주는 것은 다음과 같이 법적(책임)으로 회피할 수 있다.(Id. 1609 sq., 1611 sq. - *Cod. Iur. Can.*, can. 1543) "누군가에게 주어진, 대체할 수 있는 물건이 자기의 것이 되게 하도록, 후에 같은 종으로 같은 양으로 돌려받게 된다면, '그 자신 계약의 근거로', 아무런 이득이 없다는 것을 인지할 수 있다. 하지만 대체할 수 있는 물건의 지급에 있어 법적 이득을 위해 흥정하는 것은, 그 흥정이 부적절하다는 것이 확인되지 않는 한, 그 자체로는 불법행위가 아니다. 또는 더 큰 이득에 대해서도, 정당하고 균형 잡힌 지위의 공증을 받는다면, 흥정하는 것이 불법행위는 아니다."

[반론] 첫째 질문과 관련해서는 다음과 같이 전개된다. 꾸어준 돈 때문에 이자를 취하는 것은 죄가 아닌 것으로 보인다.

1. 그리스도를 본받으면서 죄를 범하는 사람은 아무도 없다. 하지만 주님께서는 루카복음서 19장 [23절]에서 다음과 같이 몸소 말씀하셨다. "내가 돌아왔을 때 내 돈에 이자를 붙여" 즉 꾸어준 돈을 "되찾았을 것이다." 그러므로 꾸어준 돈의 대가로 이자를 취하는 것은 죄가 아니다.

2. 시편 18편 [8절]에서 말한 대로 "주님의 법은 참되다(흠이 없다)." 주님의 법(율법)은 죄를 금하기 때문이다. 실로 신명기 23장 [20-21절]은 다음과 같이 말하고 있다. "너희는 동족에게 이자를 받고 꾸어주어서는 안 된다. 돈에 대한 이자든 곡식에 대한 이자든, 그 밖에 이자가

vata: secundum illud *Deut.* 28, [12]: *faenerabis gentibus multis; et ipse a nullo faenus accipies.* Ergo accipere usuram non est peccatum.

3. Praeterea, in rebus humanis determinatur iustitia per leges civiles. Sed secundum eas conceditur usuras accipere. Ergo videtur non esse illicitum.

4. Praeterea, praetermittere consilia non obligat ad peccatum. Sed Luc. 6, [35] inter alia consilia ponitur: *Date mutuum,*[1] *nihil inde sperantes.* Ergo accipere usuram non est peccatum.

5. Praeterea, pretium accipere quo eo quod quis facere non tenetur, non videtur esse secundum se peccatum. Sed non in quolibet casu tenetur pecuniam habens eam proximo mutuare. Ergo licet ei aliquando pro mutuo accipere pretium.

6. Praeterea, argentum monetatum, et in vasa formatum, non differt specie. Sed licet accipere pretium pro vasis argenteis accommodatis. Ergo etiam licet accipere pretium pro mutuo argenti monetati. Usura ergo non est secundum se peccatum.

7. Praeterea, quilibet potest licite accipere rem quam ei dominus rei voluntarie tradit. Sed ille qui accipit mutuum voluntarie tradit usuram. Ergo ille qui mutuat licite potest accipere.

---

1. Vulgata: *mutuum date.*

나올 수 있는 것은 모두 마찬가지다. 이방인에게는 이자를 받고 꾸어주어도 된다." 이를 따라서 신적인 법에서 어떤 종류의 이자는 허락된다. 그뿐만 아니라, 이방인에게 이자를 받고 꾸어주는 것은 다음과 같이 말하고 있는 신명기 28장 [12절]을 따라 법의 준수 때문에 일종의 상으로 약속되기까지 한다. "너희는 많은 민족들에게 꾸어주기는 하여도 너희가 꾸지는 않을 것이다." 그러므로 이자를 취하는 것은 죄가 아니다.

3. 인간사에서 정의는 국법으로 정해진다. 실로 국법을 따라 이자를 취하는 것은 허락된다. 그러므로 그것은 불법적이지 않은 것으로 보인다.

4. 조언(권고)을 흘려버리는 것은 죄로 매여 있지 않다. 하지만 다른 권고들 가운데 루카복음서 6장 [35절]에서는 "아무것도 바라지 말고 꾸어주어라."[1]라는 권고가 있다. 그러므로 이자를 취하는 것은 죄가 아니다.

5. 누구라도 자기가 반드시 해야 할 일에서 대가를 취하는 것이 그 자체로 죄가 되는 것으로 보이지는 않는다. 하지만 돈을 가진 사람이 모든 경우에 반드시 이웃에게 꾸어주어야 하는 것도 아니다. 그러므로 때때로 돈을 꾸어준 것 때문에 대가를 취하는 것이 허용된다.

6. 통화(通貨)가 된 은과 용기(用器)가 된 은은 특별히 다르지 않다. 그런데 은으로 된 용기의 변통(變通) 때문에 대가를 취하는 것은 허용된다. 그러므로 은화를 꾸어준 것 때문에 대가를 취하는 것도 허용된다. 따라서 이자는 그 자체로 죄가 아니다.

7. 물건 주인이 자발적으로 건네준 물건은 누구라도 합법적으로 취할 수 있다. 실로 꾸어준 것을 취한 사람은 자발적으로 이자를 건네준다. 그러므로 꾸어준 사람은 [이자를] 합법적으로 취할 수 있다.

SED CONTRA est quod dicitur *Exod.* 22, [25]: *Si pecuniam mutuam dederis populo meo pauperi qui habitat tecum, non urgebis eum quasi exactor, nec usuris opprimes.*

RESPONDEO dicendum quod accipere usuram pro pecunia mutuata est secundum se iniustum[2]: quia venditur id quod non est, per quod manifeste inaequalitas constituitur, quae iustitiae contrariatur. Ad cuius evidentiam, sciendum est quod quaedam res sunt quarum usus est ipsarum rerum consumptio: sicut vinum consumimus eo utendo ad potum, et triticum consumimus eo utendo ad cibum. Unde in talibus non debet seorsum computari usus rei a re ipsa, sed cuicumque conceditur usus, ex hoc ipso conceditur res. Et propter hoc in talibus per mutuum transfertur dominium. Si quis ergo seorsum vellet vendere vinum et seorsum vellet vendere usum vini, venderet eandem rem bis, vel venderet id quod non est. Unde manifeste per iniustitiam peccaret. Et simili ratione, iniustitiam committit qui mutuat vinum aut triticum petens sibi duas recompensationes, unam quidem restitutionem aequalis rei, aliam vero pretium usus, quod *usura* dicitur.

Quaedam vero sunt quorum usus non est ipsa rei consumptio: sicut usus domus est inhabitatio, non autem dissipatio. Et ideo in talibus seorsum potest utrumque concedi, puta cum aliquis tradit alteri dominium domus, reservato sibi usu ad aliquod tempus; vel e converso cum quis concedit alicui usum domus, reservato sibi eius

[재반론] 탈출기 22장 [24절]은 다음과 같이 말하고 있다. "너희가 나의 백성에게, 너희 곁에 사는 가난한 이에게 돈을 꾸어주었으면, 그에게 채권자처럼 행세해서도 안 되고, 이자를 물려서도 안 된다."

[답변] 꾸어준 돈 때문에 이자를 취하는 것은 그 자체로 부당하다.[2] 이는 존재하지 않는 것을 판매하는 것이며, 또 이는 분명히 정의에 역행하는, 불평등(불공평)으로 이어지기 때문이다. 이것을 분명하게 알려면, 포도주를 마시는 데 사용하여 포도주를 소비하며, 밀을 먹는 데 사용하여 밀을 소비하는 것처럼, 어떤 물건은 물건 자체의 사용이 곧 소비하는 것임을 이해해야 한다. 따라서 그러한 경우, 그 물건 자체를 제외하는 방식으로 그 사용의 대가를 계산해서는 안 된다. 하지만 그 물건의 사용(권)이 허락된 사람은 바로 이 사실로부터 물건 그 자체를 받은 것이다. 또 이런 이유로, 그런 물건의 경우, 소유권은 꾸어줌을 통해 이전된다. 따라서 어떤 사람이 포도주를 판매하고 또 포도주의 사용도 따로 판매하려고 한다면, 그는 같은 물건을 두 번 판매하려는 것이거나, 존재하지 않는 것을 판매하려는 것이다. 그는 틀림없이 불의를 통해 죄를 범할 수밖에 없다. 유사한 근거로, 포도주나 밀을 꾸어주고 자기에게 이중의 보답을, 즉 하나는 같은 물건의 반환(復歸)을, 다른 하나는 "이자"라고 하는 사용의 대가를 요구하는 사람 역시 불의를 범한다.

그와 반대로 어떤 물건은, 집의 용도가 거주하는 데 있는 것이지 파

---

2. "이자를 위해 돈을 꾸어주는 것은 대죄다. 그러므로 그것은 금지되어 있어서 죄가 되는 것이 아니라, 오히려 그 자체로 죄를 따르며, 또 그 때문에 자연의 정의를 거스른다는 그 이유로 금지된 것이다."(*De Malo*, q.13, a.4)

dominio. Et propter hoc licite potest homo accipere pretium pro usu domus, et praeter hoc petere domum commodatam: sicut patet in conductione et locatione domus.³

Pecunia autem, secundum Philosophum, in V *Ethic.*⁴ et in I *Polit.*,⁵ principaliter est inventa ad commutationes faciendas: et ita proprius et principalis pecuniae usus est ipsius consumptio sive distractio, secundum quod in commutationes expenditur.⁶ Et propter hoc secundum se est illicitum pro usu pecuniae mutuatae accipere pretium, quod dicitur usura. Et sicut alia iniuste acquisita tenetur homo restituere, ita pecuniam quam per usuram accepit.

AD PRIMUM ergo dicendum quod usura ibi metaphorice accipitur pro superexcrescentia bonorum spiritualium, quam exigit Deus volens ut in bonis acceptis ab eo semper proficiamus. Quod est ad utilitatem nostram, non eius.⁷

AD SECUNDUM dicendum quod Iudaeis prohibitum fuit accipere usuram *a fratribus suis*, scilicet Iudaeis: per quod datur intelligi quod accipere usuram a quocumque homine est simpliciter malum; debemus enim omnem hominem habere *quasi proximum et fratrem*,⁸

---

3. Cf. q.61, a.3.
4. C.8, 1133a20-21; S. Thomas, lect.9, n.979.
5. C.9, 1257a35-41; S. Thomas, lect.7.
6. Cf. q.117, a.4.

괴하는 데 있지 않은 것처럼, 사용 자체가 소비가 아닌 물건이 있다. 따라서 그러한 경우, 두 가지가 별개로 부여될 수 있다. 예를 들어, 어떤 사람은 일정 기간 자기 집을 사용하면서 집의 소유권을 다른 사람에게 이전할 수 있거나, 반대로 그 집의 소유권을 갖고 있으면서 다른 사람에게 그 사용을 허락할 수 있다. 또 이런 이유로 사람은 집 사용의 대가를 합법적으로 취할 수 있다. 이것에 더하여, 집을 임대하고 임차하는 데에서 나타나는 것처럼, 그가 빌려준 집을 합법적으로 청구할 수 있다.[3]

실로 『니코마코스 윤리학』 제5권[4]과 『정치학』 제1권[5]에서 철학자를 따르면, 돈은 주로 교환을 목적으로 고안되었으므로 교환에 지급된다는 점에서 돈의 고유하고 주요한 사용은 소비나 양도(讓渡)에 있다.[6] 이런 이유로, 꾸어준 돈의 사용 때문에 대가를 취하는 것은 그 본성으로 불법행위다. 또 사람은 부당하게 가지게 된 물건을 반드시 반환해야 하는 것처럼, 그는 이자로 취한 돈 역시 반드시 반환해야 한다.

[해답] 1. [인용된] 그 구절에서 말하는 이자는 하느님께서 우리에게 요구하시는 정신적(영적) 선(재화)의 증가를 비유적으로 말한 것이라 받아들여야 한다. 그분께서는 언제나 우리가 그분한테 받은 선(재화)으로 전진하기를 바라시기 때문이다. 또 이는 그분의 실리가 아니라 우리 자신의 실리를 위한 것이다.[7]

2. 유대인들에게는 "자기 형제들", 즉 다른 유대인들한테 이자를 취

---

7. Cf. *De Malo*, loc. cit., ad16. 은유적 표현에서 논증을 끌어낼 수는 없다(ex metaphoricis locutionibus non posse argumentationem trahi).

praecipue in statu Evangelii, ad quod omnes vocantur. Unde in Psalm. [Ps. 14, 5] absolute dicitur: *Qui pecuniam suam non dedit ad usuram;* et Ezech. 18, [17]: *Qui usuram non acceperit.* Quod autem ab extraneis usuram acciperent, non fuit eis concessum quasi licitum, sed permissum ad maius malum vitandum: ne scilicet a Iudaeis, Deum colentibus, usuras acciperent, propter avaritiam, cui dediti erant, ut habetur Isaiae 56, [11].[9] — Quod autem in praemium promittitur, *Faenerabis gentibus multis* etc., faenus ibi large accipitur pro mutuo: sicut et *Eccli.* 29, [10] dicitur: *Multi non causa nequitiae non faenerati sunt,* idest *non mutuaverunt.* Promittitur ergo in praemium Iudaeis abundantia divitiarum, ex qua contingit quod aliis mutuare possint.

AD TERTIUM dicendum quod leges humanae dimittunt aliqua peccata impunita propter conditiones hominum imperfectorum, in quibus multae utilitates impedirentur si omnia peccata districte prohiberentur poenis adhibitis.[10] Et ideo usuras lex humana concessit, non quasi existimans eas esse secundum iustitiam, sed ne impedirentur utilitates multorum. Unde in ipso iure civili dicitur[11] quod *res quae usu consumuntur neque ratione naturali neque civili recipiunt usumfructum:* et[12] quod *Senatus non fecit earum rerum usumfructum,*

---

8. 시편 34,14.
9. "하지만 후에 예언자들을 통해" 유대인에게는 "이자를 완전히 금지하기 위한 권고가 내려진다."(*De Malo*, loc. cit., ad1.)
10. Cf. q.69, a.2, ad1; q.77, a.1, ad1; I-II, q.96, a.2.
11. *Instit.*, II, tit.4, §2: ed. Krueger, t.I, p.13 b.

하는 것이 금지되었다. 이것으로 우리는 누구한테도 이자를 취하는 것을 단적으로 악하다고 이해하게 된다. 우리는, 특별히 불림을 받은 복음의 나라에서, 모든 사람을 "이웃과 형제로서"[8] 대해야만 하기 때문이다. 그러므로 시편 14편 [5절]은 어떤 구별도 없이 다음과 같이 말하고 있다. "그는 이자를 받으려고 돈을 놓지 않는다." 또 에제키엘서 18장 [8절]은 다음과 같이 말하고 있다. "[의로운 …사람은] 이자를 받지 않는 자이다." 하지만 그들이 이방인들한테 이자를 취하는 것은 합법적 행위로서가 아니라, 더 큰 악을 회피하기 위한 것으로서 허락된 것이다. 이사야서 56장 [11절]을 따르면,[9] 그들은 탐욕에 쉽게 빠지고 있었다. 그래서 탐욕이라는 더 큰 악을 회피하기 위해서 하느님을 섬겼던 유대인들한테 이자를 취하지 못하도록 한 것이다. — "너희는 많은 민족들에게 꾸어줄 것이다."라며 일종의 상으로 그들에게 약속된 것은, "악의 없이 많은 이들이 꾸어주기를 거절한다."라는 집회서 29장 [7절]의 말씀에서 볼 수 있듯이, 넓은 의미로 받아들여져야 한다. 다시 말해, 많은 사람은 좀처럼 꾸어주려 하지 않는다. 하지만 유대인들은 보답으로 풍부한 부를 약속받아서, 그것으로 다른 이들에게 꾸어줄 수 있게 된다.

3. 인간의 법에서 어떤 것은, 불완전한 사람의 조건과 엄하게 금지되는 모든 죄에 벌이 엄하게 적용되면 많은 편의를 빼앗기게 될 사람의 조건 때문에, 처벌되지 않는다.[10] 인간의 법은 이자를 용인하는데, 그것은 이자를 정의에 따른 것으로 여겨서가 아니라, 많은 사람의 실리(편의)가 방해받지 않도록 하기 위해서일 뿐이다. 그러므로 다음과 같이 밝히고 있는 것은 바로 국법에서다.[11] "자연적 근거와 국법을 따라 사용됨으로써 소비되는 물건에 대해서는 용익권(사용권, 이용권)을 인

nec enim poterat; sed quasi usumfructum constituit, concedens scilicet usuras. Et Philosophus, naturali ratione ductus, dicit, in I *Polit.*,[13] quod *usuraria acquisitio pecuniarum est maxime praeter naturam.*

AD QUARTUM dicendum quod dare mutuum non semper tenetur homo: et ideo quantum ad hoc ponitur inter consilia. Sed quod homo lucrum de mutuo non quaerat, hoc cadit sub ratione praecepti. — Potest tamen dici consilium per comparationem ad dicta Pharisaeorum, qui putabant usuram aliquam esse licitam: sicut et dilectio inimicorum est consilium.[14] — Vel loquitur ibi non de spe usurarii lucri, sed de spe quae ponitur in homine. Non enim debemus mutuum dare, vel quodcumque bonum facere, propter spem hominis: sed propter spem Dei.

AD QUINTUM dicendum quod ille qui mutuare non tenetur recompensationem potest accipere eius quod fecit: sed non amplius debet exigere. Recompensatur autem sibi secundum aequalitatem iustitiae si tantum ei reddatur quantum mutuavit. Unde si amplius exigat pro usufructu rei quae alium usum non habet nisi consumptionem substantiae, exigit pretium eius quod non est. Et ita est iniusta exactio.

AD SEXTUM dicendum quod usus principalis vasorum argenteorum non est ipsa eorum consumptio: et ideo usus eorum potest vendi licite, servato dominio rei. Usus autem principalis pecuniae argenteae est distractio pecuniae in commutationes. Unde non licet eius usum vendere cum hoc quod aliquis velit eius restitutionem quod mutuo

정하지 않으며"¹² 또 "원로원은 그 같은 물건에 대해 용익권을 지정하지 않고 지정할 수도 없어서", 말하자면, 대신 이자를 용인함으로써, "유사(類似) 용익(用益)권을 제정한다." 더더욱 철학자는 자연적 근거를 따라서, 『정치학』 제1권¹³에서 다음과 같이 말하고 있다. "이자로 돈을 버는 것은 자연을 한참 벗어난 것이다."

4. 사람이 언제나 꾸어주어야 하는 것은 아니다. 또 이런 이유로 꾸어주는 것은 여러 권고 가운데 하나이다. 하지만 꾸어주는 것에서 이득을 찾지 말라는 것은 계명의 문제다.―비록 그것이 바리사이들의 격률들과 비교하여 보면 권고의 문제라 불릴지라도 그렇다. 바리사이들은 어떤 종류의 이자는 합법적이라고 여겼다. 자기 원수들을 사랑하는 것이 권고의 문제라는 것도 마찬가지다.¹⁴ 또 그분께서는, 같은 자리에서, 이자를 받아서 생기는 이득에 대한 희망이 아니라 사람 안에 새겨 넣어진 희망에 대해 말씀하신다. 그러므로 우리는 사람에 대한 희망 때문에 꾸어주거나 선행을 해서는 안 되며, 하느님께 대한 희망 때문에 꾸어주고 선행을 해야 한다.

5. 반드시 꾸어주지 않아도 되는 사람은 그 행위에 대한 보답을 취할 수 있지만, 그 이상을 요구해서는 안 된다. 실로 그가 꾸어준 만큼 받는다면 정의의 평등(공평)을 따라 보답을 받은 것이다. 그러므로 만일 그 본체(본질)로 소비뿐인 물건의 사용권으로 더 많은 것을 요구하는 경우, 그는 소비되어 존재하지 않는 것의 대가를 요구하는 것이며, 그래서 그의 요구는 부당하다.

---

12. *Instit.*, ibid. Cf. Dig., VII, tit.5, leg.1-2: ed Krueger, t,I, p.248 a.
13. C.10, 1258b7-8; S. Thomas, lect.8.
14. 마태 5,43-44 참조.

dedit.

Sciendum tamen quod secundarius usus argenteorum vasorum posset esse commutatio. Et talem usum eorum vendere non liceret. Et similiter potest esse aliquis alius secundarius usus pecuniae argenteae: ut puta si quis concederet pecuniam signatam ad ostentationem, vel ad ponendum loco pignoris. Et talem usum pecuniae licite homo vendere potest.[15]

AD SEPTIMUM dicendum quod ille qui dat usuram non simpliciter voluntarie dat, sed cum quadam necessitate, inquantum indiget pecuniam accipere mutuo, quam ille qui habet non vult sine usura mutuare.

Articulus 2
Utrum aliquis possit pro pecunia mutuata aliquam aliam commoditatem expetere

Ad secundum sic proceditur. Videtur quod aliquis possit pro pecunia mutuata aliquam aliam commoditatem expetere.

1. Unusquisque enim licite potest suae indemnitati consulere. Sed quandoque damnum aliquis patitur ex hoc quod pecuniam mutuat. Ergo licitum est ei, supra pecuniam mutuatam, aliquid aliud pro

6. 은으로 된 용기의 주요한 사용은 소비가 아니어서, 사람은 그 소유권을 유지하면서도 그 사용을 합법적으로 판매할 수 있다. 하지만 은화의 주요한 사용은 교환을 위한 양도다. 그래서 그 사용을 판매하고 동시에 꾸어준 것의 반환을 요구하는 것은 허용되지 않는다.

은으로 된 용기들의 부차적 사용은 교환일 수 있으며, 그 사용이 합법적으로 판매될 수 없다는 것을 알아야 한다. 마찬가지로 은화도 어떤 부차적 사용이 있을 수 있다. 예를 들어, 서명된 돈을 전시용으로 허락할 수 있으며, 또는 담보(서약) 대신에 은화를 사용할 수 있다. 또 사람은 돈의 그런 사용을 합법적으로 구매할 수 있다.[15]

7. 이자를 건네준 사람은 단순히 자발적으로 준 것이 아니다. 돈을 지닌 사람이 이자 없이는 꾸어주지 않으려 해서 그 돈을 꾸어야 하는 불가피함 때문에 이자를 건네준 것이다.

제2절 누구나 꾸어준 돈 때문에 다른 어떤 편의를 청구(요구)할 수 있는가?

Parall.: *De Malo*, q.13, a.4, ad13; *De Regim. Iudaeorum*, q.5.

[반론] 둘째 질문과 관련해서는 다음과 같이 전개된다. 꾸어준 돈에 대해 (이자 말고) 다른 어떤 편의를 청구할 수 있는 것으로 보인다.

1. 누구나 사람은 자신의 법적 책임을 합법적으로 면제받으려 할 수

---

15. Cf. Dig., VII, tit.1. leg.28: ed. Krueger, t.I, p.131 a.

damno expetere, vel etiam exigere.

2. Praeterea, unusquisque tenetur ex quodam debito honestatis *aliquid recompensare ei qui sibi gratiam fecit,* ut dicitur in V *Ethic.*.[1] Sed ille qui alicui in necessitate constituto pecuniam mutuat, gratiam facit: unde et gratiarum actio ei debetur. Ergo ille qui recipit tenetur naturali debito aliquid recompensare. Sed non videtur esse illicitum obligare se ad aliquid ad quod quis ex naturali iure tenetur. Ergo non videtur esse illicitum si aliquis, pecuniam alteri mutuans, in obligationem deducat aliquam recompensationem.

3. Praeterea, sicut est quoddam *munus a manu,* ita est *munus a lingua,* et *ab obsequio:* ut dicit Glossa[2] Isaiae 33, [15]: *Beatus qui excutit manus suas ab omni munere.*[3] Sed licet accipere servitium, vel etiam laudem, ab eo cui quis pecuniam mutuavit. Ergo, pari ratione, licet quodcumque aliud munus accipere.

4. Praeterea, eadem videtur esse comparatio dati ad datum et mutuati ad mutuatum. Sed licet pecuniam accipere pro alia pecunia data. Ergo licet accipere recompensationem alterius mutui pro pecunia mutuata.

5. Praeterea, magis a se pecuniam alienat qui, eam mutuando, dominium transfert, quam qui eam mercatori vel artifici committit. Sed licet lucrum accipere de pecunia commissa mercatori vel artifici. Ergo licet etiam lucrum accipere de pecunia mutuata.

6. Praeterea, pro pecunia mutuata potest homo pignus accipere, cuius usus posset aliquo pretio vendi: sicut cum impignoratur ager

있다. 실로 누구나 때때로 돈을 꾸어줌으로써 손실(손해)을 겪는다. 그러므로 꾸어준 돈 말고도, 그 손실 때문에 다른 어떤 것을 기대하거나 심지어 청구하는 것이 그에게는 합법적이다.

2. 『니코마코스 윤리학』 제5권[1]에서 말한 대로, 우리는 누구나 반드시, 정직(명예)의 빚(의무)으로서, "자신에게 은혜를 베푼 사람에게 무언가를 보답해야" 한다. 실로, 누군가 궁핍한 사람에게 돈을 꾸어주는 것은 은혜를 베푼 것이며, 그에게 행동으로 감사(은혜)의 빚을 안긴다. 그러므로 (그 은혜를) 받은 사람은 자연적인 빚으로 반드시 무언가를 보답해야 한다. 실로 누구나 자연법으로 반드시 해야 할 일에 자신을 묶는 것은 불법적으로 보이지 않는다. 그러므로 다른 사람에게 돈을 꾸어주면서 법적 의무 안에 무엇인가 그 보답을 끌어들인다면, 그것이 불법적인 것으로 보이지 않는다.

3. 다음과 같은 이사야서 33장 [15절]에 관한 주석[2]이 말하는 대로, 손에서 나오는 의무(실제 보답)가 있는 것처럼, 혀에서 또 순종에서 나오는 의무(보답)도 있다. "뇌물을 받지 않으려고 제 손을 뿌리치는 이는 복되다."[3] 실로 돈을 꾸어준 사람이 돈을 꾼 사람한테 예속(노역)이나 찬사를 취하는 것은 허용된다. 그러므로 똑같은 근거로, 다른 실제 보답을 취하는 것도 허용된다.

4. '주는 것과 주어지는 것'과의 관계는 '꾸어주는 것과 꾸는 것'과의 관계와 같은 것으로 보인다. 실로 주어진 돈에 대해 돈을 취하는 것은

---

1. C.8, 1133a4-5; S. Thomas, lect.8, n.974.
2. Interl. Cf. Gregorius, *In Evang.*, I, hom.4, n.4: PL 76, 1092 A.
3. Vulgata에는 *Beatus*가 없다: "우리 가운데 누가 이 영원한 불꽃 속에 머물 수 있느냐? …뇌물을 받지 않으려고 제 손을 뿌리치는 그다."

vel domus quae inhabitatur. Ergo licet aliquod lucrum habere de pecunia mutuata.

7. Praeterea, contingit quandoque quod aliquis carius vendit res suas ratione mutui; aut vilius emit quod est alterius; vel etiam pro dilatione pretium auget, vel pro acceleratione diminuit: in quibus omnibus videtur aliqua recompensatio fieri quasi pro mutuo pecuniae. Hoc autem non manifeste apparet illicitum. Ergo videtur licitum esse aliquod commodum de pecunia mutuata expectare, vel etiam exigere.

SED CONTRA est quod Ezech. 18, [17] dicitur, inter alia quae ad virum iustum requiruntur: *Usuram et superabundantiam non acceperit.*

RESPONDEO dicendum quod, secundum Philosophum, in IV *Ethic.*,[4] omne illud pro pecunia habetur *cuius pretium potest pecunia mensurari*. Et ideo sicut si aliquis pro pecunia mutuata, vel quacumque alia re quae ex ipso usu consumitur, pecuniam accipit ex pacto tacito vel expresso, peccat contra iustitiam, ut dictum est[5]; ita etiam quicumque ex pacto tacito vel expresso quodcumque aliud acceperit cuius pretium pecunia mensurari potest, simile peccatum incurrit. Si

---

4. C.1, 1119b26-27; S. Thomas, lect.1, n.653. Cf. q.100, a.2; q.117, a.2, ad2.

허용된다. 그러므로 꾸어준 돈에 대해 (돈을 꾼) 다른 사람의 보답을 취하는 것은 허용된다.

5. 게다가 돈을 꾸어주는 사람은, 돈을 꾸어줌으로써, 그에 대한 소유권을 상인이나 장인(匠人)에게 돈을 맡기는 사람보다, 자신에게서 더 멀리 이전시킨다. 실로 상인이나 장인에게 맡겨진 돈에 대해 이득을 취하는 것은 허용된다. 그러므로 꾸어준 돈에 대해 이득을 취하는 것 또한 허용된다.

6. 거주하는 땅이나 집을 담보로 내줄 때처럼, 꾸어준 돈 때문에 담보를 취할 수 있는데, 그 담보(물)의 사용(권)은 어떤 가격으로든 판매될 수 있다. 그러므로 꾸어준 돈에 대해 어느 정도 이득을 얻는 것은 허용된다.

7. 때때로 어떤 사람은 꾸어주겠다는 근거로 자기 물건을 높은 가격에 판매하는 일이 생긴다. 또는 다른 사람의 것을 낮은 가격에 구매하는 일도 생긴다. 또한 꾸어주는 것의 지연 때문에 [자기 물건의] 그 가격을 올린다. 빠르게 꾸어주는 것 때문에 [다른 사람 물건의] 가격을 내린다. 이 모든 일에서는 돈을 꾸어주는 것 때문에 어느 정도 보답이 이루어진 것처럼 보인다. 하지만 이것이 명백한 불법행위로 보이지는 않는다. 그러므로 꾸어준 돈에 대해 어떤 편의를 기대하거나 심지어 요구하는 것은 합법적으로 보인다.

[재반론] 에제키엘서 18장 [17절]은 의로운 사람에게 요구되는 것 가운데에는 "변리도 이자도 받지 않는 것"이 있다고 말한다.

[답변] 『니코마코스 윤리학』 제4권[4]의 철학자에 따르면, "그 가치가

vero accipiat aliquid huiusmodi non quasi exigens, nec quasi ex aliqua obligatione tacita vel expressa, sed sicut gratuitum donum, non peccat: quia etiam antequam pecuniam mutuasset, licite poterat aliquod donum gratis accipere, nec peioris conditionis efficitur per hoc quod mutuavit. — Recompensationem vero eorum quae pecunia non mensurantur licet pro mutuo exigere: puta benevolentiam et amorem eius qui mutuavit, vel aliquid huiusmodi.

AD PRIMUM ergo dicendum quod ille qui mutuum dat potest absque peccato in pactum deducere cum eo qui mutuum accipit recompensationem damni per quod subtrahitur sibi aliquid quod debet habere: hoc enim non est vendere usum pecuniae, sed damnum vitare. Et potest esse quod accipiens mutuum maius damnum evitet quam dans incurret, unde accipiens mutuum cum sua utilitate damnum alterius recompensat. — Recompensationem vero damni quod consideratur in hoc quod de pecunia non lucratur, non potest in pactum deducere: quia non debet vendere id quod nondum habet et potest impediri multipliciter ab habendo.[6]

AD SECUNDUM dicendum quod recompensatio alicuius beneficii dupliciter fieri potest. Uno quidem modo, ex debito iustitiae: ad quod aliquis ex certo pacto obligari potest. Et hoc debitum attenditur

---

5. A.1.
6. Cf. q.62, a.4.

돈으로 측정될 수 있는" 모든 것은 돈이라 여겨진다. 누군가 꾸어준 돈이나 무엇이든 사용 자체가 소비인 물건(소비재) 때문에 암묵적 또는 명시적 합의로 돈을 취한다면, 이미 말했듯이,[5] 정의에 반하는 죄를 범하는 것처럼, 누구든지 암묵적 또는 명시적 합의로, 무엇이든 가치가 돈으로 측정될 수 있는 것을 취하면, 그것도 마찬가지로 죄다. 하지만 요구한 것도 아니며, 암묵적 또는 명시적 합의의 의무로 해야 하는 것도 아니어서 그렇게 할 필요가 없는 선물(무상의 선물)과 같은 것을 취한다면, 죄를 범하지 않을 것이다. 그가 돈을 꾸어주기 전에도 자신에게 기쁨이 되는 선물을 취하는 것은 허용되며, 꾸어준 것 때문에 더 나쁜 사람이 되지도 않기 때문이다.—하지만 꾸어준 것 때문에 돈으로 측정되지 않는 방식의 보답을, 예를 들어 꾼 사람의 호의와 사랑과 같은 것을 요구하는 것은 허용된다.

[해답] 1. 돈을 꾸어준 사람은 마땅히 가져야 할 것이 빠져나가게 되어 손실을 겪을 수 있는데, 죄를 범하지 않고도 그 손실에 대한 보상을 돈을 꾼 사람과 (합의하여) 계약에 편입시킬 수 있다. 이는 돈의 사용(권)을 판매하는 것이 아니라 손실을 피하기 위한 것이다. 또 꾼 사람이 꾸어준 사람이 당한 것보다 더 큰 손실을 피하는 일이 있을 수도 있다. 여기에서 꾸는 사람이 다른 사람의 손실을 자기의 실리로 보답하는 것이다. 하지만 꾸어준 사람은, 돈에 대해 이득을 얻지 않는 것으로 여겨지는 보답을 계약에 편입시킬 수 없다. 아직 갖고 있지 않은 것을 팔아서는 안 되며, 다른 방식으로도 갖는 것을 방해받을 수 있기 때문이다.[6]

2. 누군가의 호의에 대한 보답은 두 가지로 이루어질 수 있다. 그 한 가지는 정의의 빚(의무)으로 이루어지는 방식으로서, 특정 계약으로 그

secundum quantitatem beneficii quod quis accepit. Et ideo ille qui accipit mutuum pecuniae, vel cuiuscumque similis rei cuius usus est eius consumptio, non tenetur ad plus recompensandum quam mutuo acceperit. Unde contra iustitiam est si ad plus reddendum obligetur. — Alio modo tenetur aliquis ad recompensandum beneficium ex debito amicitiae, in quo magis consideratur affectus ex quo aliquis beneficium contulit quam etiam quantitas eius quod fecit.[7] Et tali debito non competit civilis obligatio, per quam inducitur quaedam necessitas, ut non spontanea recompensatio fiat.

AD TERTIUM dicendum quod si aliquis ex pecunia mutuata expectet vel exigat, quasi per obligationem pacti taciti vel expressi, recompensationem muneris ab obsequio vel lingua, perinde est ac si expectaret vel exigeret munus a manu[8]: quia utrumque pecunia aestimari potest, ut patet in his qui locant operas suas, quas manu vel lingua exercent. Si vero munus ab obsequio vel lingua non quasi ex obligatione rei exhibeat, sed ex benevolentia, quae sub aestimatione pecuniae non cadit, licet hoc accipere et exigere et expectare.

AD QUARTUM dicendum quod pecunia non potest vendi pro pecunia ampliori quam sit quantitas pecuniae mutuatae, quae restituenda est: nec ibi aliquid est exigendum aut expectandum nisi benevolentiae affectus, qui sub aestimatione pecuniae non cadit, ex quo potest procedere spontanea mutuatio. Repugnat autem ei obligatio

---

7. Cf. q.106, a.5.

빚에 매일 수 있다(법적 의무 아래 놓일 수 있다). 또 이 빚의 양은 그가 받은 호의에 따라 적용된다. 그러므로 돈이나 그 사용이 소비인 물건을 꾼 사람은 자기가 꾼 것에 더하여 보답하지 않아도 된다(법적 의무가 없다). 따라서 꾼 것에 더 얹어서 되돌려주는 것에 매이게 된다면 그것은 정의를 거스르게 된다.—다른 방식으로서는, 우호적 관계의 빚(의무)으로서, 호의에 대해 보답하는 것에 매이게 된다. 여기서는, 한 일의 양보다는 받은 호의로 느끼는 정서가 고찰된다.[7] 또 특정 불가피함이 도입됨으로써 자발적 보답이 이루어질 수 없는 (반드시 무엇인가를 보답해야 하는), 국법의 의무는 우호적 관계의 의무에 적용될 수 없다.

3. 만일 누군가, 암묵적 또는 명시적 계약의 의무로 요구되는 보답처럼, 꾼 돈에 대해, 순종이나 혀에서 나오는 보답을 의무로 기대하거나 요구한다면, 그것은 마치 손에서 나오는 의무(실제 보답)를 기대하거나 요구하는 것과 마찬가지일 것이다.[8] 손이나 혀로 하는 보답의 일을 계약하는 사람들에게서 볼 수 있듯이, 둘 다 돈으로 평가될 수도 있기 때문이다. 하지만 순종이나 혀에서 나오는 보답이, 건네주려 할 물건에 대한 의무 같은 것에서 나온 것이 아니라, 돈으로 평가되지 않는 호의에서 나온 것이라면, 이를 취하고 요구하고 기대하는 것은 허용된다.

4. 돈은 반환되어야 하는 꾼(빌린) 돈의 양보다 더 많은 양의 돈을 받을 목적으로 판매될 수 없다. 돈을 꾸어주는 것은 돈으로 평가되지 않으며 또 자발적으로 꾸어주는 감사의 정서 말고는 어떤 것도 기대하고 요구하는 것이 아니어야 한다. 실로 그런 정서에는 미래에 꾸어주어야 할 의무에 대한 거부감이 있다. 그러한 의무조차도 돈으로 평가될 수

---

8. Cf. q.100, a.5.

q.78, a.2

ad mutuum in posterum faciendum: quia etiam talis obligatio pecunia aestimari posset. Et ideo licet simul mutuanti unum aliquid aliud mutuare: non autem licet eum obligare ad mutuum in posterum faciendum.

AD QUINTUM dicendum quod ille qui mutuat pecuniam transfert dominium pecuniae in eum cui mutuat. Unde ille cui pecunia mutuatur sub suo periculo tenet eam, et tenetur integre restituere. Unde non debet amplius exigere ille qui mutuavit. Sed ille qui committit pecuniam suam vel mercatori vel artifici per modum societatis cuiusdam, non transfert dominium pecuniae suae in illum, sed remanet eius, ita quod cum periculo ipsius mercator de ea negotiatur vel artifex operatur. Et ideo licite potest partem lucri inde provenientis expetere, tanquam de re sua.[9]

AD SEXTUM dicendum quod si quis pro pecunia sibi mutuata obliget rem aliquam cuius usus pretio aestimari potest, debet usum illius rei ille qui mutuavit computare in restitutionem eius quod mutuavit. Alioquin, si usum illius rei quasi gratis sibi superaddi velit, idem est ac si pecuniam acciperet pro mutuo, quod est usurarium: nisi forte esset talis res cuius usus sine pretio soleat concedi inter amicos, sicut patet de libro accommodato.

AD SEPTIMUM dicendum quod si aliquis carius velit vendere res suas quam sit iustum pretium, ut de pecunia solvenda emptorem ex-

---

9. 성 토마스에게 돈은 형상적으로 생산적인 것이 아니라 실질적으로 생산적이다.

있기 때문이다. 따라서 꾸어주는 사람에게는 동시에 다른 무엇인가를 꾸는 것이 허용되지만 자기에게 돈을 꾼 사람을 미래에 부담할 꾸어주어야 할 의무에 매는 것은 허용되지 않는다.

  5. 돈을 꾸어주는 사람은 돈의 소유권을 돈을 꾼 사람에게 이전한다. 돈을 꾼 사람은 그 돈을 자기의 책임 아래 두며, 전부 반환하는 것도 의무다. 그러므로 꾸어주는 사람은 더 많이 요구(청구)하지 말아야 한다. 하지만 자기 돈을 친교의 수단을 통해 상인이나 장인에게 맡긴 사람은 돈의 소유권을 그들에게 이전하지 않는다. 소유권은 그의 것으로 남는다. 그래서 상인이 그 돈으로 상거래를 하고, 장인이 그 돈으로 작업을 하는 것은 돈을 꾸어준 사람의 책임이다. 따라서 그는 그 돈에서 생긴 이득의 일부를, 마치 자기의 일에서 나온 것처럼, 합법적으로 기대할 수 있다.[9]

  6. 만일 누군가 자기가 꾼 돈 때문에 사용이 값어치로 평가될 수 있는 (자기의) 물건을 속박하면(담보로 잡히면), 반환할 때 물건(담보물)의 사용을 그 셈에 넣어야 한다. 그렇지 않으면, 마치 돈을 꾸어준 사람은 기쁨을 주는 것으로서만 그 담보물의 사용을 원하게 되며, 그것은 그가 꾸어준 돈의 대가로 돈을 취하는 것과 같은 것이 되는데, 그것은 이자와 마찬가지다. 그런 것이 아니라면 아마도, 그런 물건의 사용은 통상적으로 친구들 사이에서는, 책의 대여에서 알 수 있듯이, 아무런 대가 없이 그 사용만 용인될 것이다.

  7. 만일 누군가 자기 물건을 정당한 가격보다 높은 가격에 판매하기를 원하여 그 가격에 살 구매자를 기다린다면, 그것은 명백하게 이자가 [그 높은 가격에] 붙여진 것이다. 이런 식으로 기다리는 것은 (무엇인가를) 빌린(꾼) 것의 근거를 갖기 때문이다. 그래서 이런 식의 기다림

pectet, usura manifeste committitur: quia huiusmodi expectatio pretii solvendi habet rationem mutui; unde quidquid ultra iustum pretium pro huiusmodi expectatione exigitur, est quasi pretium mutui, quod pertinet ad rationem usurae. — Similiter etiam si quis emptor velit rem emere vilius quam sit iustum pretium, eo quod pecuniam ante solvit quam possit ei tradi, est peccatum usurae: quia etiam ista anticipatio solutionis pecuniae habet mutui rationem, cuius quoddam pretium est quod diminuitur de iusto pretio rei emptae.[10] — Si vero aliquis de iusto pretio velit diminuere ut pecuniam prius habeat, non peccat peccato usurae.

Articulus 3
Utrum quidquid aliquis de pecunia usuraria lucratus fuerit, reddere teneatur

Ad tertium sic proceditur. Videtur quod quidquid aliquis de pecunia usuraria lucratus fuerit, reddere teneatur.

1. Dicit enim Apostolus, *ad Rom.* 11, [16]: *Si radix sancta, et rami*. Ergo, eadem ratione, si radix infecta, et rami. Sed radix fuit usuraria. Ergo et quidquid ex ea acquisitum est, est usurarium. Ergo tenetur ad restitutionem illius.

---

10. Cf. *De emptione et venditione ad tempus* (*Opuscula omnia*, ed. P. Mandonnet, t.III, Parisiis,

(지연)의 대가로 얻은 정당한 가격 이외의 것은 무엇이나 다 빌린 것에 대한 가격과 같은 것이며, 그것이 이자의 근거에 속한다.—마찬가지로 어떤 구매자가, 물건이 자신에게 인도되기 전에 돈을 내기 때문에 정당한 가격보다 낮은 가격에 구매하기를 원한다면, 그것은 이자의 죄를 범하는 것이다. 돈을 적게 내려는 그 예상조차도 빌린(꾼) 것의 근거를 가지며, 그가 낸 물건의 가격은 판매된 물건의 정당한 가격에서 줄어든(감소한) 것이기 때문이다.[10]—하지만 만일 누군가 돈을 더 일찍 갖기 위해, 정당한 가격에서 내리는 것을 원한다면, 그는 이자의 죄를 범하지 않는다.

제3절 누구든 이자로 모인 돈에서 생긴 이득은 그것이 무엇이든 반드시 되돌려주어야 하는가?

Parall.: *Quodlib*. III, q.7, a.2, *De Regim. Iudaeorum*, qq.1 sqq.

[반론] 셋째 질문과 관련해서는 다음과 같이 전개된다. 누구든 이자로 모인 돈에서 생긴 이득은 그것이 무엇이든 반드시 되돌려주어야 하는 것으로 보인다.

1. 사도는 로마서 11장 [16절]에서 다음과 같이 말하고 있다. "뿌리가 거룩하면 가지들도 거룩합니다." 그러므로 똑같은 근거로, 뿌리가 썩으면 가지들도 썩는다. 하지만 뿌리는 이자로 감염된다. 거기에서

1927, pp.178 sq.)

2. Praeterea, sicut dicitur Extra, *de Usuris,* in illa decretali, *Cum tu sicut asseris*[1]: *Possessiones quae de usuris sunt comparatae debent vendi, et ipsarum pretia his a quibus sunt extorta restitui.* Ergo, eadem ratione, quidquid aliud ex pecunia usuraria acquiritur debet restitui.

3. Praeterea, illud quod aliquis emit de pecunia usuraria debetur sibi ratione pecuniae quam dedit. Non ergo habet maius ius in re quam acquisivit quam in pecunia quam dedit. Sed pecuniam usurariam tenebatur restituere. Ergo et illud quod ex ea acquirit tenetur restituere.

SED CONTRA, quilibet potest licite tenere id quod legitime acquisivit. Sed id quod acquiritur per pecuniam usurariam interdum legitime acquiritur. Ergo licite potest retineri.

RESPONDEO dicendum quod, sicut supra[2] dictum est, res quaedam sunt quarum usus est ipsarum rerum consumptio, quae non habent usumfructum, secundum iura.[3] Et ideo si talia fuerint per usuram extorta, puta denarii, triticum, vinum aut aliquid huiusmodi, non tenetur homo ad restituendum nisi id quod accepit:

---

1. *Decretal. Greg. IX*, V, tit.19, c.5: ed. Richter-Friedberg, t.II, p.813.

본 이득은 무엇이나 다 이자로 감염이 된다. 그러므로 그는 반환에 매여 있다(그는 반드시 그것을 반환해야 한다).

2. 교령('이자에 관한 당신의 주장에 대하여')은[1] 다음과 같이 말하고 있다. "이자로 [모인 돈으로] 마련된 소유물은 판매(매각)되어야 하며, 소유물 자체의 [매각] 금액은, [이자를] 강탈당한 사람에게 되돌려주어야 한다." 그러므로 똑같은 근거로, 그는 이자로 모인 것으로 획득한 것도 반드시 되돌려주어야 한다.

3. 이자로 모인 돈으로 구매한 물건은 그가 치른 돈 때문에 그의 것이 된다. 그러므로 그는 치른 돈에 대한 권리와 마찬가지로 구매한 물건에 대한 권리도 갖지 못한다. 하지만 그는 이자를 통해 획득한 돈을 반드시 되돌려주어야 한다. 그는 이자로 획득한 것도 반드시 되돌려주어야 한다.

[재반론] 누구나 합법적으로 획득한 것을 합법적으로 갖고 있을 수 있다. 실로 이자로 모인 돈을 통해 획득한 것은 때때로 합법적으로 획득된다. 그러므로 그것은 합법적으로 갖고 있을 수 있다.

[답변] 이미 말했듯이,[2] 그 사용 자체가 소비이면서도, 법에 따라,[3] 그 사용권이 없는(인정되지 않는) 물건이 있다. 그러므로 만일 데나리온, 밀, 포도주 등과 같은 물건을 이자로 모인 돈으로 획득했다면, 그가 취한 것 이상으로 반환할 의무는 없다. 실제로 그가 그 물건을 붙듦으로

---

2. A.1.
3. Ibid., ad3.

quia id quod de tali re est acquisitum non est fructus huius rei, sed humanae industriae. Nisi forte per detentionem talis rei alter sit damnificatus, amittendo aliquid de bonis suis: tunc enim tenetur ad recompensationem nocumenti.

Quaedam vero res sunt quarum usus non est earum consumptio: et talia habent usumfructum, sicut domus et ager et alia huiusmodi. Et ideo si quis domum alterius vel agrum per usuram extorsisset, non solum teneretur restituere domum vel agrum, sed etiam fructus inde perceptos: quia sunt fructus rerum quarum alius est dominus, et ideo ei debentur.[4]

AD PRIMUM ergo dicendum quod radix non solum habet rationem materiae, sicut pecunia usuraria: sed habet etiam aliqualiter rationem causae activae, inquantum administrat nutrimentum. Et ideo non est simile.

AD SECUNDUM dicendum quod possessiones quae de usuris sunt comparatae non sunt eorum quorum fuerunt usurae, sed illorum qui eas emerunt. Sunt tamen obligatae illis a quibus fuerunt usurae acceptae, sicut et alia bona usurarii. Et ideo non praecipitur quod assignentur illae possessiones his a quibus fuerunt acceptae usurae, quia forte plus valent quam usurae quas dederunt: sed praecipitur quod vendantur possessiones et earum pretia restituantur, scilicet secundum quantitatem usurae acceptae.

AD TERTIUM dicendum quod illud quod acquiritur de pecunia

써 다른 사람이 그의 물건 가운데 일부를 잃어서 해를 입지 않는 한, 그런 물건으로 획득한 것은 그 물건의 결실이 아니라 인간 노력의 결실이기 때문이다. 그런 경우가 아니면 그는 입힌 손실에 대해 반드시 보상해야 한다.

하지만 물건 가운데에는 그 사용이 소비가 아닌 것이 있다. 그런 물건에는 사용권이 있는데(허락되는데), 예를 들어서 집이나 땅 등이 그렇다. 그러므로 만일 어떤 사람이 이자로 모인 돈으로 다른 이한테 집이나 땅을 획득한다면, 그는 집이나 땅뿐만 아니라 거기에서 생긴 결실까지도 반드시 되돌려 놓아야 한다(반환해야 한다). 그것들은 다른 사람이 소유한 물건의 결실이며, 따라서 그에게 돌아가야 한다.[4]

[해답] 1. 뿌리는, 이자로 모인 돈처럼 물질의 근거만 갖는 것이 아니라, 양분을 공급하는 한 어떤 특징으로 능동적인 원인의 근거까지 갖는다. 그러므로 그런 비유는 유사하지도 않다.

2. 이자로 [모인 돈으로] 마련된 소유물은 이자를 지급한 사람이 아니라, 그것을 구매한 사람에게 속한다. 하지만 이자로 모인 돈으로 구매한 사람은, 다른 재화에 대해 갖는 것과 마찬가지로, 그 물건에 대해 어떤 권리를 가진다. 그래서 그 소유물이, 이자를 지급한 사람들에게 할당되어야 한다고 교령에는 규정되어 있지 않은데, 아마도 그 소유물은 그들이 이자로 지급한 그 이상의 가치를 지니기 때문일 것이다. 하지만 그 소유물은 매각(판매)되어야 하고, 물론 이자로 취한 돈의 양에 따라, 그 이익은 (원주인에게) 반환되어야 한다고 교령에 규정되어 있다.

---

4. Cf. q.87, a.2, ad2.

usuraria debetur quidem acquirenti propter pecuniam usurariam datam sicut propter causam instrumentalem: sed propter suam industriam sicut propter causam principalem. Et ideo plus iuris habet in re acquisita de pecunia usuraria quam in ipsa pecunia usuraria.

Articulus 4
Utrum liceat pecuniam accipere mutuo sub usura

Ad quartum sic proceditur. Videtur quod non liceat pecuniam accipere mutuo sub usura.

1. Dicit enim Apostolus, *Rom.* 1, [32], quod *digni sunt morte non solum qui faciunt peccata, sed etiam qui consentiunt facientibus.*[1] Sed ille qui accipit pecuniam mutuo sub usuris consentit usurario in suo peccato, et praebet ei occasionem peccandi. Ergo etiam ipse peccat.

2. Praeterea, pro nullo commodo temporali debet aliquis alteri quamcumque occasionem praebere peccandi: hoc enim pertinet ad rationem scandali activi, quod semper est peccatum, ut supra[2] dictum est. Sed ille qui petit mutuum ab usurario expresse dat ei occa-

---

1. Vulgata: ··· *digni sunt morte*; *et non solum qui ea faciunt, sed etiam qui consentiunt facientibus.*
2. Q.43, a.2.

3. 이자로 모인 돈으로 획득된 것은, 도구적인 원인으로 인한 이자 돈 때문이 아니라, 주요 원인으로 인한 그의 노력 때문에 획득하게 된 것이므로, 그것을 획득한 사람에게 돌아가야 한다. 그러므로 그는 이자로 모인 돈 자체에 대한 권리라기보다는 이자로 모인 돈으로 획득된 물건에 대한 권리를 갖는다.

제4절 이자의 조건으로 돈을 꾸는 것은 합법적인가?

Parall.: *In Sent.*, III, d.37, a.6, ad6.

[반론] 넷째 질문과 관련해서는 다음과 같이 전개된다. 이자의 조건으로 돈을 꾸는 것은 허용되지 않는 것으로 보인다.

1. 사도는 로마서 1장 [32절]에서 다음과 같이 말하고 있다. "이와 같은 짓을 저지르는 자들은 죽어 마땅하다는 하느님의 법규를 알면서도, 그들은 그런 짓을 할 뿐만 아니라 그 같은 짓을 저지르는 자들을 두둔하기까지 합니다."[1] 실로 이자의 조건으로 돈을 꾸는 자는 이자대금업자와 그 죄에 동의하여, 그에게 죄를 범할 기회를 준다. 그러므로 그도 죄를 범한다.

2. 누구도 세속의 편의 때문에 다른 이에게 죄를 범할 기회를 주어서는 안 된다. 이미 말했듯이,[2] 이는 능동적인 추문의 근거에 속하는데, 그것은 언제나 죄스럽기 때문이다. 실로 이자대금업자에게 꾸려는 사람은 노골적으로 그에게 죄를 범할 기회를 준다. 그러므로 그는 그 어떤 세속의 편의 때문이라 하더라도 용서받지 못한다.

sionem peccandi. Ergo pro nullo commodo temporali excusatur.

3. Praeterea, non minor videtur esse necessitas quandoque deponendi pecuniam suam apud usurarium quam mutuum accipiendi ab ipso. Sed deponere pecuniam apud usurarium videtur esse omnino illicitum: sicut illicitum esset deponere gladium apud furiosum, vel virginem committere luxurioso, seu cibum guloso. Ergo neque licitum est accipere mutuum ab usurario.

SED CONTRA, ille qui iniuriam patitur non peccat, secundum Philosophum, in V *Ethic.*[3]: unde iustitia non est media inter duo vitia, ut ibidem[4] dicitur. Sed usurarius peccat inquantum facit iniustitiam accipienti mutuum sub usuris. Ergo ille qui accipit mutuum sub usuris non peccat.

RESPONDEO dicendum quod inducere hominem ad peccandum nullo modo licet, uti tamen peccato alterius ad bonum licitum est: quia et Deus utitur omnibus peccatis ad aliquod bonum, ex quolibet enim malo elicit aliquod bonum, ut dicitur in *Enchiridio.*[5] Et ideo Augustinus[6] Publicolae quaerenti utrum liceret uti iuramento eius qui per falsos deos iurat, in quo manifeste peccat eis reverentiam divinam adhibens, respondit quod *qui utitur fide illius qui per falsos deos*

---

3. C.1, 1138a34-b1; S. Thomas, lect.17, n.1104.
4. C.5, 1133b32-1134a1; S. Thomas, lect.10, n.993.

3. 이자대금업자에게 꾸는 것 못지않게 그에게 돈을 맡기는 것도 때로는 필요한 것으로 보인다. 실로 심지어 자기 칼을 미친 사람에게 맡기거나, 처녀를 난봉꾼에게 맡기거나, 음식을 대식가에게 맡기는 것이 불법행위로 보이는 것과 마찬가지로, 이자대금업자에게 자기 돈을 맡기는 것은 전적으로 불법적인 것으로 보인다. 그러므로 이자대금업자에게 꾸는 것도 합법적이지 않다.

[재반론] 『니코마코스 윤리학』 제5권[3]에서, 철학자를 따르면, 위해를 당한 자는 죄를 범하지 않는다. 그러므로 정의는, 같은 책에서[4] 밝힌 대로, 두 악 사이의 중용이 아니다. 실로 이자대금업자는 이자의 조건으로 돈을 꾼 사람에게 불의를 행함으로써 죄를 범한다. 그러므로 이자의 조건으로 꾸는 사람은 죄를 범하지 않는다.

[답변] 사람을 죄짓게 하는 것(죄로 끌어들이는 것)은 어떤 식으로든 절대로 허용되지 않지만, 다른 사람의 죄를 선으로(좋은 목적으로) 끌어들이는 것은 합법적이다. 하느님께서도 모든 죄를 좋은 목적에 이용하시고, 또 『길잡이』[5]에서 말한 대로, 모든 악에서 어떤 선을 끌어내시기 때문이다. 그러므로 푸블리콜라가, 하느님께 바쳐야 할 공경을 거짓 신들에게 바쳤으므로 노골적으로 죄를 범한 것인데도, 거짓 신들에게 맹세한 사람이 한 서약을 이용하는 것이 합법적일 수 있는가를 물었을 때, 아우구스티누스는[6] 다음과 같이 응답하고 있다. "악한 목적(악)이

---

5. C.11: PL 40, 236.
6. Epist.47, al. 54, n.2: PL 33, 184.

iurat, non ad malum sed ad bonum, non peccato illius se sociat, quo per Daemonia iuravit, sed pacto bono eius, quo fidem servavit. Si tamen induceret eum ad iurandum per falsos deos, peccaret.

Ita etiam in proposito dicendum est quod nullo modo licet inducere aliquem ad mutuandum sub usuris: licet tamen ab eo qui hoc paratus est facere et usuras exercet, mutuum accipere sub usuris, propter aliquod bonum, quod est subventio suae necessitatis vel alterius. Sicut etiam licet ei qui incidit in latrones manifestare bona quae habet, quae latrones diripiendo peccant, ad hoc quod non occidatur: exemplo decem virorum qui dixerunt ad Ismahel, *Noli occidere nos: quia habemus thesaurum*[7] *in agro,* ut dicitur Ierem. 41, [8].[8]

AD PRIMUM ergo dicendum quod ille qui accipit pecuniam mutuo sub usuris non consentit in peccatum usurarii, sed utitur eo. Nec placet ei usurarum acceptio, sed mutuatio, quae est bona.

AD SECUNDUM dicendum quod ille qui accipit pecuniam mutuo sub usuris non dat usurario occasionem usuras accipiendi, sed mutuandi: ipse autem usurarius sumit occasionem peccandi ex malitia cordis sui. Unde scandalum passivum est ex parte sua: non autem activum ex parte petentis mutuum. Nec tamen propter huiusmodi

---

7. Vulgata: *thesauros.*

아니라 좋은 목적(선)을 위해 거짓 신들을 두고 맹세한 서약을 이용한 사람은 악마를 두고 맹세한 그 죄의 대상이 아니라, 자기 말을 지킨 선한 계약의 대상이 된다." 하지만 다른 사람을 거짓 신에게 맹세하도록 끌어들인다면 그는 죄를 범할 것이다.

따라서 우리는, 제기된 질문에 대해, 어떤 식으로든 이자의 조건으로 꾸어주도록 끌어들이는 것은 허용되지 않는다고 답해야 한다. 하지만 꾸어줄 준비가 되어 있으며 또 그 일을 업으로 하는 사람(이자대금업자)에게 이자의 조건에서 꾸는 것은 허용이 되는데, 그것은 꾼(빌린) 사람이, 자기나 다른 이의 빈곤 구제와 같은, 선한 목적(선) 때문이어야 한다. 따라서 예레미야서 41장 [8절]에서, 열 사람이 이스마엘에게 "우리를 죽이지 말아 주십시오. 우리에게는 밭에 보물 창고가[7] 있습니다."라고 말한 것을 모범으로, 도둑들 사이에 둘러싸인 어떤 사람이 자기 목숨을 구하기 위하여 자기 물건을 그들에게 보여주는(가리키는) 것은, 물론 도둑들은 그것을 취함으로써 죄를 범하지만, 위험에 빠진 사람에게는 허용된다.[8]

[해답] 1. 이자의 조건으로 돈을 꾸는 사람은 이자대금업자의 죄에 동의하는 것이 아니라 이자를 이용하는 것이다. 또 그 사람을 기쁘게 하는 것은 이자대금업자의 이자를 받아들인 것이 아니라, 그가 꾸어준다는 사실이 자기에게 좋아서다.

2. 이자의 조건으로 돈을 꾸는 사람은 이자대금업자에게 이자를 취할 기회를 주는 것이 아니라, 꾸어줄 기회를 주는 것이다. 마음의 악의

---

8. Cf. *De malo*, q.13, a.4, ad17-19.

scandalum passivum debet alius a mutuo petendo desistere, si indigeat: quia huiusmodi passivum scandalum non provenit ex infirmitate vel ignorantia, sed ex malitia.⁹

AD TERTIUM dicendum quod si quis committeret pecuniam suam usurario non habenti alias unde usuras exerceret; vel hac intentione committeret ut inde copiosius per usuram lucraretur; daret materiam peccanti. Unde et ipse esset particeps culpae. Si autem aliquis usurario alias habenti unde usuras exerceat, pecuniam suam committat ut tutius servetur, non peccat, sed utitur homine peccatore ad bonum.

---

9. Cf. q.43, a.8.

로 죄의 기회를 찾은 자는 이자대금업자이다. 그러므로 이자의 조건으로 돈을 꾸려는 사람에게는 수동적 추문은 있겠지만, 능동적 추문까지는 없다. 또 이 수동적 추문이 다른 사람이 필요할 때 꾸는 것을 단념해야 하는 이유가 되지도 않는다. 이 수동적 추문은 나약함이나 무지가 아니라 악의에서 나타나기 때문이다.[9]

3. 어떤 사람이, 이자를 실행할 다른 수단(방법)이 없거나 이자를 목적으로, 자기 돈으로 더 큰 이익을 얻을 의도로 이자대금업자에게 자기 돈을 맡긴다면, 그는 죄인에게 죄를 지을 질료를 주는 것이다. 그러므로 그 자체로 그는 죄의 참여자가 될 것이다. 하지만 만일 자기 돈을 맡을 이자대금업자가 이자를 실행할 다른 수단이 있다면, 또는 더 안전하게 그 돈을 보관하도록 그에게 자기 돈을 맡기는 사람은 죄를 범한 것이 아니라, 선한 목적(선)에 사람의 죄가 이용되도록 한 것이다.

QUAESTIO LXXIX
DE PARTIBUS QUASI INTEGRALIBUS IUSTITIAE
in quatuor articulos divisa

Deinde considerandum est de partibus quasi integralibus iustitiae,[1] quae sunt facere bonum et declinare a malo, et de vitiis oppositis.

Circa quod quaeruntur quatuor.

Primo: utrum duo praedicta sint partes iustitiae.

Secundo: utrum transgressio sit speciale peccatum.

Tertio: utrum omissio sit speciale peccatum.

Quarto: de comparatione omissionis ad transgressionem.

Articulus 1
Utrum declinare a malo et facere bonum sint partes iustitiae

Ad primum sic proceditur. Videtur quod declinare a malo et facere bonum non sint partes iustitiae.

1. Ad quamlibet enim virtutem pertinet facere bonum opus et vitare malum. Sed partes non excedunt totum. Ergo declinare a malo

제79문
정의의 유사 부분에 대하여
(전4절)

다음으로는 정의의 유사(類似) 부분을[1] 고찰해야 하는데, 그것은 '선을 행하기'와 '악에서 물러나기', 그리고 정반대의 악습이다. 이 주제와 관련하여 네 질문이 제기된다.

1. 이 두 가지는 정의의 필수 부분인가?
2. 그 위반(違反)은 특수한 죄인가?
3. 태만(怠慢, 부작위(不作爲))은 특수한 죄인가?
4. 위반과 태만 사이의 비교에 관하여

제1절 악에서 물러나기와 선을 행하기는 정의의 (필수) 부분인가?

Parall.: *In Psalm.* 33, 36

[반론] 첫 질문과 관련해서는 다음과 같이 전개된다. 악에서 물러나기와 선을 행하기는 정의의 부분이 아닌 것으로 보인다.

---

1. Cf. q.61, Introd. Cf. q.48, a.1 (de conceptu partis integralis).

et facere bonum non debent poni partes iustitiae, quae est quaedam virtus specialis.

2. Praeterea, super illud Psalm. [Ps. 33, 15], *Diverte a malo et fac bonum*, dicit Glossa[1]: *Illud vitat culpam*, scilicet divertere a malo; *hoc meretur vitam et palmam*, scilicet facere bonum. Sed quaelibet pars virtutis meretur vitam et palmam. Ergo declinare a malo non est pars iustitiae.

3. Praeterea, quaecumque ita se habent quod unum includitur in alio, non distinguuntur ab invicem sicut partes alicuius totius. Sed declinare a malo includitur in hoc quod est facere bonum: nullus enim simul facit malum et bonum. Ergo declinare a malo et facere bonum non sunt partes iustitiae.

SED CONTRA est quod Augustinus, in libro *de Corrept. et Grat.*,[2] ponit ad iustitiam legis pertinere *declinare a malo et facere bonum*.

RESPONDEO dicendum quod si loquamur de bono et malo in communi, facere bonum et vitare malum pertinet ad omnem virtutem. Et secundum hoc non possunt poni partes iustitiae, nisi forte iustitia accipiatur prout est *omnis virtus*.[3] Quamvis etiam iustitia hoc modo accepta respiciat quandam rationem boni specialem: prout sci-

---

1. Lombardus: PL 191, 343 A; cf. Ordin.: PL 113, 892 A. Cf. Cassiodorus, *Exposit. in Ps.*, super Ps. 33, 14: PL 70, 237 D.

1. 악에서 물러나고 선을 행하는 것은 모두 덕에 속한다. 하지만 부분들은 전체를 넘어서지 않는다. 그러므로 악에서 물러나기와 선을 행하기가 특수한 덕인 정의의 부분들로 여겨져서는 안 된다.

2. 시편 34편 [15절]의 "악을 피하고 선을 행하라."에 관한 주석은[1] 다음과 같이 말하고 있다. "전자", 즉 악을 피하기는 "탓을 회피하고, 후자", 즉 선을 행하기는 "생명과 영예(상)를 받을 가치가 있다." 하지만 덕의 어떤 부분이라도 생명과 영예를 받을 가치가 있다. 그러므로 악에서 물러나기는 정의의 부분이 아니다.

3. 하나가 다른 하나에 포함될 정도로 관련이 있는 사물은 전체의 부분들로서 서로 구별되지 않는다. 실로 악에서 물러나기는 선을 행하기에 포함된다. 누구도 악과 선을 동시에 행하지 않기 때문이다. 그러므로 악에서 물러나기와 선을 행하기는 정의의 부분이 아니다.

[재반론] 아우구스티누스는 『훈계와 은총』 제5권[2]에서 "악에서 물러나기와 선을 행하기"가 법의 정의에 속하는 것이라 여긴다.

[답변] 우리가 일반적인 선과 악에 관하여 말하는 경우라면, 선을 행하고 악을 피하는 것은 어느 덕에나 다 속한다. 또 이런 의미에서 그것들은, 정의가 "온전한 덕"이라는 의미로 받아들여지는 경우가[3] 아니라면, 정의의 부분들로 여겨질 수 없다. 그러나 정의가 "온전한 덕"이라는 의미로 받아들여지더라도, 정의는 선의 특수한 근거에, 말하자면

---

2. C.1, n.2: PL 44, 917.
3. Cf. q.58, a.5.

licet est debitum in ordine ad legem divinam vel humanam.

Sed iustitia secundum quod est specialis virtus, respicit bonum sub ratione debiti ad proximum. Et secundum hoc ad iustitiam specialem pertinet facere bonum sub ratione debiti in comparatione ad proximum, et vitare malum oppositum, scilicet quod est nocivum proximo. Ad iustitiam vero generalem pertinet facere bonum debitum in ordine ad communitatem vel ad Deum, et vitare malum oppositum.

Dicuntur autem haec duo partes iustitiae generalis vel specialis quasi integrales: quia utrumque eorum requiritur ad perfectum actum iustitiae. Ad iustitiam enim pertinet aequalitatem constituere in his quae sunt ad alterum, ut ex supradictis[4] patet. Eiusdem autem est aliquid constituere, et constitutum conservare. Constituit autem aliquis aequalitatem iustitiae faciendo bonum, idest reddendo alteri quod ei debetur. Conservat autem aequalitatem iustitiae iam constitutae declinando a malo, idest nullum nocumentum proximo inferendo.

AD PRIMUM ergo dicendum quod bonum et malum hic accipiuntur sub quadam speciali ratione, per quam appropriantur iustitiae. Ideo autem haec duo ponuntur partes iustitiae secundum aliquam propriam rationem boni et mali, non autem alterius alicuius virtutis moralis, quia aliae virtutes morales consistunt circa passiones, in quibus bonum facere est venire ad medium, quod est declinare ab extremis quasi a malis: et sic in idem redit quantum ad alias virtutes,

신적인 법이나 인간의 법에 합당한 것으로서의 선에 관여한다.

하지만 하나의 특수한 덕으로 여겨지는 정의는 자기 이웃에 합당한 것으로서의 선에 관여한다. 또 이런 의미로 자기 이웃에 합당한 것으로서 여겨지는 선을 행하는 것과 그 정반대의 악을, 말하자면 자기 이웃에 해로운 것을 회피하는 것은 특수한 정의에 속한다. 반면에 공동체에 또는 하느님께 관하여 선을 행하는 것과 그 정반대의 악을 회피하는 것은 일반적 정의에 속한다.

실로 이 둘을 일반적 또는 특수한 정의의 유사 부분이라 한다. 각각은 정의의 완벽한 행위를 위해 요구되기 때문이다. 위에서[4] 알 수 있듯이, 우리가 다른 사람과의 관계에서 평등(공평)을 확립하는 것은 정의에 속하기 때문이다. 또 그것(정의)이 확립한 것을 계속해서 확립하고 보존하는 것은 똑같은 원인에 속한다. 사실 누구나 선을 행함으로써, 즉 다른 이에게 그에 합당한 것을 돌려줌으로써, 정의의 평등(공평)을 확립한다. 또 그는 악을 멀리함으로써, 즉 그 이웃에게 아무런 해도 가하지 않음으로써, 이미 확립된 정의의 평등(공평)을 보존한다.

[해답] 1. 여기서 선과 악은 특수한 근거 아래서 고찰되는데, 그 특수한 근거를 통해서 선과 악은 정의에 충당(할당)된다. 이 둘이 선과 악의 특별한 근거 아래서 정의의 부분으로 여겨지면서도, 다른 도덕적 덕(지덕, 용덕, 절덕)의 부분들로 여겨지지 않는 이유는 다른 도덕적 덕들이 행하는 선이 중용을 준수하는 열정(열망)으로 관계하기 때문인데, 그것은 해악들로서의 극단적인 행위들을 회피하는 것과 같은 것이다.

---

4. Cf. q.58, a.10.

facere bonum et declinare a malo. Sed iustitia consistit circa operationes et res exteriores,[5] in quibus aliud est facere aequalitatem, et aliud est factam non corrumpere.

AD SECUNDUM dicendum quod declinare a malo, secundum quod ponitur pars iustitiae, non importat negationem puram, quod est non facere malum: hoc enim non meretur palmam, sed solum vitat poenam. Importat autem motum voluntatis repudiantis malum, ut ipsum nomen *declinationis* ostendit. Et hoc est meritorium: praecipue quando aliquis impugnatur ut malum faciat, et resistit.

AD TERTIUM dicendum quod facere bonum est actus completivus iustitiae, et quasi pars principalis eius. Declinare autem a malo est actus imperfectior, et secundaria pars eius. Et ideo est quasi pars materialis, sine qua non potest esse pars formalis completiva.

Articulus 2
Utrum transgressio sit speciale peccatum

Ad secundum sic proceditur. Videtur quod transgressio non sit speciale peccatum.

1. Nulla enim species ponitur in definitione generis. Sed transgres-

---

5. Cf. q.58, a.10.

그래서 다른 덕에 있어, 선을 행하는 것과 악에서 물러나는 것은 차이가 없다. 하지만 정의는 실행(행동)과 외부 사물[5]과 관계하는데, 그 점에서 평등(공평)을 확립하는 것과 확립된 평등을 방해하지 않는 것은 별개의 문제다.

2. 정의의 부분으로 여겨지는 '악에서 물러나기'가 순수한 부정인 '악을 행하지 않기'를 의미하지는 않는다. 이것은 영예(상)를 받을 가치가 있는 것이 아니라, 그저 벌을 회피하는 것이기 때문이다. 하지만 "물러나기"라는 용어가 보여주는 대로, 악을 받아들이지 않는다는 점에서 이는 의지의 움직임을 내포한다. 이는 칭찬할 만하다. 특별히 어떤 사람이 악을 행하게 하려는 부추김에 저항할 때 그렇다.

3. 선을 행하는 것은 정의의 완결적 행동이며, 말하자면 정의의 주요 부분이다. 악에서 물러나는 것은 더 불완전한 행동이며 덕의 부수(보조)적 부분이다. 그러므로 그것은, 말하자면 덕의 질료적인 부분이며, 형상적이며 완결적 부분의 필요조건이다.

제2절 위반은 특수한 죄인가?

[반론] 둘째 질문과 관련해서는 다음과 같이 전개된다. 위반은 특수한 종(種)의 죄가 아닌 것으로 보인다.

1. 그 유(類)의 개념에 어떤 종도 포함되어 있지 않다. 실로 위반은 죄의 개념에 포함되어 있다. 암브로시우스는[1] 죄가 "하느님 법의 위

---

1. *De Parad.*, c.8, n.39: PL 14, 292 D.

sio ponitur in communi definitione peccati: dicit enim Ambrosius[1] quod peccatum est *transgressio legis divinae.* Ergo transgressio non est species peccati.

2. Praeterea, nulla species excedit suum genus. Sed transgressio excedit peccatum: quia peccatum est *dictum vel factum vel concupitum contra legem Dei,* ut patet per Augustinum, XXII *contra Faust.*[2]; transgressio est etiam contra naturam vel consuetudinem. Ergo transgressio non est species peccati.

3. Praeterea, nulla species continet sub se omnes partes in quas dividitur genus. Sed peccatum transgressionis se extendit ad omnia vitia capitalia, et etiam ad peccata cordis, oris et operis. Ergo transgressio non est speciale peccatum.

SED CONTRA est quod opponitur speciali virtuti, scilicet iustitiae.

RESPONDEO dicendum quod nomen transgressionis a corporalibus motibus ad morales actus derivatum est. Dicitur autem aliquis secundum corporalem motum transgredi ex eo quod *graditur trans* terminum sibi praefixum. Terminus autem praefigitur homini, ut ultra non transeat, in moralibus per praeceptum negativum. Et ideo transgressio proprie dicitur ex eo quod aliquis agit aliquid contra praeceptum negativum.

Quod quidem materialiter potest esse commune omnibus speciebus peccatorum: quia per quamlibet speciem peccati mortalis homo

반"이라 말하고 있기 때문이다. 그러므로 위반은 죄의 종이 아니다.

2. 어떤 종(種)도 그 유를 넘어서지 않는다. 하지만 위반은 죄를 넘어선다. 아우구스티누스가 『마니교도 파우스투스 반박』 제22장[2]에서 말한 대로, 죄는 "하느님의 법을 거스르는 말, 행위, 또는 열망"이지만, 위반은 자연 또는 관습에 반하기 때문이다. 그러므로 위반은 죄의 한 종이 아니다.

3. 하나의 유는 여러 종으로 나뉘는데, 어떤 종도 유의 모든 부분을 포함하지 못한다. 하지만 위반의 죄는 생각, 말, 행동의 죄뿐만 아니라 모든 중대한 악으로 확장한다. 그러므로 위반은 특수한 죄가 아니다.

[재반론] 그것은 하나의 특수한 덕, 즉 정의에 반대된다.

[답변] 위반이란 말은 신체적 움직임에서 유래했고 도덕적 행위들에 적용된다. 실로 누군가 고정된 경계를 넘어[trans] 가게 될[greditur] 때, 우리는 그가 신체적 움직임으로 경계를 넘어선다(법을 어긴다)고 말한다. 또 사람이 도덕적 행동에 있어 넘어서는 안 될 경계를 정하는 것은 일종의 부정적 지침(명령)이다. 그러므로 법을 어기기는, 정확히 말해서, 부정적 지침을 거슬러 행동하기이다.

실로 질료로서 고찰된 위반은 죄의 모든 종에 공통적일 수 있다. 사람은 대죄(사죄)의 어떤 종으로도 하느님의 지침(명령)을 위반하기 때문이다.—하지만 만일 그것을 형상적으로 고찰한다면, 일종의 부정적 지침을 거스르는 행위의 특수한(고유한) 근거에서, 위반은 두 가지 양상

---

2. C.27: PL 42, 418.

transgreditur aliquod praeceptum divinum. — Sed si accipiatur formaliter, scilicet secundum hanc specialem rationem quod est facere contra praeceptum negativum, sic est speciale peccatum dupliciter. Uno quidem modo, secundum quod opponitur ad genera peccatorum opposita aliis virtutibus: sicut enim ad propriam rationem iustitiae legalis pertinet attendere debitum praecepti, ita ad propriam rationem transgressionis pertinet attendere contemptum praecepti. Alio modo, secundum quod distinguitur ab omissione, quae contrariatur praecepto affirmativo.[3]

AD PRIMUM ergo dicendum quod sicut iustitia legalis est *omnis virtus*[4] subiecto et quasi materialiter, ita etiam iniustitia legalis est materialiter omne peccatum. Et hoc modo peccatum definivit Ambrosius, secundum scilicet rationem iniustitiae legalis.

AD SECUNDUM dicendum quod inclinatio naturae pertinet ad praecepta legis naturalis.[5] Consuetudo etiam honesta habet vim praecepti: quia ut Augustinus dicit, in epistola *de Ieiunio Sabbati*,[6] *mos populi Dei pro lege habendus est*. Et ideo tam peccatum quam transgressio potest esse contra consuetudinem honestam et contra inclinationem naturalem.

AD TERTIUM dicendum quod omnes enumeratae species peccatorum possunt habere transgressionem non secundum proprias rationes, sed secundum quandam specialem rationem, ut dictum est.[7] — Peccatum tamen omissionis omnino a transgressione distinguitur.

으로 특수한 죄다. 한 양상은, 위반이 덕에 반대되는 죄의 종에 거스르지 않는 한, 그것은 특수한 죄이다. 지침(명령)을 구속력이 있는 것으로 생각하는 것이 법적 정의의 고유한 근거에 속하는 것과 마찬가지로, 지침(명령)을 경멸(모욕)의 대상으로 생각하는 것 역시 위반의 고유한 근거에 속하기 때문이다. 다른 양상은, 위반이 단언적 지침(명령)에 반대되는 태만(부작위)과 구별되는 한, 그것은 특수한 죄다.[3]

[해답] 1. 법적 정의가 그 주체로서 또 그 질료로서 "모든 덕"[4]인 것처럼, 법적 불의는 질료로서는 "모든 죄"이다. 암브로시우스는 죄를 이런 방식으로, 곧 법적 불의의 근거에 따라 정의하였다.

2. 자연적인 경향은 자연법의 지침(명령)에 관여한다.[5] 또 칭송할 만한 관습은 어떤 지침의 힘을 지닌다. 아우구스티누스가 그의 서간 『안식일의 금식에 관하여』[6]에서 말한 대로, "하느님 백성의 관습은 율법으로 여겨져야 하기" 때문이다. 그러므로 죄와 위반은 모두 칭송할 만한 관습도 자연적(본성적) 경향도 거스를 수 있다.

3. 만일 우리가 죄의 모든 종(모든 종류의 죄)을 각각의 근거를 따라서가 아니라, 말한 대로,[7] 하나의 특수한 근거를 따라서만 생각한다면, 죄의 모든 종은 위반을 포함할 수 있다.—하지만 태만(부작위)의 죄는 위반의 죄와 온전히 구별된다.

---

3. Cf. I-II, q.71, a.5, ad3.
4. Cf. q.58, a.5.
5. Cf. I-II, q.94, a.2, c et ad2.
6. Epist.36, al. 86, n.2: PL 33, 136.
7. 본론.

Articulus 3
Utrum omissio sit speciale peccatum

Ad tertium sic proceditur. Videtur quod omissio non sit speciale peccatum.

1. Omne enim peccatum aut est originale aut actuale. Sed omissio non est originale peccatum: quia non contrahitur per originem. Nec est actuale: quia potest esse absque omni actu, ut supra[1] habitum est, cum de peccatis in communi ageretur. Ergo omissio non est speciale peccatum.

2. Praeterea, omne peccatum est voluntarium. Sed omissio quandoque non est voluntaria, sed necessaria: puta cum mulier corrupta est quae virginitatem vovit; vel cum aliquis amittit rem quam restituere tenetur; vel cum sacerdos tenetur celebrare et habet aliquod impedimentum. Ergo omissio non semper est peccatum.

3. Praeterea, cuilibet speciali peccato est determinare aliquod tempus quando incipit esse. Sed hoc non est determinare in omissione: quia quandocumque non facit similiter se habet, nec tamen semper peccat. Ergo omissio non est speciale peccatum.

4. Praeterea, omne peccatum speciale speciali virtuti opponitur. Sed non est dare aliquam specialem virtutem cui omissio opponitur. Tum quia bonum cuiuslibet virtutis omitti potest. Tum quia iustitia, cui specialius videtur opponi, semper requirit aliquem actum, etiam

제3절 태만(부작위)은 특수한 죄인가?

Parall.: *In Sent.*, II, d.5, q.1, a.3, ad4.

[반론] 셋째 질문과 관련해서는 다음과 같이 전개된다. 태만(부작위)은 특수한 죄가 아닌 것으로 보인다.

1. 모든 죄는 원래의 죄이거나 실제의 죄다. 실로 부작위는, 처음부터 내내 계약되지 않았기에 원래의 죄가 아니며, 우리가 죄에 대해 일반적으로 논한다면, 이미 밝혔듯이,[1] 실제로 행동이 없는 것일 수 있기에 실제의 죄도 아니다. 그러므로 부작위는 특수한 죄가 아니다.

2. 모든 죄는 자발적이다. 실로 어떤 여인이 정결의 서약을 한 후 폭행을 당하는 경우, 복원(회복)해야 할 책무가 있는 것을 잊어버리는 경우, 또는 사제가 미사를 봉헌해야 할 의무가 있고 그것을 못 하게 되는 경우처럼, 때때로 태만(부작위)은 자발적이 아니라 피할 수 없다. 그러므로 태만(부작위)이 언제나 죄는 아니다.

3. 모든 특수한 죄에 대해서는, 언제 시작되는지 그 시간을 특정하는 것이 가능하다(있을 수 있다). 하지만 태만(부작위)에서는 시간을 특정하는 일이 있을 수 없다. 그때가 언제든 (태만이 일어날 때마다), 사람은 똑같은 방식으로 태만하지 않으며, 언제나 죄를 범하지도 않기 때문이다. 그러므로 태만은 특수한 죄가 아니다.

4. 모든 특수한 죄는 특수한 덕에 반대된다. 하지만 태만(부작위)이 어떤 덕에 반대되는지 그 특수한 덕을 지정하는 것이 가능하지 않다.

---

1. I-II, q.71, a.5.

in declinatione a malo, ut dictum est[2]: omissio autem potest esse absque omni actu. Ergo omissio non est speciale peccatum.

SED CONTRA est quod dicitur Iac. 4, [17]: *Scienti bonum et non facienti, peccatum est illi.*[3]

RESPONDEO dicendum quod omissio importat praetermissionem boni, non autem cuiuscumque, sed boni debiti. Bonum autem sub ratione debiti pertinet proprie ad iustitiam: ad legalem quidem, si debitum accipiatur in ordine ad legem divinam vel humanam; ad specialem autem iustitiam, secundum quod debitum consideratur in ordine ad proximum. Unde eo modo quo iustitia est specialis virtus, ut supra[4] habitum est, et omissio est speciale peccatum distinctum a peccatis quae opponuntur aliis virtutibus. Eo vero modo quo facere bonum, cui opponitur omissio, est quaedam specialis pars iustitiae distincta a declinatione mali, cui opponitur transgressio, etiam omissio a transgressione distinguitur.

AD PRIMUM ergo dicendum quod omissio non est peccatum originale, sed actuale: non quia habeat aliquem actum sibi essen-

---

2. A.1, ad 2.
3. Vulgata: *Scienti bonum facere et non facienti*, etc.

모든 덕의 선에 대해서 태만해질 수 있기 때문이다. 또 동시에, 말한 대로,[2] 그것이 더 특별히 반대되는 것으로 보일 수 있는, 정의는 악에서 물러나 있을 때도 언제나 행위를 요구하기 때문이다. 하지만 태만(부작위)은 온전한 행위 없이도 있을 수 있다. 그러므로 태만(부작위)은 특수한 죄가 아니다.

[재반론] 야고보서 4장 [17절]은 다음과 같이 말하고 있다. "좋은 일을 할 줄 알면서도 하지 않으면 곧 죄가 됩니다."[3]

[답변] 태만(부작위)은 참으로 모든 선의 불이행이 아니라, 그것이 마땅히 해야 할(빚을 진) 어떤 선의 불이행을 가져온다. 실로 마땅히 해야 할 근거 아래서, 선은 정확히(완전하게) 정의에 속한다. 마땅히 해야 할 선이 신적인 법이나 인간의 법을 향한 질서 안에서 받아들여지는 것이라면, 그 선은 법적 정의에 속한다. 하지만 마땅히 해야 할 선이 이웃을 향한 질서 안에서 고찰되는 것이라면, 그 선은 특수한 정의에 속한다. 그러므로 이미 말했듯이,[4] 정의가 하나의 특수한 덕인 것과 같이, 태만(부작위)은 다른 덕에 반대되는 죄의 특수한 부분이다. 정의의 특수한 부분은 위반에 반대된다. 마찬가지 양상으로 구별되는 하나의 특수한 죄이다. (선의) 태만에 반대가 되는 선을 행하기는, 악에서 물러남과 별개인 태만은 위반과 구별된다.

[해답] 1. 태만(부작위)은 원래의 죄가 아니라 실제의 죄이다. 태만에

---

4. Q.58, a.7.

tialem; sed secundum quod negatio actus reducitur ad genus actus. Et secundum hoc non agere accipitur ut agere quoddam, sicut supra[5] dictum est.

AD SECUNDUM dicendum quod omissio, sicut dictum est,[6] non est nisi boni debiti, ad quod aliquis tenetur. Nullus autem tenetur ad impossibile. Unde nullus, si non facit id quod facere non potest, peccat per omissionem. Mulier ergo corrupta quae virginitatem vovit, non omittit virginitatem non habendo, sed non poenitendo de peccato praeterito, vel non faciendo quod potest ad votum adimplendum per continentiae observantiam. Sacerdos etiam non tenetur dicere Missam nisi supposita debita opportunitate: quae si desit, non omittit. Et similiter aliquis tenetur ad restitutionem, supposita facultate: quam si non habet nec habere potest, non omittit, dummodo faciat quod potest. Et idem dicendum est in aliis.[7]

AD TERTIUM dicendum quod sicut peccatum transgressionis opponitur praeceptis negativis, quae pertinent ad declinandum a malo, ita peccatum omissionis opponitur praeceptis affirmativis, quae pertinent ad faciendum bonum. Praecepta autem affirmativa non obligant ad semper, sed ad tempus determinatum.[8] Et pro illo tempore pecca-

---

5. I-II, q.71, a.6, ad1.
6. 본론.
7. Cf. I-II, q.6, a.3; q.71, a.5. 실비우스의 다음과 같은 관찰도 함께 고려해야 한다: "태만의 죄의 본성과 귀책(전가)은 누군가가 행동하거나 말하거나 뜻(의도)하지 않을 수 없는 것을 자신의 자유의지로 행동하지 않거나 말하지 않거나 뜻(의도)하지 않는 데에 있다. 또 그래서 죄는 어떤 적극적 행위로 또한 행위의 고유한 실제 적극성으로 구성되지 않으며, 생략할 수 있

죄에 필수적인 어떤 행위가 있어서가 아니라, 행위의 거절(부인)이 행위의 유로 환원되기 때문이다. 또 이것을 따라서, 이미 말했듯이,[5] 행동하지 않는 것도 무엇인가를 행동하기 위한 것으로 받아들여진다.

2. 태만(부작위)은, 말한 대로,[6] 마땅히 해야 할 선(당위로서의 선), 그래서 누구나 반드시 해야 할 선(책무로서의 선)의 태만(부작위)이다. 실로 누구도 불가능한 일을 반드시 해야 하는 것은 아니다. 그러므로 할 수 없는 일을 하지 않는다면, 누구도 태만을 통해 죄를 범하지 않을 것이다. 따라서 정결의 서약을 한 폭행을 당한 여인은 태만(부작위)의 죄를 범하는데, 그것은 정결을 유지하지 않아서가 아니라, 지나간 죄를 뉘우치지 않아서, 또는 금욕을 준수함으로써 그 서약을 이행하기 위해 그녀가 할 수 있는 일을 하지 않아서이다. 또 사제는, 정당한 기회에 놓여 있지 않은 한, 반드시 미사를 봉헌해야 하는 것이 아니며, 만일 기회가 부족하더라도, 그는 태만(부작위)하지 않다. 마찬가지로, 누구라도, 그에게 수단(능력)이 있다는 가정에서, 반드시 반환(보상)해야 한다. 만일 그에게 수단이 없고 수단을 가질 수도 없다면, 그가 할 수 있는 일을 하는 한, 그는 태만하지 않다(태만의 죄를 범하지 않는다). 또한 다른 경우에도 똑같이 말해야 한다.[7]

3. 위반의 죄가 악에서 물러나는 것에 속하는 부정적 지침(명령)에 반대되는 것처럼, 태만(부작위)의 죄는, 선을 행하는 것에 속하는 단언적 지침에 반대된다. 실로 단언적 지침은 언제나 의무적으로 해야 하

는 것과 생략되어서는 안 되는 것이 생략되는 것이므로, 자유로운 의지의 행위로 구성된다. 하지만 자신의 탓으로 스스로 무능하게 되지 않았다면 그것을 지금 행사할 수 있거나 행사할 수 있었던 사람에 의해 행사되지 않았을 때가 아니라, 단언의 지침(명령)이 실제로 행사되어야 할 특정의 시간이 될 때, 그때 태만의 죄가 있거나, 또는 탓으로 전가되기 시작한다(cf. ad3)."(Silvius in h. a)

q.79, a.3

tum omissionis incipit esse.

Potest tamen contingere quod aliquis tunc sit impotens ad faciendum quod debet. Quod quidem si sit praeter eius culpam, non omittit, ut dictum est.[9] — Si vero sit propter eius culpam praecedentem, puta cum aliquis de sero se inebriavit et non potest surgere ad matutinas ut debet: dicunt quidam[10] quod tunc incoepit peccatum omissionis quando aliquis applicat se ad actum illicitum et incompossibilem cum illo actu ad quem tenetur. Sed hoc non videtur verum. Quia, dato quod excitaretur per violentiam et iret ad matutinas, non omitteret. Unde patet quod praecedens inebriatio non fuit omissio, sed omissionis causa. — Unde dicendum est quod omissio incipit ei imputari ad culpam quando fuit tempus operandi: tamen propter causam praecedentem, ex qua omissio sequens redditur voluntaria.

AD QUARTUM dicendum quod omissio directe opponitur iustitiae, ut dictum est[11]: non enim est omissio boni alicuius virtutis nisi sub ratione debiti, quod pertinet ad iustitiam. Plus autem requiritur ad actum virtutis meritorium quam ad demeritum culpae: quia *bonum est ex integra causa, malum autem ex singularibus defectibus*.[12] Et ideo ad iustitiae meritum requiritur actus: non autem ad omissionem.[13]

---

8 . Cf. q.3, a.2; q.33, a.2; q.140, a.2, ad2; I-II, q.71, a.5, ad3; q.88, a.1, ad2; q.100, a.10, c et ad2.
9 . Ad2.
10. Alexander Halens., *Summ. Theol.*, Ia-Ii, n.333: ad Claras Aquas, t.II, p.339.

는 일이 아니라, 특정된 시간에 의무적으로 해야 하는 일들이다.[8] 또 태만의 죄는 그 [특정] 시간부터 시작될 수 있다.

하지만 그 시간에 마땅히 해야 할 일을 할 수 없는 사정이 생길 수 있다. 또한 말한 대로,[9] 이 불능이 그의 탓을 넘어선 것이라면, 그는 태만하지 않다.—하지만 어떤 사람은[10] 이 불능이 예를 들어, 밤에 술 취해서 마땅히 해야 할 아침 기도에 맞춰 일어날 수 없듯이, 이전 탓 때문이라면, 그가 스스로 불법적인 행위를 반드시 해야 할 행위에 부합하지 않는 행위에 연루시키는 그때 태만의 죄가 시작된다고 말한다. 하지만 이는 진실이 아닌 것으로 보인다. 만일 그가 억지로 깨워져 아침 기도에 가게 되었다면, 그는 (아침 기도에) 태만하지 않았을 것이다. 그러므로 선행한(앞의) 음주는 태만이 아니라 태만의 원인이라는 것이 분명하다.—따라서 우리는 태만은 활동할 시간이 될 그때, 그에게 탓으로 전가되기 시작하지만, 그 탓은 선행 원인 때문이며, 그 선행 원인으로 인하여 이어진 그 태만이 자발적인 것이 된다고 말해야 한다.

4. 태만은, 말한 대로,[11] 정의에 직접 반대된다. 그것은 정의에 속하는 마땅히 해야 하는 것의 근거 아래서만, 어떤 덕의 선에 대한 태만(불이행)이기 때문이다. 잘못을 기꺼이 계속하는 행위보다는 가치 있는 덕을 위한 행위에 더 많은 것이 요구된다. "선은 온전한 원인에서 나오지만, 악은 각각의 결함에서 나오기"[12] 때문이다. 그러므로 정의의 공로를 위해서는 행위가 요구되지만, 태만에는 행위가 요구되지 않는다.[13]

Articulus 4
Utrum peccatum omissionis sit gravius quam peccatum transgressionis

Ad quartum sic proceditur. Videtur quod peccatum omissionis sit gravius quam peccatum transgressionis.

1. Delictum enim videtur idem esse quod derelictum[1]: et sic per consequens videtur idem esse omissioni. Sed delictum est gravius quam peccatum transgressionis: quia maiori expiatione indigebat, ut patet *Levit.* 5. Ergo peccatum omissionis est gravius quam peccatum transgressionis.

2. Praeterea, maiori bono maius malum opponitur: ut patet per Philosophum, in VIII *Ethic.*.[2] Sed facere bonum, cui opponitur omissio, est nobilior pars iustitiae quam declinare a malo, cui opponitur transgressio, ut ex supradictis[3] patet. Ergo omissio est gravius peccatum quam transgressio.

3. Praeterea, peccatum commissionis potest esse et veniale et mortale. Sed peccatum omissionis videtur esse semper mortale: quia opponitur praecepto affirmativo. Ergo omissio videtur esse gravius peccatum quam sit transgressio.

4. Praeterea, maior poena est poena damni, scilicet carentia visionis

---

1. Cf. Aug., *Quaest. in Lev.*, q.20: PL 34, 681.
2. C.12, 1160b9-12; S. Thomas, lect.10, n.1677.

제4절 태만의 죄가 위반의 죄보다 중대한가?

[반론] 넷째 질문과 관련해서는 다음과 같이 전개된다. 태만의 죄는 위반의 죄보다 중대한 것으로 보인다.

1. "과실(부주의)"은 "포기(버림, 떠남)"와¹ 같을 수 있고 태만(부작위)과도 같을 수 있는 것으로 보인다. 하지만 과실은 위반보다 중대하다. 레위기 5장에 나타난 대로, 더 많은 속죄가 요구되기 때문이다. 그러므로 태만의 죄는 위반의 죄보다 중대하다.

2. 『니코마코스 윤리학』 제8권²에서 철학자가 공언한 대로, 더 중대한 악은 더 중대한 선에 반대된다. 실로, 이미 말했듯이,³ 태만과 반대되는 선을 행하는 것은, 위반과 반대되는 악에서 물러나는 것보다 탁월한 정의의 부분이다. 그러므로 태만(부작위)은 위반보다 중대한 죄다.

3. 위반의 죄는 가벼운 죄이거나 대죄일 것이다. 하지만 태만의 죄는 언제나 대죄로 보인다. 단언적 지침(명령)에 반대되기 때문이다. 그러므로 태만은 위반보다 중대한 죄인 것으로 보인다.

4. 크리소스토무스가 『마태오복음서 강해 미완성 작품』⁴에서 밝힌 대로, 위반의 죄 때문에 마땅히 받아야 할 감각의 벌보다 큰 벌은 태만의 죄 때문에 마땅히 받아야 할 박탈, 즉 하느님을 보는 것을 놓치는 박탈의 벌이다. 실로 벌은 탓에 비례한다. 그러므로 태만의 죄가 위반의 죄보다 중대하다.

---

3. A.1, ad3.
4. Hom.23, al. 24, n.8: PG 57, 317.

divinae, quae debetur peccato omissionis, quam poena sensus, quae debetur peccato transgressionis: ut patet per Chrysostomum *super Matth.*.[4] Sed poena proportionatur culpae. Ergo gravius est peccatum omissionis quam transgressionis.

SED CONTRA est quod facilius est abstinere a malo faciendo quam implere bonum. Ergo gravius peccat qui non abstinet a malo faciendo, quod est transgredi, quam qui non implet bonum, quod est omittere.

RESPONDEO dicendum quod peccatum intantum est grave inquantum a virtute distat. *Contrarietas* autem *est maxima distantia*, ut dicitur in X *Metaphys.*.[5] Unde contrarium magis distat a suo contrario quam simplex eius negatio: sicut nigrum plus distat ab albo quam simpliciter non album; omne enim nigrum est non album, sed non convertitur. Manifestum est autem quod transgressio contrariatur actui virtutis, omissio autem importat negationem ipsius: puta peccatum omissionis est si quis parentibus debitam reverentiam non exhibeat, peccatum autem transgressionis si contumeliam vel quamcumque iniuriam eis inferat. Unde manifestum est quod, simpliciter et absolute loquendo, transgressio est gravius peccatum quam omissio: licet aliqua omissio possit esse gravior aliqua transgressione.[6]

AD PRIMUM ergo dicendum quod delictum communiter sump-

[재반론] 악한 행위를 참는(삼가는) 것이 선한 행위를 성취하는 것보다는 쉽다. 그러므로 어떤 악을 참지 않는 것, 즉 위반하는 행위를 참지 않는 것이, 어떤 선한 행위를 성취하지 않는 것, 즉 생략하는 것(태만, 부작위)보다 중대한 죄이다.

[답변] 덕에서 멀어져 있는 만큼 죄의 무게는 무거워진다. 실로 『형이상학』 제10권[5]에서 말한 대로, "정반대는 가장 멀리 떨어져 있는" 것이다. 그러므로 어떤 일은 그 일의 단순한 거절(부인)보다 그 정반대에서 더 멀리 떨어져 있다. 따라서 흑색은 비-백색인 것보다 백색에서 더 멀리 떨어져 있다. 흑색은 무엇이나 다 비-백색이지만, 그 반대는, 곧 비-백색이 모두 흑색은 아니기 때문이다. 실로 위반은 덕의 행위에 반하지만, 태만(부작위)이 그 거절을 가져온다는 것은 명백하다. 예를 들어 만일 누가 자기 부모에게 합당한 공경을 드러내지 않는다면, 그것은 태만의 죄이지만, 부모에게 불손하거나 어떤 식으로든 그들에게 해를 가하는 것은 위반의 죄이다. 그러므로 단순하게 또 절대적으로 말하면, 어떤 태만이 어떤 위반보다 중대할 수도 있지만,[6] 위반이 태만보다 중대한 죄이다.

[해답] 1. 과실은, 가장 일반적으로, 어떤 종류의 태만이든 그 태만을 지칭한다. 하지만 때때로 과실은 엄밀하게는 하느님께 속한 무엇인가에 대해 태만하게 된 것으로, 또는 때때로 사람이 알고서 또 어떤 경

---

5. C.4, 1055a9-10; S. Thomas, lect.5, nn.2025-2026.
6. 바로 말한 대로(ad1), "하느님께 속한 그것들 가운데 무엇인가 버려질 때, 또한 그것을 알게 되었을 때 등"이 있다.

tum significat quamcumque omissionem. Quandoque tamen stricte accipitur pro eo quod omittitur aliquid de his quae pertinent ad Deum: vel quando scienter et quasi cum quodam contemptu derelinquit homo id quod facere debet. Et sic habet quandam gravitatem, ratione cuius maiori expiatione indiget.

AD SECUNDUM dicendum quod ei quod est facere bonum opponitur et non facere bonum, quod est omittere, et facere malum, quod est transgredi: sed primum contradictorie, secundum contrarie, quod importat maiorem distantiam. Et ideo transgressio est gravius peccatum.

AD TERTIUM dicendum quod sicut omissio opponitur praeceptis affirmativis, ita transgressio opponitur praeceptis negativis. Et ideo utrumque, si proprie accipiatur, importat rationem peccati mortalis. Potest autem large dici transgressio vel omissio ex eo quod aliquid sit praeter praecepta affirmativa vel negativa, disponens ad oppositum ipsorum. Et sic utrumque, large accipiendo, potest esse peccatum veniale.

AD QUARTUM dicendum quod peccato transgressionis respondet et poena damni, propter aversionem a Deo; et poena sensus, propter inordinatam conversionem ad bonum commutabile.7 Similiter etiam omissioni non solum debetur poena damni, sed etiam poena sensus: secundum illud Matth. 7, [19]: *Omnis arbor quae non facit fructum bonum, excidetur et in ignem mittetur*. Et hoc propter radicem ex qua procedit: licet non habeat ex necessitate actualem conversionem ad aliquod bonum commutabile.

멸 같은 것을 품고서, 마땅히 해야 할 일을 떠날 때 (과실로) 받아들여진다. 그렇게 과실(태만)은 어떤 중대함을 갖는데, 그것을 근거로 더 큰 속죄를 요구한다.

2. 선을 행하는 것은 태만한 것(생략하는 것)과 악을 행하는 것에 모두 반대된다. 태만한 것은(선을 행하지 않는 것은) 선을 행하는 것과 모순적으로 반대되지만, 악을 행하는 것은(위반하는 것은) 선을 행하는 것과 정반대로 반대되는데, 그것은 선을 행하는 것에서 가장 멀리 떨어져 있음을 의미한다. 그러므로 위반이 더 중대한 죄다. 또 악을 행하는 것은 위반하는 것이다.

3. 태만이 단언적 지침(명령)에 반대되는 것처럼, 위반은 부정적 지침에 반대된다. 그러므로 엄밀히 말하면, 그 둘 다 대죄의 근거를 갖게 된다. 하지만 위반과 태만은 대체로 그런 지침의 정반대 경향을 보임으로써, 단언적이거나 부정적인 지침의 위배, 말하자면 넓은 의미로, 가벼운 죄라고 말할 수 있다.

4. 하느님으로부터의 혐오로 인한 박탈의 벌과 교환할 수 있는 선(인간의 선과 외부 사물의 선)을 향한 무질서한 전환으로 인한 감각의 벌은 모두 위반의 죄에 해당한다.[7] 마찬가지로 "좋은 열매를 맺지 않는 나무는 모두 잘려 불에 던져진다."라고 한 마태오복음서 7장 [19절]을 따라서, 태만에는 박탈의 벌뿐만 아니라 감각의 벌까지도 마땅하다. 또 태만이 불가피하게 교환할 수 있는 어떤 선으로 전환한다고 할 수는 없더라도, 그것이 자라 나오는 뿌리로 인하여 박탈과 감각의 벌은 마땅하다.

---

7 . Cf. I-II, q.87, a.4.

⟨주제 색인⟩

[ㄱ]

가난(indigentia) 281, 285, 311
가벼운(levis) 235, 313, 317, 319, 339, 379, 401, 403, 509, 513
가중(加重)하다(aggravo, exaggero) 115, 231
가치가 있다(mereo) 491
간음(fornicatio) 65, 79, 85, 115, 158
간통(adulterium) 65, 79, 115, 153, 345, 347, 349, 351
갈라놓다(disrumpo) 371
감각(sensus) 109, 169, 245, 289, 509, 513
감금(incarceratio) 93, 107, 109
감소(줄임, diminutio) 133, 407, 475
강도(强盜, rapinam) 51, 117, 137, 139, 141, 159, 161, 163, 165, 167, 169, 249, 351
강제(강압, coactio) 101, 105
개연성(probabilitas) 179, 269, 331
거짓(falsitas) 47, 71, 73, 173, 210, 211, 213, 215, 221, 227, 229, 235, 251, 253, 273, 275, 293, 331, 431, 483, 485
거짓말(mendacium) 39, 157, 158, 227, 229, 231, 235, 251, 273, 275, 336, 415, 441
걸림돌(추문, scandalum) 137, 149, 249, 267, 487
걸맞지 않음(indecentia) 55, 57, 259, 289, 291
겁주기(협박, comminatio) 101, 105
결핍(박탈, privatio) 281, 509, 513
결함(defectus) 60, 183, 289, 291, 311, 327, 341, 347, 381, 411, 423, 425, 431, 433, 435, 437
경멸(contemptio) 79, 351, 371, 499
경솔(levitas) 213, 215, 243

경의(reverentia) 19
경향(inclinatio) 245, 327, 371, 379, 381, 385, 443, 499, 513
계명(지침, 명령, praeceptum) 125, 143, 229, 371, 461
고발(accusatio) 171, 187, 189, 199, 203, 205, 207, 209, 210, 211, 213, 215, 217, 219, 221, 233
고백(confessio) 235, 257
고요(quies) 109, 377
고위 성직자(praelatus) 11, 15, 17, 21, 23, 57
공공의 권한(potestas publica) 59, 63, 65, 95, 97, 99, 163, 185, 193, 195
공공의(publica, publicum) 49, 77, 83, 163, 175, 429
공동선(bonum commune) 15, 19, 41, 47, 49, 73, 83, 99, 165, 205, 213, 215
공동의 실리(utilitas commune) 15, 17, 51, 415
공동의 안녕(salus commune) 51
공로(meritum) 507
공모(praevaricatio) 210, 211, 213, 215, 211, 221
공모자(praevaricator) 213
공법(lex publica) 183
공인(persona publica) 31, 183
공평(aequitas) 5, 27, 143, 219, 243, 417, 419, 421, 423, 461, 493, 495 → 평등
과실(부주의, delictum) 509, 511, 513
과업(opus) 281, 287, 291, 297, 299
관리(시여, 처리, dispensatio) 99, 159
관면(dispensatio) 17
교만(자존심, superbia) 21, 325, 327
교우 관계(우정, amicitia) 365, 367, 369, 371, 375
교정(correctio, emendatio) 103, 105, 189, 203, 211, 315, 343
교환 정의(iustitia commutativa) 3, 27, 29, 31, 62, 150, 171, 421
교환(commutatio) 31, 113, 335, 411, 413, 441, 443, 447, 457, 463
교회법(canon) 87, 91, 207, 209
구매(emptio) 411, 413, 415, 421, 431, 439, 445

구속(救贖, redemptio) 157
구원(안녕, salus) 82, 83, 127, 253, 269, 271
구타(때리는 것, verberatio) 93, 101, 103, 105, 113
군주(princeps) 23, 27, 49, 55, 57, 105, 113, 161, 163, 165, 195, 215, 217, 221, 243, 249
권위(auctoritas) 47, 49, 51, 57, 83, 85, 145, 165, 239, 247, 253, 257, 267, 287, 429
권한(potestas) 49, 51, 53, 61, 65, 77, 103, 105, 109, 119, 121, 128, 129, 141, 161, 175, 177, 181, 183, 195, 197, 239, 241, 243, 247
궤변으로(calumniose) 233, 235, 241
기만(dolo) 135, 145, 167, 235, 297
기원(祈願)하다(opto) 393, 395
기원(起源, origo) 305, 327, 353
기피(tergiversatio) 211, 215, 239
기회(oportunitas) 189, 213, 283, 287, 351, 433, 435, 481, 485, 487, 505
꾸다(mutuo) 449, 451, 453, 459, 461, 463, 467, 469, 471, 473, 481, 485, 487

[ㄴ]
남용하다(abutor) 109
내면의(internum) 169
노골적인(manifestus) 329, 333, 335, 395
노예살이(servitium) 45
누설하다(revelo) 201, 253

[ㄷ]
대가(pretium) 279, 299, 300, 301, 303, 345, 449, 451, 455, 457, 461, 473, 475
대죄(사죄, peccatum mortale) 33, 39, 69, 117, 149, 151, 153, 155, 227, 229, 251, 273, 275, 305, 313, 315, 331, 339, 341, 343, 357, 373, 379, 381, 387, 401, 403, 455, 497, 509, 513
덕(virtus) 9, 23, 25, 237, 313, 419, 431, 437, 491, 493, 495, 497, 499, 501, 503,

507, 511
도구인(도구적 원인, causa instrumentalis) 481
도둑질(절도, furtum) 37, 135, 137, 143, 149, 151, 167
독성(瀆聖, 모독, blasphemia) 153, 349, 351, 399, 405, 409
돈을 버는 것(acquisitio pecuniarum) 461
등급(gradus) 429

[ㅁ]
마땅하다(debitus) 57, 255, 265, 295, 355, 395, 481, 513
면제, 면속(exemptus) 173, 177, 191, 211
명령하다(impero) 19, 21, 45, 47, 49, 53, 67, 73, 79, 83, 85, 405, 121, 125, 131, 143, 145, 159, 161, 165, 199, 201, 210, 213, 229, 241, 249, 257, 259, 271, 359, 387, 391, 393, 403, 405, 407, 409, 431
명성(fama) 265, 331, 333, 335, 337, 341, 343, 349, 359, 365, 367, 369, 371, 375, 377, 407
명예(honor) 3, 19, 21, 23, 25, 77, 197, 307, 309, 311, 315, 317, 323, 331, 335, 375, 377, 383, 465
목적(finis) 35, 81, 83, 87, 128, 129, 139, 141, 155, 193, 201, 235, 323, 327, 335, 353, 363, 371, 375, 377, 442, 443, 483, 485, 487
몸짓으로 멸시하는 것(subsannatio) 373, 375
무너뜨리다(mortifico) 33, 37
무류적(무오류의, infallibilis) 269
무죄하다(innocens, innoxius) 221
무지(ignorantia) 141, 169, 211, 273, 295, 335, 421, 487
무지하다(ignoro) 291
물러나기(declino) 489, 491, 495

[ㅂ]
박탈 65, 73, 82, 97, 99, 275, 377, 509, 513 → 결핍
방면(사면, remissio) 105, 191, 193, 195, 213, 217, 221

방식(양상, modus) 15, 29, 57, 71, 89, 99, 153, 127, 207, 213, 215, 221, 235, 237, 241, 247, 249, 257, 261, 275, 289, 295, 307, 311, 319, 333, 337, 355, 357, 392, 393, 399, 407, 415, 455, 497, 499, 501, 503

방어(defensio) 77, 81, 83, 85, 171, 225, 233, 235, 241, 245, 247, 279, 281, 283, 287, 289, 291, 293, 295, 297, 299, 300, 301, 303

벌(poena) 27, 29, 35, 55, 57, 69, 91, 95, 103, 105, 149, 151, 153, 173, 189, 191, 193, 195, 197, 205, 217, 219, 221, 231, 233, 237, 241, 247, 267, 273, 293, 311, 315, 389, 393, 395, 397, 399, 405, 407, 459, 495, 509, 513

범죄(crimen) 47, 55, 91, 133, 177, 185, 187, 189, 199, 203, 207, 210, 211, 213, 215, 231, 235, 269, 291

법(lex) 83, 125, 131, 157, 161, 165, 169, 173, 175, 195, 197, 228, 229, 235, 237, 243, 245, 253, 257, 259, 271, 287, 293, 299, 303, 369, 371, 419, 431, 451, 453, 459, 491, 497, 503

법적 방어(법정 변호, patrocinium) 279, 281, 283, 285, 287, 289, 291, 295, 297, 299, 300, 301, 303

법적 질서(정의의 명령, ordo iuris) 149

변호인(advocatus) 279, 281, 285, 287, 289, 291, 293, 295, 297, 300, 301, 303

보관(custodia) 137, 143, 147

보답(recompensatio) 299, 455, 459, 461, 465, 467, 469, 471

보복의 형벌(talio) 217, 219, 221

보수(remuneratio) 303, 443

보편적(universalis) 99

복수(vindicatio) 39, 43, 105, 319, 351

본능(instinctus) 175

본성(자연, natura) 60, 61, 71, 95, 99, 121, 122, 245, 395, 397, 429

본체 109, 427, 428, 461 → 실체

부당(불공평, iniquitas, cf. iniustus) 5, 27, 29, 455

분노(성냄, 화, ira) 313, 319, 325, 327, 329, 345, 351

분배 정의(iustitia distributiva) 3, 5, 9, 27, 29, 62

불가피(필요, necessitas) 159, 231, 281, 287, 291, 471, 483

불능(impotentia) 289, 291, 507
불명예(dehonor) 307, 377
불손(모욕, contumelia) 47, 77, 305, 309, 311, 313, 319, 325, 329, 333, 335, 337, 345, 351, 357, 373, 375, 379, 385, 407
불의(iniustitia) 11, 59, 139, 158, 163, 171, 211, 251, 275, 279, 293, 297, 307, 311, 425, 455, 483, 499
불평등(inaequalitas) 27, 29, 455
불행(miseria) 65, 321
비난(탄핵, denuntiatio) 187, 189, 203, 207, 311
비례(proportio) 5, 7, 9, 15, 29, 317
비밀(arcanum, occultum) 137, 139, 141, 201, 205, 253, 257, 297, 337
비용(stipendium) 128, 303
비자발적(본의 아닌, involuntaria) 113, 139, 141, 335
빚(의무, debitum) 145, 201, 229, 287, 357, 413, 437, 465, 469, 471

[ㅅ]
사기(fraus) 13, 136, 145, 167, 169, 235, 253, 315, 411, 415, 419, 425, 427, 435
사랑, 애정(dilectio) 65, 151, 227, 231, 287, 345, 461, 469
사랑하다(diligio, amo) 60, 61, 81, 151, 163, 201, 305, 371, 461
사면하다(absolvo) 193, 195, 213, 215
사물의 공동체(communitas rerum) 131
사물의 질서(ordo rerum) 35
사용(usus) 35, 121, 125, 129, 281, 429, 435, 455, 457, 463, 467, 469, 473, 477
사인(私人, persona privata) 31, 47, 51, 97, 113, 163, 183, 203
사적인(privatus) 83, 205, 323
사형 선고(damnatio ad mortem) 245, 247
사회정의(iustitia socialis) 62, 150, 295
살인(homicidium) 31, 33, 37, 59, 62, 63, 65, 73, 77, 79, 83, 85, 87, 89, 91, 109, 135, 158, 345, 347, 349, 351, 405
살해하다(죽이다, occido) 31, 33, 37, 39, 41, 43, 45, 47, 49, 51, 55, 57, 59, 63,

65, 67, 69, 71, 73, 77, 79, 81, 83, 85, 87, 91, 95, 105, 245, 249, 259, 345, 409, 485
상(praemium) 459, 491, 495
상거래(negotiatio) 23, 439, 441, 443, 445, 473
상관의(superior) 75, 177, 195, 205, 229, 239, 253, 255, 257, 327
서면(scriptum) 199, 205, 207, 209, 211
선(bonum) 67, 97, 109, 125, 151, 247, 269, 271, 323, 343, 347, 349, 359, 383, 389, 395, 403, 483, 489, 491, 493, 495, 503, 505, 507, 509, 513
선성(善性, bonitas) 197, 269
선점(praeoccupans) 131
소문 퍼뜨리기(험담, 속삭이기, susurratio) 305, 331, 361, 363, 367, 369, 371, 373, 407
소비하다(consumo) 455
소소한(vilis) 57, 331, 381, 401, 403
소송(causa) 265, 279, 281, 283, 285, 287, 289, 291, 293, 295, 297, 299, 301, 303
소유(possessio) 117, 119, 121, 125, 127, 129, 131, 135, 139, 165, 315, 445, 479
속죄(poenitentia) 65, 155, 509, 513
손상시키다(corrumpo) 29, 97, 291, 317, 335, 343, 375, 437
숨기다(celo) 215, 229, 231, 297
식별하다(discerno) 317
신적인 것(divina, divinum) 349
신적인 정의(iustitia divina) 107, 185, 393
신체 부위 절단(mutilatio membrorum) 55, 93, 95, 97, 99, 105, 109, 135
실정법(ius positivum) 131
실증의(demonstrativa) 260
실체(본체, substantia) 109, 427, 461
심사(사법심사, examen) 207, 209

[ㅇ]
아량(liberalitas) 9

악담(저주, maledictio) 151, 305, 387, 389, 393, 397, 399, 401, 403, 405, 407, 409

악의(malitia) 155, 215, 459, 485, 487

악평(infamia) 187, 189, 199, 219, 221, 223, 235, 255, 267, 287

안전(securitas) 377

약속하다(repromitto) 257, 453, 459

약탈(latrocinium) 163, 165

양(수량, quantitas) 419, 423, 425, 427, 471

양심(의식, conscientia) 17, 181, 185, 189, 377

억류(유치, detentio) 109, 133, 137, 143

연결된 사람(persona coniuncta) 111, 113, 135, 271, 285, 291

열등(minoratio) 157, 159

열망(갈망, concupitum) 69, 493, 497

영광(gloria) 71, 227, 229, 351, 377

영예(상, palma) 491, 495

영적 권한(potestas spiritualis) 53

영적 재화(교회적인 것들, spiritualis) 3, 11, 13, 15, 17

영혼(anima) 69, 82, 95, 151, 265, 311, 347, 429

오류(error) 75, 127, 217, 221, 313

온유(mansuetudo) 325

온전(온전함, integritas) 103, 109, 425, 439, 491, 503, 507

완전성(완성, perfectio) 122, 205

완화하다(relaxo) 105, 173, 191, 193, 195, 349

외부 사물(res exterior) 117, 119, 120, 121, 122, 123, 125, 127, 129, 313, 347, 349, 369, 495

외적(externum) 169, 289

욕구(appetitus) 105, 441, 443, 447

욕망(concupiscentia) 101

용서(venia) 67, 75, 219, 227, 295, 481

우발적 살인(homicidium casuale) 33, 87

우유(偶有, accidens) 73, 275, 315, 341, 349, 393, 407, 417, 428

521

움직임(motus) 265, 401, 495, 497
원인(causa) 7, 9, 11, 17, 19, 21, 23, 87, 89, 105, 137, 241, 253, 265, 287, 289, 317, 325, 389, 391, 405, 407, 427, 447, 479, 481, 493, 507
위반(transgressio) 173, 177, 228, 489, 495~499, 503, 505, 509~513
위임(commissio) 49, 55, 63, 97, 175, 195
위증(falsum testimonium) 273, 277
위해(iniuria, nocumentum) 29, 31, 43, 51, 61, 73, 93~115, 117, 137, 143, 151, 153, 155, 167, 169, 171, 193, 195, 197, 203, 211, 212, 213, 217, 219, 221, 231, 241, 255, 257, 305, 329, 331, 335, 369, 375, 377, 379, 392, 483
유(類, genus) 107, 139, 141, 275, 313, 343, 349, 403, 495, 497, 505
유용성(실리, 이익, utilitas) 417, 427, 429
유지(생계, sustentatio) 123
육체, 육신(corpus) 79, 95, 311, 345, 347, 349
은밀하게(secreto) 67, 133, 135, 145, 257, 335
은밀한(occultus) 143, 331, 333, 335, 339, 343
은총(gratia) 5, 9, 15, 491
은폐(occultatio) 13, 137, 257, 297
의도(지향, intentio) 85, 87, 99, 111, 315, 375, 393, 504
의무(debitum) 145, 201, 229, 257, 287, 357, 413, 415, 437, 465, 469, 471
의지(voluntas) 83, 107, 111, 121, 153, 169, 257, 297, 327, 409, 419, 495, 505
이득(lucrum) 303, 443, 445, 449, 451, 461, 467, 469, 473, 475, 477
이성(ratio) 35, 77, 153, 249, 327, 387, 397, 399
이성의 질서(명령)(ordo rationis) 45
이웃(proximum) 47, 71, 157, 275, 277, 287, 345, 347, 349, 351, 353, 369, 403, 415, 493, 503
이자(고리, usura) 411, 449, 451, 455, 463, 473, 475, 481
이중적(duplex) 9, 405, 441
인간의 것(인간적인, humanus) 183
인간의 정의(iustitia humana) 39, 43, 107, 109, 185
입(oris) 353, 367

입증(증거, probatio) 139, 181, 235

[ㅈ]
자발(의도)적인(voluntarius) 89, 411, 507
자비(misericordia) 27, 105, 115, 191, 195, 197, 281, 283, 287, 291, 299, 301
자선(eleemosyna) 103, 157
자연 35, 45, 95, 99, 120, 143, 157, 245, 429, 455, 461, 497, 499 → 본성
자연법(ius naturalis) 61, 131, 465, 499
자연의 권리(자연권, ius naturale) 157, 159, 257
자연의 법칙(ius naturalis) 159, 245
자유재량(중재, libero arbitrium) 63, 65, 79, 177, 195
장소(locus) 173, 263, 265, 281, 283, 285, 399, 429, 445
재량(중재, arbitrium) 159, 181, 195
재판 당사자(피고발인, reus) 171, 179, 189, 193, 195, 207, 211, 213, 215, 217, 219, 221, 225~249, 253, 257, 261, 265, 303
재판((법적 절차, iudicium) 27, 29, 39, 49, 55, 57, 75, 171~197, 209, 229, 231, 235, 237, 239~245, 253, 259, 261, 265, 267, 275, 279,~303, 305
재판관(iudex) 7, 27, 29, 47, 51, 71, 73, 75, 83, 85, 158, 159~197, 207, 209, 215, 217, 219, 223, 228, 229, 231, 235, 239, 241, 243, 245, 247, 255, 265, 267, 273, 289, 299, 303, 317, 393
재화(bona, proprietas) 3, 11~19, 119, 123, 125, 127, 147, 157, 159, 163, 442, 457, 479
저항하다(resisto) 61, 245, 247, 249, 321, 355, 357, 359, 421, 495
적합(적절)하다(dignus, idoneus) 7, 9, 15, 17, 183, 429, 433, 441
전리품(praeda) 145, 161, 163, 165
전유(專有)하다(approprio) 127
전쟁(bellum) 163, 165, 297
절도(節度, moderatio) 83, 105, 301, 317, 323, 443
절제(節制, temperantia) 115
정서(정감, affectus) 69, 315, 323, 389, 391, 395, 403, 471

정신(mens) 99, 291, 299, 303, 325, 349, 401, 447, 457
정의(iustitia) 3, 5, 9, 13, 15, 29, 31, 39, 43, 59, 61, 62, 63, 71, 73, 75, 103, 107, 109, 115, 117, 135, 139, 141, 145, 149, 150, 158, 163, 165, 167, 171, 179, 181, 185, 187, 207, 219, 225, 241, 243, 249, 253, 255, 257, 273, 278, 291, 301, 303, 331, 333, 339, 343, 393, 417, 421, 423, 437, 439, 443, 453, 455, 459, 461, 469, 471, 483, 489~513
정의의 질서(명령)(ordo iustitae) 71, 109, 229, 249, 255
제출하다(propono) 181, 183, 235, 273
조롱(derisio) 305, 373~385, 407
존엄(dignitas) 5, 7, 9, 11, 15, 17, 19, 25, 45, 113, 121, 267
종(種, species) 67, 81, 117, 137, 141, 158, 271, 281, 311, 313, 371, 375, 377, 381, 425, 495, 497, 499
죄(peccatum) 3, 5, 9, 11, 13, 15, 17, 19~29, 31, 35, 37, 39, 41, 43, 45, 47, 51, 59, 61, 63, 65, 67, 69, 71, 73, 75, 79, 83, 85, 89, 93, 95, 99, 107, 111, 113, 115, 117, 131, 133, 135, 137~149, 150, 151, 158, 161~169, 177, 181, 189, 197, 199, 201, 203, 213, 215, 217, 221, 225~249, 261, 269, 273, 275, 277, 279, 285, 287, 293~297, 301, 307, 313, 317, 319, 325, 327, 331, 333, 335, 337, 339, 341, 343, 345, 347, 348, 349, 351, 353~359, 361~371, 373, 377, 379, 381, 383, 385, 387, 395, 397, 399, 401, 403~409, 411, 413, 425, 439, 441, 443, 445, 449~487, 489, 495~499, 501~507, 509~513
주석(glossa) 7, 13, 21, 23, 85, 231, 241, 255, 309, 339, 341, 343, 345, 363, 365, 377, 389, 405, 465, 491
주요 원인(ausa principalis) 481
주요한 사람(persona principalis) 111, 113
중대함(무게, gravitas) 351, 353, 371, 403, 513
중상(中傷, calumnia) 201, 211, 213, 215, 221, 225, 253, 331, 365, 367
중용(medium) 483, 493
중재인(심판, arbiter) 27, 33, 43, 63, 145, 151, 153, 175, 177, 179, 183, 185, 187, 189, 197, 203, 235, 237, 243, 247, 267, 395
증언(testimonium) 71, 171, 173, 201, 205, 234, 251~277, 299, 303, 317, 377

지배, 지배권(dominium) 63, 119, 121, 122, 123, 175
지식(scientia) 181, 185, 191, 299, 303, 473
지원(subsidium) 49, 120, 157, 159, 243, 295
지향 443, 455 → 의도
지혜(sapientiae) 43, 45, 109, 233, 237, 249, 323, 325, 355
직무(직책, officium) 53, 55, 57, 77, 179, 211, 241, 279, 287, 289, 291, 323, 433
직할의(통상적, ordinarius) 175, 239, 243
진리(진실, veritas) 153, 177, 179, 181, 183, 191, 211, 225, 227, 229, 231, 235, 236, 251, 253, 255, 257, 259, 261, 271, 303, 333, 337, 347, 353, 355, 423, 429, 431, 437, 507
질(품질, qualitas) 423, 425, 427, 429
질료(materia) 107, 109, 293, 317, 341, 363, 371, 377, 425, 487, 495, 497, 499
질서(명령, ordo) 33, 35, 37, 41, 43, 45, 49, 57, 71, 73, 97, 99, 109, 127, 129, 157, 229, 235, 247, 249, 253, 255, 259, 327, 349, 399, 503
짐승(bestia) 31, 33, 35, 37, 41, 45, 47, 51

[ㅊ]
차이(diversitas) 29, 125, 203, 209, 219, 335, 337, 429, 495
참사랑(카리타스, caritas) 41, 61, 62, 63, 73, 82, 125, 150, 151, 201, 205, 227, 323, 339, 379, 383, 403
창조물(피조물, creatura) 61, 119, 121, 387, 397~401, 409
척도(mensura) 423, 425, 429
충실(fidelitas) 201, 205, 281
측정하다(mensuro) 417, 423, 425, 429, 469
치욕(ignominio) 59, 169
친교(일치, communio) 127, 259, 263, 265, 267, 363, 375, 413, 473
친척(친족, 혈족, consanguineus) 7, 11, 15, 17, 115, 283, 299
침묵하다(taceo) 210, 235, 255, 285, 319, 321, 325
침해(violatio, laesio) 29, 273, 275

[ㅋ]
쾌락(delectatio) 139

[ㅌ]
타락(corruptio) 65, 203, 245, 257
탁월성(excellentia) 311
탁월하다(praeemineo) 17, 307, 405
탐욕(cupiditas) 165, 323, 441, 443, 459
탓(culpa) 87, 97, 109, 149, 151, 153, 251, 267, 311, 317, 347, 389, 396, 405, 407, 409, 431, 435, 491, 505, 507, 509
태만(부작위, omissio) 243, 357, 489, 499, 501~507, 509~513
특권(특전, beneficium) 11
특수한(particula) 99, 489, 191, 493, 495~497, 499, 501, 503

[ㅍ]
파멸시키다(없애버리다, interficio) 47, 49, 53, 57, 59, 61, 63, 65, 67, 69, 87, 249, 321
파문(anathematio) 243, 393
판결(선고, sententia) 63, 71, 75, 179, 187, 225, 231, 241, 247, 249, 273, 303, 405
판매(venditio) 301, 411~447, 455, 463, 467, 471, 473, 475, 477, 479
편견을 갖다(선입견을 갖다, praeiudico) 265
편애(偏愛, 사람을 편애하는 행위 acceptio personarum) 3~29
편의(commodum) 43, 199, 203, 415, 433, 459, 463, 467, 481
폄훼(비방, detractio) 305, 331~359, 361~371, 375, 377, 379, 385, 391, 403~409
평가하다(aestimo, penso) 24, 51, 73, 245, 275, 375, 381, 429, 442, 443, 471, 473
평등(aequalitas) 5, 27, 143, 219, 243, 417, 419, 421, 423, 461, 493, 495 → 공평
포기(derelictum) 210, 213, 253, 297, 509
폭력(violentia) 65, 83, 133, 137, 139, 141, 163, 165, 167, 169, 225, 249, 345, 347
표지(signum) 25, 37, 137, 209, 315, 405
풍부함(copia) 429

피(생명, sanguis) 233, 237
필요 17, 41, 81, 83, 120, 145, 177, 415, 429, 433, 435, 441, 443, 445, 447, 449
→ 불가피

[ㅎ]
하느님 섭리(divina providentia) 33, 37, 79
하느님 지혜의 질서(명령)(ordo sapientiae Dei) 43, 109
하느님의 모상(imago Dei) 121
하느님의 봉사자(교역자, 복무자, Dei minister) 53, 55, 57
항소(appellatio) 225, 239~245
해로운(perniciosus) 171, 237, 309, 435, 493
해방(자유, liberatio) 43, 75, 227, 233, 245, 249, 255, 273, 389, 392
행하기(facio) 489, 491, 503
현명(prudentia) 63, 235, 267
현세의(temporalis) 15, 153
형벌하다(punio) 87, 97, 109, 153, 177, 189, 197, 203, 217, 219, 255, 397
형상(형식, forma) 293, 363, 428, 429
확실성(certitudo) 209, 245, 259, 261, 269, 277
회개(poenitentia) 39, 43, 65, 82, 93, 213, 379, 383
회피하다(vito) 65, 67, 89, 99, 213, 415, 451, 459, 493, 495
훈육(disciplina) 103, 105, 317
희소성(inopia) 429

〈인명 색인〉

그라티아누스(Gratianus) 223
그레고리우스 9세(Gregorius IX) 12
그레고리우스(Gregorius) 21, 175, 230, 269, 281, 323, 327, 345, 347, 353, 379, 383, 397, 399
니콜라우스(Nicolaus) 79
다마셰누스(Damascenus) 93, 377
두란두스 데 오스카(Durandus de Osca) 39, 125
디오니시우스(Dionysius) 49
레오 4세(Leo IV) 177
레오 13세(Leo XIII) 76, 125
루도비쿠스 아우구스투스(Ludovicus Augustus) 177
바실리우스(Basilius) 119, 125, 131
베네딕토 14세(Benedictus XIV) 451
베르나르두스(Bernardus) 357
비오 1세(Pius I) 355
비오 9세(Pius IX) 125
비오 11세(Pius XI) 125
아리스토텔레스(Aristoteles) 19, 35, 39, 45, 61, 65, 67, 87, 101, 105, 121, 139, 155, 175, 187, 195, 219, 261, 263, 313, 327, 329, 351, 369, 413, 415, 423, 441, 443, 457, 461, 467, 483, 509
아우구스티누스(Augustinus) 13, 21, 35, 37, 39, 43, 49, 59, 67, 77, 83, 87, 89, 127, 147, 153, 157, 165, 181, 195, 251, 253, 257, 263, 283, 299, 301, 309, 319, 321, 339, 343, 401, 413, 419, 427, 429, 441, 483, 491, 497, 499
알렉산데르 7세(Alexander VII) 47, 179, 451
암브로시우스(Ambrosius) 119, 127, 131, 133, 157, 161, 187, 423, 433, 495, 499
이시도루스(Isidorus) 135, 139, 309, 361, 379
인노첸시우스 3세(Innocentius III) 39, 125

인노첸시우스 11세(Innocentius XI) 69, 77, 179, 331
젤라시우스(Gelasius) 217, 221
카시오도루스(Cassiodorus) 439
크리소스토무스(Chrysostomus) 99, 227, 265, 321, 405, 439, 443, 445, 509
클레멘스(Clemens) 351
키케로(Tullius Cicero) 297, 415, 431
하드리아누스(Hadrianus) 219
히에로니무스(Hieronymus) 22, 355, 439

〈고전작품 색인〉

그라티아누스
  『교령집』(*Decretum*) 48, 76, 79, 86, 89, 127, 133, 147, 157, 174, 177, 180, 186, 200, 201, 204, 206, 207, 211, 216, 218, 222, 232, 238, 239, 253, 259, 269, 288, 292, 350, 354

그레고리우스
  『서간집』(*Regist.*) 268, 347
  『에제키엘서 강해』(*Hom. in Ezech.*) 323, 353
  『욥기의 도덕적 해설』(*Morale sive Exp. in b. Job*) 231, 327, 345, 379, 397

그레고리우스 9세
  『교회 법령집』(*Decretal.*) 12

다마셰누스
  『정통 신앙론』(*De fide orth.*) 93

디오니시우스
  『천상 위계』(*De hier. cael.*) 49

베다
  『야고보서 해설』(*Expos. super divi Jacobi ep.*) 13

아우구스티누스
  『거짓말 반박』(*Cont. mend.*) 39, 157
  『그리스도교 교양』(*De vera rel.*) 283
  『길잡이』(*Enchir.*) 483
  『마니교도 파우스투스 반박』(*Ccontra Faust.*) 497

『마케도니아인들에 보낸 서간』(*ad Macedonium*) 299, 301
『삼위일체론』(*De Trin.*) 119, 217, 413, 427
『시편 강해』(*Enarr. in Psalmos*) 181
『신국론』(*De civ. Dei*) 35, 37, 49, 59, 67, 165, 429
『요한복음서 강해』(*In Joan Evang.*) 153
『이단』(*De Haeres.*) 127
『자유재량』(*De libero arb.*) 79, 85
『주님의 산상설교』(*De serm. Dom.*) 319, 321
『창조에 관한 질문』(*Quaest. Gen.*) 251
『파르메니아누스 서간 반박』(*Cont. Ep. Parm.*) 43
『훈계와 은총』(*De corrept. et gra.*) 491

아리스토텔레스

『니코마코스 윤리학』(*Ethic. Nic.*) 19, 39, 41, 45, 59, 61, 65, 67, 101, 139, 141, 155, 167, 175, 187, 195, 219, 237, 261, 313, 327, 369, 413, 417, 423, 435, 457, 465, 467, 483, 509
『수사학』(*Rhetorica*) 105, 329, 351
『영혼론』(*De anima*) 95
『자연학』(*Physica*) 87
『정치학』(*Polit.*) 35, 45, 121, 415, 441, 457, 461
『천체론』(*De Caelo*) 263
『형이상학』(*Metaph.*) 511

암브로시우스

『삼위일체론』(*De Trin.*) 119
『성조 해설』(*De patriarchis*) 161
『성직자의 의무』(*De off. minist.*) 423, 433
『코린토 1서 해설』(*In Ep. I ad Cor.*) 189

이시도루스
『어원론』(*Etym.*) 135, 139, 309, 361

크리소스토무스
『마태오복음서 강해 미완성 작품』(*Opus imperf. in Matth.*) 267, 405, 509

키케로
『직무론』(*De offic.*) 297, 415, 431

카시오도루스
『시편 강해』(*Expos. in Psalt.*) 438

〈성경 색인〉

[신약]

갈라티아서 313
로마서 33, 53, 81, 179, 189, 201, 239, 241, 247, 255, 259, 295, 309, 341, 355, 363, 387, 475, 481
루카복음서 299, 313, 451, 453
마태오복음서 5, 11, 39, 79, 99, 147, 281, 315, 397, 415, 439, 513
베드로 1서 55
사도행전 189, 239
야고보서 11, 13, 21, 23, 191, 343, 367, 389, 503
에페소서 7, 101
요한 1서 271, 283, 351, 371
요한복음서 195, 263, 321
유다서 405
코린토 1서 15, 17, 41, 53, 115, 187, 227, 303, 401
코린토 2서 377, 387
티모테오 1서 21, 55, 129, 181, 283
티모테오 2서 447
티토서 54
히브리서 59, 318

[구약]

나훔 217
다니엘서 21, 173, 187, 389
레위기 21, 107, 201, 361, 403
마카베오 1서 53
마카베오 2서 59
민수기 53, 389

사무엘 1서 52
사무엘 2서 398, 399
시편 33, 41, 45, 53, 119, 231, 255, 321, 345, 377, 381, 391, 439, 441, 451, 459, 491
신명기 5, 19, 63, 113, 175, 179, 193, 197, 221, 261, 359, 391, 399, 425, 451, 453
에제키엘서 39, 165, 249, 459, 467
여호수아서 229
역대기 295, 367
열왕기 1권 259
열왕기 2권 391
예레미야서 307, 485
욥기 109, 231, 383, 395, 397
이사야서 133, 163, 179, 383, 425, 459, 465
잠언 23, 27, 45, 103, 149, 151, 153, 201, 233, 247, 249, 253, 273, 319, 323, 325, 339, 349, 353, 359, 365, 371, 377, 381, 383, 413
즈카르야서 151
지혜서 25, 145
집회서 27, 55, 69, 103, 107, 111, 143, 245, 311, 325, 341, 355, 363, 365, 367, 369, 445, 447
창세기 37, 87, 121, 189, 399
코헬렛 263, 333
탈출기 21, 29, 35, 41, 47, 53, 71, 81, 87, 95, 143, 145, 149, 153, 219, 263, 275, 279, 283, 455
판관기 59

■ 지은이: 토마스 아퀴나스(S. Thomas Aquinas)

성 토마스 아퀴나스는 1244/5년 이탈리아 중남부의 귀족 가문에서 태어나 도미니코 수도회에 입회하였고, 때묻지 않은 '천사적' 순수함과 진리에 대한 지칠 줄 모르는 열정으로 13세기라는 역사상 드문 정치적·사상적 격변기를 헤쳐 나갔다. 그는 아리스토텔레스의 대부분의 작품들과 복음서 및 바오로의 주요 서간들에 대해 주해서를 집필하였고, 『대이교도대전』과 『토론문제집』 등 중요한 저작들을 남겼다. 특히 그리스 철학의 제 학파와 아랍 세계의 선진 이슬람 문명 등 당대까지 유럽에 전해져 서로 충돌하던 다양한 사상들을 그리스도교 진리의 빛 속에서 웅장하게 체계적으로 종합한 『신학대전』(*Summa Theologiae*)은 인류 문화사적 걸작으로 꼽힌다. 그는 1274년 리옹공의회에 참석하러 가던 길에 중병을 얻어 포사노바에서 선종하였다.
1879년 교황 레오 13세는 회칙 『영원하신 아버지』를 통해 토마스의 사상을 가톨릭 교회의 공식 학설로 공표하였다.

■ 옮긴이: 박동호

서울대교구 소속 사제로 서강대학교에서 전자공학을, 가톨릭대학교에서 신학을, 동 대학 평생교육원에서 사회복지학을, 연세대학교 교육대학원에서 영어교육학을 공부하고, 1998년 미국가톨릭대학교에서 신학석사(M.A.) 학위를 취득하였다. 서울대교구와 한국천주교 주교회의에서 정의평화위원으로 활동하면서, 가톨릭평화방송 라디오에서 '박동호 신부의 사회교리'를 진행하고 있다. 가톨릭대학교 신학대학과 생명대학원, 그리고 가톨릭교리신학원에서도 사목신학과 가톨릭사회교리를 가르치고 있다. 특히 제2차 바티칸 공의회와 가톨릭 사회교리 문헌들을 탐독하고 있으며, 옮긴 책으로는 케네스 E. 하임스의 『가톨릭 사회교리 101문 101답』(2017)이 있다.

■ 진리의 협력자들

가르멜수도회(윤주현 신부) 가톨릭교리신학원(최승정 신부-김진태 신부) 가톨릭출판사(홍성학 신부) 강윤희신부 †곽성명마티아 교리48기(김순진 요안나) 구요비주교 기쁜소식(전갑수 사장) 김경애유스타 김남선교수 김남필아가다 김두라소화데레사 김명순소피아 김미라크레센시아 김미리파비올라 김미숙도미나 김복원요안나 김수남글라라 김영남신부 김영진신부 김영희글라라 김운장(대화제약 회장) 김운회주교 김웅태신부 김월자안젤라 김은주율리아나 김장이베로니카 김정렬사도요한 김정이아네스 김정임세실리아 김종국신부 김철련스테파노 김청자아가다 김항희마르타 김해영아나다시아 김혜경세레나 김혜경아네스 김효숙노엘라 김훈겸신부 김희중대주교 로사리오 성모의 도미니코수녀회(오하정 수녀) 마천동성당(장강택 신부) 목동성당(민병덕 신부) 문정동성당(이철호 신부) 박동균신부 박무학신부 박상수신부 박영규사도요한 박용선소화데레사 박정자소화데레사 박종호시몬 박찬윤신부 박표열정혜엘리사벳 박현숙글라라 방배4동성당(최동진 신부-이동익 신부) 방배동성당(안병철 신부) 배기현주교 배옥순시모니아 분당성마리아성당(윤종대 신부) 사랑의시튼수녀회(김영선 수녀) 상도동성당(곽성민 신부) 서명숙루치아 서인숙아네스 서초동성당(이찬일 신부) 서호숙데레사 세종로성당(박동균 신부) 성도미니코선교수녀회(안소근 수녀) 손삼석주교 손윤정마리아 손희송주교 송기인신부 송인섭안드레아 신동재사도요한 신수정비비안나 신옥현루시아 심상태몬시뇰 양영복로사 양정희루시아 여규태요셉 염수정추기경 오금동성당(박희원 신부) 오승원신부 원종철신부 †위재숙아나다시아 유경촌주교 유덕희(경동제약 회장) 유식용(일도TCS 회장) 유현숙스콜라스티카 †윤정자님파 이경상신부 이계숙루시아 이동익신부 이동호신부 이문동성당(박동호 신부) 이명순토마스 이민선로즈마리 이민주신부 이범현신부 이병호주교 이선용알베르토 이영기실비아 이완숙미카엘라 이용훈주교 이윤하신부 †이정국미카엘 이정석요한 이종상요셉 이종진사도요한 이 진안드레아 이준영아우구스티노 이화주가브리엘라 이효재로마노 임경희미카엘라 잠실7동성당(김종수 신부) 잠원동성당(박항오 신부) 장석호모세 장우일레오 장춘복세바스티아나 장혜순카타리나 (재)신학과사상(백운철 신부) 전상순요안나 전상직(더맨 회장) 절두산순교지성당(정연정 신부) 정달용신부 정미애율리안나 정순택대주교 정복신안나 †정영숙(다빈치 회장) 정의채몬시뇰 정종휴암브로시오 †정진석추기경 조 광이냐시오 조규만주교 조선영카타리나 조신호텔피노 조용주마리안나 조욱현신부 차상금이사벨 청담동성당(김민수 신부) 최명주율리아 최미묘분다 최학분에디타 하계동성당(김웅태 신부) 학교법인가톨릭학원(김영국 신부) 한무숙문학관(김호기 박사) 혜화동성당(홍기범 신부) 홍순자요셉피나 황예성세실리아

지금까지 출간된 분책(2023년 현재)

- 제1권(I, qq.1-12), [하느님의 존재], 정의채 옮김, 1985, 3판 2014, 751쪽.
  제1문 거룩한 가르침에 관하여. 제2문 신론-하느님이 존재하는가. 제3문 하느님의 단순성에 대하여. 제4문 하느님의 완전성에 대하여. 제5문 선 일반에 대하여. 제6문 하느님의 선성에 대하여. 제7문 하느님의 무한성에 대하여. 제8문 사물에 있어서의 하느님의 실재에 대하여. 제9문 하느님의 불변성에 대하여. 제10문 하느님의 영원성에 대하여. 제11문 하느님의 일체성(단일성)에 대하여. 제12문 하느님은 우리에게 어떻게 인식되는가에 대하여.

- 제2권(I, qq.13-19), [하느님의 생명], 정의채 옮김, 1993, 2판 2014, 572쪽.
  제13문 하느님의 명칭에 대하여. 제14문 하느님의 지식에 대하여. 제15문 이데아에 대하여. 제16문 진리에 대하여. 제17문 허위에 대하여. 제18문 하느님의 생명에 대하여. 제19문 하느님의 의지에 대하여.

- 제3권(I, qq.20-30), [하느님의 작용과 위격], 정의채 옮김, 1994, 2판 2000, 495쪽.
  제20문 하느님의 사랑에 대하여. 제21문 하느님의 정의와 자비에 대하여. 제22문 하느님의 섭리에 대하여. 제23문 예정에 대하여. 제24문 생명의 책에 대하여. 제25문 하느님의 능력에 대하여. 제26문 하느님의 지복에 대하여. 제27문 하느님의 위격들의 발출에 대하여. 제28문 하느님 안에서의 관계들에 대하여. 제29문 하느님의 위격들에 대하여. 제30문 하느님 안에서의 위격들의 복수성에 대하여.

- 제4권(I, qq.31-38), [위격들의 구별], 정의채 옮김, 1997, 293쪽.
  제31문 하느님 안에서 단일성 혹은 복잡성에 속하는 것들에 대하여. 제32문 하느님의 위격들의 인식에 대하여. 제33문 성부의 위격에 대하여. 제34문 성자의 위격에 대하여. 제35문 모습(혹은 모상)에 대하여. 제36문 성령의 위격에 대하여. 제37문 사랑이라는 성령의 명칭에 대하여. 제38문 은사라는 성령의 명칭에 대하여.

- 제5권(I, qq.39-43), [위격들의 관계], 정의채 옮김, 1998, 345쪽.
  제39문 본질과 비교된 위격들에 대하여. 제40문 관계들 내지는 고유성들과의 비교에 있어서의 위격들에 대하여. 제41문 인식 표징적(혹은 식별 표징적) 작용들과의 비교에 있어서의 위격들에 대하여. 제42문 하느님의 위격들 상호간의 동등성과 유사성에 대하여. 제43문 하느님의 위격들의 파견에 대하여.

- 제6권(I, qq.44-49), [창조], 정의채 옮김, 1999, 339쪽.
  제44문 피조물들의 하느님으로부터의 발출과 모든 유의 제1원인에 대하여. 제45문 사물들의 제1근원으로부터의 유출의 양태에 대하여. 제46문 창조된 사물들의 지속의 시작에 대하여. 제47문 사물들의 구별 일반에 대하여. 제48문 사물들의 구별에 대한 각론. 제49문 악의 원인에 대하여.

- 제7권(I, qq.50-57), [천사], 윤종국 옮김, 정의채 감수, 2010, 379쪽.
  제50문 천사의 실체 자체에 대하여. 제51문 천사와 물체의 비교에 대하여. 제52문 장소에 대한 천사의 비교에 대하여. 제53문 천사의 장소적 운동에 대하여. 제54문 천사의 인식 작용에 대하여. 제55문 천사의 인식 수단에 대하여. 제56문 비물질적 사물의 일부에서 얻는 천사의 인식에 대하여. 제57문 질료적 사물들의 성찰에 따른 천사의 인식에 대하여.

- 제8권(I, qq.58-64), [천사의 활동], 강윤희 옮김, 2020, 368쪽.
  제58문 천사의 인식 양태에 대하여. 제59문 천사의 의지에 대하여. 제60문 천사의 사랑 혹은 애정에 대하여. 제61문 천사가 본성적 존재로 창조되었음에 대하여. 제62문 천사가 은총과 영광의 상태로 완성됨에 대하여. 제63문 천사의 악의와 탓에 대하여 제64문 악령들의 형벌에 대하여.

- 제9권(I, qq.65-74), [우주 창조], 김춘오 옮김, 정의채 감수, 2010, 424쪽.
  제65문 물체적 피조물들의 창조 작업에 대하여. 제66문 구별에 대한 피조물의 질서에 대하여. 제67문 자체 안에서의 구별 작업에 대하여. 제68문 둘째 날의 작업에 대하여. 제69문 셋째 날의 작업에 대하여. 제70문 넷째 날에 대한 장식 작업에 대하여. 제71문 다섯째 날에 대하여. 제72문 여섯째 날에 대하여. 제73문 일곱째 날에 속한 어떤 것에 대하여. 제74문 공통적인 것들 안에서 모든 일곱 날에 대하여.

- 제10권(I, qq.75-78), [인간], 정의채 옮김, 2003, 383쪽.
  제75문 인간론: 영적 실체와 물체적 실체로 복합된 인간에 대하여. 제76문 혼의 신체와의 하나됨(합일)에 대하여. 제77문 혼의 능력 일반에 속하는 것들에 대하여. 제78문 혼의 개별적 능력들에 대하여.

- 제11권(I, qq.79-83), [인간 영혼의 능력], 정의채 옮김, 2003, 320쪽.
  제79문 지성적 능력들에 대하여. 제80문 욕구적 능력 일반에 대하여. 제81문 감성적 능력에 대하여. 제82문 의지에 대하여. 제83문 자유의사에 대하여.

- 제12권(I, qq.84-89), [인간의 지성], 정의채 옮김, 2013, 511쪽.
  제84문 신체와 결합된 영혼은 어떻게 자신보다 하위에 있는 물체적인 것들을 인식하는가. 제85문 지성 인식의 양태와 서열에 대하여. 제86문 우리 지성은 질료적 사물들에 있어 무엇을 인식하는가. 제87문 지성적 혼은 어떻게 자기 자신과 자기 안에 있는 것들을 인식하는가. 제88문 인간 혼은 어떻게 자기의 상위에 있는 것들을 인식하는가. 제89문 분리된 영혼의 인식에 대하여.

- 제13권(I, qq.90-102), [하느님의 모상으로 창조된 인간], 김율 옮김, 2008, 505쪽.
  제90문 인간 혼의 첫 산출에 대하여. 제91문 첫 인간의 신체의 산출에 대하여. 제92문 여자의 산출에 대하여. 제93문 인간의 산출 목적 또는 결말에 대하여. 제94문 첫 인간의 지성 상태와 조건에 대하여. 제95문 첫 인간의 의지에 관련된 사항들, 곧 은총과 정의에 대하여. 제96문 무죄의 상태에서 인간이 가지고 있던 지배권에 대하여. 제97문 첫 인간의 상태에서 개인의 보존. 제98문 종의 보존에 대하여. 제99문 태어났을 자손의 신체적 조건에 대하여. 제100문 태어났을 자손의 정의의 조건에 대하여. 제101문 태어났을 자손의 지식의 조건에 대하여. 제102문 인간의 거처, 곧 낙원에 대하여.

- 제14권(I, qq.103-114), [하느님의 통치], 이상섭 옮김, 2009, 607쪽.
  제103문 사물들의 통치 일반에 대하여. 제104문 하느님 통치의 특수한 결과들에 대하여. 제105문 하느님에 의한 피조물들의 변화에 대하여. 제106문 한 피조물은 다른 피조물들을 어떻게 움직이는가. 제107문 천사들의 말에 대하여. 제108문 위계와 질서에 따르는 천사들의 질서지움에 대하여. 제109문 악한 천사들의 질서지움에 대하여. 제110문 물체적 피조물들에 대한 천사들의 통할에 대하여. 제111문 인간들에 대한 천사들의 작용에 대하여. 제112문 천사들의 파견에 대하여. 제113문 선한 천사들의 보호에 대하여. 제114문 마귀들의 공격에 대하여.

- 제15권(I, qq.115-119), [우주의 질서], 김정국 옮김, 2010, 307쪽.
  제115문 물체적 피조물의 작용에 대하여. 제116문 숙명에 대하여. 제117문 인간의 작용과 관련된 것에 대하여. 제118문 혼과 관련한 인류의 번식에 대하여. 제119문 육체에 관련된 인류의 번식에 대하여.

- 제16권(I-II, qq.1-5), [행복], 정의채 옮김, 2000, 417쪽.
  제1문 인간의 궁극 목적에 대하여. 제2문 인간의 행복이 있는 것들에 대하여. 제3문 행복이란 무엇인가. 제4문 행복을 위해 요구되는 것들에 대하여. 제5문 행복에의 도달에 대하여.

- 제17권(I-II, qq.6-17), [인간적 행위], 이상섭 옮김, 2019, xlviii-444쪽.
  제6문 의지적인 것과 비의지적인 것에 대하여. 제7문 인간적 행위의 상황들에 대하여. 제8문 의지에 대하여, 의지는 무엇을 대상으로 갖는가? 제9문 의지의 동인에 대하여. 제10문 의지가 움직여지는 방식에 대하여. 제11문 향유라는 의지 작용에 대하여. 제12문 지향에 대하여. 제13문 수단과 관련된 의지의 작용인 선택에 대하여. 제14문 선택에 앞서는 숙고에 대하여. 제15문 수단과 관련된 의지 작용인 동의에 대하여. 제16문 수단과 관련된 의지의 작용인 사용에 대하여. 제17문 의지에 의해 명령된 작용에 대하여.

- 제18권(I-II, qq.18-21), [도덕성의 원리], 이재룡 옮김, 2019, lx-264쪽.
  제18문 인간적 행위에서의 선성과 악성에 대하여. 제19문 의지의 내적 행위의 선성과 악성에 대하여. 제20문 인간의 외적 행위의 선성과 악성에 대하여. 제21문 인간적 행위의 귀결들과 그 선성 또는 악성에 대하여.

- 제19권(I-II, qq.22-30), [정념], 김정국 옮김, 2020, I-270쪽.
  제22문 영혼의 정념의 주체에 대하여. 제23문 정념 상호간의 차이에 대하여. 제24문 영혼의 정념들에 있어서 선과 악에 대하여. 제25문 정념들 상호간의 질서에 대하여. 제26문 사랑에 대하여. 제27문 사랑의 원인에 대하여. 제28문 사랑의 결과에 대하여. 제29문 미움에 대하여. 제30문 욕망에 대하여.

- 제20권(I-II, qq.31-39), [쾌락], 이재룡 옮김, 2020, lviii-236쪽.
  제31문 쾌락 그 자체에 대하여. 제32문 쾌락의 원인에 대하여. 제33문 쾌락의 결과에 대하여. 제34문 쾌락의 선성과 악성에 대하여. 제35문 고통 또는 슬픔 그 자체에 대하여. 제36문 슬픔 또는 고통의 원인에 대하여. 제37문 고통 또는 슬픔의 결과에 대하여. 제38문 슬픔 또는 고통의 결과에 대하여. 제39문 슬픔 또는 고통의 선성과 악성에 대하여.

- 제21권(I-II, qq.40-48), [두려움과 분노], 채이병 옮김, 2020, lxii-278쪽.
  제40문 분노적 정념들에 대하여. 먼저 희망과 절망에 대하여. 제41문 두려움 그 자체에 대하여. 제42문 두려움의 대상에 대하여. 제43문 두려움의 원인에 대하여. 제44문 두려움의 결과에 대하여. 제45문 담대함에 대하여. 제46문 분노 그 자체에 대하여. 제47문 분노를 일으키는 원인과 그 대처 수단에 대하여. 제48문 분노의 결과에 대하여.

- 제22권(I-II, qq.49-54), [습성], 이재룡 옮김, 2020, lviii-234쪽.
  제49문 습성의 실체 자체에 대하여. 제50문 습성의 주체에 대하여. 제51문 습성의 생성 원인에 대하여. 제52문 습성의 성장에 대하여. 제53문 습성의 소멸과 약화에 대하여. 제54문 습성의 구별에 대하여.

- 제23권(I-II, qq.55-67), [덕], 이재룡 옮김, 2020, lxxvi-558쪽.
  제55문 덕의 본질에 대하여. 제56문 덕의 주체에 대하여. 제57문 지성적 덕의 구별에 대하여. 제58문 도덕적 덕과 지성적 덕의 구별에 대하여. 제59문 도덕적 덕과 정념 사이의 구별에 대하여. 제60문 도덕적 덕들 상호간의 구별에 대하여. 제61문 추요덕에 대하여. 제62문 대신덕에 대하여. 제63문 덕의 원인에 대하여. 제64문 덕의 중용에 대하여. 제65문 덕들 사이의 상호 연관성에 다하여. 제66문 덕들의 동등성에 대하여. 제67문 후세에서의 덕의 지속에 대하여.

- 제24권(I-II, qq.68-70), [성령의 선물], 채이병 옮김, 2020, liv-152쪽.
  제68문 선물들에 대하여. 제69문 참행복에 대하여. 제70문 성령의 열매에 대하여.

- 제25권(I-II, qq.71-80), [죄], 안소근 옮김, 2020, l-452쪽.
  제71문 악습과 죄 자체에 대하여. 제72문 죄의 구별에 대하여. 제73문 죄들의 상호 비교에 대하여. 제74문 죄의 주체에 대하여. 제75문 죄의 일반적 원인에 대하여. 제76문 죄의 특수 원인에 대하여. 제77문 감각적 욕구 편에서 본 죄의 원인에 대하여. 제78문 죄의 원인인 악의에 대하여. 제79문 죄의 외부적 원인에 대하여(1): 하느님. 제80문 죄의 외부적 원인에 대하여(2): 악마

- 제26권(I-II, qq.81-85), [원죄], 정현석 옮김, 2021, lii-191쪽.
  제81문 인간 편에서의 원죄의 원인에 대하여. 제82문 원죄의 본질에 대하여. 제83문 원죄의 주체에 대하여. 제84문 어떤 죄가 죄의 원인이 된다는 점에서 죄의 원인에 대하여. 제85문 죄의 결과에 대하여.

- 제27권(I-II, qq.86-89), [죄의 결과], 윤주현 옮김, 2021, xlviii-164쪽.
  제86문 죄의 흠결에 대하여. 제87문 벌의 죄책에 대하여. 제88문 경죄와 사죄에 대하여. 제89문 경죄 자체에 대하여.

- 제28권(I-II, qq.90-97), [법], 이진남 옮김, 2020, l-289쪽.
  제90문 법의 본질에 대하여. 제91문 법의 종류에 대하여. 제92문 법의 효력에 대하여. 제93문 영원법에 대하여. 제94문 자연법에 대하여. 제95문 인정법에 대하여. 제96문 인정법의 효력에 대하여. 제97문 법의 개정에 관하여.

- 제29권(I-II, qq.98-105) [옛 법], 이경상 옮김, 2021, lxiv-608쪽.
  제98문 옛 법에 대하여. 제99문 옛 법의 규정들에 대하여. 제100문 옛 법의 도덕적 규정들에 대하여. 제101문 예식 규정들에 대하여. 제102문 예식 규정들의 원인에 대하여. 제103문 예식 규정들의 기한에 대하여. 제104문 사법 규정들에 대

하여. 제105문 사법 규정들의 근거에 대하여.

- 제30권(I-II, qq.106-114), [새 법과 은총], 이재룡 옮김, 2021, lxxviii-570쪽.
제106문 복음의 새 법에 대하여. 제107문 새 법과 옛 법의 비교에 대하여. 제108문 새 법의 내용에 대하여. 제109문 은총의 필요성에 대하여. 제110문 은총의 본질 대하여. 제111문 은총의 구분에 대하여. 제112문 은총의 원인에 대하여. 제113문 은총의 효과인 불경한 자의 의화에 대하여. 제114문 공로에 대하여.

- 제31권(II-II, qq.1-7), [신앙], 박승찬 옮김, 2022, cxiv-412쪽.
제1문 신앙의 대상에 대하여. 제2문 신앙의 내적 행위에 대하여. 제3문 신앙의 외적인 행위에 대하여. 제4문 신앙의 덕 자체에 대하여. 제5문 신앙을 지닌 이들에 대하여. 제6문 신앙의 원인에 대하여. 제7문 신앙의 효과에 대하여.

- 제32권(II-II, qq.8-16), [신앙(II)], 박승찬 옮김, 2022, xlix-366쪽.
제8문 통찰의 선물에 대하여. 제9문 지식의 선물에 대하여. 제10문 불신앙 일반에 대하여. 제11문 이단에 대하여. 제12문 배교에 대하여. 제13문 독성의 죄 일반에 대하여. 제14문 성령을 거스르는 독성에 대하여. 제15문 정신의 맹목과 감각의 우둔함에 대하여. 제16문 신앙, 지식, 통찰에 관련된 계명에 대하여.

- 제33권(II-II, qq.17-22), [희망], 이재룡 옮김, 2022, lviii-266쪽.
제17문 희망 그 자체에 대하여. 제18문 희망의 주체에 대하여. 제19문 두려움의 선물에 대하여. 제20문 절망에 대하여. 제21문 자만에 대하여. 제22문 희망과 두려움에 속하는 계명들에 대하여.

- 제34권(II-II, qq.23-33), [참사랑], 안소근 옮김, 2022, lvi-604쪽.
제23문 참사랑 그 자체. 제24문 참사랑의 주체. 제25문 참사랑의 대상. 제26문 참사랑의 질서. 제27문 참사랑의 주요 행위인 사랑. 제28문 즐거움. 제29문 평화. 제30문 자비. 제31문 선행. 제32문 자선. 제33문 형제적 교정.

- 제35권(II-II, qq.34-44), [참사랑(II)], 안소근 옮김, 2022, lii-322쪽.
제34문 미움에 대하여. 제35문 나태에 대하여. 제36문 질투에 대하여. 제37문 불화에 대하여. 제38문 논쟁에 대하여. 제39문 이교에 대하여. 제40문 전쟁에 대하여. 제41문 싸움에 대하여. 제42문 반란에 대하여. 제43문 걸림돌에 대하여. 제44문 참사랑의 계명들에 대하여.

- 제36권(II-II, qq.45-56), [지혜와 현명], 이상섭 옮김, 2023, lxxiv-410쪽.
  제45문 지혜의 선물에 대하여. 제46문 어리석음에 대하여. 제47문 현명 자체에 대하여. 제48문 현명의 부분들에 대하여. 제49문 현명의 통전적 부분들 각각에 대하여. 제50문 현명의 종속적 부분들에 대하여. 제51문 현명의 잠재적 부분들에 대하여. 제52문 숙고의 선물에 대하여. 제53문 경솔함에 대하여. 제54문 게으름에 대하여. 제55문 현명과 유사성을 갖는, 현명에 대립하는 악습에 대하여. 제56문 현명에 속하는 계명들에 대하여.

- 제37권(II-II, qq.qq.57-62), [정의], 이재룡 옮김, 근간.
  제57문 권리에 대하여. 제58문 정의에 대하여. 제59문 불의에 대하여. 제60문 재판에 대하여. 제61문 정의의 부분들에 대하여. 제62문 배상에 대하여.

- 제38권(II-II, qq.63-79), [불의], 박동호 옮김, 2023, lix-544쪽.
  제63문 편애하는 행위에 대하여. 제64문 살인에 대하여. 제65문 사람에게 저지른 다른 위해에 대하여. 제66문 절도와 강도에 대하여. 제67문 재판(법적 절차)에 있어 재판관의 불의에 대하여. 제68문 부당한 고발에 속하는 것들에 관하여. 제69문 재판 당사자(피고발인) 편에서 정의를 거스르는 죄에 대하여. 제70문 증언하는 사람에 속한 불의에 대하여. 제71문 재판에서 변호인 편에서 행해진 불의에 대하여. 제72문 불손(모욕)에 대하여. 제73문 폄훼(비방)에 대하여. 제74문 소문 퍼뜨리기에 대하여. 제75문 조롱에 대하여. 제76문 저주(악담)에 대하여. 제77문 구매와 판매(매매)에서 저질러진 사기에 대하여. 제78문 이자(고리)의 죄에 대하여. 제79문 정의의 유사 부분에 대하여.